本书受到"浙江师范大学出版基金资助（Publishing Foundation of Zhej…
"国家自然科学基金：失败学习形成机制及其对后续创新绩效的影响研…
（71902045）资助"以及"2022年度高等学校国内访问学者教师专业发展项目：创新失败学习研…
（FX2022007）资助"

创新驱动视角下
企业失败学习的
前因、路径与绩效

庞立君 著

吉林大学出版社

·长春·

图书在版编目（CIP）数据

创新驱动视角下企业失败学习的前因、路径与绩效 / 庞立君著. -- 长春：吉林大学出版社，2023.3
ISBN 978-7-5768-1646-4

Ⅰ.①创… Ⅱ.①庞… Ⅲ.①企业管理 – 研究 Ⅳ.①F272

中国国家版本馆CIP数据核字(2023)第079254号

书　　名：创新驱动视角下企业失败学习的前因、路径与绩效
CHUANGXIN QUDONG SHIJIAO XIA QIYE SHIBAI XUEXI DE QIANYIN、LUJING YU JIXIAO

作　　者：庞立君
策划编辑：李承章
责任编辑：蔡玉奎
责任校对：甄志忠
装帧设计：库　课
出版发行：吉林大学出版社
社　　址：长春市人民大街4059号
邮政编码：130021
发行电话：0431-89580028/29/21
网　　址：http://www.jlup.com.cn
电子邮箱：jldxcbs@sina.com
印　　刷：湖南省众鑫印务有限公司
开　　本：787mm×1092mm　1/16
印　　张：20.5
字　　数：430千字
版　　次：2023年3月　第1版
印　　次：2024年3月　第1次
书　　号：ISBN 978-7-5768-1646-4
定　　价：98.00元

版权所有　翻印必究

序　言

　　"创新"是党的二十大报告中的高频词之一，也是经济社会高质量发展的"第一动力"，创新驱动已然成为当今中国经济发展的新引擎。在这一战略指引下，作为创新主体的中国企业正以极大的热情投身于创新活动中。创新的本质使得企业在此过程中面临不确定性和风险性，失败常有发生，"从失败到成功"已成为多数企业创新的正常顺序。但是，成功并非失败的必然产物，而更多地取决于企业能否从失败中有效学习。然而，由于"反失败偏见"，理论界对失败的研究关注不足，时至今日，有关创新失败情境下企业失败学习（包括员工及企业两个层面的失败学习）的前因、形成路径、作用效果及传导路径的研究仍处于混沌状态。由于缺少科学的理论指导，企业管理者在创新失败时，难以促成企业内部有效的失败学习，导致后续绩效的提升成为一大难题，在一定程度上阻碍了创新驱动发展战略的实施。

　　本书依托于国家自然科学基金青年项目（失败学习形成机制及其对后续创新绩效的影响研究：基于复杂产品创新失败，71902045）并融合了本人的博士论文内容，基于创新驱动视角，聚焦于企业创新失败情境，运用相关理论及研究方法探寻企业失败学习（员工层面失败学习、组织层面失败学习）的前因与形成路径，同时研究企业失败学习的作用效果并揭示失败学习在前因与效果间发挥的传导作用（以下简称传导路径）。综括本书内容，在情境、方法和实践价值方面与现有研究具有明显差异，凝练了三大特色：第一，从创新驱动视角出发，选取企业创新失败这一特定情境。失败经验是企业学习的特殊来源，越来越多的学者开始关注失败这一普遍发生、有较高价值但却被忽视的研究主题，并将其置于各种情境中进行分析，如创业失败情境、项目失败情境、事故失败情境、一般失败情境等。然而，现有研究却很少以创新驱动视角出发聚焦于企业创新失败这一特定情境。本书以该情境作为研究切入点，深入挖掘其特征，探寻企业失败学习的前因、路径以及后续绩效问题，揭示企业从创新失败中学习进而提升绩效的过程，为领导行为、组织学习和企业创新等管理问题做出贡献。第二，多方法融合检验理论模型。因"回溯偏见"和"反失败偏见"的存在，现有失败学习的研究多以质性研究为主，较少使用定量研究方法。本研究将定性与定量方法相结合，一方面，通过借助社会心理学的知识设计调研问卷，并结合跟踪调研等方式尽量控制"回溯偏见"和"反失败偏见"，另一方面，运用结构方程和多层结构方程模型等定量分析方法对理论模型进行检验。多方法的融合与相互印证增强了研究结论的稳健性，此为本书的一大研究特色。

第三，搭建创新失败与创新成功间的桥梁。受到社会偏见的影响，企业对于失败学习的重视以及从中吸取的经验还远远不足，创新失败情境下，如何转败为胜已成为实践中亟待解决的问题。本书系统地阐释了企业创新失败对后续企业创新绩效的影响过程，打开创新失败与创新成功间的黑箱，从理论上建立二者之间的联系分析，相关研究成果能够深化企业对创新失败学习的理解，提高企业对潜在失败的洞察力以及从现有失败中学习的能力，有效搭建失败与成功间的桥梁并拓宽企业的操作思路。

当今世界，百年未有之大变局加速演进，世界之变、时代之变、历史之变的特征愈加明显，挑战前所未有。创新驱动既是大变局的重要体现形式，更是应对大变局的关键性战略。作为处于核心创新主体地位的企业既要对大变局带来的挑战有充分的认识，也要对创新过程中遭遇的失败危机有十足的准备，于变局中开新局、在危机中育新机，从创新失败中汲取养分，壮大自己。

庞立君　于浙江金华
2022年10月31日

目 录

1 绪论：创新驱动——时代的呼唤 1
   1.1 创新驱动已成为经济发展的新引擎 1
   1.2 研究意义：从创新失败走向创新成功 5
   1.3 重点探寻失败学习的前因与后果 8
   1.4 理论与实践多方法研究的融合 10
   1.5 从理论推演到实证检验的技术路线 10

2 失败学习及其他关键变量的前世与今生 12
   2.1 失败学习的前世与今生 12
   2.2 其他关键变量 25
   2.3 透过不足发现未来机会 60

3 失败学习前因后果的理论基石及全景图 62
   3.1 研究的理论基石 62
   3.2 失败学习前因与后果研究的全景图 112

4 单层次变革型领导如何促进员工失败学习 114
   4.1 纵观全局：单层次变革型领导促进员工失败学习全景图 115
   4.2 持之有故：单层次变革型领导促进员工失败学习的理论推演 117
   4.3 目量意营：单层次变革型领导促进员工失败学习的研究方案设计 121
   4.4 有形可检，有数可推：单层次变革型领导促进员工失败学习的数据分析 .. 124
   4.5 抛砖引玉：借助单层次变革型领导开展失败学习 130

5 双层次变革型领导如何促进员工失败学习 134
   5.1 纵观全局：双层次变革型领导促进员工失败学习全景图 134
   5.2 持之有故：双层次变革型领导促进员工失败学习的理论推演 138

  5.3 目量意营：双层次变革型领导促进员工失败学习的研究方案设计 …………… 151

  5.4 有形可检，有数可推：双层次变革型领导促进员工失败学习的数据分析 … 158

  5.5 抛砖引玉：如何借助双层次变革型领导促进失败学习 ………………………… 171

6 组织支持感如何促进员工失败学习 …………………………………………………… 184

  6.1 纵观全局：组织支持感促进员工失败学习全景图 ……………………………… 185

  6.2 持之有故：组织支持感促进员工失败学习的理论推演 ………………………… 186

  6.3 目量意营：组织支持感促进员工失败学习的研究方案设计 …………………… 191

  6.4 有形可检，有数可推：组织支持感促进员工失败学习的数据分析 …………… 194

  6.5 抛砖引玉：如何借助组织支持感促进失败学习 ………………………………… 198

7 失败学习如何促进企业绩效 …………………………………………………………… 202

  7.1 纵观全局：失败学习促进企业绩效全景图 ……………………………………… 203

  7.2 持之有故：失败学习促进企业绩效的理论推演 ………………………………… 205

  7.3 目量意营：失败学习促进企业绩效的研究方案设计 …………………………… 208

  7.4 有形可检，有数可推：失败学习促进企业绩效的数据分析 …………………… 210

  7.5 抛砖引玉：如何借助失败学习促进企业绩效 …………………………………… 215

8 组织支持感如何促进员工创造力：失败学习的传导路径 ……………………………… 218

  8.1 纵观全局：组织支持感促进员工创造力全景图 ………………………………… 219

  8.2 持之有故：组织支持感促进员工创造力的理论推演 …………………………… 220

  8.3 目量意营：组织支持感促进员工创造力的研究方案设计 ……………………… 224

  8.4 有形可检，有数可推：组织支持感促进员工创造力的数据分析 ……………… 227

  8.5 抛砖引玉：如何借助组织支持感促进员工创造力 ……………………………… 232

9 变革型领导如何促进企业绩效：失败学习的传导路径 ………………………………… 234

  9.1 纵观全局：变革型领导促进企业绩效全景图 …………………………………… 235

  9.2 持之有故：变革型领导促进企业绩效的理论推演 ……………………………… 238

  9.3 目量意营：变革型领导促进企业绩效的研究方案设计 ………………………… 242

  9.4 有形可检，有数可推：变革型领导促进企业绩效的数据分析 ………………… 245

  9.5 抛砖引玉：如何借助变革型领导促进企业绩效 ………………………………… 250

参考文献 ·· 254

附录 ·· 284
 附录1 2012年—2021年科技研发投入资金数据表 ············· 284
 附录2 第四章研究使用的调研问卷 ······························· 286
 附录3 第五章检验同源偏差LISREL运行代码 ·················· 289
 附录4 第五章变量区分效度检验LISREL运行代码 ············ 290
 附录5 第五章个体层面假设检验LISREL运行代码 ············ 293
 附录6 第五章研究使用的调研问卷 ······························· 299
 附录7 第六章研究使用的调研问卷 ······························· 303
 附录8 第七章研究使用的调研问卷 ······························· 307
 附录9 第八章研究使用的调研问卷 ······························· 311
 附录10 第九章研究使用的调研问卷 ····························· 315

1 绪论：创新驱动——时代的呼唤

1.1 创新驱动已成为经济发展的新引擎

在著名经济学家约瑟夫·阿洛伊斯·熊彼特（Joseph Alois Schumpeter）提出创新是社会经济增长和发展动力的观点后，创新在实践层面和理论层面得以备受关注。在国家实践层面，创新驱动已逐渐成为大多数经济强国的国家核心战略。"创新"是党的二十大报告中的高频词之一，也是经济社会高质量发展的"第一动力"，创新驱动已然成为当今中国经济发展的新引擎。党的二十大报告指出："必须坚持科技是第一生产力、创新是第一动力，深入实施科教兴国战略、人才强国战略、创新驱动发展战略，开辟发展新领域新赛道，不断塑造发展新动能新优势"；"加快实施创新驱动发展战略，加快实现高水平科技自立自强，以国家战略需求为导向，集聚力量进行原创性引领性科技攻关，坚决打赢关键核心技术攻坚战，加快实施一批具有战略性全局性前瞻性的国家重大科技项目，增强自主创新能力"；"强化企业科技创新，发挥科技型骨干企业引领支撑作用，营造有利于科技型中小微企业成长的良好环境"。在企业实践层面，因受到创新驱动发展战略的影响，作为创新主体的企业正如火如荼地开展创新活动，创新已成为企业保持竞争优势的关键；在理论研究层面，创新已成为经济管理学科重要的研究领域之一，并与心理学、组织行为学、传统文化等多学科领域交织交融，吸引了大批学者对其进行广泛而深入的研究。

1.1.1 现实世界：企业创新的火热与失落

第一，创新驱动是大势所趋，但创新失败频频出现。随着中国经济发展进入新常态，经济增长面临着巨大压力，传统的以要素和投资规模为主的发展动力在不断减弱，粗放型的增长方式难以为继。因此，迫切需要依靠创新驱动打造经济发展的新引擎、培育新的经济增长点，进而提升我国经济发展的效率和质量。前总理李克强在2014年发出"大众创业、万众创新"的号召，并在2015年《政府工作报告》中再次提及，将创业、创新提升到国家经济发展新引擎的战略高度。2015年3月，中共中央、国务院出台了"关于深化体制机制改革加快实施创新驱动发展战略的若干意见"（以下简称"意见"），明确提出了要加快实施创新驱动发展战略。"意见"指出，面对全球新一轮科技革命与产业变革的重大机遇和挑战，面对经济发展新常态下的趋势变化和特点，面对实现"两个一百年"奋斗目标的历史任务和要求，必须深化体制机制改革，加快实施创新驱动发展战略并明确了企业作为核心创新主体的地位。2016年1月18日，习近平总书记在省部级主要领导干部学习贯彻十八届五中全会精神专题研讨班开班式上指出，要着力实施创新驱动发展战略，抓住了创新，就抓住了牵动经济社会发展全局的"牛鼻子"。2021年《中华人民共和国国民经济和社会发展第十四个五年规划和2035年远景目标纲要》中指出，坚持创新在我国现代化建设全局中的核心地位，把科技自立自强作为国家发展的战略支撑，面向世界科技前沿、面向经济主战场、面向国家重大需求、面向人民生命健康，深入实施科教兴国战略、人才强国战略、创新驱动发展战略，完善国家创新体系，加快建设科技强国。2022年，中国共产党第二十次全国代表大会进一步强调了创新驱动的重要性，并进一步强调了企业的科技创新主体地位。企业作为创新驱动的核心主体，只有确立企业的主体地位，让企业成为技术需求选择、技术项目确定的主体，成为技术创新投入和创新成果产业化的主体，才能激发其创新活力，加速推进创新驱动发展战略。

在2012—2021年十年期间，我国的科技经费及研究与试验发展（R&D）经费的支出呈明显上升趋势，从10 298.4亿元增长至27 956.3亿元，其与国内生产总值之比也逐年提高，从1.98%增长至2.44%；从活动主体来看，各类企业研究与试验发展（R&D）经费支出也逐年攀升，从7842.2亿元增长至21 504.1亿元，在企业、归属政府的研究机构、高等学校R&D经费占比中，企业占比一直高于四分之三；此外，我国用于科技研发的支出也在逐步加大，从5 600.1亿元增加至10 766.7亿元，整体趋势图见图1.1所示，相关详细数据见附件1所示。这表明，现阶段在创新驱动发展战略的指引下，中国不亏余力地推进以科技创新为核心的全面创新，不断增强自主创新能力，尤其作为创新主体的企业正以极大的热情投入到创新活动中。然而，激情澎湃的背后也蕴藏着一定的失败风险。创新是对未知领域的探索，其本质使得企业在创新过程中面临不确定性和风险性，失败常有发生（胡洪浩等，2011；王重鸣，2015）。在国外，企业创新失败的平均概率在35%~45%之间（Boulding et al.，1997），医药企业创新失败的概率更是高达80%（Abrantes et al.，2005）；而在国内，企业创新失败的概率则为95%（侯越，2007）。

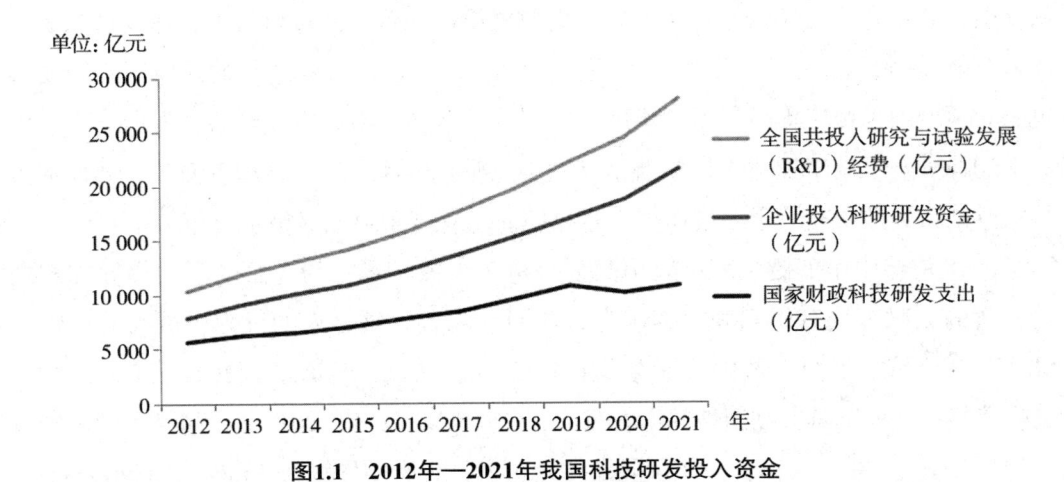

图1.1 2012年—2021年我国科技研发投入资金

第二，创新失败价值巨大，但失败学习过程却尤为艰难。企业在创新过程中遇到失败似乎已成为"常态化"，这一现象引发了理论界的关注并逐步对失败开展深入研究。学者们发现，正如温德尔·菲利普斯所言——"失败是成功之母"，创新失败中蕴藏着大量有价值的知识，会给企业未来的创新成功带来指引（Shepherd et al., 2009），尤其在动态变化的环境中，失败学习产生的知识比成功产生的知识更具有普适性和实践指导意义（Madsen et al., 2010），对组织成员而言，从失败中学习到的内容更加丰富（Shepherd et al., 2009）；而企业实践也表明，创新失败具有较高价值，华为创始人任正非先生曾说过："十年来，我天天思考的都是失败，对成功视而不见，也没有什么荣誉感、自豪感，而是危机感。"正是创始人对失败的思考和危机感促使华为在研发过程中允许并鼓励犯错、冒险甚至失败，才最终铸造了华为强劲的创新力；Google在创新过程中秉持好好失败原则（well failure）——"失败不应该背负污名，如果你不怎么失败，说明你的尝试还不够努力，失败是通往创新和成功之路（的里程碑），你可以自豪地失败"。在创新失败中坚持认识、实践、再认识、再实践，这使得Google一直保持创新活力，成为全球科技创新的风向标。

虽然理论界和实践界都对失败赋予了极高的价值并呼吁人们从失败中学习，但是，由于受到内部与外部因素的影响，对于组织成员而言，从创新失败中学习并非易事。在内部影响因素方面，出于基本归因错误和服务自我偏见，企业员工常常将成功归因为自身能力，而将失败归因于运气不佳（Miller et al., 1997），这一趋向往往使得员工忽略失败；且失败本身又是让人恐怖的梦魇（胡洪浩 等，2011），关注失败可能会削弱自我效能，亲历失败可能会引发负向情绪以及严重的自尊受损（Cannon et al., 2011），这将导致企业员工对失败产生恐惧感，不敢面对失败，进而抑制失败学习的产生。在外部影响因素方面，企业或团队规章制度往往奖励成功、惩罚失败，对失败的问责导致企业员工不敢主动

3

承认错误，使得企业无法认定犯错主体，失败根源被隐藏，严重阻碍了企业及员工对失败的深入分析（Cannon et al.，2011）。此外，创新的本质使得创新失败的原因错综复杂，这也极大地增加了员工失败学习的难度，抑制了企业从失败中吸取经验、发展壮大（庞立君等，2018），不利于加速推进创新驱动发展战略。因此，对于管理者而言，如何促进员工从企业创新失败中有效学习进而促进企业绩效，既任重道远又极富价值。

第三，领导作用关键、变革效用凸显。员工失败学习行为与管理者的领导方式之间有着密切的关联。现有研究表明，作为企业的掌舵者，领导人的行为对员工的经验学习（Shepherd et al.，2011）及创新行为产生重要影响（Carmeli et al.，2014）。失败学习作为嵌入在特定情境下具有创新性的学习行为（Gressgård et al.，2015），同样受到领导行为的影响（Kayes et al.，2016）。在众多领导方式中，具有领导魅力（idealized influence）、愿景激励（inspirational motivation）、智能激发（intellectual stimulation）和个性化关怀（individualized consideration）等特质的变革型领导被视为一种高效的领导方式（Bass，1999），能够激发团队及成员的学习行为与创新行为（Zhou et al.，2015；Jaiswal et al.，2015；Masood et al.，2017；Bouwmans et al.，2017）。因创新具有风险性和复杂性，团队已成为创新活动常见的组织形式（Bai et al.，2016），这使得企业员工在进行失败学习时，既受到自身因素的作用，又受到所在团队因素的影响。因此，需要综合考虑团队与个人多层面因素才能与企业实际情况贴近，有效促进员工开展失败学习活动。近年来，随着研究的深入，学者们发现，变革型领导行为具有多层面特点——同时包含针对团队整体的行为以及针对下属个体的行为（Kark et al.，2002），其灵活的结构能够满足创新失败学习的多层面分析需求，能够较为全面、真实地反映员工创新失败学习的过程。

鉴于变革型领导的多层面特征及创新失败的普遍性和价值性，有必要深入探究变革型领导对员工失败学习行为的影响，并从团队和个体层面出发，系统而深入地揭示变革型领导与失败学习间的"黑箱"机制以及这一影响过程中的边界条件。同时，在个体与组织不同层面探寻变革型领导如何通过促进不同层面的失败学习进而促进个体创造力及企业绩效。研究结论能够为在创新驱动发展战略指引下开展创新的企业从创新失败走向创新成功提供科学、合理的策略建议。

第四，失败到成功，组织支持尤为重要。失败学习不是易事，失败给员工带来物质与精神双重压力（庞立君 等，2022），从失败中学习既需破旧立新的智慧和能力，又需直面风险的勇气与鼓励，这使得让员工感受到来自组织多元的物质及精神支持——组织支持感变得尤为重要。在企业创新情境下，源于组织的多元支持将在员工失败学习形成过程中发挥尤为重要的作用。因此，有必要围绕组织支持在失败学习形成过程中发挥的作用开展深入的研究。

1.1.2 理论世界：失败学习任重而道远

近年来，随着学者们对失败价值的肯定：失败经验有助于组织和个体的成长与发展（胡洪浩等，2011），如何从失败中有效学习继而提升企业后续绩效逐渐成了组织学习领域的重要主题和研究热点。学者们发现组织内失败学习可能源于组织、团队及个体层面，三个层面研究的侧重点又有所不同。首先，在组织层面，现有研究分别探寻了失败学习的前因变量和形成机制（Tucker et al.，2003；Carmeli et al.，2007；Carmeli et al.，2009）、失败学习的作用效果（Madsen et al.，2010；Meschi et al.，2015；于晓宇等，2012；于晓宇等，2013）。其次，在团队层面，学者多在此视角下开展研究，获得了较为丰硕的研究成果，如探寻了失败学习的抑制因素（Cannon et al.，2001）、失败学习的前因变量（Cannon et al.，2001；Carmeli et al.，2011）、失败学习的作用效果（Hirak et al.，2012；卢艳秋等，2020）、失败学习的形成机制（Abraham et al.，2012）以及失败学习的传导作用（姜秀珍等，2011；唐朝永等，2014；王重鸣等，2015；陈玮奕等，2020）。最后，在个体层面，学者指出无论是组织还是团队失败学习，其学习主体均是员工（庞立君，2018），需对其开展深入研究。在此视角下，学者们形成了一系列的研究成果，如失败学习的前因变量（Shepherd et al.，2009；Shepherd et al.，2011；Zhao，2011）、失败学习的作用效果（黄俊锦等，2016；黄海艳等，2016）。总结三个层面的现有文献可以发现，团队层面的研究已较为成熟，而组织与个体层面的研究仍存探索的空间，未能在创新驱动视角下探寻领导力与组织支持（前因变量）等变量对个体、组织层面失败学习的影响机制，以及两个层面失败学习在上述前因变量对个体、组织绩效关系间搭建的传导路径。此外，对失败学习能够有效促进企业绩效的边界条件也鲜有研究。

1.2 研究意义：从创新失败走向创新成功

基于创新驱动视角，本研究聚焦企业创新失败情境，综合运用社会认知理论、领导力理论、社会交换理论、组织学习理论、自我决定理论、高层梯队理论、权变理论探寻失败学习的重要前因变量（变革型领导、组织支持），并探寻失败学习与后续绩效（个人创造力与企业绩效）之间的关系。本研究的贡献在于：系统而深入地揭示失败学习行为的前因变量、形成路径、作用效果及其传导路径。这不仅丰富了社会交换理论、社会认知理论、组织学习理论、自我决定理论、领导力理论、高层梯队理论、权变理论的内涵，而且还进一步拓展了失败学习理论的研究范围，研究结论可以为企业由创新失败走向创新成功提供有益的启示。本研究内容包括理论与实践两方面。

1.2.1 理论上深化对失败学习前因后果的理解

首先，探索创新失败情境下失败学习的前因后果，深化理解企业创新失败和后续创新成功之间的内在关联。现有研究或只关注失败学习的影响因素，或只关注失败学习的效应问题，却均未能将失败学习与其前因和后果纳入同一个大框架中进行分析。系统性的缺失使得各要素的内在关联和影响机理难以得到深入揭示，研究价值大大降低。本研究聚焦于创新失败这一情境，探索失败学习的前因变量，并探寻失败学习和后续绩效之间的关系，将变革型领导、组织支持与现有失败经验和未来成功条件联系在一起，构建系统分析框架，进而明确企业创新失败学习和后续创新成功之间的路径及相互关系。

其次，从单层次与多层次视角出发，探寻员工失败学习形成机制，丰富失败学习理论的多层面研究。尽管实业界和理论界都已认识到创新失败学习的价值，但是对其形成机制以及企业内不同层面失败学习演变机制的理解仍不够充分。现有对失败学习形成机制的研究几乎都集中在单一层面的认知因素，如个体层面的自我效能感（Shepherd et al.，2009），群体层面（团队和组织）的心理安全感（Carmeli，2007；Carmeli et al.，2008）、信任（Carmeli et al.，2011）、心理资本（唐朝永等，2014）等，却忽略了不同层面认知因素的综合作用。实践表明，企业常常以团队形式开展创新活动，这使得员工在失败学习时，往往受到自身及所在群体因素的共同影响。因此，本研究将从单层与双层两方面探寻员工失败学习的形成路径，深化对失败学习形成机制的理解，丰富失败学习理论。

最后，探索在创新失败情境下失败学习对后续绩效的影响以及失败学习在前因变量与结果变量间发挥的传导路径，对创新理论的发展做出贡献。创新理论中关于创新绩效影响因素的阐述较为详细，但在创新失败情境下，失败学习对后续绩效是否有影响？以及受到哪些因素的制约等问题并未引起广泛关注或深入研究，此外失败学习是否在上述前因变量与绩效间发挥传导作用也不得而知，亟需通过研究失败学习对后续绩效（个体与企业）的影响、制约因素及其传导路径以丰富企业创新理论。

1.2.2 实践中有助于纠偏促效

在创新驱动发展战略指引下，企业不得不面对更多的风险与不确定因素，创新失败已然成为企业必须面对的问题。因此，如何从创新失败中吸取经验教训从而持续保持竞争优势已成为当今企业面临的主要挑战和目标。本研究在上述背景下，围绕"失败学习的前因、形成路径、传导路径以及对绩效（个人、企业）的影响"这一核心问题，提出了整体研究模型，运用科学、严谨的方法进行分析，研究结论能够从多方面为企业帮助员工和企业自身在逆境中成长提供有益借鉴。本研究的具体实践意义如下：

首先，纠正社会偏见，树立正确的失败观。受中国古代文化"成王败寇"的影响，社会中存在"成功偏见"或是"反失败偏见"，人们往往以成败论英雄，对成功赞赏有加，对失败者嗤之以鼻，这一观念严重阻碍了人们从失败中有效学习及对知识的积累。本研究的研究成果将揭示失败与成功的关系，明确失败的价值，帮助人们树立正确的失败观念。

其次，深化企业对创新失败学习的理解，提高对潜在失败的洞察力以及从现有失败中学习的能力。并非所有的创新都能成功，但失败也能为企业提供宝贵的学习机会，从失败中获取的知识更具有普适性和实践指导意义（Madsen et al., 2010）。但是，受制于种种因素，企业对于失败学习的重视程度以及从中吸取的经验还远远不足。本研究探索创新失败情境下失败学习的前因、形成路径、传导路径以及对绩效（个人、企业）的影响，相关研究成果可拓宽企业管理者形成全员失败学习的思路，提供切实可行的措施以促进企业在失败中学习，提高企业的后续绩效。

综上所述，本研究将立足创新失败情境，聚焦失败学习这一主题，通过社会认知理论、领导力理论、社会交换理论、组织学习理论、自我决定理论、高层梯队理论、权变理论等观点，综合运用文献阅读法、深入访谈法、问卷调查等方法构建整体研究模型，尝试揭示领导方式、组织支持、失败学习和创新绩效之间的逻辑关系。（1）整体模型中的第一部分，失败学习形成机制研究：分别探寻变革型领导与组织支持感对失败学习行为（员工层与企业层）的影响机制，具体而言研究内容包括：变革型领导（单层次分析）——传导路径（组织心理所有权，组织支持感）——员工失败学习；变革型领导（多层次分析）——传导路径（团队心理安全感，组织支持感）——员工失败学习；组织支持感——传导路径（自我效能、情感承诺与责任感）——员工失败学习（单环失败学习、双环失败学习）。（2）第二部分，失败学习对绩效的影响及其传导路径研究，具体而言研究内容包括：失败学习（单环失败学习、双环失败学习）×企业战略（探索型战略、防御型战略）——企业绩效（短期绩效、长期绩效）；组织支持感——传导路径（员工失败学习）——员工创造力；变革型领导×动态环境——传导路径（单环失败学习、双环失败学习）——企业绩效。研究结论在丰富失败学习研究、企业创新研究以及企业开展失败学习方面有着重要的实践价值。

1.3　重点探寻失败学习的前因与后果

　　本研究以创新驱动为视角，聚焦于企业创新失败情境，建立一个具备较强解释力的理论模型，深化对创新失败学习与后续创新绩效之间关系的理解，帮助和指导中国企业在失败中快速、高效地学习，提升创新能力和绩效，为加速推进创新驱动发展战略贡献绵薄之力。

　　不同于现有文献笼统地对失败学习进行研究，本研究围绕企业创新失败情境特征，深化对特定创新失败情境下失败学习的前因变量、形成路径、作用效果及其传导路径的理解，构建并检验研究模型。第一部分，失败学习形成路径研究："变革型领导（单层次分析）——传导路径（组织心理所有权，组织支持感）——员工失败学习；变革型领导（多层次分析）——传导路径（团队心理安全感，组织支持感）——员工失败学习；组织支持感——传导路径（自我效能、情感承诺与责任感）——员工失败学习（单环失败学习、双环失败学习）"。第二部分，失败学习的传导路径及其对创新绩效的影响研究："组织支持感——传导路径（员工失败学习）——员工创造力；变革型领导×动态环境——传导路径（单环失败学习、双环失败学习）——企业绩效；失败学习（单环失败学习、双环失败学习）×企业战略（探索型战略、防御型战略）——企业绩效（短期绩效、长期绩效）"。在拓宽现有失败学习研究的同时，也从理论和实证方面解释同样对自身失败进行反思和学习，为何不同企业间的后续绩效存在较大差异。

　　本研究以变革型领导、组织支持感、失败学习、绩效（企业绩效与个体创造力）为研究重点，构建变量之间的关系模型。根据上述研究内容，本研究共分为9章，各章具体内容如下：

　　第1章：绪论。首先，根据创新驱动的特征构建研究的情境——企业创新失败，继而介绍本研究的现实及理论背景，阐述现实与理论意义；其次，介绍研究目标及主要研究内容；最后，阐述研究方法与研究思路。

　　第2章：文献综述。首先，围绕失败情境下失败学习的形成路径、失败情境下失败学习路径、失败情境下失败学习与后续创新的关系进行梳理，其次，对本研究所涉及的核心研究变量进行归纳总结；最后，在对相关研究系统回顾与归纳总结的基础上，明晰未来研究方向。

　　第3章：研究模型构建。阐述相关理论基础与国内外研究，理论基础包括：社会认知理论、领导力理论、社会交换理论、组织学习理论、自我决定理论、高层梯队理论、权变理论等内容。本书重点介绍上述理论的发展历程及对本研究的支撑作用，根据相关理论研究，构建失败学习形成路径的作用效果及传导路径的研究模型。

第4章：单层次变革型领导对员工失败学习的影响路径。根据社会认知理论，本章尝试探寻单层次变革型领导如何通过影响组织心理所有权、组织支持感继而促进员工失败学习行为，针对提出的假设综合运用问卷调研及实证分析方法对其进行检验，以期从个体层次丰富创新失败情境下企业失败学习的前因及形成机制研究。

第5章：双层次变革型领导对员工失败学习的影响路径。基于组织学习理论、领导力理论、社会交换理论及社会认知理论，本章分别在个体层面与团队层面尝试探寻双层次变革型领导对员工失败学习的影响，具体包括：在个体层面，个体导向的变革型领导、组织支持感、员工失败学习行为三者间的关系假设，组织支持感的中介作用与传统性的调节作用等理论假设；在团队层面，团队导向的变革型领导、团队心理安全感与员工失败学习行为三者间的关系假设，团队心理安全感的中介作用等理论假设。针对提出的假设综合运用问卷调研及实证分析方法对其进行检验，以期从个体及团队层面丰富创新失败情境下企业失败学习的前因及形成机制研究。

第6章：组织支持感对员工失败学习的影响路径。根据社会交换理论与自我决定理论，本章尝试探寻组织支持感如何通过影响自我效能感、情感承诺与责任感继而促进员工失败学习行为，同时探寻不同传导路径的差异，针对提出的假设综合运用问卷调研及实证分析方法对其进行检验，以期从个体层面丰富创新失败情境下企业失败学习的前因及形成机制研究。

第7章：失败学习与战略导向的匹配对企业绩效的影响。根据组织学习理论及权变理论，本章尝试探寻失败学习（单双环）、战略导向（探索型和防御型）与企业绩效（短期与长期）三者间的关系，阐释不同失败学习模式对企业绩效差异化的影响，以及不同失败学习模式与不同战略导向的最佳匹配问题，以期从组织层面丰富创新失败情境下企业失败学习作用效果的研究。

第8章：组织支持感与员工创造力：失败学习的传导路径。根据组织学习理论，本章尝试探寻组织支持感如何通过影响员工失败学习行为进而促进员工创造力，针对提出的假设综合运用问卷调研及实证分析方法对其进行检验，以期从个体层面丰富创新失败情境下企业失败学习的传导路径及作用效果的研究。

第9章：变革型领导与企业绩效：失败学习的传导路径。根据高层梯队理论，本章尝试探寻CEO变革型领导行为对企业绩效的影响机制及其边界条件，即失败学习在变革型领导与企业绩效间的中介作用，以及动态环境在CEO变革型领导行为与失败学习（单环与双环）关系间的调节作用，针对提出的假设综合运用问卷调研及实证分析方法对其进行检验，以期从组织层面丰富创新失败情境下企业失败学习的作用效果及其传导路径的研究。

1.4 理论与实践多方法研究的融合

为探讨在创新失败情境下失败学习的前因变量、形成路径、作用效果及其传导路径，本研究在研究过程中，注重理论研究与实践研究相结合、定性分析方法与定量分析方法配合使用，综合运用文献查阅法、深入访谈法、追溯法、问卷调查法和实证分析法等进行分析研究。

第一，文献查阅法。充分利用国内外各种数据库进行相关研究文献的收集及分析。在精细阅读的基础上，通过梳理领导力理论、社会认知理论、组织学习理论、社会交换理论、高层梯队理论、权变理论等以及研究的核心变量，归纳总结研究现状及不足之处，为提出研究问题和构建研究框架奠定基础。

第二，深入访谈法。本研究采用一对一的深入访谈方式与企业管理者和员工进行交流并了解企业创新失败的详细情况，探明在创新失败情境下团队心理安全感和组织支持感的具体表现形式，以确定变量的维度和测量量表。

第三，追溯研究法。本研究的研究主题具有时间序列特点，因此，调研过程采用了追溯研究法。一些具有创新失败经历的企业，其失败学习过程可能早已发生，需要研究人员通过设置提示性情境唤起回忆。

第四，问卷调查法。本研究的研究过程将遵循科学、严谨的实证研究范式，在构建整体框架基础上，界定变量的内涵及外延，结合访谈内容与研究情境选取合适的量表进行测量。通过邀请组织学习领域的专家及企业经营管理者开展讨论，进一步对问卷进行修改和完善，最终，设计出正式调研问卷。在华南、华东、华北与东北等地选取近2年内经历过创新失败的企业，以实地调查的方式开展正式调研，获取数据并验证提出的假设。

第五，统计分析法。对获取的数据进行筛选，并综合运用SPSS、LISREL、MPLUS、HLM等软件对有效数据进行探索性因子分析，确定量表的最优题项，并进行信度与聚合效度检验；运用验证性因子分析方法，进行变量间的区分效度检验；运用结构方程与多层结构方程模型，检验失败学习的形成机制、作用效果及其传导路径模型。

1.5 从理论推演到实证检验的技术路线

为探讨在创新失败情境下失败学习的前因变量、形成路径、传导路径以及作用效果，本研究在对相关理论和文献梳理的基础上，构建并检验研究模型。第一部分，失败学习形成路径研究：" 变革型领导（单层次分析）——传导路径（组织心理所有权，组织支持感）——员工失败学习；变革型领导（多层次分析）——传导路径（团队心理安全感，组织支持感）——员工失败学习；组织支持感——传导路径（自我效能、情感承诺与责任感）——员工失败学习（单环失败学习、双环失败学习）"。第二部分，失败学习的传导路径及其对创新绩效的影响研究："组织支持感——传导路径（员工失败学习）——员工创造力；变革型领导×动态环境——传导路径（单环失败学习、双环失败学习）——企业绩效；失败学习（单环失败学习、双环失败学习）×企业战略（探索型战略、防御型战略）——企业绩效（短期绩效、长期绩效）"。根据研究内容及研究情境的特点，本研究的技术路线将以"理论提炼与企业实践问题归纳——研究模型构建——假设提出——实证研究——结论分析"这一规范的研究思路展开。本研究的技术路线如图1.2所示。

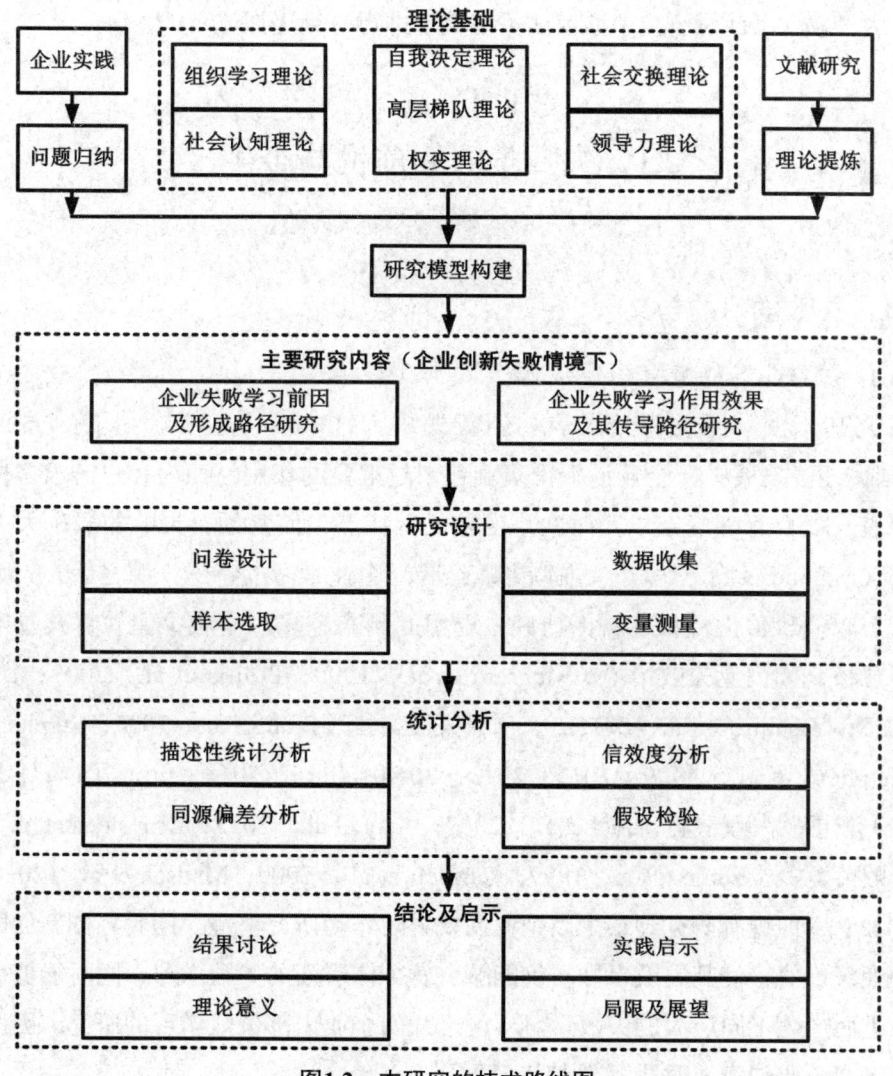

图1.2 本研究的技术路线图

2 失败学习及其他关键变量的前世与今生

本研究按照以下逻辑顺序进行文献梳理：首先，归纳失败学习的研究情境，阐述选择创新失败作为研究情境的原因。基于研究内容，按照"失败情境下失败学习的形成路径——失败情境下失败学习路径——失败情境下失败学习与后续创新的关系"这一分析路径进行归纳。最后，针对研究中涉及的关键变量进行研究述评。

2.1 失败学习的前世与今生

2.1.1 失败学习的含义

2.1.1.1 失败学习的情境

本研究基于创新驱动视角聚焦"创新失败"这一情境主要有如下两方面原因：（1）在国民经济发展中，企业创新扮演着越来越重要的作用，而因客户需求多样化、技术原理深奥、项目管理复杂以及时间跨度较长等特点，使其创新失败的概率大大增加；（2）自从Fredland et al.（1976）强调失败经验是企业学习的特殊来源之后，失败这一普遍发生、有较高价值但却被忽视的研究主题引起越来越多的学者关注并将其置于各种情境中进行分析，如创业失败情境（Mcgrath et al., 1999；Politis et al., 2009；Ucbasaran et al., 2013；Yasuhiro et al., 2015）、项目失败情境（Fran et al., 2005；Stephen et al., 2006；Shepherd et al., 2009、2011、2013、2014；Choi, 2014；yu, 2014；Fedoruk et al., 2015）、事故失败情境（Joel et al., 2007；Ajay et al., 2013；Drupsteen et al., 2014）及一般失败情境等（Edmondson, 1999；Carmeli et al., 2009；Madsen et al., 2010；Hirak et al., 2012），但现有研究却很少以企业创新失败作为研究情境。同时，创新的团队属性及较大的经济价值，使其失败事件不仅能够引发个体层面的失败学习，同时能够引起企业的关注，进而产生不同层面的失败学习，便于开展企业内部失败学习的研究。因此，本研究将立足于"企业创新失败"这一情境开展研究。

2.1.1.2 失败学习的含义

失败学习的研究源于管理决策（胡洪浩等，2011），决策者对决策结果不满意时，往往会搜寻其他的方案以此来达成期望（Siom，1957），这一过程可以看作是失败学习。在组织行为领域，有些学者秉持着类似的观点，他们认为，失败学习行为的内涵是当组织绩效出现偏差而未能实现预期目标时，分析偏差出现的原因并加以改正（Tucker et al.，2003）。Deciel et al.（1985）从经验学习视角出发，认为失败学习行为是指组织或个体从失败中吸取经验教训、更正错误、开启新行为的过程。也有一些学者从创业的视角出发，认为失败学习是指当创业者未能实现预期目标时，从此次失败的经验教训中获得的创业行为或行为潜能相对持久的改变，（Politis et al.，2009；于晓宇等，2012）。此外，从组织学习的知识管理角度来看，学者们认为失败学习即从个人或他人的失败中学习，并非单纯地避免同类失败事件的重复，而是一个行为与反思的过程，并借此获得独特的知识（Politis，2005）。与Politis（2005）观点类似，Green et al.（2003）和Holcomb et al.（2009）发现，失败中蕴藏着大量的新知识，个体可以借助反思失败而获得独特的知识，随后将此类知识应用到后续的活动中，为未来成功做铺垫。从组织学习的过程视角出发，学者们认为，失败学习是指个体经历尝试——错误——再尝试——再错误而使错误率逐渐减少、成功率不断增加的过程（Rerup et al.，2011）。Edmondson（2011）在进行系统、科学而深入的剖析之后提出，失败学习行为的过程包括三个步骤，分别是：识别失败（identifying failures）——分析失败（analyzing failures）——精心设计实验（deliberate experimentation）。她认为大多数失败难以有效学习的首要原因便是未能发现失败，因此，她将识别失败作为从失败中学习的起点，通过全面质量管理和请求顾客反馈的方式探测惯例操作中的失败；一旦找到失败，先分析其内在根源，在分析失败的过程中需要系统地考虑组织、团队和个体三个层面的因素，如组织的战略、规章制度、团队的氛围以及个体的情绪和认知因素等，以便探明失败的原因；最后，进行系统的、富有意义的试验，创建能够使成员体验与感受失败事件的机会，从而为组织获得新的知识，提升竞争力。

2.1.1.3 企业失败学习模式

失败学习模式是指企业失败后采取的学习方式。现有的研究主要有以下三种失败学习模式：第一类以组织学习理论为研究视角（Argyris et al.，1978），将失败学习模式分为单环和双环两种方式（Hackman et al.，1995；于晓宇等，2013）。单环学习是指企业得到企业行为和结果的反馈后，对现有行为或目标进行调整，使企业的表现能够符合企业既定的规范；而双环学习是指企业不仅对现有问题进行思考和调整，还会对当前行动及目标的前提和规范进行反思和变更。杜维（2015）将失败学习分为探索式和利用式两种：探索式失败学习是指企业在研究失败经验的基础上发现、创造新领域或者新技术，其本质是以失败经验为基础，强调对新知识的获取和试验；利用式失败学习是指企业在吸取失败经验的基础上提高、拓展已有的能力或范式，其本质是以失败经验为依托，强调对现有知识的提炼和改进。虽然上述学者的表述不同，但观点基本相似——探索式学习类似双环学习，通过改变心智模式、规范而获取新知识，属于深入、高阶的学习方式；利用式学习类似单环学习，是在既定的框架和规范下对行为及目标进行修正。组织学习理论存在一个假设，即企业可以从自身经历中直接学习。第二类以认知理论为研究视角（Bandura，1977），认为企业除了可以从自身失败经历中学习，也可以借鉴其他企业失败的案例进而从中获益（Kim et al.，2007；Francis，2010）。认知理论拓宽了失败学习的渠道，将间接学习这一模式带入人们的视野。第三类以情境学习理论（Lave et al.，1991）为研究视角，认为企业的失败学习是一个社会性活动，企业除了可以观察和模仿他人经验，还需要与外界保持良好的关系与互动（Carmeli，2007；Bartsch，2013；唐朝永，2014；查成伟，2015）。

在企业创新失败情境下，以组织学习理论为基础的单环学习模式和双环学习模式对企业的失败学习行为具有更强的解释力。主要因为，一方面，创新过程蕴藏着对未知事物错综复杂的探寻，在总结失败经验教训时既需对行为和目标进行重新审视，解决现有问题，也更需要打破现有的心智模式和规范，进行整体、系统性的反思，这样才能深层次剖析失败的真正原因。另一方面，内外部失败学习的作用机制存在差异（Kim et al.，2007；Madsen et al.，2010），本研究在进行研究时将创新失败仅限定于企业自身的经历，而外在的失败学习行为并不在考虑之内。

2.1.2 失败学习的结构及测量

现有的失败情境下不同层面学习行为的研究大多采用概念化或是质性研究方法，在少量的定量研究中，尚未形成较为一致的测量量表。现有相关的定量研究中具有代表性的主要包括：Tucker et al.（2003）在组织层面开发了五题项测量量表；于晓宇等（2013）开发了四题项测量量表，包括"公司鼓励员工询问'我们为什么这么做？'""公司鼓励员工询问有没有更好的方式提供产品或服务""公司会提醒员工停下手中事情，反省当前工作流程""公司提醒员工在讨论中考虑得出结论的前提或假设"；在团队层面，Cannon et al.（2001）开发了三题项测量量表；在个体层面，Shepherd et al.（2011）开发了八题项测量量表，上述测量量表的题项具体内容如表2.1所示。由此可见，失败学习行为的测量量表既有群体层面（团队和组织），又有个体层面，且多以群体层面为主，尤其集中在团队层面。而对个体失败学习行为进行测量时，有部分学者直接使用Carmeli et al.（2009，2012）开发的群体量表（唐朝永等，2014；唐朝永等，2016），但大多学者以群体层面的量表为基础，将以组织或团队为主体的失败学习行为调整为以员工为主体的失败学习行为

（于晓宇等，2013；黄海艳等，2016；黄锦俊等，2016；卢艳秋等，2018）。

表2.1 失败学习行为的结构及测量

层面	作者	题项
组织	Tucker et al.（2003）；Carmeli et al.（2007，2009）	当完成任务的资源匮乏时，组织内员工能够及时给出解决方案，并将问题进行上报
		当员工犯错时，其他人并不责怪，而是从中学习经验
		犯错时，员工会主动上报并能够提醒其他成员从自己的错误中学习
		企业非常鼓励成员询问"我们为什么这么做"
		企业非常鼓励成员询问"能否有更优的方式生产并提供相应的产品和服务"
	于晓宇 等（2013）	公司鼓励员工思考及询问"为什么我们这么做？"
		公司鼓励员工思考及询问有没有更好的方式提供产品或服务
		公司会提醒员工反思当前工作流程
		公司会鼓励员工通过讨论得出结论的前提或假设
团队	Rybowiak et al.（1999）	错误有助于团队工作的改进
		错误为解决现有问题提供重要信息
		错误能够使我们明白该怎样进行工作改进活动
		成员能及时从自身的工作差错中吸取经验
		错中求学，成员可减少不必要的失误
		我们能有效纠正大多数错误
	Cannon et al.（2001）	整个团队会探讨错误及预防错误的方法，并从中学习
		遇到不同意见时，团队喜欢在私下处理，而非公开讨论
		团队中的问题总会交予恰当的人进行处理
		如何你在团队中犯错，会受到团队的鄙视
	Carmeli et al.（2012）	在高层管理团队中，如果完成某类任务的资源匮乏，团队成员能够提供解决问题的方案，并及时通知彼此
		在高层管理团队，当有人犯错误时，他们告知其他成员从中学习
		当有人犯错误时，其他成员并不责怪，而是从中学习经验

续表

层面	作者	题项
个体	Shepherd et al.（2011）	与个人相关：我更加愿意帮助他人处理失败
		与个人相关：对于他人在项目方面的不足，我会更加宽容
		与个人相关：在工作方面我成了一个更加宽容的人
		与项目相关：我学会了如何更好地执行项目策略
		与项目相关：我能够更加有效率地运行项目
		与项目相关：我提高了能力并为项目做了更多的贡献
		与项目相关：我能够更早地预见项目中的潜在问题
		与项目相关：我现在清楚地知道项目失败的原因
	黄海艳 等（2016）；于晓宇 等（2013）	员工遇到困难时能够主动寻找解决办法，并将问题反映给管理层
		员工犯错或失误时，同事并不责备，而是从中学习
		员工犯错或失误后，常会告诉同事，使其从中学习
	黄锦俊 等（2016）；卢艳秋 等（2018）	当我犯错或失误时，同事并不责备，而是从中学习经验
		当我犯错或失误时，会通过自我反思从中吸取经验
		当我犯错或失误时，会与同事分享并共同学习
		我经常思索"为什么我们这么做"
		我经常思索"能否可以以更优的方式生产并提供相应的产品和服务"

2.1.3 失败情境下失败学习的前因及后果

多年来，学者们一直关注失败的价值，并倾注了大量的心血探明失败学习行为对员工、团队和组织不同层面的影响，且取得了丰硕的成果。近年来，在明确失败学习价值的基础上，学者们逐渐将研究重点转移到失败学习的前因变量及其形成机制方面，并对失败学习行为的抑制因素做了深入探寻，具体研究内容如表2.2和表2.3所示。

表2.2 失败学习行为的抑制因素

层面	作者	结论
组织	Argyris（1990）	组织的"奖励成功、惩罚失败"与"问责"制度等
	Madsen et al.（2010）	组织之间技术与流程方面的差异导致组织间在学习过程中会产生技术和结构等方面的障碍
	胡洪浩 等（2011）	组织难以认定造成失败的当事人，无法发现失败事件，使其难以开展失败学习活动

续表

层面	作者	结论
团队	Cannon et al.（2001）	因失败学习具有一定的风险性，因此，团队内的良好人际氛围尤为关键，但在构建人际氛围的过程中容易受到人际交往技能和对失败正确认知的制约
个体	Levinthal et al.（1993）	根据归因理论，人们喜欢将成功归因为内部因素（如自己努力、能力等），而将失败归因为外部因素（如运气不佳），这导致其难以从失败中获取有价值的知识
个体	Shepherd et al.（2009）；Cusin（2012）	失败容易引发负面情绪，若不能处理好悲伤情绪，抚平失败带来的创伤，将会阻碍失败学习行为的发生
个体	Cannon et al.（2001）；Yamakawa et al.（2010）	失败的经历会削弱个体的自尊、自我效能，产生"我真的不行"的心理暗示和对失败的恐惧，从而难以开展有效的失败学习活动

表2.3　失败学习行为的前因变量及结果变量

层次	作者	前因变量/结果变量	结论
组织	Tucker et al.（2003）	前因变量：领导激励和平易近人	领导激励和平易近人等行为能够有效促进失败学习行为
组织	Carmeli et al.（2007）	前因变量：社会资本与心理安全感	社会资本通过心理安全感的中介作用正向影响失败学习行为
组织	Carmeli et al.（2008）	前因变量：学习型领导；结果变量：组织适应工作环境能力	学习型领导通过失败学习的中介作用正向影响组织适应工作环境的能力
组织	Carmeli et al.（2009）	前因变量：高质量关系与心理安全感	高质量关系通过心理安全感的中介作用正向影响失败学习行为
组织	Madsen et al.（2010）	结果变量：未来失败概率	对之前失败事件的学习有助于组织减少类似事件的发生概率
组织	Meschi et al.（2015）	结果变量：组织绩效	对之前失败的收购事件进行学习，会提高后期的收购绩效
组织	于晓宇 等（2012）	前因变量：技术信息获取；结果变量：创新绩效	技术信息获取对新创企业的失败学习有正向影响；失败学习正向影响新创企业的创新绩效
组织	于晓宇 等（2013）	结果变量：企业创新绩效	个体与组织层面的失败学习行为均对企业的创新绩效产生正向影响

续表

层次	作者	前因变量/结果变量	结论
组织	朱雪春 等（2014）	前因变量：知识治理 结果变量：低成本探索式创新与利用式创新	在知识治理与低成本探索式创新关系中，失败学习起完全中介作用，在知识治理与低成本利用式创新关系中，失败学习起部分中介作用
组织	唐朝永 等（2014c）	前因变量：外部创新搜寻 结果变量：创新绩效	外部创新搜寻的搜寻宽度与本地搜寻深度均对失败学习产生正向影响，此外，失败学习对创新绩效产生正向影响，失败学习在外部创新搜寻和组织创新绩效之间具有部分中介作用
组织	查成伟 等（2015）	前因变量：外部社会资本 结果变量：突破创新	外部社会资本的结构资本与关系资本维度正向影响突破创新，并且结构资本与关系资本通过失败学习正向影响突破创新
组织	查成伟 等（2016）	前因变量：高质量关系，心理安全感 结果变量：创新绩效	高质量关系正向影响创新绩效，并且通过心理安全感和失败学习正向影响创新绩效
团队	Cannon et al.（2001）	前因变量：有效指导，清晰的目标，支持工作环境 结果变量：团队绩效	有效指导、清晰的目标及支持工作环境这三个变量均正向影响失败学习，失败学习正向影响团队绩效
团队	Carmeli et al.（2011）	前因变量：CEO关系型领导，团队成员信任 结果变量：战略决策质量	CEO关系型领导通过团队成员信任正向影响失败学习，团队成员信任通过失败学习正向影响战略决策质量
团队	Abraham et al.（2012）	前因变量：CEO关系型领导，团队成员信任	团队成员信任在CEO关系型领导与失败学习行为间具有中介作用
团队	Hirak et al.（2012）	前因变量：包容型领导、心理安全 结果变量：团队绩效	包容型领导与心理安全正向影响失败学习，失败学习正向影响团队绩效
团队	姜秀珍 等（2011）	前因变量：团队人力资本，社会资本 结果变量：团队创新	团队人力资本、社会资本通过在错误中学习显著影响团队创新
团队	唐朝永 等（2014b）	前因变量：社会资本 结果变量：创新绩效	社会资本正向影响科研团队创新绩效，并且社会资本通过失败学习正向影响科研团队创新绩效
团队	王重鸣 等（2015）	前因变量：创新团队宽容氛围 结果变量：团队绩效	创新团队宽容氛围通过团队失败学习正向影响团队绩效

续表

层次	作者	前因变量/结果变量	结论
个体	Shepherd et al.（2009）	前因变量：消极情绪	在经历失败后，个体的消极情绪抑制失败学习行为，此外，自我怜悯在上述关系中具有调节作用
	Shepherd et al.（2011）	前因变量：失败后的时间、损失取向和振荡取向	失败后的时间、损失取向和振荡取向均正向影响失败学习
	Zhao（2011）	前因变量：学习动机与消极情绪	在经历失败后，个体的消极情绪通过学习动机的中介作用进而抑制失败学习行为，此外，情绪稳定性在消极情绪与失败学习行为间具有调节作用
	唐朝永 等（2014a）	前因变量：领导包容性，心理安全感，自我效能	领导包容性正向影响失败学习，心理安全感在上述关系中具有中介作用，此外，自我效能感正向影响失败学习
	唐朝永 等（2016）	前因变量：变革型领导，心理所有权	变革型领导通过心理所有权正向影响失败学习
	黄俊锦 等（2016）	结果变量：员工创造力	失败学习行为正向影响员工创造力；在上述关系中人——工作匹配具有正向调节作用；人——工作匹配的调节关系又受到自我决定感的正向再调节
	黄海艳 等（2016）	结果变量：创新行为	失败学习对创新行为具有显著的正向影响；心理弹性和组织创新支持感分别正向调节研发人员的失败学习与其创新行为之间的关系
	卢艳秋 等（2018a）	前因变量：变革型领导，组织支持感和组织心理所有权	创新失败情境下，企业的变革型领导与员工失败学习显著正相关，其中，员工的组织心理所有权和组织支持感在二者之间起部分中介作用；该情境下的中介机制共包含三条传导路径，即可以分别通过组织心理所有权传导、组织支持感传导以及通过组织支持感影响组织心理所有权进行传导
	庞立君 等（2018）	前因变量：组织支持感 结果变量：创造力	在创新失败情境下，组织支持感通过员工失败学习行为正向影响创造力

在失败学习行为影响结果研究中，失败学习对个体、团队与组织等三个层面的创新行为、适应能力与绩效均有正向影响。在失败学习行为抑制因素的研究中，组织层面的抑制因素主要为问责管理制度、组织间流程与技术的差异性；团队层面的抑制因素主要为难以构建良好的人际关系；个体层面的抑制因素主要为心理认知障碍。在失败学习行为前置变量的研究中，结合失败学习行为抑制因素的相关研究成果，在组织与团队层面，学者们主要关注领导因素和关系氛围因素的促进作用，其原因可能是，领导因素一方面能够对组织制度产生重要影响，另一方面能够对组织和团队内良好关系氛围的塑造发挥重要作用；在个体层面，学者们主要关注个体心理因素的触发作用。在失败学习形成机制的研究中，在组织与团队层面，学者们主要关注领导因素、人力资源政策和工作环境等通过关系氛围和学习氛围影响失败学习行为；在个体层面，学者们主要关注领导因素如何通过认知因素影响失败学习行为。

企业失败学习的形成机制受到个体、团队和企业等相关因素的影响（Cannon et al.，2001；胡洪浩等，2011）。（1）个人层面的抑制因素包括心理认知方面：如自尊、自我效能和心理安全感（Cannon et al., 2001; Carmeli, 2007；唐朝永等, 2014）；情绪方面：如焦虑、沮丧、悲伤等负面情绪（Shepherd et al., 2009, 2011; Cusin, 2012）；归因方面：如归为内因或外因，这将会导致不同的学习行为（Eggers et al., 2015; Desal, 2015）。创新失败学习属于企业外行为，自身内在的激励远比外在激励更能促进该行为的产生，所以在失败学习过程中心理认知因素起到了非常重要的作用，也受到较多学者的关注。（2）团队层面的抑制因素主要包括团队内的人际关系氛围，当团队内成员关系不佳时，失败学习难以进行，并在构建人际关系氛围的过程中容易受到人际交往技能和对失败正确认知的制约（胡洪浩等，2011）。（3）企业层面的抑制因素包括影响企业失败学习的制度因素：如激励和问责制，此类奖惩机制（即奖励成功、惩罚失败）严重阻碍了企业成员对失败的识别和分析（Argyris, 1990）。Cannon et al.（2001）指出，企业在失败学习过程中很难确定造成失败的成员，其原因是在设计奖惩制度时并未将失败的正向影响纳入其中考虑。而且，问责制也会降低企业失败学习的积极性，带来负面影响，成员也因此不愿主动去改变企业现有的知识，具体反应为"威胁刚性"（Weick, 1984），或减少信息共享行为以免给自己带来不利的失败调查的相关信息或结论（Sagan, 1993）。

基于对上述抑制因素的分析，学者们从不同层面提出了企业失败学习的促进因素及形成机制，如表2.4所示，相关研究主要聚焦在领导力视角、社会网络视角与心理认知视角。

表2.4 不同层面的失败学习促进因素及形成机制

层次	作者	前因变量/中介变量
组织	领导力视角：	
	Tucker et al.（2003）	前因：领导的激励、平易近人
	Carmeli et al.（2008）	前因：学习型领导
	社会网络视角：	
	Carmeli et al.（2007）、查成伟 等（2015）	前因：社会资本；中介：心理安全感
	Carmeli et al.（2009）、查成伟 等（2016）	前因：高质量关系；中介：心理安全感
	知识搜寻与治理视角：	
	于晓宇 等（2012）	前因：技术信息获取
	唐朝永 等（2014）	前因：外部创新搜寻
	朱雪春 等（2014）	前因：知识治理
	心理认知视角：	
	唐朝永 等（2014）	前因：心理资本；中介：心理安全感
团队	领导力视角：	
	Cannon et al.（2001）	前因：有效指导，清晰的目标，支持工作环境
	Carmeli et al.（2011）、Abraha et al.（2012）	前因：CEO关系型领导；中介：团队成员信任
	Hirak et al.（2012）	前因：包容型领导
	卢艳秋 等（2019）	前因：变革型领导
	社会网络视角：	
	姜秀珍 等（2011）、唐朝永 等（2014）	前因：社会资本，团队人力资本
	王重鸣 等（2015）	前因：创新团队宽容氛围
个体	领导力视角：	
	唐朝永 等（2014）	前因：领导包容性；中介：个体心理安全感
	唐朝永 等（2016）	前因：变革型领导；中介：心理所有权
	卢艳秋 等（2018）	前因：变革型领导；中介：组织支持感，心理所有权
	心理认知视角：	
	庞立君 等（2018）	前因：组织支持感
	Shepherd et al.（2009）	前因：自我效能
	其他视角：	
	Shepherd et al.（2011）	前因：失败后的时间、损失取向和振荡取向。

领导力视角：有效的企业领导行为能够适当消除抑制因素，促进企业失败学习。学者们主要关注某一特定领导行为对企业失败学习的影响。在早期研究中，Cannon et al.（2001）发现，领导指导对失败共享信念产生促进作用，领导的激励、平易近人（Edmondson，2003）和学习能力（Carmeli et al.，2008）也同样具有促进作用，随后的研究不仅发现了关系型领导（Carmeli et al.，2011）与包容型领导（Hirak et al.，2012；唐朝永等，2014a）对失败学习行为的正向影响，也分别探寻出团队成员信任和个体心理安全感在其中发挥的中介作用。近年来，学者们进一步将领导力理论应用于失败学习领域，发现变革型领导对失败学习具有正向影响（唐朝永等，2016；卢艳秋等，2019），并探讨和验证了组织心理所有权和支持感在其中发挥的中介作用（卢艳秋等，2018）。

社会网络视角：学者们发现，良好的社会网络有助于失败学习行为的产生，其中社会资本（Carmeli et al.，2007）、组织内良好的质量关系（Carmeli et al.，2009）和团队成员营造的宽容氛围（王重鸣 等，2015）均正向影响失败学习，且心理认知因素在上述关系中具有中介作用。

心理认知视角：通过将员工的心理安全感、信任感、组织支持感、心理所有权以及自我效能感作为失败学习的前因变量，研究者发现，当员工感知到心理安全时，他们将不再惧怕由犯错引发的对自身不利的影响，能够主动承认失败，分享经验，从而促进企业发展（唐朝永等，2014）。同样，团队成员的彼此信任也能够促进失败学习（Abraha et al.，2012）。自我效能感（认为自己能够完成某项事情的能力）对于个体的激励、情感和行动具有决定性作用（Bandura et al.，1978），拥有较强效能感的员工在工作过程中更加积极主动，也更容易察觉到问题并从失败中吸取有价值的经验（Shepherd et al.，2009；唐朝永等，2014）。员工对组织的支持感和心理所有权同样可以促进对失败事件的反思（卢艳秋等，2018）。同时，将上述心理认知变量融入领导力视角与社会网络视角后，学者们发现，关系型领导、变革型领导、领导包容性、社会资本及员工紧密关系等均通过上述心理认知因素对失败学习产生影响（Carmeli et al.，2007；Carmeli et al.，2011；Carmeli et al.，2009；唐朝永等，2014；卢艳秋 等，2018）。

失败情境下失败学习对创新绩效的影响。企业失败学习作为企业创新过程中的一个重要环节，受到学者们广泛关注。创新是一个试错过程，无论成功还是失败都会对创新所需的知识带来改变。以新产品开发失败作为情境，研究发现失败有利于知识的扩散，而从失败中获取的知识将有助于后续研发（Laura et al.，2012）。Tahirsylaj（2012）提出，失败是成功的前提，在经济迅速发展的时代，智能快速失败（intelligent fast failure）可以作为一种能够开发具有价值的新事物以及促进现有技术服务提升的十分关键的理论依据、方法和工具。在高科技市场中，失败学习可以实现商业化的技术创新（Chiesa et al.，

2011）。在面临不可预见的外部环境变化时，反复试错的失败学习能够促进商业模式创新（Sosna，2010）。此外，失败学习有助于产生突破式创新（Dirk et al.，2014）和激进式创新（查成伟，2015），并对低成本、探索式创新和低成本、利用式创新产生正向影响（朱雪春，2014）。对个人而言，失败学习能够正向影响员工的创新行为（黄海艳等，2016）和创造力（黄俊锦等，2016，卢艳秋等，2019）；在团队中，失败学习能够提高战略决策质量（Carmeli et al.，2011），提升团队创新能力（姜秀珍等，2011；谢雅萍等，2018）和后续绩效（Cannon et al.，2001；Hirak et al.，2012；王重鸣等，2015），尤其对研发团队，失败学习对团队的创新能力和创新绩效会产生更加显著的正向影响（谢雅萍等，2015；姜秀珍，2011；唐朝永，2014）；在企业层面，失败学习同样能够提升企业创新能力和创新绩效（杜维等，2015；于晓宇等，2012；于晓宇等，2013；唐朝永等，2014；查成伟等，2016）。学者们从整体创新，创新模式，个体、团队和企业层面的创新能力和创新绩效等方面分别论述了失败学习对创新的直接正向影响。但也有学者指出，失败学习未必总是带来永恒的正能量（Valikangas，2009），它更像一把双刃剑（Cusin，2012），若盲目地开展失败学习行为，不但会学习到错误的知识，甚至还会阻碍企业创新工作及绩效（谢雅萍等，2016）。

2.1.4 小结

学者们从不同视角对失败学习行为的含义进行了详细阐述，虽然语言表述方面有所不同，但对失败学习行为本质的理解呈现如下共同点：首先，失败学习行为是在特定情境下的一种特殊学习行为。在逆境下，针对已经出现的问题或是潜在的问题进行剖析，既具有一般学习行为特征，如交流、互动和思考等，又具有自身独特的属性，如风险和压力等。其次，学习过程伴随着知识的产生。以失败经验为基础，或是通过强调对现有知识的提炼和改进，或是强调对新知识的获取和试验。可见，失败学习行为的本质是：反思并总结失败事件，在此基础上对原有的知识进行进一步的完善或者学习并掌握新的知识，但无论哪种形式，都是知识积累、汇集和相互碰撞的过程。最后，失败学习以改变行为或实现目标为使命。失败学习仅仅是一个过程或是一种手段，通过这一过程往往改变了个体行为，实现了个人或是组织的目标。

当面临失败时，企业内部的失败学习可能来自个人失败学习行为、团队失败学习行为和组织失败学习行为（胡洪浩等，2011）这三个不同的层面。国内学者谢雅萍和梁素蓉（2016）对国内外失败学习的概念进行梳理，总结了组织、团队和个体三个层面失败学习行为的区别与联系。三者共有的本质内涵都强调了失败学习行为针对的是潜在或已发生的问题。一方面，采取措施使原有期望结果得以实现，另一方面，探寻问题产生的深层次原因，理解为何发生失败以及该如何处理，最终吸取失败教训，避免类似事件再次发生。三者不同之处在于，个体层面的失败学习行为更侧重学习者内心的思考与顿悟，是其内心构建学习意义的过程，是一种更倾向于个体主观性的学习行为；而团队层面的失败学习更侧重学习的社会性，团队成员交流互动、集思广益进而挖掘失败的原因，并采取一致的行为解决问题；组织层面的失败学习侧重情景性，将情景与组织融为一体，分析组织面对失败的态度及氛围，以及组织中管理者与员工之间的互动行为，进而提出具有针对性的策略（谢雅萍等，2016）。

现有研究多围绕团队层面的失败学习进行探索，然而其他层面的研究同样颇具价值。本研究重点关注个体层面与组织层面的失败学习行为，根据前人对失败学习行为概念的理解，本研究将企业创新失败情境下的失败学习行为的概念界定为：面对企业创新失败，员工（企业内部）主动对失败事件进行反思、获取知识，并通过行为的调整以减少类似失败再次发生的概率，进而促进企业绩效提升的过程。

通过梳理失败学习行为的相关研究发现，失败学习行为这一主题的研究正处于起步阶段，学者们对于失败学习行为的概念基本达成一致，而对于失败学习行为的结构和维度的研究并未呈现百花齐放的盛况，未来研究可进一步完善和强化。此外，学者们对于失败学习行为的价值已有较为广泛和深入的探讨，但是对于如何高效地从失败中学习（失败学习形成机制），仍存在较大的研究空白。

大多数研究关注团队层面，而对个体层面与组织层面失败学习形成机制的探寻较少。现有研究大多基于关系氛围及领导力视角对组织和团队层面的展开分析，在上述研究中，关系氛围与领导行为均可作为研究对象的内部因素，研究变量之间容易建立联系，但当转向个体层面研究时，领导行为成为外部变量，此时，领导行为对个体失败学习行为的影响则变成全新的研究。因此，利用相关理论对上述因素进行整合并融入于同一框架下已十分必要。现有研究虽基于领导力视角进行了个体失败学习行为形成机制方面的研究，但研究数量较少，且该视角下的研究往往只选取领导某一方面的特质，而对于包含多重属性的变革型领导与失败学习之间关系的探析不够深入具体，未能将双层次变革型领导思想引入，难以深入探讨不同层次的领导行为如何分别对员工失败学习行为产生影响，使得所提出的策略与建议较为零散和片面，难以为企业系统、全面地开展员工失败学习提供有效的指导。此外，有关领导行为对员工失败学习行为影响过程中的调节因素也少有探寻，不利于企业制定具有针对性的失败学习策略；同时，失败学习行为的研究情境要么过于细化——仅仅围绕新产品创新失败（Bang et al., 2017）、具体项目失败（Shepherd et al., 2011），要么过于宽泛——围绕企业创业过程的失败（Yasuhiro et al., 2015）、一般化情境（不对失败设置具体情境）等（Hirak et al., 2012），对于企业经营过程中的创新失败这一较为中观的情境研究较少，这使得现有研究未能总结出有助于创新失败学习的有效结论。

因此，本研究基于创新失败情境，探索双层次变革型领导如何通过团队心理安全感（团队层面）和组织支持感（个体层面）进而影响员工失败学习行为，以及传统性在其中发挥的调节作用。

2.2 其他关键变量

2.2.1 变革型领导

作为领导力理论发展趋势的代表，变革型领导被视为在现代竞争环境中一种高效的领导方式，近年来备受理论界和企业界的关注，且获得了丰硕的研究成果。本部分首先对早期变革型领导的研究成果（变革型领导是什么，包括哪些要素）进行总结和归纳，随后对研究前沿——双层次变革型领导的研究成果（双层次变革型领导的含义、包括的要素种类及其对组织、团队和员工绩效、行为等方面的作用机制）进行梳理和评述。

2.2.1.1 变革型领导的含义

伯恩斯（Burns）于1978在其著名著作《领导力》一书中首次对变革型领导进行了界定，他认为，变革型领导是"有着优秀的工作理念和正确价值观的领导，能够鼓励并激发团队成员的潜力，使其全身心地投入到工作中，能够和成员互相打气支持并促进双方高层次的需求和动机得到进一步提升"。伯恩斯认为，变革型领导能够帮助员工实现高层次需要（如马斯洛提出的自我价值实现），这将有助于下属树立强烈的责任心，汇聚自身的资源和能力帮助组织完成目标。以上述核心思想为基础，巴斯（Bass）于1985年在其著作《超越预期的领导》中进一步对变革型领导的内涵进行了拓展和完善，并认为变革型领导是"首先勾勒出一幅具有吸引力的组织愿景并积极地进行宣传，同时向下属灌输共同的理想和价值观，不断发展他们的知识和技能，并使员工意识到工作本身的重要意义，从而使其承担更多有关工作方面的责任。领导通过与下属营造相互信任的氛围，从而进一步增强对组织的认同和归属感，促使下属能够为了企业利益而牺牲自身利益，从而达到超出预期的结果"。在后续的研究过程中，学者们大多沿着伯恩斯与巴斯的思路对变革型领导的内涵进行补充和完善，如Yukl（1989、1994）认为变革型领导通过影响员工态度和行为等方面，使其对组织使命和愿景产生认同感，并通过充分授权、赋予员工自主性来促使其完成工作任务，同时对组织文化、结构与管理策略进行调整直到彼此相互匹配，进而实现组织目标；Sergiovanni（1990）认为变革型领导能够满足员工高层次的需要与动机，激发员工的潜能和聪明才智,并将自身的道德价值观灌输给员工,唤起员工对组织中道德相关问题的责任心,使其严于律己,从而高标准完成工作任务;Field et al.(1997)认为变革型领导通过构建组织发展愿景以及自身独特的人格魅力,使员工产生高度的认同感,打破组织与员工之间以合同交易为连接纽带的关系,取而代之的是融入更多的情感因素;Robbin(2001)认为变革型领导者具有智能激发、个性化关怀等独具魅力的特质,从而对下属产生巨大的影响力,如增强员工创新能力、树立对工作的责任感、产生对组织发展目标的高度认同感从而实现组织目标;Ackoff(2007)认为变革型领导者向员工描述组织愿景,并增强员工对该愿景能够实现的认同感,激发员工拼搏奋进的精神和无私奉献的精神,使其愿意为组织利益而牺牲个人利益,另外,变革型领导通过营造轻松、愉悦的组织氛围,使员工在愉快的工作环境下实现自我价值,最终实现组织目标。现将代表性的成果进行整理,具体如表2.5所示。

表2.5 不同学者对变革型领导含义界定汇总表

作者	观点
Burns(1978)	变革型领导通过高层次的理念和价值观,激发并鼓舞下属潜在动力,促使下属全力投入工作,并使得领导和下属之间相互鼓励,提升彼此的高层次需求及动机
Bass(1985)	变革型领导勾勒并宣传组织愿景,向下属灌输共同的理想和价值观,不断发展下属的知识和技能,并使员工意识到工作本身的重要意义、通过与下属营造相互信任的氛围,增强其对组织的认同感和归属感,促使下属能够为了企业利益而牺牲自身利益,从而达到超过预期的结果
Yukl(1989、1994)	变革型领导通过影响员工态度和行为等方面,使其对组织使命和愿景产生认同感,并通过充分授权、赋予员工自主性来促使其完成工作任务,同时对组织的文化、结构与管理策略进行调整直到彼此相互匹配,进而实现组织目标
Sergiovanni(1990)	变革型领导能够满足员工高层次的需要与动机,激发员工的潜能和聪明才智,并将自身的道德价值观灌输给员工,唤起员工对组织中道德相关问题的责任心,使其严于律己,高标准完成工作任务
Egri et al.(1994)	变革型领导以其强大的价值观和信仰为基础,构建组织发展愿景,帮助员工洞察其所在的环境,推进组织变革
Waddell(1996)	变革型领导通过与下属创造一种互助、尊重、友善、成长与相互学习的良好工作氛围和环境,帮助员工不断进步、实现自我价值
Field et al.(1997)	变革型领导通过构建组织发展愿景以及自身独特的人格魅力,使员工产生高度的认同感,打破组织与员工之间以合同交易为连接纽带的关系,取而代之的是融入更多的情感因素
Friedman et al.(2000)	变革型领导需要构建组织发展的愿景,并能够激发员工积极参与愿景的构建及后续的实现过程

续表

作者	观点
Robbin（2001）	变革型领导者具有智能激发、个性化关怀等独具魅力的特质，从而对下属产生巨大的影响力，如增强员工创新能力、树立对工作的责任感、产生对组织发展目标的高度认同感从而实现组织目标
Ackoff（2007）	变革型领导者向员工描述组织愿景，并增强员工对该愿景能够实现的认同感，激发员工拼搏奋进的精神和无私奉献的精神，使其愿意为组织利益而牺牲个人利益，另外，变革型领导通过营造轻松、愉悦的组织氛围，使员工在愉快的工作环境下实现自我价值，最终实现组织目标
Liu et al.（2013）	变革型领导鼓励员工积极参与组织决策并提出具有创新性的观点，以此来拓展员工视野并提升自我效能感，从而助推组织变革、实现目标
Williamson（2014）	变革型领导洞察外部环境，推动组织与组织成员变革，从而更好地适应环境

2.2.1.2 变革型领导的维度

Bass（1985）对伯恩斯提出的变革型领导概念进行了补充与完善，并首次对变革型领导的维度进行了深入分析，将其划分为智力激发、魅力——感召领导和个性化关怀三个维度。但在后续的研究中，学者们发现魅力——感召领导这一维度中的魅力与感召表征着不同的含义，于是将原有的变革型领导三维度结构中的魅力——感召领导拆分为感召力和领导魅力两个维度，提出了具有较大影响力的变革型领导四维度结构，即感召力、领导魅力、个性化关怀、智力激发（Bass et al., 1994）。四维度变革型领导一经提出便受到了学者们的关注，并被广泛应用于理论研究之中。其中，领导魅力是指领导能使员工产生信任、崇拜和跟随的一些行为，它包括领导者成为下属行为的典范，得到下属的认同、尊重和信任，这些领导者一般具有高层次的理想、道德要求、价值观、信念、使命感以及较强的个人魅力，深受下属的爱戴和信任。员工认同和支持领导所倡导的愿景规划，并对其成就一番事业寄予厚望。感召力是领导者构建组织发展愿景，通过与员工充分沟通使其认同组织愿景、明确工作意义，激发员工工作热情。个性化关怀指的是领导按照员工的差异化特征，对其工作和职业予以关注并提供支持和指导，从而提高员工工作能力；智力激发指的是领导者鼓励员工创新、挑战自我，即向员工灌输新观念，启发员工发表新见解，允许并激励其重新审视所遇到的困难与问题，积极运用新手段、新方法解决问题，从而提升员工解决问题的能力。随后，Bass等设计了多因素领导行为调研问卷（multifactor leadership questionnaire, MLQ）用以测量变革型领导的四个维度，该问卷后期成了测量变革型领导最具代表性的量表。但有些学者认为，多因素领导行为问卷中对于变革型领导四个维度的划分并不准确，这些维度区分效度较小，应归为一个维度即变革型领导维度（Hartog et al.，1997；Carless，1998）。Rafferty 及其同事（2004）在变革型领导的四维度基础之上添加了个人认可，构成了五维度，并认为个人认可是领导对员工为实现目标付出的努力所给予的充分认可和奖赏，但他们并未开发新量表，只是借鉴了House（1998）对魅力型领导的研究成果以及Podsakoff（1990）对变革型领导六维度结构的研究成果，从中选取部分题项进行简单拼凑，组合成为五维度变革型领导测量量表。Podsakoff 等（1990）在对1977年至1987年间的变革型领导相关研究进行梳理后，认为能够保证领导有效性的变革型领导需包含六个维度，分别是愿景描述、高绩效期望、鼓励合作、榜样示范、个性化关怀以及智力激发。其中，愿景描述是指领导者向员工清晰地描述组织发展愿景，以此来鼓舞员工士气进而为组织做出贡献；高绩效期望是领导者高标准要求员工，为其设定较高的工作目标，并期望员工能够高质量完成工作；榜样示范是指领导者不但对员工给予高期望，同时也以高标准来严格要求自己，能够以身作则，通过示范效应和榜样效应强化员工对领导者的认同感；鼓励合作是指领导者增强员工间的交流、互动与协作，形成信任，从而使员工凝聚在一起来共同实现组织目标；个性化关怀是指领导者对员工在情感和物质上的关心与支持；智力激发指的是领导者鼓励员工从新的角度考虑工作的原有假设，打破原有思考和操作惯例，以新思路新方法解决所遇到的困难及问题。根据各个维度的含义，Podsakoff 等（1990）学者开发了变革型领导六维度结构测量量表，该量表在后续的相关研究中亦得到了广泛应用，成为测量变革型领导的有效工具之一。也有一些学者认为，变革型领导结构中应该包含更多的维度，Carless 等学者（2000）在对金融机构中1 440名员工调研分析的基础上，提出了变革型领导七维度结构的观点，具体包括：给予员工支持、树立领导影响力、标榜示范、授权、鼓励、构建愿景及创新意识等。Kouzes 等（1987）针对团队中的有效领导要素开展研究，并总结出团队变革型领导五维度结构，具体包括：挑战陈规、达成共识、调动成员、模范表率和激发热情等五个维度，在此基础上设计"团队领导行为量表"（team leadership practices inventory，LPI），该量表是具有代表性的团队层面变革型领导的测量工具。

虽然变革型领导的研究始于欧美，但随着领导力理论研究的不断深入及其在企业实践中价值的日益凸显，我国学者也开始将变革型领导理论引入国内，并基于本土情境考虑变革型领导维度。其中，最具代表性的是李超平与石勘（2005）基于中国文化背景提出的变革型领导四维度结构。他们认为，本土化变革型领导包括领导魅力、愿景激励、个性化关怀和德行垂范四个维度，这一观点与Bass提出的结构既有联系，又有区别，其中领导魅力和愿景激励的基本内涵没有变化，领导魅力是指领导业务过硬、思想开明、创新意识强且在工作中高标准严格要求自己；愿景激励是指向员工描绘组织前景，为其指明发展方向并阐述工作的意义。在西方原有的对员工工作和职业的关注外，国内的个性化关怀还增加了对员工家庭和生活的关心。德行垂范是中国变革型领导独特的维度,它强调领导要有吃苦在前享乐在后的奉献牺牲精神,要以身作则、以德服人。在中国文化背景下,西方结构中的智能激发维度并未消失殆尽,而是蕴藏在领导魅力和个性化关怀之中(周浩等,2012)。李琳与陈维政(2015)以国企改革为情境,提出国企的变革型领导是包含个性化关怀、愿景激励、德行垂范、变革创新及领导魅力在内的五维度结构。此外,也有华人学者提出了六维度结构(张丽华,2002)、二阶四维度结构等(孟慧等,2013),但均未得到广泛应用。现将上述有关变革型领导结构维度的研究进行汇总,如表2.6所示:

表2.6 变革型领导结构维度研究汇总表

维度	作者	内容
一维	Hartog et al.(1997) Carless(1998)	对多因素领导行为问卷(MLQ)检验发现,所有维度均载荷在一起,只能得到一个维度即"变革型领导"
三维	Bass(1985)	智力激发、魅力——感召领导和个性化关怀
四维	Bass et al.(1994)	感召力、领导魅力、个性化关怀和智力激发
四维	李超平 等(2005)	领导魅力、愿景激励、个性化关怀和德行垂范
四维	孟慧 等(2013)	影响力、愿景激励、智力激发和个性化关怀
五维	Kouzes et al.(1987)	挑战陈规、达成共识、调动成员、模范表率和激发热情
五维	Rafferty et al.(2004)	支持型领导、智力激发、构建愿景、个人认可和有效沟通
五维	李琳 等(2015)	个性化关怀、愿景激励、德行垂范、变革创新和领导魅力
六维	Podsakoff(1990)	愿景描述、高绩效期望、鼓励合作、榜样示范、个性化关怀和智力激发
七维	Carless et al.(2000)	给予员工支持、具有影响力、标榜示范、授权、激励、构建愿景、培养创新意识

2.2.1.3 双层次变革型领导的研究

(1)双层次变革型领导的提出

早期研究多从整体性的角度对变革型领导的内涵进行界定,只关注变革型领导对单一层面的影响,主要从个体层面出发分析变革型领导与领导有效性之间的关系(张京,2013)。但随着研究的深入,学者们发现,变革型领导的维度分别指向两个不同层面:个体层面和团队层面(Kark et al., 2002),其中,理想化影响和领导感召力指向团队层面,智力激发和个性化关怀指向个体层面。Wu等(2010)认为,团队导向的变革型领导行为聚焦于团队整体,关注团队目标和共同利益,创建相同的价值观及信仰,唤醒其对团队的认同,激发共同努力,并激励团队成员拼搏奋进从而实现共同目标。由于领导者对各个成员均采取类似的领导行为,团队成员更易对其产生较为一致的感知。具体而言,领导者通过清晰地描述共同的团队愿景以及一视同仁的做法,使得团队成员表现出相似的情感、认知和行为。

个体导向的变革型领导行为不再聚焦于整个团队而是聚焦于团队内的个体成员。领导者关注团队内的每一个成员，在充分了解团队成员的基础上，根据每位成员的特点为其设计不同的人生发展轨迹、确定差异化的发展目标、给予针对性的指导和帮助，最大限度地提高员工的工作能力与技巧、自我效能感及自尊等，致使成员对个体导向的变革型领导行为产生不一致的认知（付博，2017）。

目前，学者们逐渐从多层次视角（个体层面与团体层面）对变革型领导进行剖析，如探究双层次变革型领导维度问题、双层次变革型领导作用效果问题，即分析变革型领导在不同层面的作用，其中的作用机制以及可能存在的边界条件等问题。

（2）双层次变革型领导维度划分

基于上述六维度（Podsakoff，1990）和四维度（Bass，1994）的研究成果，学者们对双层次变革型领导维度的划分展开了深入讨论。Kark 等（2002）根据Bass的多因素领导行为问卷，首次提出了双层次变革型领导观点的假设即变革型领导分为团队导向和个人导向，前者有两个维度：理想化影响与领导感召力，后者同样包含两个维度，主要是智力激发与个性化关怀。随后，Schriesheim等（2009）验证了这一假设。Wu 等（2010）也证实了个体导向变革型领导行为的智力激发与个性化关怀二维度结构，但团队导向变革型领导行为则包含三个维度，其中有行为理想化影响、归属理想化影响以及鼓舞性激励。

基于上述六维度（Podsakoff，1990）量表，Wang 等（2005，2010）相继分析了团队导向的变革型领导结构与双层次变革型领导结构，其中，前者包括榜样示范、阐明愿景和提出高绩效期望三个维度；而后者——双层次变革型领导中指向个人的变革型领导包括四个维度，其中有智力激发、个性化关怀、个人认同和高绩效期望等，团队的变革型领导共三个维度，其中包括团队建设、强化团队认同和团队愿景等。与此同时，随着双层次变革型领导研究浪潮的兴起，学者们也逐渐进行中国情境下的相关研究。借鉴Podaskoff 的研究成果，Zhang 等（2013）指出，在中国情境下，团队导向的变革型领导包含促进团队合作、阐明愿景、榜样示范与提出高绩效期望四个维度；个体导向的变革型领导包含智力激发和个性化关怀两个维度，后续多位学者的研究也得到了与Zhang同样的结论（李圭泉等，2014；冯彩玲，2017；梁阜等，2018）。蔡亚华 等（2013）将Wang 等（2010）与Zhang 等（2013）的研究进行整合，认为团队导向的变革型领导包括榜样示范、团队愿景、高绩效期望三个维度，个体导向的变革型领导包括智力激发和个性化关怀两个维度，后续多位学者的研究也验证了蔡亚华的观点（孙永磊等，2016；黄海艳，2016；孙颖等，2017）。现将上述双层次变革型领导维度划分研究成果汇总，详见表2.7所示。

表2.7 双层次变革型领导维度划分

源于Bass（1994）的四维度测量量表		
作者	指向团队	指向个体
Kark et al.（2002） Schriesheim et al.（2009）	理想化影响与领导感召力	智力激发和个性化关怀
Wu et al.（2010）	行为理想化影响、归属理想化影响和鼓舞性激励	智力激发和个性化关怀
Wang et al.（2005）	榜样示范、阐明愿景和提出高绩效期望	未界定
Wang et al.（2010）	团队建设、团队认同和团队愿景	智力激发、个性化关怀、个人认同和高绩效期望
Zhang et al.（2013） 李圭泉 等（2014） 冯彩玲（2017） 梁阜 等（2018）	促进团队合作、阐明愿景、榜样示范与提出高绩效期望	智力激发与个性化关怀
蔡亚华 等（2013） 孙永磊 等（2016） 黄海艳（2016） 孙颖 等（2017）	榜样示范、团队愿景、高绩效期望	智力激发与个性化关怀

根据现有研究可见，双层次变革型领导构念具有动态性和情境性，即双层次变革型领导结构不是一成不变的，甚至会在不同的文化环境中呈现出"自相矛盾"的结论。例如，有相关研究提出将"提出高绩效期望"维度归为团队导向的变革型领导（Wang，2005；李圭泉等，2014；梁阜等，2018），也有一些研究将之归到个体导向的变革型领导（Wang et al.，2010）。付博（2017）认为，之所以出现上述分歧，主要是样本选取不同的文化背景。Wang 和Howell 的研究样本为加拿大企业的领导者及员工，表现出较强的个人主义，领导者对员工的个体绩效十分关注，因此，将"提高绩效期望"归为指向个体的测量；而 Wang 等和国内众多学者的研究样本是来自中国的企业领导者和员工，表现为较强的集体主义，领导者更为关注团队整体绩效，因此将"提高绩效期望"归为指向团队的测量。这也表明在开展领导力研究的过程中需要综合考虑文化因素，正如徐淑英女士所言，在开展管理学研究的过程中，我们是要走康庄大道（中国管理理论），还是羊肠小道（管理的中国理论）？在她眼中，所谓"中国管理理论"是指在中国管理情境下检验西方理论，而"管理的中国理论"则是指针对中国独特的管理现象和问题提出自己的理论。马洪曾指出，在开展管理理论研究的过程中即使外经济管理理论中有可资借鉴的地方，我们也不可盲目照搬，而必须从我国的国情出发，经过我们的分析消化，为我所用，从而制

定出一套适合我国情况的经济管理理论或制度。袁宝华也提出来"为我所主,博采众长,融合提炼,自成一家"。因此,在对中国领导力研究的过程中也需要立足于中国企业经营实践,深入挖掘本土经营管理独有的特征,以此为基础开展具有中国本土化的领导力研究。

(3)双层次变革型领导效果及作用机制

随着双层次变革型领导概念的提出,学者们认识到应突破将变革型领导视为一个整体的传统思维,重点分析双层次变革型领导中,指向团队和指向个体这两种类别对个体和团队两个不同层次结果变量的影响,以及影响过程中的作用机制和可能存在的边界条件。因此,有关双层次变革型领导作用效果和作用机制的分析逐渐成为领导力领域研究的热点问题(张艳清等,2015),在相对较短的时间内,该研究积累了一定的成果。研究成果的具体内容如表2.8所示。

表2.8 双层次变革型领导作用机制汇总表

作者	中介变量	调节变量	结果变量	主要结论
Kark et al.(2002)	领导认同与团队认同	无	自我效能感、自尊、对领导的忠诚、承诺和依赖性;团队凝聚力、有效性、组织公民行为和团队合作	个体导向的变革型领导增强员工对领导的认同,进而对员工的自我效能感、自尊、对领导的忠诚、承诺和依赖性产生正向影响;团队导向的变革型领导增强员工对团队的认同,进而促进团队凝聚力、有效性、组织公民行为及团队合作
Wang et al.(2010)	无	无	员工任务绩效与利他行为	个体导向的变革型领导与员工的任务绩效和个体主动性行为正相关,团队导向的变革型领导与团队绩效和员工的利他行为正相关
Wang et al.(2012)	团队认同感	无	集体效能感、团队绩效、个体心理授权与个体绩效	团队导向的变革型领导行为通过团队认同感正向影响团队绩效与集体效能感;个体导向的变革型领导通过领导认同感正向影响个体绩效与心理授权;团队导向的变革型领导与领导认同感正相关;团队认同感分别与个体绩效和心理授权正相关
Wang et al.(2012)	个体领导认同;团队认同	无	员工绩效、心理授权、团队绩效和集体效能	个体导向的变革型领导通过个体领导认同正向影响员工绩效和心理授权;团队导向的变革型领导通过团队认同正向影响集体效能
Nielsen et al.(2012)	工作环境感知与团队整体工作环境	无	员工幸福感	在个体层,团队导向的变革型领导主要借助员工的工作环境感知来提升员工的幸福感;在团队层面,变革型领导主要借助团队整体工作环境来提升员工的幸福感

续表

作者	中介变量	调节变量	结果变量	主要结论
Tse et al.（2014）	团队认同与个体差异化	无	团队与个体的组织公民行为，员工创造性行为	团队导向的变革型领导正向影响团队与组织的个体组织公民行为，并且团队导向的变革型领导通过团队认同正向影响团队与个体的组织公民行为，个体导向的变革型领导正向影响员工创造性行为，并且个体导向的变革型领导通过个体差异化正向影响员工创造性行为
Li et al.（2014）	归属感、创新性、公平氛围与领导—成员交换关系	无	个体知识分享	团队导向的变革型领导正向影响个体知识分享，并且团队导向的变革型领导通过归属感、创新性、公平氛围三条路径正向影响个体知识分享；个体导向的变革型领导正向影响个体知识分享，并且个体导向的变革型领导通过领导—成员交换关系正向影响个体知识分享
Jiang et al.（2015）	团队知识共享	团队依赖性	团队创新	团队导向的变革型领导对团队创新产生正向影响，其中团队知识共享起中介作用；个体导向的变革型领导对团队创新产生负向影响，其中团队知识共享其中介作用。团队依赖性正向调节团队导向的变革型领导与团队知识共享二者的关系，负向调节个体导向的变革型领导与团队知识共享的关系
蔡亚华 等（2013）	团队交流网络密度与团队成员交流网络密度的差异性	无	团队知识分享及团队创造力	团队导向的变革型领导正向影响团队交流网络密度从而提高团队知识分享；个体导向的变革型领导正向影响团队成员交流网络密度的差异性从而降低团队知识分享；团队知识分享正向影响团队创造力
李圭泉 等（2014）	领导—成员交换关系		知识共享	指向团队与个体的变革型领导均会对知识共享产生正向影响，领导—成员交换关系对上述关系起中介作用
蔡亚华（2014）	研究一：团队交流网络密度、团队成员交流网络密度的差异性 研究二：团队成员目标清晰性感知 研究三：团队关系冲突	研究三：团队中庸思维	研究一：团队知识分享与创造力 研究二：团队成员谏言行为 研究三：团队信息深度加工	研究一：团队导向的变革型领导正向影响团队知识分享，并且团队导向的变革型领导通过团队交流网络密度从而提高团队知识分享，个体导向的变革型领导对团队成员交流网络密度的差异性产生正向影响，从而降低团队知识分享；团队知识分享水平最终会促进团队创造力 研究二：团队导向的变革型领导会促进目标清晰性感知，个体导向的变革型领导会降低目标清晰性感知，目标清晰性感知会促进团队成员的谏言行为，并且部分中介了双层次变革型领导行为与谏言行为之间的关系 研究三：团队导向的变革型领导通过减少团队关系冲突从而正向影响团队信息深度加工，个体导向的变革型领导会通过提高团队关系冲突从而负向影响团队信息深度加工，团队中庸思维在团队关系冲突与团队信息深度加工的负向关系中具有负向调节作用

续表

作者	中介变量	调节变量	结果变量	主要结论
黄海艳（2016）	无	团队成员的心理安全感	团队知识共享	团队导向的变革型领导与团队知识共享之间存在倒U型关系，即随着团队导向变革型领导由弱到强的过程中，团队知识共享先呈现增长趋势，当团队导向变革型领导超过阈值后团队知识共享呈现减弱趋势。个体导向的变革型领导负向影响团队知识共享；团队成员的心理安全在团队导向的变革型领导与团队知识共享倒U型关系间具有正向调节作用；团队成员的心理安全在个体导向的变革型领导与知识共享之间具有负向调节作用
孙永磊（2016）	心理授权	无	组织创造力	指向团队与个人的变革型领导均正向影响组织创造力，并且指向个人的变革型领导促进效果更加显著；个体导向的变革型领导通过心理授权的中介作用正向影响组织创造力；最后，如果团队导向的变革型领导行为未控制好程度，可能会对员工的心理授权体验带来负向的影响
谢俊 等（2016）	结构授权与心理授权	无	团队创造力与个体创造力	团队导向的变革型领导对团队创造力具有正向影响，结构授权在团队导向的变革型领导与团队创造力关系中具有中介作用；个体导向的变革型领导对个体创造力具有正向影响，心理授权在个体导向的变革型领导与个体创造力的关系中具有部分中介作用
冯彩玲（2017）	企业家导向	组织创新气氛	员工创新行为	团队导向的变革型领导正向影响员工创新行为，个体导向的变革型领导负向影响员工创新行为；企业家导向在团队导向的变革型领导与员工创新行为跨层次间具有完全中介作用；组织创新气氛在个体导向的变革型领导与员工创新行为间的具有负向调节作用
付博（2017）	内在动机、自我效能与团队氛围	上下级关系与关系实践	下属角色内绩效和组织公民行为	指向团队与个体的变革型领导均正向影响下属角色内绩效和组织公民行为；内在动机、自我效能与团队氛围在个体导向的变革型领导与下属角色内绩效和组织公民行为之间分别具有中介作用，上下级关系对这一中介过程中具有正向调节作用；在团队导向的变革型领导通过团队氛围的中介作用分别对下属角色内绩效和组织公民行为产生影响，关系实践对这一中介过程具有负向调节作用

续表

作者	中介变量	调节变量	结果变量	主要结论
孙颖 等（2017）	无	领导—成员交换	员工情绪衰竭	指向团队与个人的变革型领导均正向影响员工情绪衰竭，其中，领导—成员交换关系在二者间发挥正向调节作用
梁阜 等（2018）	领导—成员交换	环境动态性与环境竞争性	员工创新行为	指向团队与个人的变革型领导均正向影响员工创新行为，领导—成员交换在个体导向的变革型领导与员工创新行为间具有部分中介作用；环境动态性与环境竞争性的交互项在上述中介关系中具有正向调节作用

2.2.1.4 小结

经历了近半个世纪的发展，变革型领导的含义和结构已比较清晰，并取得了较为丰硕的研究成果。众多学者从各自不同的视角对变革型领导的含义做了详细的阐述，虽然语言表述方面有所不同，但对变革型领导本质的理解呈现如下共同点：第一，变革型领导是企业内部优秀的学习榜样，其魅力可以深深地吸引和折服员工，使得领导与员工之间，员工与组织之间超越了简单的物质交换关系，并建立了以情感为纽带的更加稳健的关系；第二，变革型领导具有前瞻的战略思想，如构建组织发展的愿景并向组织员工进行灌输，鼓励员工为组织发展前景而努力，关注组织长期发展目标等；第三，变革型领导是"急员工之所急，想员工之所想"式的好领导，会为了员工更好地发展而努力创造良好的工作环境和氛围，激励员工勇于尝试，大胆创新，帮助员工克服工作甚至家庭生活中所遇到的种种困难；第四，变革型领导具有极强的领导艺术，不仅强调物质激励，还更加注重精神鼓舞，对员工内在心理要素产生了巨大的影响，如引导员工提升内在工作动机，刺激自我实现的需要，鼓励员工勇于承担责任，激发员工工作的积极性及产生对组织的认同感等；第五，变革型领导具有极强的职业道德素质，为了组织发展壮大和员工个人成长，能够严于律己、不辞辛苦地引领组织开展变革，并勇于接受诸多不确定性和风险性的挑战。结合企业创新失败的背景并融合变革型领导的上述内涵，本研究中的双层次变革型领导含义为：在企业创新失败情境下，领导者具有独特的个人魅力和领导艺术，通过构建组织愿景、唤起下属内在动机、满足下属高层次需要，并给予员工关心和关怀，从而激发员工拼搏奋进的工作精神，最终实现员工与组织的双重发展。在相关基础上，学者们提出了双层次变革型领导观点，倡导应同时从个体层面和团队层面对变革型领导的作用机制问题展开研究。学者们认为，将"层面分析"引入变革型领导领域，开展双层次变革型领导研究，不仅能够深化领导行为的分层面研究，还能够拓宽领导力提升的研究视角（张艳清等，2015）。这些观点推动着双层次变革型领导理论的不断发展，但从双层次变革型领导已有研究文献来看，仍存在较多不足之处。

一方面，由于受到研究时间限制，目前，双层次变革型领导理论发展仍处于初期阶段，相关研究相对较少，尚未构成完整的体系，对作用效果变量的探寻大多局限于创新和创造行为、知识共享和绩效这类结果变量方面，而关于双层次变革型领导对其他变量（尤其是由经营活动中普遍存在的现象而引发的富有价值的行为）影响的研究较少，对其影响机制和可能存在的边界条件的探寻更是匮乏。

另一方面，团队导向及个体导向的变革型领导，均会对员工行为产生影响，然而，现有研究往往孤立地分析个体导向的领导行为对员工个体所产生的影响，或是团队导向的领导行为对整个团队产生的影响，未能将不同层面的领导行为对团队和下属认知及行为的影响整合在同一研究框架，缺少对领导行为的整体理解（付博，2017）。

综上所述，未来可将分层视角与整体视角相结合，对双层次变革型领导进行研究，即从个体和团队两个层面从发，分析二者共同对组织内富有价值的员工行为的影响，揭示其中的作用机制以及可能存在的边界条件。

2.2.2 团队心理安全感

2.2.2.1 团队心理安全感的含义

Schein et al.（1965）将心理安全感引入到组织行为学中，并将其界定为群体内成员间互相支持的一种普遍感受，这种感受能使成员愿意承担具有创新性以及需要一定勇气去完成的任务。在后续的研究中，学者们将心理安全感描述为个体层面的变量，即反映了员工心理状态以及自我感知，是其可以不担心因充分展示自己而损伤形象和地位等的一种内心感受（Kahn，1990）。但随着对心理安全感研究的不断深入，学者们对其内含的认识突破了个体层面，逐渐转向团队层面和组织层面。Edmondson（1999）首次将心理安全感与团队研究融合在一起，对团队心理安全感的内涵进行界定（team psychological safety）并发现，在团队学习过程中，团队成员不可避免地遇到让自己产生压力的事情，如当面揭发他人错误、发表对组织规则和制度的负面观点或与同事进行争论等。由于此类事件容易导致员工人际关系破裂，增加员工心理顾虑，从而使得员工不愿意参与此类活动，因此想要消除这种担忧和顾虑，就需要团队营造出"团队安全"的气氛，即团队心理安全感。Edmondson认为，团队心理安全感是团队成员所普遍接受的信念，即团队中所有人都认为在团队内人际冒险（interpersonal risk taking）是安全的。Brown等（1996）将心理安全感拓展到组织层面，认为与团队心理安全感概念类似，组织心理安全感也是组织成员的共享信念，表现为一种组织共享氛围，在这样的工作氛围中，成员之间相互信任并能够畅所欲言，不必担心受到惩罚或报复等负面的影响。组织心理安全感有三个明显的特征，即员工感受到组织中的支持性管理、清晰的工作角色定位及自我表达的准许。本研究将围绕团队层面的视角，关注团队心理安全感。

2.2.2.2 团队心理安全感的结构及测量

学者们采用不同的量表对不同层面的心理安全感进行测量。在个体层面，学者们将心理安全感视为单维结构或二维结构，其中，单维量表大多源于已有的经典量表。如，改编自Kahn（1990）的3题项量表（May et al., 2004）；改编自Edmondson（1999）的3题项量表（Detert et al, 2007）以及改编自Brown等（1996）的5题项量表（Liang et al., 2012）。在二维结构中，Tyan基于Edmondson的研究，对心理安全感的构念层次进行了重新界定，构建了心理安全感的两个对子水平（dyadic-level）维度，即自我心理安全感（self psychological safety）和他人心理安全感（other psychological safety），自我心理安全感指的是个体从情绪上感知到的他人对于自己安全感的影响。自我心理安全感表现为个体感觉到他人是否会为难自己，是否会尊重和信任自己。他人心理安全感指的是在与他人的关系中知觉到他人是否感到安全，主要体现为：当个体感觉到他人心理不安全时，就会在人际交往中处处躲避；反之，当感知到他人心理安全感时，会有更多的交往互动（凌斌等，2010）。

在团队层面，学者们将心理安全感视为单维结构或四维结构，其中，单维结构的研究主要以Edmondson为代表。Edmondson（1999）基于对一个大型企业中的51个团队的研究，开发出包含团队成员间交流、互助和行为方式在内的单维度团队心理安全感测量量表。该量表具有较好的信度和效度，被众多学者认可和使用。此外，在四维结构中，中国学者吴志平 等（2011）将国外团队心理安全感与本土文化相融合，运用专题座谈、深入访谈、关键事件收集等定性研究方法收集数据，并通过定量研究方法确定适用于中国文化情境的团队心理安全感测量量表。该量表内含4个维度，共16个测量题项。

在组织层面，学者们将心理安全感视为单维结构或三维结构，其中，单维量表大多改编自Edmondson（1999）开发的团队心理安全感量表（Baer et al, 2003）。在三维结构中，Brown 等（1996）将支持性管理、角色清晰和自我表达归为组织心理安全感的三个维度，共12个题项。测量题项的具体内容如表2.9所示。

表2.9 团队心理安全感测量量表

层面	维度	作者		题项内容
个体	一维	May（2004）		在工作中，我可以畅所欲言
				在工作中，我不敢发表意见
				在工作中，我感受到了威胁
	二维	Tynan（2005）	自我心理安全	领导对我很友善
				领导非常关心我
				领导赏识我的才华和能力
				领导对我比较重视
				我信任自己的领导
				在工作中领导会为我着想
				我感觉领导会努力维护我的利益
			他人心理安全	领导需要下属积极支持他的想法
				在某些方面，我认为自己能够知道并理解领导的感受
			他人心理安全	如果领导受到批评，他也会感到沮丧
				当领导受到挑战，他有时可能会生气
				当我与领导的想法不一致时，领导有时可能会因此生气
团队	一维	Edmondson（1999）		如果我在团队中犯错，会受到团队成员的批评和鄙视
				团队中针对棘手的问题大家可以畅所欲言
				团队成员有时会因他人的特立独行而排挤他们
				在团队内部大家无须担心人际风险问题
				在团队内部难于获得其他成员的帮助
				在团队内部不会有人恶意破坏我的劳动成果
				在与团队其他伙伴合作时，我特有的才能会得到充分发挥
团队	四维	吴志平 等（2011）	直抒己见	成员间可以开诚布公、直来直去地沟通
				团队中对于定下的目标有公开反对的情况
				团队内的其他成员能提出尖锐的问题
				其他成员不会主动给我建议
			互敬互重	团队成员会尝试去了解他人看法
				多数成员可以接纳新的观点或思考方式
				团队成员间彼此敬重与相互欣赏
				团队成员尊重他人的看法或建议
			人际冒险	团队成员向其他成员求助很困难
				在这个团队中允许犯错误
				其他成员会对犯错的团队成员有异议
				有时候与众不同可能会遭到团队内其他成员的反对
			彼此信任	团队成员对于彼此间的相处，采取小心谨慎的态度
				团队成员间对工作能力相互认可
				团队成员能够互相信赖
				与团队成员合作，我可以发挥个人能力及特长

续表

层面	维度	作者		题项内容
组织	三维	Brown et al.（1996）	支持性管理	对于如何完成工作目标，老板给予我很大空间
				经理支持我的想法和完成工作的方法
				我的老板授权给我，我可以按自己喜欢的方式完成工作
				我很谨慎，因为我的老板经常批评新想法
				我相信我的老板会支持我在领域内做出的决定
			角色清晰	管理层给我安排了非常清晰的工作任务
				我工作中的工作责任和工作量明确
				部门的绩效规范被很好地理解和沟通
			自我表达	工作中表达的感受就是我的真实感受
				我可以自主地完成工作
				工作中，我无法完全表达自己
				在工作中，我能够表达我的真实感受

2.2.2.3 心理安全感的前因变量及结果变量

现有关于心理安全感的研究主要从个体、团队与组织三个层面对其前因和结果变量进行探讨，其中前因变量方面包括自身因素如职业地位、特质等以及外在因素如领导行为与组织或团队政策等，结果变量方面包括学习行为、创新行为、建言行为、知识共享行为与绩效等，且对心理安全感在上述前因变量与结果变量间发挥的传导作用进行了阐述，具体研究内容如表2.10所示。

表2.10 心理安全感的前因变量及其结果变量

层面	作者	前因变量/结果变量	研究结论
个体	May et al.（2004）	前因变量：遵守同事规范的感知	员工遵守同事规范的感知负向影响心理安全感
	Nembhard et al.（2006）	前因变量：职业地位	职业地位正向影响个体心理安全感
	Zhang et al.（2010）	前因变量：自我意识特质	自我意识特质负向影响个体心理安全感
	Bendoly（2014）	前因变量：个体与团队的系统动力学理解相似性	个体的系统动力学理解与团队中典型的系统动力学理解的相似性积极预测个体心理安全感（系统动力学理解是指个体通过使用系统动力学模型中的一些通用概念熟悉和描述现实世界系统的程度）

续表

层面	作者	前因变量/结果变量	研究结论
团队	Edmondson（1999）	结果变量：团队学习与团队绩效	在团队中，团队学习在心理安全感与绩效关系间具有中介作用
	Mayer et al.（2009）	前因变量：伦理型领导	伦理型领导能够培养团队心理安全氛围
	Walumbwa et al.（2009）	前因变量：真实型领导 结果变量：建言行为	真实型领导通过团队心理安全感正向影响员工建言行为
	顾琴轩 等（2015）	前因变量：社会资本 结果变量：团队学习与创新绩效	社会资本正向影响团队心理安全感，团队心理安全感正向影响团队学习与创新绩效
	郝萌 等（2015）	前因变量：真实型领导 结果变量：知识共享与创造力	真实型领导通过团队心理安全感正向影响个体知识共享行为和创造力
	刘生敏 等（2015）	前因变量：真实型领导 结果变量：抑制性建言	团队心理安全感和员工真实型跟随在真实型领导与员工抑制性建言行为关系间具有中介作用
	于晓宇 等（2016）	结果变量：建言行为	新产品开发项目失败情景下，团队心理安全感促进团队成员的建言行为
	齐蕾 等（2017）	前因变量：谦卑型领导与领导—成员交换关系 结果变量：反馈行为	谦卑型领导通过领导—成员交换关系和团队心理安全感对员工反馈寻求行为具有正向预测作用
	陈丝璐（2017）	前因变量：集体主义人力资源实践 结果变量：团队创新绩效	集体主义人力资源实践通过团队心理安全感正向影响团队创新绩效
	古银华 等（2017）	前因变量：包容型领导 结果变量：员工创造力	包容型领导对员工创造力产生正向作用，其中，团队心理安全感起中介作用
组织	Carmeli（2007）	前因变量：社会资本 结果变量：组织失败学习行为	在组织中，心理安全氛围在社会资本与失败学习行为关系间具有中介作用
	Carmeli et al.（2009）	前因变量：共享目标、分享知识与相互尊重 结果变量：组织失败学习行为	在组织中，心理安全氛围在高质量关系（共享目标、分享知识与相互尊重）与失败学习行为关系间具有中介作用
跨层	张毅 等（2012）	前因变量：变革型领导 结果变量：员工创新行为	团队心理安全感在变革型领导与员工创新行为关系中起跨层次中介作用

2.2.2.4 小结

通过对相关文献的梳理发现，国内外学者已经对心理安全感的含义、结构、形成过程以及影响效果等进行了一定程度的探讨，并获得了较为丰硕的成果，具体总结如下。

学者们对心理安全感内涵的界定经历了从早期将其视为个体内部心理状态和感知，到关注团队、组织所具有的共享信念和氛围，从而不断丰富研究的层次和内涵。学者们对于团队心理安全感概念的理解分歧较小，基本认同了Edmondson的观点，该观点认为，团队心理安全感本质上是一种共同人际信念，包括容忍错误、寻求帮助、相互鼓励、给出不同的意见或观点等，该信念主要基于团队成员的相互信任、尊重、理解与关心而建立。因此，团队心理安全感能够让团队成员感觉到团队轻松而安全的氛围，进而克服心理障碍，采取有利于组织学习的行为，从而促进组织发展壮大。基于以上分析，本研究将创新失败下的团队心理安全感界定为：当面临创新失败时，团队成员能够在团队内部畅所欲言地谈论失败事件，毫无忌讳地指出自己或他人存在的问题，而不必担心受到惩罚或报复等负面影响。此外，在团队心理安全感结构方面，国外学者们提出了一维和二维的观点，相比之下，Edmondson的一维观点应用较为广泛。另外，学者们认为团队心理安全感应考虑文化情境因素。基于以上分析，本土化的四维结构量表得以开发使用。在心理安全感形成过程及影响效果方面，从领导力视角出发，揭示领导行为如何通过团队心理安全感促进个体或团队发展已成为近几年的热点研究方向。上述研究获得了诸多富有价值的结论，但仍存在一些不足，有待进一步探讨。

现有领导力、团队心理安全感及其影响效果的研究往往忽略层次的概念，主要体现为：一方面，将领导力视为整体性概念纳入分析模型，或未对领导者的不同领导行为进行多层次分析；另一方面，简单地将团队心理安全感与其影响效果变量视为同一层面，缺少必要的跨层次分析。因此，本研究试图探讨双层次变革型领导通过团队心理安全感对团队成员失败学习行为的跨层次影响。

2.2.3 组织支持感

2.2.3.1 组织支持感的含义

根据社会交换理论，Eisenberger（1986）认为员工与组织之间也遵循互惠原则，即当组织关心、支持与帮助员工时，员工才会支持组织，并积极参与组织工作，双方之间的关系互动始终基于双方对彼此的"需求"。因此，为了充分激励员工，组织应先满足员工的需求。Eisenberger基于上述观点，提出组织支持感理论（organizational support theory，OST），并将其中的核心变量组织支持感（perceived organizational support，POS）界定为：员工在工作过程中形成的有关组织如何评价其所做的贡献以及是否关注其福利的综合知觉。当员工具有较高的组织支持感时，他们会通过自己的努力来回报组织，在工作中会有较好的表现。组织支持感的提出弥补了以往在员工—组织关系的研究中只强调员工对组织自下而上的承诺，却忽略了组织对员工自上而下的承诺方面的研究不足，为解决组织管理出现的实际问题提供了全新的视角，拉开了社会交换理论研究的帷幕。McMillin（1997）基于Eisenberger的研究成果，进一步完善了组织支持感的概念，他认为，原有概念只是强调了支持的两个方面：亲密支持和尊重支持，而忽略了其他方面的支持。员工在日常工作中不仅需要情感支持，还需要工具性支持，即：员工在工作中所需的信息支持、人员培训以及物资设备支持等，所以，组织支持感应该是员工对组织在亲密和尊重等情感性支持以及完成工作所必需的工具性支持方面所能够满足自己的综合知觉。在中国文化背景下，凌文辁等（2006）研究发现，组织支持感通常是指员工感受到企业对自己的关心程度，这种关心一方面体现在对工作方面和环境方面的关心，另一方面还体现在对员工自身生活中所遇到的各种问题的关心。

2.2.3.2 组织支持感的结构及测量

在组织支持感结构维度和测量量表方面，学者们开展了广泛的研究并获得了富有价值的研究成果。Eisenberger是最早对组织支持感结构进行界定的学者，他认为，对于员工而言，源于组织给予的情感性支持和关心是一个整体性概念，并在此基础上开发了包含36个题项的单维测量量表（SPOS）。在不同行业和不同组织员工被试样本中，该量表均被证明具有很高的内部信度和单维性，SPOS量表也因此成为后续学者深入研究组织支持感领域的理论基石。学者们将SPOS量表进行缩减，从中提炼出因子载荷较高的因子，形成17题项、9题项甚至8题项的精简版量表，且均被证明具有较高信度和单维性（Kottke et al, 1988；黄艳，2016）。但随着研究的深入，学者们发现组织支持感结构并非由单一维度构成而是由多维度构成，如McMillin（1997）对服务业一线工作人员进行调查，发现他们需要组织提供两种类型的支持——社会情感性支持和工具性支持。其中，社会情感性支持包括亲密支持、尊重支持和网络整合三个子维度，工具性支持包括信息支持、物质支持和人员支持三个子维度。后续的研究也证实了组织支持感的多维度结构观点，Bhan等（2003）也有类似的发现，他们认为，组织支持感由三个维度构成，分别是情感性支持、信息支持和物质支持，其中情感支持包括组织对员工的赞同、接纳和关心，信息支持主要指组织对员工在工作过程中需要用到的知识和技能提供辅导及相应的反馈。Kraimer等（2004）对企业领导和外派员工进行调研发现，员工感受到源于组织的三种类型的支持，分别是职业生涯组织支持感、适应性组织支持感和财务性组织支持感，从而构建了三维度共12个题项的测量量表。

在组织支持感多维度研究方面，国内学者也进行了深入的探索，并获得了一定的成果。如：凌文辁等（2001）在将简化版SPOS应用到中国情境时发现，中国员工的组织支持感表现为员工生活方面和工作方面的支持；组织在多方面给予员工支持，进而满足员工的不同需要，因而组织支持感应是一个多维结构，该学者的后续研究进一步证实了这一观点。凌文辁等（2006）通过对企业员工和领导进行访谈，编制了本土化的组织支持感测量量表，并运用实证研究方法确定量表的结构。研究结果发现，组织支持感包括三个维度，分别是：工作支持、维护员工利益和认同员工价值，其中工作支持包括10个题项，维护员工利益和认同员工价值分别包括7个维度，共 24 个题项。陈志霞（2006）的研究则更加深入和细化，她从不同层面对组织支持感结构进行分析。从狭义层面出发，与Eisenberger（1986）的主张类似，组织支持感仅包括情感性组织支持这一单一维度；从相对狭义的层面出发，与McMillin（1997）的观点相似，组织支持感包括情感性组织支持和工具性支持两个维度；从相对广义的层面看，组织支持感包括情感性组织支持、工具性支持、上级支持和同事支持等四个维度；而从广义层面出发，组织支持感包括工作支持、重视和重用、能力和抱负、人际支持、福利保障、宽容体谅、公正合理、关心尊重和生涯发展等九个维度。宝贡敏和刘枭（2011）认为组织支持感多维结构包括员工感知到的组织制度支持、组织制度保障、主管任务导向型支持、主管关系导向型支持、同事工作支持和同事生活支持等维度，并据此开发出共37个题项的量表。顾远东等（2014）开发了研发人员组织支持感量表，该量表包括组织支持、主管支持和同事支持三个维度，每个维度4个题项，共12个题项。

2.2.3.3　组织支持感的前因变量及结果变量

在组织支持感这一研究领域，学者们除了关注其含义和结构外，还对其前因变量和结果变量进行了大量的分析，其中，最具代表性的成果当属Eisenberger（1986）、Rhoades等（2002）的发现。他们认为，组织支持感的三个重要前置变量是企业奖赏和工作条件、程序公平以及来自上级的支持。企业的各种奖赏诸如薪酬增加、职位提升、职业生涯发展和培训指导等；具有较强工作自主性及针对挑战任务充分授权等工作条件对组织支持感具有显著的正向影响，这要求企业应适当授权，为员工创造轻松、自由的思考空间，如由领导者设定工作目标，并围绕此目标赋予员工责任与权利，定期对任务的实施进度和结果进行检查，并及时给予必要的指导和帮助；程序公平包括结构性和社会性两种类型，如在决策过程中听取员工心声、全员参与等结构性的程序公平以及在资源分配过程中对员工的尊重、信任等社会性的程序公平皆会对员工组织支持感产生影响，人们总是希望个人的付出与回报之间达到平衡。因此，企业在制定薪酬、晋升政策以及资源分配程序时，要剔除个人情感因素，应按照投入—收益平衡原则以确保程序公开透明，在政策上达到一视同仁。基于组织拟人化理论，员工会将人类的某些特质赋予组织，并将企业的代理人——领导对自己支持与否视为企业的行为，进而产生组织支持感。后续学者深化了组织支持感前因及结果的研究，并进一步探寻组织支持感在其中发挥的中介作用，具体研究内容如表2.11所示。

表2.11 组织支持感的前因变量及结果变量

作者	前因变量/结果变量	研究结论
Eisenberger（1986）；Rhoades et al.（2002）	前因变量：待遇和工作条件、程序公平和上级支持	待遇和工作条件、程序公平和上级支持均能正向影响组织支持感
Wayne et al.（1997）	前因变量：发展经验、晋升、终生聘用 结果变量：情感承诺、离职意愿与组织公民行为	发展经验、晋升与终生聘用正向影响组织支持感，组织支持感正向影响情感承诺与组织公民行为，负向影响离职意愿
Hutchison et al.（1997）	前因变量：组织依赖、领导支持 结果变量：情感承诺	组织依赖与领导支持正向影响组织支持感，组织支持感正向影响情感承诺
Eisenberger（2001）	结果变量：责任感、情感承诺	组织支持感通过责任感正向影响员工对组织的情感承诺
Karatepe（2012）	结果变量：工作满意度、服务补救绩效和工作绩效	组织支持感正向影响一线服务人员的服务补救绩效和工作绩效，在上述关系中工作满意度发挥完全中介作用
Marique et al.（2013）	结果变量：组织认同、情感承诺	组织支持感通过组织认同正向影响员工对组织的情感承诺
Ahmad（2014）	结果变量：心理授权、组织学习与组织绩效	组织支持感对心理授权、组织学习与组织绩效均有正向影响
Kim et al.（2016）	前因变量：领导关怀 结果变量：情感承诺	领导关怀正向影响组织支持感，组织支持感正向影响情感承诺、员工角色内绩效和角色外绩效，并且在组织竞争力感知（员工认为组织是否有能力完成目标的认识）较高的情况下，组织支持感对员工角色外绩效产生正向影响，其中情感承诺起中介作用
Neves et al.（2014）	结果变量：与失败相关的信任和风险承担行为	组织支持感通过与失败相关的信任正向影响员工风险承担行为
陈志霞 等（2010）	前因变量：支持性人力资源管理 结果变量：员工工作绩效	支持性人力资源管理实践（上级支持、参与决策、组织公正等）正向影响组织支持感与员工工作绩效，同时，组织支持感在支持性人力资源管理实践与员工工作绩效之间具有中介作用
黄俊 等（2012）	前因变量：CEO变革型领导行为 结果变量：工作绩效与工作满意度	CEO变革型领导行为通过中层管理者的组织支持感正向影响中层管理者的工作绩效和工作满意度
顾远东 等（2014）	结果变量：创造力效能感，积极情绪与创新行为	针对研发人员，组织支持感通过创造力效能感与积极情绪正向影响创新行为

续表

作者	前因变量/结果变量	研究结论
孙健敏 等（2015）	结果变量：工作投入	组织支持感与工作投入间呈"U"形曲线关系，且该关系由情感承诺显著调节，即对于情感承诺高的员工，组织支持感与工作投入呈"U"形曲线关系；而情感承诺低的员工，组织支持感与工作投入呈显著线性关系
顾远东 等（2016）	结果变量：身份认同与员工创新行为	在创新过程中，组织创新支持感通过3种身份认同（组织认同、领导认同、职业认同）正向影响员工创新行为

学者们对于组织支持感的理解主要包括以下几个核心要点：员工对组织的承诺始于组织对员工的承诺，员工有着强烈的被组织认可的需求。因此，组织必须对员工的努力和贡献给予足够重视。此外，组织还需重视员工的幸福感，即组织需要全方位关心员工的物质与情感、工作与生活。基于以上分析，本研究将创新失败下的组织支持感界定为：在创新失败环境中，员工对于组织是否认可自己的贡献以及是否在工作与生活、物质与情感方面给予足够关心的综合感知。

通过对组织支持感相关研究的梳理发现，围绕这一变量进行研究的著作数量众多，且主要从组织支持感的内涵界定、结构、前置变量以及结果变量等方面进行了不同程度的分析，对未来进一步深化研究具有重要的参考价值，但现有研究仍存在一些不足，有待进一步完善。首先，自从Eisenberger（1986）提出领导支持是组织支持的重要前置变量这一观点后，学者们便将领导因素与组织支持感之间建立起联系，探寻领导特质、领导类型以及领导与员工之间关系对组织支持感的影响，但上述研究大多基于西方文化情境，在中国情境下探寻领导类型与组织支持感关系的文章数量比较有限。而这些有限的本土化研究又大多将某一领导类型所包括的行为视为一个整体，笼统地分析二者之间的关系，未能将多层次领导理论与组织支持感理论进行融合，难以细致而深入地探明究竟哪些领导行为真正影响了组织支持感。此外，在组织支持感的影响结果方面，大多数研究聚焦于员工心理情感因素、个体绩效与组织绩效方面，而较少关注员工行为方面，尤其在组织特定情境下，组织支持感对员工特定行为影响的研究更为匮乏。因此，本研究试图探讨在创新失败情境下，双层次变革型领导中指向个体的领导行为对组织支持感的影响、组织支持感对员工失败学习行为的影响以及组织支持感在个体导向的变革型领导与员工失败学习行为间的中介作用。

2.2.4 传统性

2.2.4.1 传统性的含义及测量

传统性（traditionality）由中国台湾学者杨国枢等（1989）提出，他们根据个体受到传统儒家思想的影响所表现出来的认知态度、思想观念、价值观、气质特征和行为意愿等，提出传统性包括遵从权威、孝亲敬祖、安分守成、宿命自保和男性优越等五个维度，并据此构建了15个题项的测量量表。Schwartz（1992）认为，传统性是对传统社会习惯和规范的尊重和接受程度。Farh等（1997，2007）在杨国枢研究的基础上，将传统性引入组织行为领域，并通过对员工进行研究发现，传统性在很大程度上反映了员工的价值取向和工作原则，如传统性高的员工尊崇"上尊下卑"，强调对领导的绝对服从。结合现代社会的特点，Farh等学者对原有的15个题项的量表进行了精减，最后的量表包括5个题项，这一量表被广泛应用于传统性的理论研究之中。

2.2.4.2 传统性的调节作用

自传统性在组织管理中得以应用后，大多数学者均将其视为重要的边界因素，以便更好地理解组织行为，此方面的具体研究成果如表2.12所示。根据现有研究成果可见，传统性的调节作用主要体现在两方面：一方面体现在领导因素（辱虐监管、包容型领导、变革型领导和谦卑领导行为）对员工行为（强制性公民行为、员工主人翁行为、工会公民行为和员工个人创新行为）产生影响的过程中，另一方面体现在心理认知因素（工作不安全感、组织支持感和心理所有权）对个体行为（组织公民行为、失败学习行为和建言行为）产生影响的过程中。

表2.12 传统性的调节作用

作者	研究内容
Farh et al.（2007）	组织支持感正向影响工作结果（情感承诺、工作绩效与组织公民行为），传统性在组织支持感与组织公民行为间具有负向调节作用
Zhao et al.（2013）	辱虐监管通过心理安全的中介作用影响强制性公民行为，传统性负向调节这一中介过程
Li et al.（2017）	传统性在差异化授权领导与员工对领导信任间具有负向调节作用
Wu et al.（2018）	传统性在职场负面流言与员工积极行为间具有正向调节作用
王海江 等（2009）	个人传统性在工作不安全感与组织公民行为之间具有正向调节作用，即面临高的工作不安全感时，传统性高的员工所表现出的组织公民行为明显少于传统性低的员工
周浩 等（2012）	传统性分别在心理所有权与进谏上司、进谏同事间具有负向调节作用

续表

作者	研究内容
刘小禹 等（2012）	员工传统性削弱了顾客性骚扰与员工情绪守则难度之间的关系
唐朝永 等（2016）	传统性在心理所有权与失败学习行为间具有负向调节作用
彭伟 等（2017）	传统性负向调节包容型领导与新生代员工主人翁行为这二者之间的关系
单红梅 等（2017）	传统性在变革型领导和工会公民行为之间具有负向调节作用
王洋洋 等（2017）	员工传统性在辱虐管理和员工信任、员工信任和离职倾向之间具有调节作用，高传统性能够削弱主管辱虐管理对员工信任所产生的负向影响，同时，能够强化员工信任对离职倾向所产生的负向影响
苏涛永 等（2017）	传统性分别在谦卑领导行为与员工个人创新行为间、谦卑领导行为与内部人身份认知间具有负向调节作用

2.2.4.3 小结

现有学者对传统性概念的界定体现了中国传统文化影响下个人所具有的价值观及其行为意愿。高传统性的个体具有较强的等级观念，严格恪守"上下尊卑"的角色规范，并以该角色规范作为个人态度和行为的准则。而低传统性的个体对上述角色规范则不太尊崇，认为人与人之间应该是平等的，并无尊卑之分。基于以上分析，本研究将传统性概念界定为：在中国传统文化影响下，员工所表现出来的认知态度、思想观念、价值取向和行为意愿。传统性扎根于中国传统文化之内，并渗透到组织情境之中，学者们认识到了传统性对组织管理问题的影响，尤其对本土化情境下员工的态度和行为产生的深远影响（Zhao et al.，2013；王洋洋等，2017；苏涛永等，2017）。学者们对传统性概念的界定虽修辞有所不同，但其本质都体现了在中国文化背景下对个体价值观的描述。随着Farh等（1997）发现了传统性对组织管理问题的影响，并开发了简洁版的测量量表，传统性的相关研究逐渐步入高潮。学者们纷纷将国外成熟的概念和理论与中国情境下的文化因素相融合，并通过研究发现，传统性在多数研究中发挥了调节作用。本土化研究视角表明，不可将国外成熟的理论生搬硬套地应用于不同的情境之中，否则容易出现理论上的"水土不服"，需要充分考虑应用环境的独特性，对既定理论进行修改和完善。这也启发了学者在研究中国员工组织行为的过程中，既要以国外成熟理论作为研究基础，同时也要考虑中国员工独具特色的一面（如传统性），从而推进本土化研究，为中国企业的管理实践提供富有价值的建议。

2.2.5 组织心理所有权

2.2.5.1 组织心理所有权的含义

Pierce 等（1991）基于心理学中"占有心理学"理论而首次提出心理所有权的概念，并将其界定为：个体感觉目标物是"我的"或"我们的"，这样一种心理状态。根据占有心理学理论，心理所有权包括三个关键构念：（1）态度。人们对心理所有权指向的有形和无形目标都会产生积极的情感，即"纯粹所有权效应"。（2）自我概念。占有心理学主张心理所有权使得人们把占有物视为自我的一部分。心理所有权以占有物为中介，变成了与自我概念相关的建构。（3）责任感。占有物和所有权会激发对实体对象的责任感，占有情感会促使个体维护他们的心理所有权目标，即占有物。但Pierce同时认为心理所有权与责任感是两个不同的概念，并对两者做了详细的区分，责任感可视为心理所有权的结果，并非心理所有权本身，强调应从"占有感"角度对心理所有权的概念进行界定。占有感可视为心理所有权概念的核心。从心理学视角来看，对目标物的占有感几乎无处不在。目标物可以是有形的，如汽车、房子、个体所拥有的物品等；也可以是无形的，如观念、看法、知识等，这些都可能成为心理所有权产生的目标对象。当个体对上述目标物产生占有的心理感觉时，认为目标物是属于自己的，是自我的一部分，则意味着产生针对该目标物的心理所有权。将心理所有权用于组织情境，对于员工态度以及行为具有更好的预测作用。基于目标物的不同，可以将组织内的心理所有权划分为"基于工作的心理所有权"以及"基于组织的心理所有权"。前者代表员工对工作本身或工作的某一要素产生的占有感，后者代表员工对组织整体产生的占有感，认为组织是自我概念的延伸和一部分。当员工对组织产生占有感时，意味着员工产生愿意与组织共享利益的心理情感（姜微微，2014）。

2.2.5.2 组织心理所有权的测量

Pierce（1991）开发出单维度七个题项的测量量表。该量表的题项内容完全针对心理所有权的核心内涵"占有感"而设计，并使用"我的""我们的"等词汇表达个体对目标物的占有感。该量表得到多位学者的验证并被应用于后续的相关研究之中。随着心理所有权概念和理论的进一步发展，学者们逐渐关注心理所有权的不同动机来源以及不同结果。有学者逐渐开始探讨心理所有权的多维度结构，认为个体的不同动机可能产生不同类型的心理所有权，而心理所有权的不同类型可能产生不同的组织结果。因此，心理所有权构念可能是多维度的。针对该研究议题，具有明显贡献的是Avey等学者的研究。Avey 等（2009）认为心理所有权可以划分为两个类别。一是促进性心理所有权，有助于员工产生积极的态度和组织行为。二是防御性心理所有权，暗示心理所有权也有可能产生负面的结果或行为。例如，不愿与他人分享心理所有权的目标物等。基于以上思路，有学者构建了心理所有权的多维度量表，认为促进性心理所有权由自我效能、自我身份、归属感、责任感四个维度构成，每个维度具有 3 个测量题项，一共具有12 个题项；防御性心理所有权体现个体对目标物的保护和防卫，共设有 4 个题项（姜微微，2014）。其中促进性心理所有权被后续学者广泛使用，具体题项包括："我相信自己有能力对公司的成功做出贡献""我相信自己能使公司有所进步""在公司中，我有信心制定高绩效目标""如果我认为某事做错了，不管他是谁，我都会质询他""如果我看到某事做错了，我会毫不犹豫地告诉公司""我会质询公司的发展方向，以确保它的正确""我觉得自己是属于公司的""在公司中，我觉得十分轻松""在企业创新失败情境下，对我而言，公司就是家""我觉得公司的成功就是我的成功""我觉得作为公司的一员让我清楚自己究竟是谁""当公司受到批评时，我觉得有必要为它辩护"。

2.2.5.3 组织心理所有权的前因与结果

（1）组织心理所有权的前因

在个体层面，自主性、控制点、集体主义价值观等均能有效预测心理所有权的产生；正式所有权与心理所有权并不必然相关。正式所有权对心理所有权的预测作用是需要一定的条件因素的，员工正式所有权与对目标物的所有权期望的差异，将影响员工心理所有权产生的强度，二者一致时，正式所有权对心理所有权具有预测作用（姜微微，2014）。此外，员工对工作的自主性能够有效促进心理所有权的产生，同时，在组织内部良好的人际关系也是心理所有权产生的有利条件。在组织层面，领导因素可能影响组织心理所有权的产生。根据组织拟人化思想，领导的态度及行为，可被员工解读为组织的意图，因此，可能影响员工对组织的态度和情感。有关领导风格与心理所有权关系的研究，讨论了不同领导风格对心理所有权影响的差异。研究结果验证了领导风格对于心理所有权的预测作用，同时发现，不同领导风格对心理所有权的影响程度不同，由大到小分别为：变革式领导风格、家长式领导风格、交易型领导风格（姜微微，2014）。

（2）组织心理所有权的作用效果

在个体层面，一方面，心理所有权将有利于个体对目标物产生积极的态度与评价，如提高员工的满意度、组织承诺、责任感、留职意愿等；另一方面，心理所有权将有利于个体的相关行为，大量研究证实，心理所有权与组织公民行为以及角色外行为呈显著正相关（姜微微，2014）。

在组织层面，Pierce 等（1991）认为，正式所有权（如员工持股）需要通过一个多纬度的变量进行运作才能有效提升组织竞争力，该变量包括3个关键的组成部分：资产、影响力和信息；正式所有权通过提高员工对资产的拥有、信息分享和影响力的施加从而提高组织成员的心理所有权；正式所有权通过心理所有权对员工的态度和行为产生影响。也就是说，正式（或法定的）所有权并不直接对员工或组织的绩效产生影响，而是间接地通过心理所有权起作用。正式所有权（或者说是名义所有权）的运作，不仅仅受到所有权形式的影响，而且受到管理者对员工持股计划所持的态度，组织成员对所有权的期望，成员在组织中的情感、精力、时间等的投入，组织成员对所有权合法性的认识以及员工持股计划的类型和背景等的影响。正式所有权的运作，使组织成员产生了心理所有权，而心理所有权影响到组织成员同该组织的融合程度，进而从个体和群体两个层次对组织成员的行为产生影响，进而对组织成员及其组织的工作绩效产生影响。此外，处于不同情境下的个体，其心理所有权的产生和影响可能会存在差异，从心理学上来讲，这是由于"占有感"是生理因素与外部环境因素共同作用的结果。

2.2.5.4 小结

自从心理所有权概念被提出后，在30余年的研究过程中，组织领域的学者们围绕其概念、前因后果开展了较为系统而深入的研究，但仍有一些问题尚未探索，如组织心理所有权具有一定的情境依赖性，现有文献大多基于在一般情境或是积极情境下探寻组织心理所有权在领导因素与相关结果变量之间的传导作用，却忽略了在失败情境下对此类问题的探索。未来可结合国家制定的创新驱动发展战略，深入剖析领导力如何通过组织心理所有权进而影响员工行为的。

2.2.6 自我效能

2.2.6.1 自我效能的含义

20世纪70年代，美国斯坦福大学（Stanford University）心理学家阿尔伯特·班杜拉（Albert Bandura）在其发表的论文《自我效能：关于行为变化的综合理论》中首次提出"自我效能"这一名词。班杜拉将自我效能感定义为："个体在面对特殊情境下，对如何才能有效开展行动方案的判断与信念。"可见，自我效能感不关心个体的能力，它在很大程度上指个体对自我有关能力的感觉，简单来说就是个体对自己能够取得成功的信念，即"我能行"。自我效能同时也标志了人们对自己产生特定水准的，能够影响自己生活事件的行为之能力的信念。自我效能的信念决定了人们如何感受、如何思考、如何自我激励以及如何行为。自我效能决定了员工对自己工作能力的判断，积极、适当的自我效能感使员工认为自己有能力胜任所承担的工作，由此将持有积极的、进取的工作态度；而当员工的自我效能比较低，认为无法胜任工作，那么他对工作将会有消极回避的想法，工作积极性将大打折扣。

在班杜拉提出自我效能感之后，这一概念一直处于不断发展完善中，研究者多从自我效能感的对象、范围、过程及表现形式等方面去界定它。有研究者认为自我效能感是个体对特定环境做出反应的一种心态，将自我效能感视为个体对自己能力的确切信念，这种能力可以确保自己在特定背景下，调动必需的动机、认知资源及行动而成功完成任务。郭本禹等在《自我效能理论及其应用》中指出，自我效能是个体具有成功完成某一特定学习任务的能力判断，它包含三层意思：第一，自我效能是对达到某种表现水平的预期，发生在活动之前；第二，自我效能是对某具体活动的能力觉知，与能力的自我概念不同，例如，某员工有较好的实践能力的自我概念，认为自己实践能力很强，但不代表这名员工对某一项具体实践活动有较好的自我效能；第三，自我效能是个体自我的主观判断，不代表实际结果，它不是指个体拥有的实际能力或技能，而是指个体用技能或能力做怎样的判断，不是技能、能力本身的概念（王安岩，2021）。以上对自我效能感的定义虽然各有侧重，但均包含两层意思：一是自我效能感是与某种情境和行为相联系，具有一定的特殊性。二是自我效能感是一种信念，不是个体的实际能力，是个体对自我能力的主观判断。因此，本研究根据班杜拉对自我效能感的界定，同时结合研究的情境将自我效能进行如下界定："自我效能感是指在企业开展创新的过程中，当实际效果低于预期值时，员工有充足的自信认为自己能够从这次事件中进行有效学习，以帮助企业实现预定目标。可见，自我效能感是在自我驱动力和实际行动力感知基础上形成的一种积极状态，个体通过设定具有一定挑战性的期望，引导自己实现期望的结果。

2.2.6.2 自我效能的测量

学者们将自我效能感分为一般自我效能感和特定自我效能感，因此早期对自我效能感的测量也主要围绕这两类进行划分。班杜拉认为个体基于情境和任务的差异而表现出不同的自我效能感，并编制了适用于特定领域的自我效能感量表。最早开发一般自我效能感量表（general self-efficacy scale）的是 Schwarzer 及其同事（1981），他们认为个体在应对不同任务和情境时，会表现出对自身能力的总体信心，该量表经过修正后共有 10 个题项。随后，Zhang 和 Schwarzer（1995）基于中国情境编制了自我效能感量表，用于测量个体非特定领域广泛的自我效能感，该量表由 10 个题项构成。此外，我国学者凌文辁和方俐洛（2003）基于个体认知和组织行为编制了自我效能感量表。陆昌勤等（2006）以中国企业管理者为样本，编制了管理自我效能感量表，包含员工管理、人际协调、计划、信息处理、问题解决和监控六个方面，并通过因子分析验证了该量表的信度和效度（付博，2017）。

2.2.6.3 自我效能的前因与结果

（1）前因变量

班杜拉对自我效能感的影响因素进行了大量的研究，指出可以通过以下四条途径来培养自我效能感。（1）增加个体对成功的体验。自我效能感作为个体对自己与环境发生相互作用的效能的主观判断，不是凭空做出的，而是以个体多次亲身经历某一类工作而获得的直接经验为依据的。它是获得自我效能感最重要的途径，并且也是对个体已形成的自我效能感进行验证的基本途径。多次的失败会降低个体的自我效能感，多次成功的体验则会提高个体的自我效能感。（2）增加替代性经验。替代性经验指个体通过观察与自己能力水平相当者的活动，获得的对自己能力的一种间接评估。它是一种间接经验。它使观察者相信，当自己处于类似的活动情境时，也能获得同样的成就水平。（3）语言说服。指通过他人的指导、建议、解释及鼓励等来改变人们的自我效能感。当个体总能获得外界的关心和支持时，他的自我效能感就会增强。人们对自身能力的知觉在很大程度上受周围人评价的影响，尤其当评价来自有威信或对个体来说比较重要的人。班杜拉认为，对个体的"无条件的积极关注"会增强个体的自我效能感。但是如果说服者的言语劝导与个体的实际能力不相一致时，一开始可能会增强个体的自我效能感，但经过验证后，反而会加剧降低个体的自我效能感。（4）生理状态或情绪反应。个体在面临任务时的心理状态和情绪反应会影响其自我效能感。能够沉稳面对任务的个体，会通过对自己所具备的能力的信心而激发其完成任务的信念；情绪激动或焦虑的个体，则会怀疑自身能力，降低自我效能感。

（2）自我效能感的作用效果

在组织管理领域的研究中，自我效能主要预测个体的态度、行为和工作绩效，通过影响个体的认知和情感过程来影响个体的行为选择。监督、薪酬和工作性质等组织因素通过影响员工的自我效能感，进而对他们完成工作任务的持续性产生影响。在组织情境中，个体的自我效能能够影响其完成工作任务时的信心和积极性，即自我效能高的员工，面对所需完成的工作任务时会更加积极和坚持不懈，并表现出更多的自信心。随着研究的不断深入，学者们发现个体的自我效能感与个体的创造力、培训能力以及工作态度有着正相关关系。自我效能感充当着关键的动机组成部分，并指出自我效能能够正向影响员工的创造力。此外，组织情境因素也会影响个体的自我效能感，领导者的鼓励、情感支持以及榜样会影响个体的自我效能感，而自我效能感又会进一步影响个体的行为选择（付博，2017）。自我效能感会影响员工的工作绩效。从其概念内涵可以看出，自我效能感绝不只是个体对自己即将执行的活动的未来状态的一种事先预估，而与这一活动的实际执行过程及执行后的实际状态没有因果的关系，事实上，它直接影响到个体在执行这一活动的动力心理过程中的功能发挥，从而构成决定人类行为的一种近向原因。自我效能感是通过若干中介过程实现其主体作用的。（1）选择过程：从三元交互决定论看，"人同时是环境的产物和营造者"，人作为环境的营造者，除了通过自己的活动改变环境的性质外，也部分地决定于人对环境的选择。一般而言，当面临不同的环境时，个体会选择自认为能加以有效应对的环境，而回避自己感到无法控制的环境。一旦个体选定某种环境，这种环境反过来又影响到他的行为技能和人格发展。另一方面，当个体可以采用不同的活动来解决所面临的任务时，由于不同活动包含着不同的知识和技能要求，他选择哪种活动就决定于他对可供选择的各种活动的自我效能感。在不同形式的活动中，个体与之发生互动关系的对象及其对个体知识和技能的要求不同，他在其中获得的体验在性质和形式上也会有所不同。各种不同的活动方式作为人类获得普遍经验的种种形式，都有转化成个体直接经验的潜在性。所以，自我效能感的高低，不仅决定了个体在发展过程中当面临新的任务时，是把它当作挑战加以迎接还是当作困难加以回避的生活态度，而且也通过影响个体对不同活动方式的选择而决定其人性潜能在哪些方面得到开发，又在哪些方面被忽视而得不到实现，正如班杜拉指出的那样，"任何影响到选择行为的因素，都会对个体的发展产生深远的定向作用"。（2）思维过程。自我效能感能够影响或激起若干特殊形态的思维过程，这些思维过程对个体活动成就产生的影响或是可自我促进的，或是可自我阻碍的，依效能感的高低而不同。第一，目标设定是人类行为自我调节的主要机制之一，但个体把什么样的成绩设定为自我行为的目标，则受自我效能感的影响。目标的挑战性不仅激发个体的动机水平，而且也决定个体对活动的投入程度，从而决定其活动的实际成就。第二，自我效能感决定了个体对即将执行的活动场面或动作流程的心象实现的内容和性质：个体若坚信自己的活动效能，则会倾向于想象成功的活动场面并体验与活动有关的身体状态的微妙变化，从而有助于支持并改善活动的物理执行过程；否则，他更多想象到的是活动的失败场面，担心自己能力的不足，并将心理资源主要投注于活动中可能出现的失误，从而对活动的实际成就产生消极影响。第三，在归因活动中，效能感强的人倾向于把成功归因为自己的能力和努力，而把失败归因为技能的缺乏和努力的不足。这种思维方式反过来促使个体提高动机水平，发展行为技能，从而有利于活动的成功。第四，个体对行为结果形成内控或外控的不同期待，部分地决定于其效能感的高低，并通过改变自我动机的水平而影响活动实际执行的动力心理过程。（3）动机过程：如上所述，自我效能感通过思维过程发挥主体作用，通常都伴有动机的因素或过程参与其中。除此之外，自我效能感还会影响个体在活动中的努力程度以及在活动中当面临困难、挫折、失败时对活动的持久力和耐力。特别是对于那些富有挑战性或带有革新性质的创造活动而言，这种持久力和耐力是保证活动成功的必不可少的条件之一。

2.2.6.4 小结

通过对已有文献的回顾，我们发现最初学者们多关注于自我效能感在教育领域的应用。随着对研究的深入，自我效能感逐渐应用于组织管理领域中，往往将其作为组织相关因素（如领导力、企业战略）对个体行为和绩效影响的中介因素，且研究结论较为一致。然而，现有研究缺少在创新失败情境下从组织支持的视角探讨组织支持感如何通过自我效能进而促进员工失败学习行为，未来有必要沿此思路开展深入研究。

2.2.7 情感承诺

2.2.7.1 情感承诺的含义

美国社会学家贝克尔（Howard.S.Becker）将承诺定义为由单方投入产生的维持"活动一致性"的倾向，具体应用到组织中，这种单方投入可以指一切有价值的东西，如：福利、精力、已经掌握的只能用于特定组织的技能等。1960年，贝克尔首次提出组织承诺，并将其界定为员工随着其对组织的"单方投入"的增加而不得不继续留在该组织的一种心理现象。梅耶（John P·Meyer）和阿伦（Natalie J·Allen）于1991年提出三成分模型，将其分为情感承诺、持续承诺和规范承诺。持续承诺是指员工愿意为自己所在的组织工作很大程度上是因为员工认为离开组织可能会对自己造成经济、时间等方面的损失。通常，经济状况不良时，员工的持续承诺水平就会很高。由于员工留在自己所在的组织，可以获得与同事之间的亲密关系、未来的退休金等，所以很多人承诺留在自己所在的组织仅仅是因为他们不想失去这些东西。情感承诺指员工对组织的感情依赖、认同和投入，员工对组织所表现出来的忠诚和努力工作，主要是由于对组织有深厚的感情，而非物质利益。规范承诺是指员工愿意为自己所在的组织工作很大程度上是因为其他人的压力。高规范承诺的员工非常关心其他人对自己离开组织的看法，他们不愿意让自己的上司失望，还很重视同事对自己离开组织的消极看法。在后续的研究过程中越来越多的学者将研究目光聚焦于情感承诺，并将其视为组织承诺的核心本质以及最理想的组织承诺形式。

2.2.7.2 情感承诺的测量

经典的情感承诺量表源于Meyer等（1993）开发的组织承诺量表中的情感承诺维度，该维度共有6个题项，被广外应用于国内外相关研究中，具体的题项包括："把单位的事情当作我自己的事情来处理""我非常乐意今后一直在我目前所在的单位工作""我对所在的单位有很深的个人感情""我在单位有种"大家庭里的一分子"的感觉""从感情上而言，我很喜欢这家单位"以及"我对这家单位有很强的归属感"。

2.2.7.3 情感承诺的前因与结果

（1）情感承诺的前因

情感承诺的影响因素多达五十余个，主要分为个体和组织两类。①个体因素。个体因素包括个性、教育或价值取向，以及与人口统计数据有关的，如年龄、性别、教育水平、经历和婚姻状况。组织因素包括管理因素和情境因素，前者指领导力发展、工作自主性、组织支持等，后者指组织规模、所处行业和企业形象等（周青，2022）。个体的积极情绪会引发对环境事件的积极情感反应，从而导致对组织和团队的承诺增加。韧性提高了员工的适应力，使员工体验到更多的积极情绪（和更少的消极情绪），导致对工作场所的情感依恋，这种情感依恋随着时间推移逐渐积累为对组织的情感承诺。动机的三个维度（成就需求、权力需求和归属需求）促进了互惠，进而增强组织承诺的三个维度（情感承诺、规范承诺、持续承诺）。基于尊重的需要满足和基于价值的需要满足对情感承诺具有正向预测作用。此外，个体因素如教育水平、职位、岗位职责、工作任期是员工对情感承诺的重要预测因素，婚姻状况、父母地位、单身和双职工家庭地位与情感承诺相关，人格特质如宜人性、尽责性和情绪稳定性与情感承诺显著相关。意志力正向显著影响情感承诺，具有意志力这种人格特质的员工可能会冒着风险，为自己和组织的改善大声疾呼（周青，2022）。②组织因素。变革型领导、授权、目标清晰、程序公平、客观评价体系对组织承诺（情感承诺、规范承诺、持续承诺）具有直接和间接影响。其中，情感承诺与这些前因变量的正相关最显著。团队成员的社会情感支持（尊重、信任、协作等）在促进情感承诺方面弱于来自领导层面的帮助性支持（晋升、加薪等）和社会层面的情感支持（表扬、安慰、指导等）。组织特征、组织层级或组织相关变量解释了员工对其组织承诺的差异，如感知到人—环境匹配与情感承诺直接相关或间接相关，感知到人—环境匹配通过集体主义价值观转化为情感承诺，亲社会认同的人—环境匹配是提高员工情感承诺的重要途径。工作压力负向影响组织承诺和组织支持感，组织支持感对情感承诺具有正向预测作用，组织支持感在工作压力作用于组织承诺的过程中起中介作用（周青，2022）。

（2）情感承诺的作用效果

情感承诺能够有效促进员工的身心健康，如较高水平的幸福感以及组织公民行为，如帮助其他成员的行为，并产生较低水平的离职意愿和工作退缩。员工感知到心理契约违背，其情感承诺水平随之降低，创新相关行为随之减少。

2.2.7.4 小结

情感承诺是组织承诺三因素中研究最多的组成部分，研究人员对情感承诺的关注可能部分源于它在组织因素与组织内部重要结果之间发挥的重要作用。然而，现有研究缺少在创新失败情境下从组织支持的视角探讨组织支持感如何通过情感承诺进而促进员工失败学习行为，未来有必要沿此思路开展深入研究。

2.2.8 责任感

2.2.8.1 责任感的含义

责任感知是个体关于他/她是否应该关心组织福祉和帮助组织达成目标的一种信念。

这一概念反映和体现了互惠规范这一具有文化普遍性的社会互动原则。互惠规范是分析层级由个体上升为群体和社会时所呈现出的特征。互惠规范包括两方面内容：一方面，交换一方的行为对另一方有益，且有益行为是相互的，即一方做出有利于另一方的行为后，受惠一方就必须主动承担和履行回报义务；另一方面，一旦破坏了互惠原则，交换过程也就自行中止，甚至还会导致冲突，如在互惠规范下形成的社会交换行为，交换的结果可能产生不均衡状态。当组织的资源无法为员工给予其奉献的同等价值物时，员工的责任感会随之消失，其奉献行为也将不复存在。

2.2.8.2 责任感的测量

Eisenberger等（2001）开发了单维度的责任感知量表，量表共包含7个题目，用于表征员工关心所在组织福祉和帮助组织达成目标的程度，典型题目如"我应该尽心尽力去为企业的顾客或客户提供良好的服务，让他们感到满意""我觉得自己对企业的唯一责任就是达到自己现阶段本职工作要求的最低标准（反向计分）""我觉得自己有责任用尽全力帮助企业实现既定的目标"。Avey（2009）开发了更为简短的3题项测量量表，典型题目为"如果我认为某事做错了，不管是谁，我都会质询他""如果我看到某事做错了，我会毫不犹豫地告诉公司"。由于3题项测量量表更加简洁，在后续相关研究中也得到了较多学者的使用。

2.2.8.3 责任感的前因与结果

当员工感受到来自企业的帮助时（如，领导的鼓励、组织的支持等），这会让员工产生一种受益于他人的感觉，随着这种感觉的持续与强化将会助推员工产生一种回报意识，随着"我受益、我回报"意识的逐渐积累和增强，员工内心深处为企业着想、帮助企业实现目标的责任感和义务感油然而生。在对组织的较强责任感知驱动下，员工会做出组织所珍视的或对组织有利的行为（Yu et al., 2013），一方面，员工将会努力做好本职工作以确保角色内绩效，另一方面，员工亦会主动做出组织公民行为和创新等有利于组织的角色外行为。尽管这类行为超出了工作角色的要求，甚至像创新行为本身还蕴含着一定的风险或者偏离了组织的既有规范，但它们均是对组织发展有益的。

2.2.8.4 小结

随着对研究的深入，责任感也渐渐受到部分学者关注，并将其置于组织环境下开展研究，往往将其作为组织相关因素（如领导力、组织支持）对个体行为和绩效影响的中介因素，且研究结论较为一致。然而，现有研究缺少在创新失败情境下从组织支持的视角探讨组织支持感如何通过责任感进而促进员工失败学习行为，未来有必要沿此思路开展深入研究。

2.2.9 员工创造力

2.2.9.1 员工创造力的含义

真正的创造活动总是给社会产生有价值的成果，人类的文明史实质是创造力的实现结果。而对于员工创造力的研究日趋受到重视，由于侧重点不同，出现了三种不同的观点，分别是过程观点、能力观点以及结果观点。持过程观点的学者认为创造力是一种创造性活动的过程，认为个体在不断尝试可能的解决方案的过程中会提出对组织有用的新奇观点，即创造力。把创造力看作一种过程的学者关注创造力的实践价值，挖掘创造活动所历经的阶段，但在研究中学者们往往难以精确测量这一过程。而持能力观点的学者则认为创造力体现的是一种创造的能力，是个体具有创造性行动的能力，如当个体遇到困难时，个体会充分利用现有知识与技能，产生相应的解决问题的方案。因此，创造力可以看作是一种创造性思维能力与技能。

另外一批学者将创造力看作是一种结果，是由个体实施创造性活动的产物。其中最具代表性的当属在20世纪90年代由Amabile等学者对创造力做出的界定，他们指出创造力是产生新颖、有用的想法。根据这一定义后续学者沿此思路对其含义做了进一步的完善，将创造力界定为是聚焦于产品、服务、生产方法、管理流程等提出的具有潜在价值的新观点。在前人研究的基础之上，也有学者提出员工创造力是一种创造性活动的产物，是个体在工作中针对产品、服务、商业模式、管理流程或工作方法所产生的新颖且有用的成果，因其具有较强的可操作性，在实证研究中被广泛应用。因此，本研究中采用创造力的结果观点，将其界定为员工创造力是其在工作中产生的，有关产品、服务和流程的，新颖且有用的想法或方法。

2.2.9.2 员工创造力的测量

对于创造力水平高低的测量主要采用客观评价与主观评价这两种方法进行测量。有关创造力的客观评价，通常用被测者所产生的创造性产品数量或创造性水平高低来衡量。在实践中，可以用论文或专利被引用次数等可以量化的数字评价其创造力水平。由于此方法的适用范围具有局限性，因此对其应用较少。另外一种则为主观评价，主要是选取适当的观察者按照一定的标准评估被测者的创造力。适当的观察者以本领域的专家居多，企业员工的创造力常由其直属领导进行评价。在组织行为学的研究中，创造力相关测量量表包括Oldham等（1996）开发的包括3个问题的创造性绩效量表，；Tierney等（1999）开发的包括9个问题的员工创造力量表；Zhou等开发的包括13个问题的员工创造力量表。Farmer等研究者（2003）结合前人的研究，开发了4个题目的量表来测量员工创造力，由于该量表具有良好的信度和效度，以及其操作的简洁性，因此在国内外得到广泛使用，具体测量题目为：在日常工作中"他/她（指员工）会率先尝试新的想法和新的方法""他/她会寻求解决问题的新的思路和新方法""他/她能在自身领域内提出突破性的理念""他/她是我们部门创造力的楷模"。考虑到测量的可操作性，本书中拟采用主观评价的方法来对员工创造力进行测量。本研究从结果论来定义并测量员工创造力，并根据研究目的和研究设计可实现的难易程度，选择操作较为简洁并被学者广泛采用的 Farmer 等研究者（2003）开发的量表，测量员工创造力。

2.2.9.3 员工创造力的前因

知识：包括吸收知识的能力、记忆知识的能力和理解知识的能力。吸收知识、巩固知识、掌握专业技术与实际操作技术、积累实践经验、扩大知识面、运用知识分析问题，是创造力的基础。任何创造都离不开知识，知识丰富有利于更多更好地提出设想，对设想进行科学的分析、鉴别与简化、调整、修正，并有利于创造方案的实施与检验，而且有利于克服自卑心理，增强自信心，这是创造力的重要内容。

智力：智能是智力和多种能力的综合，既包括敏锐、独特的洞察力，高度集中的注意力，高效持久的记忆力和灵活自如的操作力，还包括掌握和运用创造原理、技巧和方法的能力等，这是构成创造力的重要部分。

人格：它是在一个人生理素质的基础上，在一定的社会历史条件下，通过社会实践活动形成和发展起来的，是创造活动中所表现出来的创造素质。优良素质对创造极为重要，是构成创造力的又一重要部分。个体特征能够对其创造力产生影响，在对个体人格特征进行描述的理论中，大五人格模型被广泛接受。有研究发现，大五人格中的开放性能够正向影响员工创造力，并且外在动机高时，开放性与创造力的正向作用变强，个体外在动机较弱时，随和性对员工创造力产生正向作用。创造性人格特征对员工创造力有显著的预测作用。另有学者指出，员工情绪特征会对个体创造力产生影响。高水平的创造力自我效能有助于个体创造力的提升，当个体具有较高程度的学习目标时，善于聚焦个体的努力方向，带来良好的工作结果，例如提升员工创造力。情绪智力高的个体，能够妥善控制自己的情绪，积极地应对所面临的困难，进而对创造力带来积极的影响。具有较高水平创新型认知风格的个体，勇于面对挑战，进而拥有更高水平的员工创造力。主动性人格程度较高的个体善于进行主动性思考与行动，参与创造过程，有利于员工创造力的提升。创造性人格可以通过学习目标导向和绩效目标导向的中介作用对创造力产生间接作用。也有研究发现玩趣人格与员工创造力呈正相关关系，并提出玩趣人格可以通过缓解工作倦怠间接影响创造力，员工敬业度与组织玩趣气氛对玩趣人格和创造力之间的作用起调节作用。

2.2.9.4 小结

通过对已有文献的回顾，我们发现创造力已受到学者们的广泛关注，围绕其形成过程学者们已开展了较为深入的探寻。如组织支持在积极情境下能够对员工失败学习产生正向影响，但对于两者间的中介机制还缺少必要的研究，尤其在负面情境下，组织支持通过何种路径影响员工创造力还处于混沌状态，未来有必要沿此思路开展深入研究。

2.2.10 企业绩效

2.2.10.1 企业绩效的含义

目前，学术界已经对企业绩效的内涵展开了广泛的研究与讨论，但是由于企业绩效的内涵具有多维性，基于不同的视角导致现有研究的测量指标也不尽相同。因此，国内外学者对其内涵的认识尚未达成一致，也未形成统一的评价标准。回顾现有研究，学者主要从三个视角来对企业绩效的内涵进行讨论。第一种是以结果为导向界定企业绩效，认为企业绩效应该包含企业的成就、目标和产量等指标。也有学者认为企业绩效是企业经营一段时间的成果，应该是为了达到组织目标。由规定的工作职能或经营活动在一定时间内所产生的效果。第二种是以过程为导向界定企业绩效。学者们认为绩效是一种行为，过度关注结果而忽略了行为过程可能导致获得结果的过程是组织不希望的行为。其他学者也持相同观点，即绩效是在多种因素影响下的组织行为。在实现组织目标的过程中，组织中的团队或个体进行的相关活动应该纳入绩效的衡量范围。第三种是从结果和过程的综合视角来界定企业绩效。学者们认为，企业绩效应该包括行为和结果两个方面。因而，企业绩效的衡量应该同时考虑到客观指标和主观指标。在可持续发展战略的指导下，企业绩效的评价应是能全面、系统地反映经济、环境和社会绩效的形成、现状和未来趋势。

2.2.10.2 企业绩效的测量

由于不同学者研究企业绩效的出发点不同，企业绩效的衡量和评价也由此产生多种方式。最初，学者采用财务指标来衡量企业的经营成果，例如投资回报率、资产回报率等。然而，仅用财务指标数据不能全面衡量企业各项经营活动对于目标实现的有效性。因此，学者进一步将非财务指标纳入企业绩效的衡量和评价中，例如，成长绩效、环境绩效、员工满意度等。因此，现阶段学术界并没有统一的衡量企业绩效的方法，不同研究的测度内容也不尽相同。但学者们普遍强调企业绩效的复杂性，认为企业绩效是一个内涵丰富的概念。尤其是对于实施绿色创业导向的企业，为了能够全面、准确地反映企业的绩效表现，需要从多个方面进行测量，而不是从单一角度去衡量。在财务绩效的测量方面，主要有两种方式：第一种测量方式是基于市场或者会计指标的客观财务数据来衡量财务绩效。学者们认为考虑到管理者短期行为的影响和外部环境波动的不确定性，资产回报率比销售增长或销售回报更稳定。同时，财务绩效还可以通过股本回报率来评估。第二种采用主观感知测量方式，主要考察营业利润、销售利润率、投资利润回报率、资产收益率、市场份额、销售额、销售投资回报率以及现金流等方面以此衡量财务绩效。也有学者从销售增长、利润增长、资产回报率、投资回报率、市场增长份额、整体运营效率以及销售回报率等方面来衡量财务绩效。另外，学者们也会利用自我报告的财务绩效指标，包括与竞争对手相比的五个财务指标来衡量企业的财务绩效，也可根据管理者对财务指标的评价来衡量财务绩效，这些指标包括与竞争对手相比的投资回报率、利润增长、销售额和市场份额等。

2.2.10.3 企业绩效的前因

企业的绩效水平受到企业内外部多种因素的影响，关于企业绩效的研究长久以来一直是经济学界、管理学界和企业界共同研究的热门议题，本研究主要聚焦于领导者特质与组织学习两个方面对其进行归纳总结。基于资源基础理论，有价值的、稀有的、不可模仿的资源和能力是可持续竞争优势的基础，绩效的差异归因于这些资源和能力在企业之间的异质分布，而组织学习恰恰是获取上述资源较为有效的渠道之一。此外，企业领导行为也是影响企业绩效的关键变量，如变革型领导行为被视为一种高效的领导方式，能够有效促进企业的绩效。

2.2.10.4 小结

通过对以往相关文献的回顾发现，学者们对于企业绩效前因及形成的研究做了较为深入的探讨，但对于领导方式、组织学习与企业绩效三者间的关系还未进行深入探讨，尤其在创新失败情境下，变革型领导如何通过不同的失败学习方式进而影响企业绩效还存于探索阶段。此外，对于在不同失败学习对企业绩效的影响过程中受到哪些因素的影响也缺少必要的研究，未来可沿此思路开展进一步的研究。

2.3 透过不足发现未来机会

综上所述，因创新的未知性和风险性使其在失败学习领域逐渐受到关注，一部分学者运用领导力理论聚焦于创新失败情境下失败学习的前因与形成机制，也有部分学者专注于失败学习的作用效果，获得了一些富有价值的结论。但上述研究忽略了企业创新的实践特征——团队性，企业创新不仅需要个体智慧，更加需要集体智慧。后续的员工失败学习形成过程将会受到个体和集体两方面因素的影响，并相继形成个体层面失败学习与集体层面失败学习，进而推动企业的后续绩效提升。由于未构建合适的创新失败情境，现有研究无法突显创新的团队属性，造成了如下结果：①员工失败学习形成机制的探讨仅仅停留在单一层面因素；②孤立地探讨单一层面的失败学习，割裂了不同层面失败学习之间的联系；③难以深入探寻创新失败与后续创新成功之间的内在关联。为解决上述问题，迫切需要识别一个新的创新失败研究情境，将创新的团队属性予以突显，从而更加系统地解释"如何从创新失败中学习进而提升企业绩效"这一实践问题。企业创新依赖团队作战，恰好能够突显创新的团队属性，但在企业创新失败情境下的相关研究却非常匮乏。因此，现阶段存在以下研究机会：

（1）创新失败情境下的失败学习形成路径。现有一般化的研究情境弱化了创新失败学习兼具个人与群体因素的特征，使得领导力与组织支持等关键变量对失败学习影响路径的研究或关注于个体认知因素的中介作用，或专注于团队成员信任等群体认知因素的中介作用，却忽视了失败学习形成路径的多层次分析，未能系统而深入地揭示创新失败情境下的失败学习形成机制。未来可将多层次分析思路融入现有关键变量与失败学习关系的研究中，系统而深入地揭示上述变量间的内在机制。在具体研究过程中，分别运用单层与多层次领导力理论，探索领导力与失败学习之间的关系，并分别检验个体层面与群体层面认知因素在其中发挥的中介作用；探讨组织支持对失败学习的影响，并揭示其中的"黑箱"。

（2）创新失败情境下失败学习对后续创新绩效的影响。现有研究大多认为失败富有价值，并验证了失败学习对创新绩效的正向影响，但也有少数学者指出，失败学习对企业创新绩效会产生负面效应，这使得学界对创新失败学习转化为创新成功的过程以及这一过程又受到哪些因素影响仍不甚了解，理论上难以解释失败学习与绩效关系研究中矛盾的结论，实践上难以回答创新失败后企业命运多异的问题——同样对自身失败进行反思和学习，为何有的企业后续创新绩效突飞猛进，而有的企业则停滞不前。未来可以研究失败学习与后续创新绩效的关系，并探讨这种关系受到哪些因素的影响，为提高企业创新失败学习的效果提供理论依据。

（3）创新失败情境下的失败学习传导路径。企业创新更加依赖团队，该情境下的失败学习行为具体包括个体失败学习、团队失败学习与企业失败学习。国内外的失败学习研究多侧重于对某一层面的失败学习进行阐释，但在创新失败情境下具有多个学习主体，而不同主体间的失败学习既有区别又有联系。未来研究可以在深度访谈的基础上，结合组织学习理论和现有文献，探索创新失败情境下不同主体的学习内容和特征，以此深入剖析这一特定情境下失败学习的前因与后果——失败学习的传导路径。

3 失败学习前因后果的理论基石及全景图

本章在文献综述的基础上，结合企业创新失败情境，并根据社会认知理论，领导力理论、社会交换理论、组织学习理论、自我决定理论、高层梯队理论、权变理论构建整体研究模型，第一部分为失败学习前因及形成路径模型，第二部分为失败学习对绩效的影响及其传导路径模型。

3.1 研究的理论基石

3.1.1 社会认知理论

3.1.1.1 社会认知理论的提出与演进

社会认知理论主要以行为主义理论和早期的社会学习理论为基础。行为主义理论在早期的心理研究领域中占据主导地位，其中，行为主义学者更注重可观察到的外表行为，而较少关注行为的内部机制，他们认为，学习是刺激与反应之间的联结纽带，个体行为是学习者基于对环境刺激所做出的反应，即将外部环境视为刺激，把个体随之而来的有机体行为视为反应。外部环境决定了一个人的行为方式，个体行为则是环境刺激的结果。随着研究的深入，学者们发现行为理论中的"刺激——反应"模式无法很好地解释人类的观察学习行为，如：为何个体在观察榜样行为后，这种已获得的行为可能在数天、数周甚至数月之后才出现？如果社会学习行为完全建立在奖励和惩罚结果基础上，那么大多数人都无法在社会化过程中生存下去（俞国良，2015）。阿尔伯特·班杜拉（Albert Bandura）于1952年提出社会学习理论，并于1977年出版了该理论的标志性书籍——《社会学习理论》。在该书中，班杜拉以人、环境和行为三者之间相互作用的观点为基础，重点突出观察学习的重要性，并指出，人的符号表征能力是进行观察学习的前提保证，且认知调节对人的思想和行为的产生具有较大作用。虽然班杜拉认识到人们在模仿学习过程中会受到意识的影响，但是彼时他更强调社会因素对个体行为的影响，重点关注外部环境的作用。在后续的研究中，班杜拉深入地分析了自我调节机制，阐明了个体促成自身动机和行为的方式并继续研究观察学习与个体行为产生机制的问题。但到了20世纪70年代末和80年代初，其关注的重点内容已由外部环境转换为个体内在思想（自我参照的思想）对个体行为的影响（班杜拉，2001）。到了20世纪80年代中期，班杜拉将上述研究思想和成果相融合，形成了社会认知理论，并于1986年出版了《思想和行为的社会基础：社会认知论》，系统性地总结出社会认知理论（social cognitive theory, SCT）的内涵和思想。该理论以行为理论和社会学习理论为基础，更突出个体拥有的信念对自身思想和行为的影响。班杜拉认为，信念能使个体对自身的思想和行为进行调控，即个体的所思所想影响其行为方式。此外，个体的行为是个体信念和外界环境相互作用的产物，而其行为又会影响外部环境和自我信念。该理论的核心思想是主体能动观，班杜拉认为，人是自我组织的、主动的、自我反省的和自我调节的，而不仅仅是由外部环境所塑造或由潜在内驱力所推动的反应机体。人类功能是个人因素、行为和环境三者动态相互作用的产物，其基本模型如图3.1所示（Bandura, 1977, 1986）。在三方互惠的因果模型中，个人因素包括行为主体的信念、目标、态度、意向、情绪等因素，行为因素包括主体行为的结果或反馈，环境因素是指行为主体的客观条件。环境因素与行为因素的交互表明，一方面，作为现实条件，环境因素能够对行为施加影响，另一方面，行为能够反作用于客观环境，亦对其产生影响。环境因素与个体因素的交互表明：行为主体的信念、目标、态度、意向、情绪等因素是环境因素作用的产物，而环境因素的作用不是绝对的，它需要与个人认知互动，并受到个人认知影响。个人因素与行为因素的互动表明，个人认知因素决定或影响着行为方式。同时，行为结果及其反馈又会影响行为主体的信念、态度及情绪等因素。社会认知理论指出，当人们置身于环境之中，人们不是他们自身的旁观者，而是自身及其经历的能动者。人格能动性的核心特征包括四点，分别是意向性、前瞻性、自我反应与自我反思。意向性是指人们对未来行为的主动承诺；前瞻性是指人们以未来的时间视角预期他们前瞻性行为的可能后果；自我反应意为人们审慎地做出计划与选择，把控合理的行为过程，并在执行过程中自我激励与调控；自我反思是指人们审视自身的能动性活动以及元认知能力。

  人们可以通过观察他人的行为间接地学习。观察学习由注意、留存、复现和动机四个过程组成。注意过程包括选取行为来观察，准确认知该行为并从中提炼信息。留存过程包括记忆、存储和自我演练所习得的行为。复现过程包括实施习得行为的正向激励，例如过去的强化、预期的强化、外部刺激、替代激励和自我激励。动机过程中也会存在一些抑制新习得行为的负向动机因素，例如过去的惩罚、威胁、预期的惩罚和替代惩罚。正向强化往往比负向强化的效应更强。并且还可能抵消负向强化的作用。

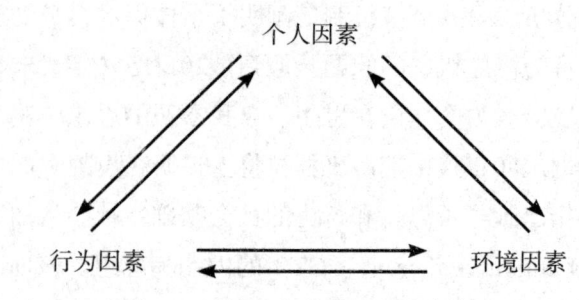

图3.1 环境、个人与行为影响模型

3.1.1.2 社会认知理论的研究内容及应用

（1）社会认知理论的研究内容

社会认知理论的主要研究内容是对社会认知图式（对来自社会环境的信息进行选择和加工后，于人脑中形成的认知系统）进行分析，该社会认知图式包括自我图式、他人图式、角色图式以及事件图式。

①自我图式。自我图式是在处理有关个人信息时所形成的对自身个性、外表以及行为等的认知概括，它来源于过去的经验，能够帮助个体对社会经验中与自我相关的信息进行加工。自我图式将"自我概念"引入研究中，能够克服行为论者不研究自我的倾向，也突破了仅进行自我思辨与论述的局限，使人们逐渐深入地认识到自我的本质（陈俊，2007）。而存储于大脑中的"自我概念"能够对外部信息进行选择、解析、综合及处理，处理过程呈现如下特点：对无关刺激关注程度较低，对涉及自我的刺激关注程度较高；对符合自我特征的刺激处理速度更快且自信度更高；对关于自我的刺激能够较好地回忆与再认；对自我相关信息的预测、归因与推断有更高的自信度；对符合自我的刺激能够更有效地处理（宋艳，2012）。

②他人图式。他人图式是指对他人行为特征及人格类型的认识，如对他（她）人的评价——他是个桀骜不驯的人，她是个刚正不阿的人等。在对他人的认知过程中，通过对他人的言谈举止、仪表神态以及行为方式等方面的感知而逐渐形成初步印象。在初步印象形成的过程中，由于认知主体与认知客体以及环境因素的影响，对他人的认知往往产生与实际不符的情况，如首因效应、近因效应、晕轮效应等。

③角色图式（或称群体图式）。角色图式的内涵是在社会化过程中，个体在知识与经验累积的基础上所形成的对各种角色的特定态度、品质和行为特征的概括认知架构。个体对社会中具有一定地位的角色所应拥有的特征、权利、义务以及行为方式等具有较为固定或者模式化的见解与期望。如人们在对教师、学生、领导以及职员等的认知上并不相同，有着各自独特的模式化的看法与理解。在角色图式形成后，在遇到一个人并知晓其身份时，个体能够迅速从图式库中获取该角色对应的角色图式并进行加工，进而对该角色进行

相应的分析、推测、评价、期望或行为预测等。"国民或种族刻板印象研究"是角色图式中较为经典的研究，个体在形成他人认知时，会受到多方面因素的影响，进而产生认知偏差。若此类偏差存在于对一类人或一群人的认知中，就容易形成错误的社会刻板印象，即产生群体偏见或群体歧视（陈俊，2007）。

④事件图式。事件图式是指人们对社会情境中会出现何种情况的一般预期的认知表征，是对社会事件的心理分类，事件均涉及一系列具有代表性的活动次序，与戏剧或电影脚本中的场景类似，如人们有去医院看病的图式，有在教室上课的图式，有去看电影的图式等。个体的事件图式能够影响个体对事件的记忆，原有的事件图式也会影响新信息的加工。

在社会认知理论视角下，有3种理论模型对人脑中上述社会认知图式的分析过程进行解释：

（a）特征理论。该理论认为，在个体的长时记忆中，有关社会心理现象是通过各类特征进行表征的。当受到相关刺激时，人们就会对这些特征进行分析，并将其与长时记忆中的特征相互比较，进而会对相应的社会心理现象做出反应。

（b）原型理论。原型反映的是一类客体具有的内部表征，即一个类别及范畴内所有个体的概括表征。Reed指出，这种原型代表的是一个范畴实例的集中趋势，并且是以抽象出来的表象进行表征。而个体社会心理认知的形成即是对一个类别内部特征的概括和提炼。

（c）样例理论。该理论认为，社会心理现象是将具体的例子而非抽象知识贮存于人的头脑中，其与外部现象具有一一对应的关系。当人们受到相应的刺激时，刺激信息得到编码并激活相应的样例，从而对某种社会心理现象产生相应的反应（陈俊，2007）。

（2）社会认知理论的应用

社会认知方面的研究涉及哲学、社会学、文化学、教育学和管理学等学科领域，这也引起了除心理学之外的其他众多学科研究者的关注，并被广泛应用于管理学中的消费者行为领域及组织行为领域研究。

①消费者行为领域。社会认知理论被较多地应用于消费者对信息系统和新技术的使用意愿以及消费行为的研究之中。Compeau（1999）等基于班杜拉的社会认知理论，构建了自我效能、结果预期、情感和焦虑对计算机使用的影响模型，该模型对394个终端用户进行了为期一年的纵向研究。研究发现，计算机自我效能分别对结果预期、情感、焦虑和使用具有显著影响，而结果预期分别对情感和使用具有显著影响。此外，情感对使用具有显著影响。研究结论强有力地证实了自我效能和结果预期均会对个体的情感和行为产生影响。Larose等（2004）利用社会认知理论对消费者的互联网使用行为和满足感进行了分

析，通过在线问卷调查获取美国中西部2个州共172名消费者的数据，利用结构方程进行分析。结果表明，先前的网络经验能够正向影响自我效能，而自我效能、预期结果、个人习惯和自我管理缺失会对互联网用户的使用行为产生积极影响。Chiou等（2007）探寻个体在互联网信息搜寻过程中自我效能的动态变化，其研究更为深入，将目光聚焦在社会认知理论的核心要素——自我效能上。研究人员通过两个纵向研究得出结论：在网络搜寻过程中，个体自我效能是不断积累的。由于受到先前任务体验的影响，前期积极的任务体验能够增强自我效能，而消极的任务体验则会削弱自我效能，且后者（消极的任务体验）对自我效能的影响程度更大。此外，在先前体验与自我效能的关系中，前期的自我效能发挥着调节作用。相较于高自我效能个体，低自我效能个体前期积极的任务体验能够更好地增强自身未来的自我效能。相反地，相较于低自我效能个体，高自我效能个体前期消极的任务体验能够在更大程度上削弱其自身未来的自我效能。Jacobs等（2012）运用社会认知理论构建了一个理论模型，该模型对大学生和荷兰技术生活方式论坛的参与者进行调研，以此来分析消费者在下载电影时的态度与行为，并比较其消费的电影数量。数据分析结果表明，自我管理缺失（deficient self-regulation）、描述性规范（descriptive norm）以及预期结果的五个维度（理想主义、新奇冲动、经济预期、法律知识和社会预期）均对消费者每月下载电影数量产生积极影响。Boateng（2016）等利用社会认知理论探讨了网络银行使用意愿的影响因素，通过对加纳银行客户拦截访问来进行数据的获取。调研结果显示，网站的社交特征、信任、与生活方式的兼容性以及在线客户服务均对客户使用意愿产生积极影响，而易用性对客户使用意愿的影响不显著。

张晓娟等（2017）根据社会认知理论探寻智能手机使用者的信息安全行为意愿影响因素，实证分析结果表明，感知威胁、反应效能、控制倾向和描述性规范正向影响智能手机使用者的信息安全行为意愿，且该影响显著，而自我效能对行为意愿的影响不显著。徐小阳等（2017）运用社会认知理论探讨了环境因素（互联网氛围）以及个体认知因素（计算机自我效能和风险控制认知）对个体行为（购买意愿与行为）的影响。研究发现，随着互联网氛围的增强，消费者能够更多地借助互联网平台获取新软件、新操作技能以及新理念，从而显著提升其计算机自我效能。此外，消费者通过互联网了解金融理财产品的相关风险，从而强化了金融理财产品的风险控制认知意识。随着计算机自我效能的增强，消费者筛选互联网金融理财产品的能力和效率也得以显著提高，从而促进了其对互联网理财产品的购买行为。当消费者对互联网金融理财产品的风险及其控制有充分认知时，他们就会更愿意信任相关互联网金融企业及其产品并进行交易。郭羽（2016）结合社会认知理论以及社会资本理论，对社交媒体用户在线自我展示行为的影响因素及在线自我展示行为对用户社会资本的影响作用进行了分析。实证分析结果表明，用户对于社交媒体社区的经济基础信任和认同信任，以及对于媒介内容产生的自我效能均与其在线的自我展示行为呈正相关关系，而用户的在线自我展示行为同时又可以促进其社会资本。林萌菲等（2016）运用社会认知理论检验网络环境、顾客认知和口碑行为三者之间的关系。研究结果表明，顾客主观知识的认知程度会直接影响其网络正面/负面口碑，且社区参与自我效能感在二者间发挥部分中介与完全中介的作用。陈冬宇（2014）根据社会认知理论，从放贷人的角度构建交易信任理论框架，分析交易信任的形成过程及影响因素，通过对P2P（个人对个人）网站放贷用户进行问卷调查发现，个人因素与环境因素能够显著影响交易信任。具体而言，放贷人的信任倾向、借款人提供的信息质量、借款人的关系型社会资本、借贷平台的安全保障程度均对借款人的信任产生正向影响，此外，放款人对借款人的信任程度又将促进出借意愿。朱阁（2010）等借助社会认知理论构建了消费者、新技术及采用三方互惠决定论的新技术（移动拍卖）接受理论框架。在该框架中，由功能价值、社会价值、情感价值及感知费用所构成的消费者感知价值正向影响消费者对移动拍卖的态度，由主观的自我效能感与客观的自我效能感所构成的消费者移动拍卖自我效能感同样能够促进消费者对移动拍卖的良好态度，而消费者对新技术良好的态度又将促进其采用意愿。

②组织行为领域。除了在上述消费行为领域外，社会认知理论在组织行为领域亦有广泛应用。

第一，社会认知理论在组织、团队环境方面的应用。陈默等（2017）基于社会认知理论视角提出，高绩效要求将通过员工道德推脱机制间接影响亲组织不道德行为，即道德推脱在高绩效要求与亲组织不道德行为之间发挥中介作用，以及感知的市场竞争正向调节变量之间的间接关系，而道德认同则负向调节这一间接关系。通过对某零售企业的225名员工进行两阶段调查，结果也验证了这一调节——中介模型。汪曲等（2017）根据社会认知理论的"环境——主体认知——行为"三方因果作用模型，通过"团队情境——个体认知——行为方式"这一研究路径，结合心理学的"内隐建言信念"，形成"团队内关系格局——内隐建言信念——沉默行为"为主的研究架构，探寻团队情境作用于个体沉默行为的奥秘。同时，运用多层线性模型对104名团队领导及其下属568名员工的数据进行分析，结果表明，个体层面的"团队内关系质量"会对成员的沉默行为产生显著的影响，而团队层面的"团队内关系差异"则会对成员的沉默行为产生较为明显的预测效果，成员心理认知——内隐建言信念在团队内关系格局影响成员沉默行为这一关系中，具有显著的中介作用，这是隐藏于成员沉默行为身后的内在动机与驱动力量。

第二，社会认知理论在领导力领域的应用。John等（2006）将社会认知理论的自我效能引入到变革型领导与教师对组织价值承诺关系的研究框架中，构建了自我效能完全中介与部分中介的两个比较模型。通过对218所学校的3 074份问卷进行分析，结果表明，教师自我效能在变革型领导与社区伙伴关系承诺间发挥完全中介作用，自我效能在变革型领导与学校使命承诺关系间以及变革型领导与职业社区承诺关系间均发挥部分中介作用。Salanova等（2012）运用社会认知理论构建医院内的变革型领导对护士角色外绩效的影响机制模型，通过对280份领导与护士的配对数据进行分析发现，护士的自我效能是工作投入的重要推动力，而变革型领导是自我效能的重要推动力，变革型领导通过自我效能作用于工作投入，最终影响护士的角色外绩效。Mason等（2014）借助社会认知理论探寻个体认知与变革型领导行为之间的关系，研究人员邀请56名管理者参加一个领导力培训项目，通过对领导者自我效能、积极情感、换位思考和变革型领导行为培训前后的变化进行比较，得出以下结论：随着领导者自我效能、积极情感、换位思考在培训期间的增强，其变革型领导行为也随之增强，且积极情感增强的领导更可能从其上级领导、团队成员以及同事的评价中获得其变革领导行为增强的肯定。Hinrichs等（2012）借助社会认知理论中的道德推脱，对个体的领导信念与辩解自身不道德行为倾向（将责任转移给那些下令行使或纵容这种行为的领导）之间的关系进行阐释。研究结果表明，领导自我效能、情感、非计算动机（noncalculative motivation to lead）以及领导的共同取向都会通过责任转移影响道德推脱行为。Hannah等（2013）根据社会认知理论探讨辱虐管理与下属道德倾向及行为间的关系，研究结果表明，当工作单元中的辱虐管理水平较低时，针对单元内部员工的辱虐管理对其道德勇气和组织价值认同产生负向影响，而当工作单元中的辱虐管理水平较高时，上述影响关系则不再成立。此外，员工的道德勇气、组织价值认同均会抑制员工的不道德行为，从而促使其揭发他人的不道德行为。Tu等（2016，2017）的两篇文章在社会认知视角下分别揭示了道德型领导对员工角色外行为绩效和工作满意度的作用机制。第一篇文章的研究结果发现，道德型领导对员工角色外行为绩效具有正向影响，一般自我效能在其中发挥中介作用。此外，内在动机不仅对这一中介作用具有正向调节作用，还在道德型领导与一般自我效能关系间发挥正向调节作用。而第二篇文章的研究结果发现，道德型领导对员工工作满意度的作用机制是员工道德认知由浅入深的转变过程。首先，道德型领导作用于员工道德意识——道德认同，继而提高其工作满意度。Walsh等（2017）利用社会信息加工理论与社会认知理论对积极的领导行为——魅力型及道德型领导与尊重规范的认知以及工作场所不文明行为经历之间的关系进行研究，并通过多源数据的两个实地研究进行分析（研究1中的数据源于员工及其同事，研究2中的数据源于员工及其主管）。结果表明，积极的领导行为与工作场所的不文明行为具有负相关关系，并且员工尊重规范的认知在其中发挥中介作用。黄秋风等（2017）运用元分析方法对收集到的192篇中英文献进行分析，结果表明，变革型领导与员工创新行为间的关系同时存在两种心理机制，该机制一方面表现为：在自我决定视角下，变革型领导通过内在动机影响员工创新行为；另一方面表现为：在社会认知视角下，变革型领导通过创新自我效能影响员工创新行为。马吟秋等（2017）将社会认知理论应用于辱虐管理对下属员工反生产行为心理认知机制的研究中。来自307家企业的1 912名员工的数据分析结果表明，员工感知到的辱虐管理与其心理契约破裂及针对组织和针对个体的反生产行为均呈现显著正相关关系，而员工心理契约破裂在辱虐管理与针对组织和针对个体的反生产行为之间起到中介作用。此外，社会认知理论指出，不同的人在面对相同或不同情境时，其心理或行为存在着差异。该论文的结论也再次印证了这一论断，即心理契约破裂在辱虐管理与员工针对组织、针对个体的反生产行为之间具有中介作用，而员工的自我建构调节了这一中介作用。

第三，社会认知理论在知识分享方面的应用。夏瑞卿等（2016）在归纳、总结组织内知识共享影响因素的基础上，发现成功的知识共享需要多方面因素共同发挥作用，应系统性地考察环境因素和个体特征差异对知识共享行为产生的影响。因此，两位学者对已有的在社会认知理论视角下知识共享行为的相关研究进行了系统性的梳理，主要研究内容为：组织氛围、个体认知与行为三者间的关系，信任对个体认知与行为的影响，组织文化、领导者行为对个体认知与行为的影响，个体认知中自我效能与结果期望之间的关系及自我效能对行为的影响。李志宏等（2010）基于社会认知理论，选取华南地区200名IT企业研发人员作为样本，探寻了组织气氛对知识共享行为的影响机制，实证分析结果显示：组织知识共享气氛（友好关系、创新、公平）不仅直接对知识共享行为产生显著正向影响，还通过自我效能和结果预期对知识共享行为产生间接的影响。此外，自我效能对结果预期有显著的正向影响。金辉（2015）根据社会认知理论，探讨了社会影响和个体认知对高校教师的网络平台教育知识共享所产生的影响，通过对218名高校正式聘用的教学或科研人员的调研数据进行分析，得到如下结论：社会影响因素（信任）、个体认知因素（自我效能与结果预期）正向影响高校教师的网络教育知识共享意愿，且该影响显著。而在四个结果预期（预期的声望、预期的互惠、预期的专业成长与预期的奖酬）变量中，对高校教师网络教育知识共享意愿影响最大的是预期的声望，最弱的是预期的奖酬。此外，通过四个结果预期变量的中介效用，自我效能对高校教师网络教育知识共享意愿产生间接影响。周军杰（2016）根据社会认知理论分析了虚拟社区中退休人员知识共享行为的影响因素。研究发现，环境因素（其他人参与行为）和认知因素（自我效能和期望收益）能够对退休人员的知识贡献行为产生直接影响，且自我效能与期望收益在环境因素与知识贡献行为关系间分别发挥负向调节作用和正向调节作用。赵呈领等（2016）借助社会认知理论对网络中的知识共享行为及其影响因素进行探索，研究对象选取华中师范大学291位参与网络学习空间的学生，采用问卷调查法，通过描述网络学习空间中的知识共享行为现状，结合学生个体因素（自我效能、结果期望、评价顾忌）、网络学习空间氛围因素（信任）和知识共享行为等三个要素间的相互影响开展研究。秦丹（2016）同样将社会认知理论应用于网络学习空间中的知识共享行为研究并发现，外部环境因素（激励机制）与个体认知因素（自我效能）是学习者完成知识共享活动的重要影响因素；常玮等（2012）结合了整合性技术接受模型及社会认知理论中的主观任务价值，对国内网络教学效果的影响因素进行了研究，通过对179名参加网络教育的学生数据进行分析，得到如下结论：不同学习风格的学习者，其学习效果影响因素存在一定的差异。无论哪种类型学习风格的学习者，效用价值都能够显著促进网络教学效果；而易用预期、计算机自我效能、绩效预期及获取价值等影响因素对网络教学效果的促进作用受到学习者学习风格类型的影响。

第四，社会认知理论在学习行为方面的应用。Wang等（2007）立足于社会认知理论，探讨了个人、环境和行为之间的交互对学生网络自主学习行为的促进作用。研究表明，基于网络的学习环境为学生提供了更多的机会，学生可以灵活地与同伴合作。尤其在支持性和互动性的网络学习环境中，匿名性可以使学生有更多机会练习一系列自主学习的技能，如管理自我、他人、信息和任务等（环境→行为）。此外，自我效能感和集体效能对学生的自主学习行为及学习策略具有积极的影响（个人→行为），研究结果也揭示了高质量反馈对学生自我效能具有积极影响（环境→个人）。此外，学习策略、小组讨论和小组互动有助于提高学生的学习成绩（行为→环境）。Samuel等（2012）借鉴Tesluk等（1998）开发的工作经验整合模型，采用社会认知理论来对员工在职学习重要的组成部分——挑战性工作经验的前因和后果进行检验。结构方程分析结果表明，变革型领导和学习导向对挑战性工作经验具有正向影响，挑战性工作经验对员工工作绩效和员工潜力评估均具有正向影响，且具体工作自我效能在其中发挥中介作用。此外，变革型领导、学习导向通过挑战性工作经验的中介作用对具体工作自我效能产生影响。高洁（2016）运用社会认知理论探讨在线学业情绪、学习效能感与学习投入三者之间的关系。结果显示，线上学习的过程中，个体情感体验是影响学习投入的关键心理因素，通过在线学习效能感，在线学业情绪对学习投入产生间接影响。

3.1.2 社会交换理论

3.1.2.1 社会交换理论的提出

社会交换理论（social exchange theory）最早由美国著名社会学家乔治·霍曼斯于1958年提出。霍曼斯在《作为交换的社会行为》（Homans，1958）与《社会行为：它的基本形式》（Homans，1961）两部著作中系统地阐述了社会交换的思想原则及方法，并指出，社会交换是人类社会生活所必须遵循的基本原则之一。与此同时，著名心理学家彼得·布劳在其《社会生活中的交换与权力》（Blau，1964）著作中，从心理学视角出发，对社会交换的内涵进行了阐释。上述学者均将功利主义经济学和行为主义心理学作为社会交换理论的基础（侯玉波，2013）。

（1）功利主义经济学

功利主义经济学思想源于亚当·斯密。斯密在《国富论》中认为，商品之间的交换是从古至今一切社会、民族所普遍存在的经济社会现象，参加交换的各方都期望从交换中获得报酬或利益，从而满足自身的某种需要。在人们的生产与生活过程中，权衡所有可行的选择，理性地选择代价最小且报酬最大的行为是人的本性。这种功利主义的经济学思想对社会交换理论的产生起到了极大的促进作用。霍曼斯将功利主义经济学的几条基本原则融入社会交换理论中，包括：①与他人交往时人们总是试图得到一些好处；②人们在社会交往中常常核算成本与收益；③人并不具备可供选择的完备信息，但却知道有些信息是评价成本与收益的基础；④经济交换知识是人们普遍交换关系的特例；⑤人们的交换包括物质交换与非物质交换。

（2）行为主义心理学

以巴甫洛夫和斯金纳等为代表的行为主义心理学观点也为社会交换理论提供了强大的理论支撑。俄国生理学家伊凡·巴甫洛夫（Ivan Pavlov）认为，借助于某种刺激与某一反应之间的已有联系，通过练习，可以建立起另一种中性刺激与该反应之间的联系，并将其界定为经典性条件反射理论。这一理论建立在巴甫洛夫铃声与狗的实验基础上。巴甫洛夫通过实验发现，当将食物呈现出来时，狗分泌的唾液开始增加。这是一种自然的生理现象，是狗的本能反应。随后，在给狗提供食物之前的半分钟响铃（中性刺激，非自动地造成唾液分泌的刺激），并观察和记录狗的唾液分泌反应。研究发现，在铃声与食物反复配对并多次呈现之后，狗慢慢"学会"仅有铃声但无食物的状态下分泌唾液。这表明经过条件联系的建立，将本是中性的刺激与本就可以引起某种反应的刺激进行结合，能够使动物学会对中性刺激做出反应。以上即是经典性条件反射理论的基本内容（符国群，2015）。

综上所述，经典性条件反射理论所反映的是在一定时空条件下，建立两种刺激物及其属性之间的联系，但却未能解释个体如何习得对某种刺激的特定反应。为解释这一问题，美国著名心理学家斯金纳在巴甫洛夫经典性条件反射理论基础上提出了操作性条件反射理论。他自制了一个"斯金纳箱"，在箱内安装了提供食物的食盒和按压杠杆，食物可以通过按压杠杆的方式出现。随后，将一只老鼠放入箱内，老鼠偶然间按压杠杆得到了食物后，按压杠杆的频率越来越高，即老鼠学会了通过压杠杆来获取食物。斯金纳将这种先由动物做出一种操作反应（无意间按压杠杆），然后再受到强化（食物），从而使受强化的操作反应概率增加的现象称之为操作性条件反射。斯金纳认为，人类行为只是对外部环境刺激所产生的反应，只要控制行为后果（奖惩），就可以达到控制和预测人类态度和行为的目的。如果行为依靠动机而产生，那么巩固、保持或减弱、消退这个行为就需要依靠外在刺激进行强化。强化训练是解释机体学习过程的主要机制，学习是一种反应概率的变化，而强化是增强反应概率的手段。在一个操作或自发反应出现之后，如有强化物或强化刺激相随，则该反应出现的概率就会增加；反之，经由条件作用强化后的反应，若无强化刺激相随，这一行为重复出现的可能性就会减少，甚至不再出现（符国群，2015）。

霍曼斯将斯金纳从动物行为实验中所确立的命题引入到社会交换理论中。行为主义的此类命题包括：①在任何情况下，机体都将产生能够获得最大报酬或最小惩罚的行为；②机体将重复过去曾被强化的行为；③在与过去行为得到强化类似的情境下，机体将重复此类行为；④机体越容易从某一特定的行为中得到好处，就会越认为该行为值得，因此，产生替代性的行为以寻求其他报酬的可能性变大（侯玉波，2013）。霍曼斯将亚当.斯密等人的功利性经济学观点与斯金纳等人的行为心理学观点充分融合在一起，形成了社会交换理论的主要思想。

3.1.2.2　社会交换理论的研究内容

自社会交换理论创建后，霍曼斯、布劳以及埃莫森等人分别从心理学视角，对社会交换理论的研究内容进行了深入分析及逐步完善。

（1）霍曼斯的社会交换理论

霍曼斯在上述功利经济学思想及斯金纳心理学理论命题的基础上，建构了关于人类行为的一般命题，形成了最初的社会交换理论研究框架。

①成功命题（the success proposition）。个人的某种行为越是经常地得到相应的报酬，那么他就越有可能重复这一行为（冯小东，2014）。霍曼斯进一步指出，无规律的报酬或奖励更具意外性与刺激性，所产生的效果也要比有规律性的情况高。成功命题将报酬与行为之间建立起联系，以更好地解释人类行为。

②刺激命题（the stimulus proposition）。同样的刺激能够诱发相同或类似的行为。成功命题揭示了报酬与行为关系的一般性规律，而刺激命题则揭示了不同刺激与不同行为间关系的特定规律，且不同刺激及行为之间的关系会受到个体差异的影响。

③价值命题（the value proposition）。某种行为所产生的结果越有价值，个体越有可能采取同样的行为。价值命题是对成功命题和刺激命题的进一步深化，且明确了人类行为选择的规则：依据价值大小确定行为，霍曼斯认为价值包含了经济价值、社会价值以及伦理道德价值。

④剥夺—满足命题（the deprivation—satiation proposition）。个体获得的报酬和奖励同样存在边际效用递减的情况，即在一定时间内，随着个体获得报酬的增加，因此而带来的幸福感和价值感会逐渐减少。剥夺—满足命题是认为在考虑个体行为与报酬满足感的关

系时，需考虑时间和数量因素，次命题是对前三个命题的补充。

⑤攻击—赞同命题（the aggression—approval proposition）。该命题有两方面含义：一方面，当个体行为未获得预期报酬或者得到了未预料到的惩罚时，个体可能产生愤怒情绪或攻击性行为。另一方面，当个体行为获得了预期或超过预期的报酬，或错误行为未受到预期惩罚时，个体会产生喜悦之情，进而会重复得到报酬的行为或者避免错误行为的重复出现。

⑥理性命题（the rationality proposition）。在面对各种行为方案时，人们总是选择价值最大和获得成功概率最高的行为。霍曼斯认为，个体在行为选择时，不仅会考虑到行为价值的大小，还会考虑行为成功的可能性。个体行为、成功概率与价值三者间的关系运用数学公式表示为：行为发生的可能性=价值×概率。霍曼斯认为，人是理性动物，公式中右面数值的大小决定了人们的行为选择。

在霍曼斯的社会交换研究框架中，上述六大基本命题不仅可以解释动物和个体行为，还可以解释整个人类的行为。且在此基础上，霍曼斯还提出了社会交换的基本原则——公正原则。公正原则是对既定交换关系中报酬与代价比例所作的社会规定，该原则制约着人们报酬期待的程度。人们在社会交换中，会衡量成本与回报、投资与利润的分配比例，或计算成本与回报的比率，以期回报能与成本成正比，即个体不希望被人利用，也不希望占别人便宜。人们只有在觉得投入与回报较为公平的时候才会进行交换。

（2）彼得·布劳的社会交换理论

布劳反对将人类一切活动都看成是交换，他将社会交换界定为："当别人做出应答性反应就发生，而当别人不再做出应答性反应就停止的行为"，并提出了判定社会交换的两个标准：一是行为的最终目标只有通过与他人互动才能达到；二是该行为必须采取有助于实现其目标的手段。上述概念与判定标准的界定使布劳的研究范围排除了"没有目标取向的、由无理性的情绪所引起的行为"，同时也排除了"通过肉体强制或纯粹遵从内在化的规范的行为"。布劳认为，个人的心理现象难以代表复杂的社会结构，不应该以个人的心理解释推导所有群体的行为。因此，布劳将霍曼斯的"个人主义方法论"和心理还原论转变为"个人主义方法论"与整体结构论，用以探寻大型和复杂社会群体内的交换。此外，布劳还认为社会中的交换不全是对等的，他用不对等交换的原则揭示了权力产生、反抗及变迁的基本规律，完成了将社会交换从微观转向宏观层面的研究。

布劳在社会交换理论中提出了五个基本命题：理性原理、边际效用原理、公正原理、互惠原理和不均衡原理，其中前三个命题与霍曼斯提出的命题在本质上大致相同，而互惠原理是分析层级由个体上升为群体和社会时所呈现出的特征。互惠原则包括两方面内容：一方面，交换一方的行为对另一方有益，且有益行为是相互的，即一方做出有利于另一方的行为后，受惠方须主动履行回报的义务；另一方面，互惠原则一旦被破坏，交换随即自行中止，甚至会产生冲突。不均衡原理是指，因社会交换是一种有互惠义务的行为，这可能导致交换的结果产生不均衡状态。当资源地位较低的一方发现自己无法提供同等价值物进行交换，且此时利用服从换来的好处大于拒绝所产生的损失时，他们会主动放弃自身的某些权力，而资源地位较高的一方也认为用己方资源与对方的服从进行交换是价值相当的。于是群体中就产生了支配者与被支配者这两类人，并逐渐形成对权力结构的集体赞同，因此也认可了权力结构的合法性。布劳认为，这就是权力的来源。在大社会结构中，权力源自个人所在的结构位置，从属者认为权力的行使正当公平，便赞同领导者地位，反之，则会引起集体对立行为。

　　布劳认为群体间的交往类似于个体间的交往，并将群体间交往概括为如下过程：①吸引。布劳发现人际间的社会交换始于社会吸引。个体在社会交换过程中都希望获取有价值的东西——报酬，这些报酬包括外在报酬，如金钱、物质和服务等，以及内在报酬如爱、荣誉、社会地位等。为获得人际交往中的报酬，个体会被能提供这些报酬的人所吸引。社会吸引过程导致社会交换过程，互相提供报酬将维持人们之间的相互吸引及继续交往。②竞争。社会吸引为个体团结在一个集体内提供了动力。在这个基于相互吸引而结合在一起的群体中，交换关系中的各方为了吸引交换的伙伴，都会竭尽全力展示能够提供回报的能力并试图在竞争中获得有利的交换地位，顺利实现交换过程。③分化。个体间所拥有的资源在数量、质量、种类、稀缺程度等方面存在不均衡，当一方无法向对方提供对等服务、没有其他替代方案能满足通过交换所获得的利益、不能通过暴力来获取利益以及不能放弃和克服对利益的需求这四种状况同时存在时，竞争将最终导致分化的出现：具有资源优势的一方往往可以较为顺利地实现交换并成为其中的获益者或所谓的优胜者，而资源匮乏的一方却很少能够得到自己所预期的、相对公平的回报，最终成为失败者。当资源匮乏的一方以服从的方式与资源提供者进行交换时，权力分化就产生了。④整合。从权力向权威的转化过程，可以看出权力结构在群体中的整合作用。权力是指个人或群体无视他人反抗而将己方意志强加于人的能力，强制性是其显著的特征；权威则被界定为群体中存在的一种合法性，即符合群体规范的一种权力，无须借助强制性措施便可以实施该项权力。当权力分化后，某一群体取得权力地位并与其他群体建立依从关系，并且能有效地控制从属群体时，固定的权力等级结构将会形成。群体中的每个成员被安置在固定位置上，被冠以固定角色，从而减少了每次交往中的讨价还价、分歧和摩擦，提高了效率。⑤对立。权力分化的一种结果是群体对权力集体赞同，形成合法权威。但如果权力未得到公平行使则可能诱发另外一种结果——对立和冲突。只有当信赖和信任其交易伙伴时，人们才会参与到互惠互利的关系之中。管理者的工作是帮助员工与其组织和同事建立长期的、有回报的交换关系；帮助员工了解并信任所在的企业；帮助组织通过经济奖励和社会奖励以此来奖赏员工。培养员工对他们与组织之间长期信任和互利互惠的关系，让员工看到：当他们投身于企业发展之中，帮助企业实现预期目标的过程也是他们自我发展和自我实现的过程，因为企业会给予他们回报，并按照他们的贡献将其纳入企业未来发展规划之中。

3.1.2.3 社会交换理论的应用

在心理学家看来，社会交换是人类社会生活所遵循的基本原则之一。因此，社会交换理论被广泛应用于人类经济活动中的交往行为，以及企业管理中的组织行为等方面的研究。

（1）经济活动中的应用

社会认知理论在社会经济活动中的应用主要体现在人际冲突和问题协商方面（侯玉波，2013）。个体每天都在与他人进行协商或讨价还价，根据交换双方之间的利益分配关系，人们之间的冲突分为零和（zero-sum）冲突与可变总和（variable-sum）冲突两种。前者是指一方的收益是对方的损失，交换双方完全是竞争性的，如日常购物中的买卖双方，成交时，如果卖方要价较高，买方则要多付出，反之亦然；而后者是指一方的收益不以另一方损失为前提，交换双方都能获得一定的收益，如"货运游戏"。货运游戏（acme-bolttrucking game）最早是由Deutsch和Krauss（1960）用来分析威胁对冲突影响的研究范式。在研究中，实验者要求被试者想象自己开车载着一箱货物在甲地点或是乙地点出发，其任务是尽快把货物运到目的地。两个被试者分别有各自的起点和目的地，同时，还有一个障碍存在，即两个被试者的捷径在中间的一段有重合，这一段路是单行线。在这个游戏中，双方共用捷径的唯一方式是一方的车通过之后另一方的车再通过，如果两辆车在中间的某个地方相遇，必须有一方退回，否则双方都无法前行。甲乙双方在捷径上各有一个控制门，可以通过操作决定是否允许对方通行。此外，双方还有一条供自己单独使用的路线，但是该线路较长，如果选择此条路线，注定会在竞争中失败。游戏的安排是：如果选择另一条线路必然丢分，如果走捷径，必须轮流走单线道，这样双方均可得分，被试的目标是自己尽可能多得分，但并未规定要比对方多得分。研究发现，当双方都使用威胁时，双方的总收益最少；在一方有权使用威胁时，有权的一方收益稍微大一些，但总收益较少；只有在双方都采取合作的情况下，个体收益以及总收益才能达到最大化，分析结果见表3.1所示。

表3.1 货运游戏中甲乙双方得益分数表

变量	无威胁	甲方威胁	双方威胁
总计得益	203.32	−405.88	−875.12
甲得益	122.44	−118.56	−406.56
乙得益	80.88	−287.32	−468.56

注：表中的负数指超时被扣的分

心理学家还提出了相应的协商策略，其中包括：在协商中提出强硬的最初立场和逐渐让步的策略。Hamner等（1977）证明了强硬的最初立场对协商结果的影响。研究发现，在买卖汽车中，卖方的高要价会使最终的成交价格对自己有利，其主要原因是个体通常是以他人的最初立场来确定自己的期望值与拒绝点，当他人要价高时，个体对最终价格的期望值也随之变高，反之亦然。

（2）企业管理中的应用

社会交换理论能够对企业员工行为进行解释说明，也因此成为现阶段组织行为领域中重要的基础理论之一（Cropanzano et al., 2005），并被广泛应用于企业管理领域。企业是由若干个具有社会属性和经济属性的个体构成，其中个体与个体、个体与团队、个体与企业之间保持着紧密的互动并形成交换关系。因此，社会交换理论对于企业员工行为具有较强的解释力。

Eisenberger等学者（1984）基于社会交换理论，从员工的视角提出了组织支持感概念，并验证了组织支持感、组织公平对员工组织承诺的正向影响。Hom等（2009）在社会交换视角下构建了员工与组织关系对员工组织承诺的影响机制模型，通过对中国的企业领导进行调查研究并发现，社会交换和工作嵌入在员工与组织关系及员工组织承诺间发挥着中介作用。一些学者开始关注社会交换理论中的某些元素在员工行为过程中所发挥的重要作用，Chen等（2005）在探寻组织支持感对组织承诺的影响机制问题时，引入了社会交换理论中的核心要素——组织信任，并验证了组织信任在组织支持感与组织承诺关系间的中介作用；Chao等（2013）选取中国台湾地区128家医院中负责医疗器械采购的工作人员作为调研对象，并借助成本交易理论和社会认知理论对医院供应链关系中的信任和承诺进行了分析。研究结果显示，管理决策的相关变量，如资产专用性、沟通和感知利益等会对信任产生积极影响，在信任的基础上会形成积极的承诺。而行为不确定性则对信任产生显著的负向影响。Park等（2015）运用社会交换理论构建了信息技术团队内部知识分享的影响因素模型，研究证实了交换特征（关系利益与关系投入）对依赖产生正向影响，合作伙伴特征中的项目价值相似性对信任产生正向影响，合作伙伴特征中的专业知识对信任与依赖均产生正向影响，且信任和依赖对团队内知识共享产生正向影响。Garba等（2018）运用社会交换理论阐述了道德型领导对酒店员工的顾客导向型公民行为的影响机制及其边界条件。数据分析结果表明，道德型领导通过感知义务正向影响顾客导向型公民行为，而心理分离在道德型领导与顾客导向型公民行为间发挥正向调节作用。袁凌等（2007）运用社会交换理论分析组织支持感对组织公民行为的影响机制问题，并发现行为、员工义务感、社会情绪需求、努力——酬赏期望及员工信任在二者关系间发挥中介作用。卢东等（2008）根据社会交换理论，通过对52个工作单位的691名员工进行调查，分析了心理契约违反和群体凝聚力在员工政治知觉与离职倾向关系间分别发挥的中介作用与调节作用，数据分析结果表明，员工的心理契约违反在组织政治知觉与员工离职倾向间发挥部分中介作用，且这一部分中介效应受到群体凝聚力的正向调节。郭钟泽（2016）等基于资源保存理论及社会交换理论，分析了个人资源变量（心理资本）、组织诱因变量（职业成长机会）对知识型员工工作投入的影响。研究结果表明：心理资本与职业成长机会均能够促进工作投入，且后者正向调节心理资本与工作投入二者之间的关系。张莉等（2016）结合资源保存理论和社会交换理论构建了影响机制模型，深入探寻社会支持对离职倾向的影响。通过对10个国家的2 830名企业员工的数据进行分析发现，工作家庭冲突在工作支持与离职倾向关系间发挥中介作用，工作家庭冲突和促进在非工作支持与离职倾向关系间共同发挥中介作用；赵文文等（2017）结合社会交换理论和资源保存理论，探寻建言机制与员工变革开放性二者之间的关系，通过127家企业的1 282个员工的样本数据研究发现，作为员工参与的重要形式，建言机制对员工变革开放性有正向影响，其中，工作不安全感和组织情感承诺在二者关系间共同发挥中介作用，员工的任务自我效能感在建言机制与工作不安全感二者关系间起调节作用，对组织现状的不满可以调节组织情感承诺与变革开放性二者之间的关系；朱瑜等（2018）基于社会交换理论，对差序氛围感知作用于员工沉默行为的机制及边界条件进行探寻。分析结果表明，差序氛围感知显著正向影响沉默行为，情感承诺在差序氛围感知与员工沉默行为关系间发挥中介作用，个体传统性负向调节上述三者之间的关系，并正向调节差序氛围感知与情感承诺的关系。董霞等（2018）结合社会交换理论与社会学习理论，对服务型领导与员工主动型顾客服务绩效二者之间的关系进行深入探讨，并检验了工作投入与人际友好在其中的作用。通过对11家酒店进行多时段调查研究发现，服务型领导对员工主动型顾客服务绩效产生正向影响，员工工作投入在二者关系间起部分中介作用，员工人际友好敏感性正向调节服务型领导与员工工作投入二者之间的关系，且效应显著。此外，员工人际友好敏感性对服务型领导与员工主动型服务绩效之间通过工作投入的间接关系具有显著的正向调节作用。

3.1.3 领导力理论

3.1.3.1 领导科学的产生

18世纪工业革命之前，在一个相当长的历史阶段内，领导活动和管理活动是融为一体的。在一切生产活动、经济活动中，庄园主、作坊主、小工厂主既是领导者，同时又是具体生产的管理者。工业革命以后，工厂成为主要的生产形式，管理阶层随着生产规模的逐步扩大而兴起。而随着企业规模的扩大及组织形式的日益复杂，家长式的领导已不能驾驭企业的发展，这也从客观上促进了领导权与管理权的分离。"经理制"的诞生实现了企业所有权、领导权与管理权的分离，这种控制上的转移被称为"管理革命"，是企业领导活动与管理活动相对分离的初始阶段。社会生产力的进一步发展加速了领导活动与管理活动的分离。到19世纪末20世纪初，学者们逐渐将领导工作作为一门科学对其开展研究。1911年，被称为"科学管理之父"的美国学者弗雷德里克·泰勒在其著名的《科学管理原理》一书中对领导活动进行了阐释，他指出，领导者和被领导者都必须根据其知识和能力给予一定的工作量，领导与工作人员之间既要适当分工，又要密切合作。这标志着现代管理思想的产生，科学管理已逐步发展到管理科学。泰勒总结了领导活动某些方面的规律，但并未对领导活动的一般规律开展深入研究。1923年，斯隆提出了"集体决策，分散管理"的"超事业部"体制，政策决策与具体管理彻底分家。该体制首先在美国通用汽车公司得以实现，其显著特征是企业董事长和经理等高级领导摆脱日常管理事务，专门从事发展战略方针和政策的制定，各个事业部负责日常的生产、经营和管理。这种体制标志着在一些发达国家，领导活动与管理活动的分离已进入了高级阶段。伴随着社会生产力的巨大增长和现代科学技术突飞猛进的发展，人类社会生活发生了前所未有的变化。与小生产相比，社会化大生产的特点是规模庞大、结构复杂、信息量巨大、因素众多及变化迅速。现代社会越来越整体化、综合化、科学化，各部门彼此之间的联系愈发紧密，社会生产和生活的有效领导和管理工作也随之变得愈发复杂，对领导者的要求也逐渐变高。面对新形势，领导方式不能仅凭领导者个人的经验智慧，必须依靠科学决策和系统理论的指导。于是，领导科学作为专门研究领导工作的学科应运而生。与此同时，现代社会迅速兴起的一些相关学科如控制论、信息论、系统论、政治学、运筹学、未来学和决策学等为领导科学的诞生创造了条件，并提供了新的理论基础和方法论基础。

3.1.3.2 领导理论的研究内容

有效领导者包含的要素内容是领导理论所关注的核心问题。自20世纪30年代以来，西方管理学家、心理学家围绕这一问题，从不同角度对各种可能的影响因素进行探寻，以期发现其内在规律，进而有效提升领导效能。领导理论近百年的发展轨迹主要经历了三个阶段，每一阶段分别由一种研究路径所主导。

第一阶段（20世纪30年代），这一时期的研究主要致力于了解领导者与非领导人格特质方面存在的差异，形成领导特质理论。

第二阶段（20世纪40年代末到60年代中期），主要采用行为主义的方法及视角，从领导行为和领导风格差异的角度对领导者与非领导者进行区分，被统称为领导行为理论。

第三阶段（20世纪60年代末到90年代），该阶段重点探寻环境和领导情境对领导的有效性是否有决定性的影响，该方面的研究理论也被称为领导权变或领导情境理论。

上述三个阶段并非完全独立，不同的理论之间往往相互交融、互为借鉴。每一阶段具有代表性的研究内容具体如下：

（1）领导特质理论

领导特质论着重研究有效领导是否由先天的个人特质决定，并探寻杰出领导者与生俱来的某些共同特性或品质。特质理论是领导理论最早的研究内容，是领导理论发展的基础。早期的特质理论基本上从静态角度开展研究，且基于以下的假设：领导特质是天生的，未天生具备这种特质的人，不可能成为领导。美国学者EdwinE. Ghiselli在其著作《管理者探索》中对领导者的个性特征和激励特征分别做出了界定，其中，他所提出的8种个性特征分别为：才智、首创精神、督察能力、自信心、决断力、适应性、性别及成熟程度等；5种激励特征为：对工作稳定的需求、对金钱奖励的需求、对指挥别人权力的需求、对自我实现的需求以及对事业成就的需求等。Gibb等指出，天才领导者往往具备以下7种特征：善于言辞、长相英俊、智力超群、信心十足、内心健康、支配趋向及敏感外向等。Ralph M.Stogdill认为，领导者包含以下16种特质：有良心、可靠、勇敢、责任心、有胆略、力求革新进步、直率、自律、有理想、有良好的人际关系、风度优雅、胜任愉快、身体强壮、智力过人、有组织能力及有判断能力等。Barnard认为，成功领导者必备的5种特质包括：活力和耐力、说服力、决策力、责任心及治理能力等。早期静态的研究虽然对有效领导的天生特质进行了分析，却忽略了实践活动对领导特质的影响。因此，后期的研究提出了领导者人格特征和品质是在实践中形成的，可以通过训练和培养加以造就，领导特质理论自此转向动态视角。如美国普林斯顿大学鲍莫尔教授提出，一个合格的领导者应该具备以下10个条件：合作精神——善于与人合作，愿与他人共事，感动他人；决策能力——具有高瞻远瞩的能力，从客观角度分析决策；组织能力——能激发下属才能并能将组织中的资源进行整合；精于授权——能大权独揽，小权分散，把握宏观方向；善于应变——能够随机应变，机动灵活，善于进取；勇于负责——对利益相关群体具有高度的责任心；勇于创新——对新事物、新环境、新技术和新观念有敏锐的感受力和适应力；敢担风险——敢于承担组织发展不景气的风险，有创造新局面的雄心和信心；尊重他人——重视采纳他人意见，不狂妄自大，不盛气凌人；品德超人——品德高尚，为社会人士和企业员工所敬仰。马文·鲍尔在其1997年出版的著作《领导的意志》中提出，领导者必须养成以下14种品质：值得信赖——领导者要讲真话，为人正直；办事公正——公正与正直紧密关联，处理问题要一视同仁；举止谦逊——切忌傲慢和自高自大，谦逊的举止能够让员工对其产生平易近人的感受；善于倾听——领导在倾听意见时不仅要注意听，也要善于引导式的提问，表现出感兴趣与理解的态度；心胸宽阔——避免过度自信与骄傲自大，减少命令和控制；对人敏锐——了解他人的内心想法，对人谦和、体贴、理解和谨慎；对形势敏锐——善于对工作中发生的各种问题情境进行仔细分析并做出客观评价；进取——时刻保持一颗进取心；卓越的判断力——能将确定的信息、可疑的信息和直观的推测结合起来以提升解决问题的能力、制定战略的能力、确定重点以及直观、理性的判断能力、评估竞争者与合作者的能力；宽宏大量——能容忍各种观点，不为小事所扰，谅解他人的小过错；灵活与适应性——思想开放，认清不足，实施并适应变革；稳妥而及时的决策能力——领导者要把握好决策的速度和质量；激励人的能力——领导要通过榜样、公正的待遇、尊重、持股、分红等形式让员工获得满足感，从而激励员工；紧迫感——领导要树立危机意识和紧迫感，从而提升组织运营效率。

随着研究的深入，学者们发现了特质论自身存在的缺陷：一方面，特质论没有清晰阐明成功的领导者具备的特质要达到何种程度，另一方面，特质论没有考虑领导行为以及领导行为发生的情境因素等条件。学者们基于结果出于对行为的观察，逐渐将领导理论的研究内容转向领导行为。

（2）领导行为理论

行为理论研究路径的出发点是有效分析领导者的行为或风格特征，如强硬、执着和坚定等，并希望通过特定行为训练和风格培训来培养高效的领导者。

①俄亥俄州立大学的研究：结构维度与关怀维度。20世纪40年代末期，俄亥俄州立大学进行了最早最全面的行为理论研究。研究人员收集了大量下属对领导行为的描述，并从中整理出1 000多个因素，最终归纳和定义了领导的两个维度：结构维度和关怀维度。结构维度（initiating structure）是指领导者更愿意建构自己与下属的角色，通过强调各自在组织中的地位和作用以实现组织目标。高结构的领导者注重设定工作内容、制定工作计划和程序、向成员分派具体工作，从不征询下属的意见和看法。低结构的领导者不会为员工设定工作内容和计划，而是采用"不干预"的管理方法，让员工自己定义任务并计划完成时间。关怀维度（consideration structure）是指领导者关心下属、尊重成员意见、重视成员情感，更愿意与下属建立相互信任、双向交流的工作关系。高关怀特点的领导注重人际关系在实现领导目标中的作用，此类领导通常友善而平易近人，尊重下属的需要，并帮助下

属解决个人问题，对下属的生活、健康、地位和满意度十分关心。

上述两个维度的组合共形成四种典型的领导行为，即高结构高关怀、高结构低关怀、低结构高关怀和低结构低关怀，如图3.2所示。其中，不同领导行为的特点分别为：高结构高关怀的领导者往往强调规章制度的严格执行，以及良好的工作秩序及责任制的建立，并能够增进与下属的沟通，关心下属的工作与生活，满足其相应的需求和愿望，该类领导往往是效率较高，成功常伴的领导者；高结构低关怀的领导者往往只关心规章制度的严格执行及工作秩序和责任制的建立情况，缺乏与下属的沟通，与下属关系一般，甚至不融洽，此类领导往往较为严厉；低结构高关怀的领导者对下属非常关心，沟通较多，与下属感情融洽，但对规章制度的执行不够严格、对良好工作秩序及责任制的建立不够关注，此类领导多是仁慈有爱的领导者；低结构低关怀的领导者既缺少与下属的沟通，不关心下属的工作与生活状况，与其关系不太融洽，也不注重对员工的工作要求以及规章制度的严格执行，效率较低，通常是不合格的领导者。

高	低结构高关怀	高结构高关怀
低	低结构低关怀	高结构低关怀
	低　　结构　　高	

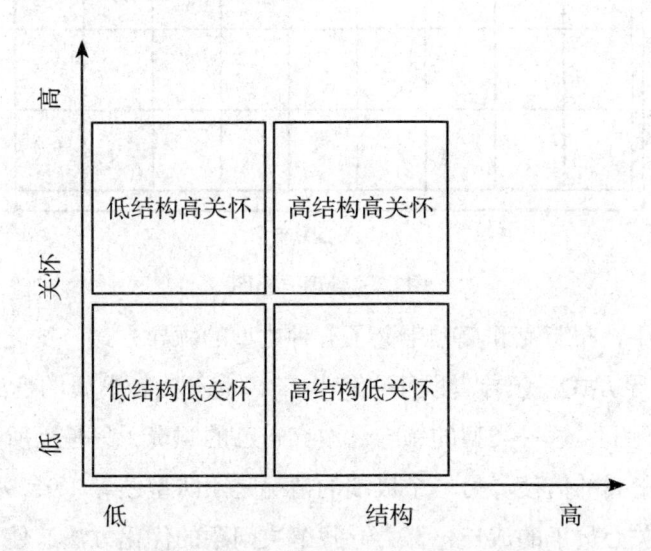

图3.2　领导行为的结构与关怀双维图

②管理方格理论。美国行为科学家罗伯特·布莱克（Robert R·Blake）和简·莫顿（Jane S·Mouton）根据俄亥俄州立大学的领导结构与关怀双维模型，于1964年出版的《管理方格》一书中提出了领导行为方格理论。该理论以"关心人"和"关心生产"的坐标组合方式来描述领导行为的差异。根据程度差异，两个维度都分成更细化的9等份，共构造出81种不同的领导类型，如图3.3所示。

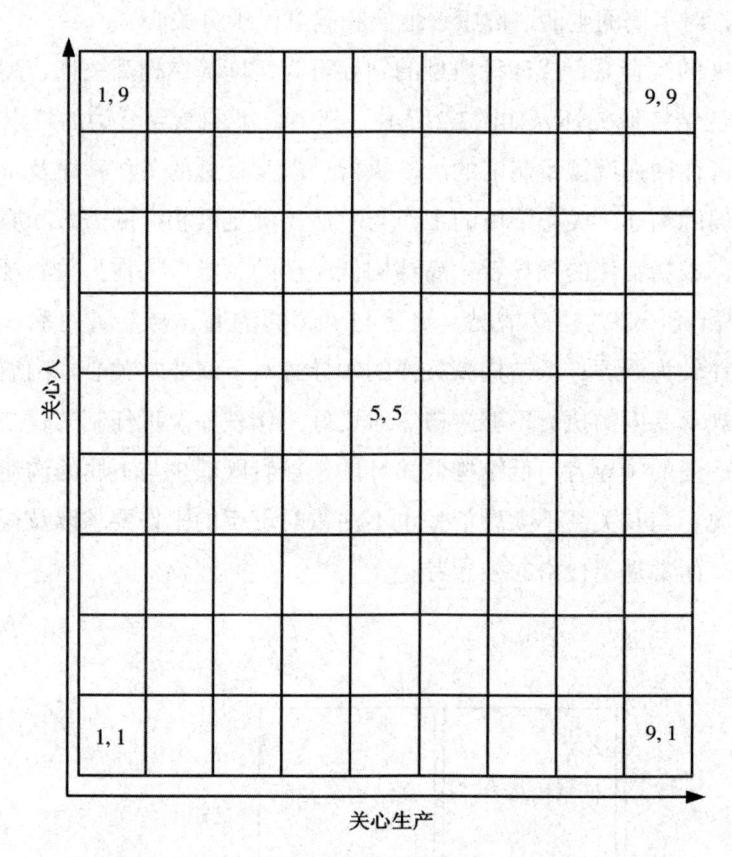

图3.3 管理方格图

在管理方格图中,布莱克和莫顿定义了五种典型的领导方式。贫乏型领导(1,1):这是一种极端的领导方式,领导者既不关心生产,也不关心下属的情感与福利,缺乏主见,逃避责任。实际上,这一类型的领导已放弃自己的职责,只是无所事事或者仅仅充当将上级信息传达至下属的信使。另一个极端的情况是团队型领导(9,9),这一类型的领导者既关心生产又关心员工的成长,努力寻找解决问题的优化方法,使得组织目标和个人需求紧密地交织在一起,从而可以快速高效地完成任务。布莱克和莫顿认为,团队型领导是最佳的领导方式。乡村俱乐部型领导(1,9):这种领导对员工的需求表现出较高的关注,与员工保持令人满意的关系,但缺少对生产的有效监管。他们极力促成一种人人得以放松并能感受到友谊与快乐的环境,并不关注如何通过成员间的协同合作来实现企业目标。在现代竞争激烈的环境中,因这一领导方式下的生产效率低下,往往被作为反面教材。任务型领导(9,1):这种领导非常重视生产任务及作业的效率和完成情况,但不关心员工的心理、情感和士气等因素。他们独断专行,压制不同意见,主要依靠权力督促员工完成任务。这种领导方式在短期内能够快速提高生产效率,但不具备持久性。中庸型领导(5,5):这种领导对员工的关系和对生产的关注都处于平均值水平,当生产与员工的需求出现矛盾时，不去考虑对生产和人都有利的优化策略，而是寻找二者可以妥协的解决方案。这种领导行为只追求正常的工作成绩和员工士气，依靠平衡完成工作需要，达成适当的组织绩效，工作效率与员工的积极性都存在较大的局限性。

③勒温的领导风格类型理论。美国著名心理学家勒温以权力定位为划分标准，将领导过程中领导的极端行为分为三种类型：专制型领导、自由放任型领导和民主型领导。在权利分配方面三种领导分别为："领导集权制""下属拥有权力，领导不加以任何约束""组织内部分享权力"；在决策方式方面三种领导分别为："领导专断独裁，支配着团队决策过程，不接受下属意见""下属具有完全决策权，可以自己决定目标以及实现目标的方法，领导者几乎不参与""决策是一个全员参与的过程，领导给予指导、鼓励和协助"；在对待下属方式方面三种领导分别为："领导事必躬亲，对员工在工作中的组合加以干预，不告知下属工作的全过程或工作目标""为员工提供必要信息和材料，答复员工疑问""工作中员工可以自由组合，任务分工亦有团队来决定，下属员工完全了解整体目标"；在对员工评价和反馈方式方面三种领导分别为："采取个人化的方式，依据个人情感对员工的工作进行评价，采用惩罚性的反馈方式""不对员工的工作进行评价和反馈""依据客观事实对员工进行评价，将反馈作为对员工进行训练的机会"；在影响力方面三种领导方式分别为："领导者以地位和权威等因素强制性地影响下属""领导者对下属缺乏影响力""领导者以自身能力、魅力及个性等影响下属，下属愿意听从领导者的指挥和领导"，具体内容如表3.2所示（石易 等，2016）。

表3.2 勒温的领导风格类型

	专制型领导	自由放任型领导	民主型领导
权力分配	领导集权制	下属拥有权力，领导不加以任何约束	组织内部分享权力
决策方式	领导专断独裁，支配着团队决策过程，不接受下属意见	下属具有完全决策权，可以自己决定目标以及实现目标的方法，领导者几乎不参与	决策是一个全员参与的过程，领导给予指导、鼓励和协助
对待下属方式	领导事必躬亲，对员工在工作中的组合加以干预，不告知下属工作的全过程或工作目标	为员工提供必要信息和材料，答复员工疑问	工作中员工可以自由组合，任务分工亦有团队来决定。下属员工完全了解整体目标
对员工评价和反馈的方式	采取"个人化"的方式，依据个人情感对员工的工作进行评价，采用惩罚性的反馈方式	不对员工的工作进行评价和反馈	依据客观事实对员工进行评价，将反馈作为对员工进行训练的机会
影响力	领导者以地位和权威等因素强制性地影响下属	领导者对下属缺乏影响力	领导者以自身能力、魅力及个性等影响下属，下属愿意听从领导者的指挥和领导

④利克特的领导系统模型。美国现代行为科学家伦西斯·利克特（Rensis Likert）围绕"以工作为中心"和"以人为中心"的两种领导方式哪种更为有效的主题开展研究，并于1961年出版了研究著作《管理新模式》，提出了利克特领导系统模型。该模型将领导方式分为四类，具体包括以下内容。

专制独裁：主管人员非常专制，很少信任下属，通常采取自上而下的交流方式，决策和组织的目标设置大多由高级管理阶层作出，且主要采取使人恐惧与受惩罚的方法，组织内部充满了担忧与不信任，容易产生与正式组织目标相对立的非正式组织。

温和独裁：领导者与员工之间有类似于主仆的关系和信任，领导者采用有形、无形的惩罚或奖励对员工进行激励。权力集中在高层领导，他们对重大决策具有绝对的话语权，而一些具体的决策事件则交由基层人员决定，并伴有一定程度自下而上的沟通，但这种沟通往往在上级屈尊和下级畏缩的气氛中进行。因此，在这种领导方式下通常会形成非正式组织，但其目标未必同正式组织的目标相对立。

协商式领导：领导和下属之间具有较高程度的信任，领导喜欢采用奖励（物质与精神）的方式激励员工。组织中的上下级信息交流通常以并行的方式在充满信任的氛围中进行，领导具有一定的控制权，且有较强的责任感。在这种领导方式下，非正式组织可能会产生，但非正式组织可能支持组织的目标，只有部分反对组织的目标。

群体参与式领导：领导者让下属参与决策，对下属充满信任，总是能够从下属身上获取设想和意见，并且积极地加以采纳。决策过程采用集思广益的方式，高、中、低层人员全员参与。信息交流不仅存在于上下级之间，还会在同一层级出现，且信息交流是在互相信赖和友好的气氛中深入进行的。在这种领导方式下，非正式组织与正式组织相互融合。组织目标与员工目标高度一致，组织内容易形成合力从而实现既定目标。

利克特认为，上述四种领导方式中，第一种代表了传统的领导方式，第二、第三种与第一种在本质上是相同的，都属于命令式或权力主义，只是在程度上略有差异。只有第四种才是效率最高的领导方式，它秉持以人为本的理念，授权、尊重并关心员工，使组织发展与个人发展合二为一，实现组织目标并促进组织发展壮大。

⑤领导行为连续体理论。坦南鲍姆（R.Tannenbaum）和沃伦·施密特（Warren H. Schmidt）提出了领导行为连续体理论。按照领导者运用职权和下属拥有自主权的程度不同，他们将领导模式看作一个连续变化的分布带，从以领导者为中心的高度专权到以下属为中心的民主风格，在这两个极端情况之间，共界定出七种具有代表性的典型领导模式。具体如下：

领导做出决策并宣布决策。领导者在确定问题时，独自决策，下属没有参与决策的机会，且领导会运用强制措施要求下属予以执行。

领导者说服下属接受决策。与前一类领导类似，该种类型的领导者承担确认问题及做决策的责任。但在决策过程中，因领导者担心下属有异议或者投反对票，他们会增加说服下属接受决策的步骤，以期通过向下属传递该决策能为其带来何种利益而减少阻力。

领导者在计划提出时会征询下属的意见。此类者提出相应的决策，并希望下属接受。领导者会向下属提供有关计划的详细说明且允许下属提出质疑或提出问题，这样，下属就可以更好地理解领导者的计划和意图，双方能够共同讨论决策。

领导者提出可变更的临时性计划。在这种模式下，领导者先对问题进行思考，提出一个暂时的、可变更的计划，并将其交由下属进行讨论，征询修改意见。下属在一定程度上对决策产生影响，但最终的主动权依旧在领导手中。

领导者首先提出问题并在征询下属意见后做出决策。在前几种领导模式中，领导者均是在征询下属意见之前就已经做出了解决方案，而此模式中，领导者尊重下属处理问题的能力，允许下属在决策前提出个人建议及意见。领导者的特征更多体现在问题的确定上，而下属则更多专注于提出解决问题的各种方案，最终由领导者从其个人及下属的所有方案中选择最优的方案。

领导者对问题的范围进行界定，然后由下属做出集体的决策。在这种模式中，领导者将下属可以决定的事情进行清晰准确地陈述，明确集体决策的约束条件和要求，下属在约束范围内进行相应决策。

领导者授权下属在界定的范围内进行决策。下属被赋予充分的自由和决策权，他们能够自己界定问题范围，并决定如何解决，只需向指定的领导负责即可。若领导者有了参与，就应该在决策过程中尽量保证与下属的地位保持平等，并应提前声明自己会尊重集体的任何决策。

坦南鲍姆和施米特指出，不可抽象地认为上述的哪一种模式绝对是好的，或者哪一个绝对是不好的，需要通过对各种因素的综合考虑来选择合适的领导方式，这样才能充分发挥领导力的内在潜能。上述所需要考虑的因素包括：领导者个人因素，如领导者自身的背景、知识、经验和个性等；下属个人因素，如下属的知识、经验、自我效能和组织认同感等；环境因素，如组织中的学习氛围、安全感知氛围、组织规模的大小和地理分布因素等。

3.1.3.3 领导理论的新发展

社会经济及科学技术的快速发展在推动社会进步的同时，也在一定程度上给企业的管理者及领导者带来了更多的挑战和严峻的考验。在经历了上述三阶段重要的发展历程后，领导学理论也在不断发展，近年来又涌现出一些新的领导理论指导管理者开展实践活动，主要包括以下内容。

（1）交易型与变革型领导

美国社会学家伯恩斯提出，领导是一个连续体，一端是交易型领导（transactional leader），另一端是变革型领导（transformational leader）。他指出，交易型领导者与下属以一系列的交换和隐含的契约作为关系基础，领导者通过任务及角色要求的确定来指导、激励下属完成既定的工作，任务完成后便给予奖励。其特点主要为：领导者界定绩效标准，并承诺下属达到标准后的酬劳，整个过程类似领导者与下属之间进行的一次交易活动；领导者完全按照组织的规章制度进行管理，员工的绩效仅受组织奖励的影响；领导者更多关注工作标准、任务分派及任务导向目标，关注员工的顺从和任务绩效。交易型领导包含权变奖励、积极例外管理和消极例外管理等三个维度。权变奖励是指领导者和下属对绩效目标进行明确规定，当下属完成领导者所分派的任务时，领导者给予员工适当的奖励，以增强其工作的积极性。积极例外管理是指领导者在问题发生之前，持续关注下属在工作中的行为，一旦出现问题，会及时帮助下属进行纠正，以确保任务进度。而消极例外管理则是指只要目前工作状况可以接受，领导者就不会主动干涉下属工作，直到问题出现时才会以批评和责备的方式介入。

伯恩斯认为，变革型领导要求下属为了团队、组织和社会暂时放弃个人的兴趣，在考虑长远需要的前提下去进行自身发展，并能清楚地意识到真正重要的事物和价值。在伯恩斯定义的基础上，巴斯（Bass）于1985年对变革型领导的含义做了进一步的修正和完善，他认为，变革型领导首先会勾勒出一幅具有吸引力的组织愿景并积极地进行宣传，同时向下属灌输共同的理想和价值观，不断促进下属知识和技能的提升，并使下属能够对工作的重要性及深刻意义有清晰地了解，从而能够承担更多有关工作方面的责任。通过领导和下属间互相信任的氛围营造，进一步增强其对组织的认同和归属感，促使下属可以牺牲小我、为了大我，一切以企业利益为重，达到超乎期望的结果。明确发展前景及奋斗目标，下属能够接受领导的可信性，这是变革型领导能够发挥效用的前提。变革型领导的主要特征为：与下属的关系超过了简单交易的诱因。变革型领导通过对员工进行智能激励，鼓励员工可以超越个人的利益为组织的目标及任务、未来的发展做贡献，继而达到甚至超越预期的绩效目标；变革型领导注重长远目标发展，常以发展的眼光看问题，时刻激励员工不断学习并提升个人创新能力，通过对组织系统的不断完善与调整，为实现目标营造氛围；变革型领导引导员工在考虑自身发展的同时，亦能为组织的蓬勃发展贡献更多的力量。

组织的发展壮大既需要交易型领导，也需要变革型领导。有效的领导者可以综合运用上述两种类型的领导方式。当环境较为确定时，交易型领导能够保证组织的发展按照正规的流程进行，提高组织绩效；当环境中存在较多不确定因素时，变革型领导具有的开拓创新、勇于探寻的特质能够带动下属开展创新活动，引导组织变革，更好地适应动态变化的环境。

（2）量子型领导能力理论

沃伦·布兰克（Warren Blank）根据量子力学的概念，在其著作《领导能力的9项自然法则》中提出了量子型领导能力理论。该理论认为，领导行为是领导者与追随者之间有机的、系统的、互动的相互作用，凭借发现问题和解决问题的领导能力以及领导者与追随者良好的关系，追随者的思想和行为得到启发，进而支持领导者的行为。传统的领导科学将领导能力简单地归结于领导者的品质、个性和天赋，而量子型领导学说摒弃了这一做法，并指出，只有将领导者与追随者联系在一起时，才能够更好地理解领导能力、行为的本质以及领导行为的作用机制。量子型领导能力理论与传统的领导力理论主要存在以下不同，具体内容如表3.3所示。量子型领导能力及领导行为的作用模式主要体现在以下三方面，具体内容如图3.4所示：

量子型领导者注重领导者与活动场所之间的相互作用。在此情境下，量子型领导者能够透过现象抓住事物本质，洞穿他人未见的深层次问题。针对不确定状态下的追随者，量子型领导者能够帮助其发现问题并提出解决问题的方向和途径。量子型领导者——追随者之间的相互作用。当量子型领导者发现潜在问题并提出解决方案时，往往需要运用启示性行为吸引追随者，在这一过程中，领导者需要考虑追随者的意识水平和参照标准，了解追随者的心智模式、需要、目标以及其他相关情况等，建立彼此之间良好的信任关系。量子型领导者——意识基础之间的相互作用。为洞察潜在问题，量子型领导者需要具备与众不同的意识，为获得追随者的支持与认可，量子型领导者需要提供具有启示性的行为，而这些都需要建立在量子型领导者自身对意识不断修炼的基础之上。量子型领导理论认为领导能力是一个断续的事件，领导者并不是拥有职权的人，而是对别人产生影响的人。为了激发组织能量，在不同的事件中，具有职权的人应该把"领导者"的职位传递给组织内有创新能力的员工。领导能力是没有结构和不可预测的，领导者极具创新意识且常常在规则之外找到解决问题的方向和方法，因此，领导能力带来的结果具有较大的不确定性。

表 3.3　传统领导力与量子型领导力的比较

传统领导力的观点	量子型领导力的观点
关注个人特征，如领导者的品质、个性、天赋、行为等	关注双方特征，如领导者与被领导者之间的互动及关系等
领导能力发挥作用主要依靠权力，领导者与追随者形成了上尊下卑的等级制	领导能力发挥作用主要依靠互动，领导者与追随者处于对等的位置
领导能力是一个人持续的属性，个体所在的职位决定领导者身份，个体职位一旦确定，领导力便一直被其掌控	领导能力是一个断续的事件，领导者并不是拥有职权的人，而是对别人产生影响的人。所以，为了激发组织能量，在不同的事件中，具有职权的人应该把"领导者"的职位传递给组织内有创新能力的员工

续表

传统领导力的观点	量子型领导力的观点
领导能力遵循因果逻辑，领导者在既定的环境和规则下，能够确保组织沿着既定的轨道运行，某种领导能力能带来既定的结果，因而，领导行为也是规范性的，逻辑性的	领导能力是没有结构和不可预测的，领导者极具创新意识且常常在规则之外找到解决问题的方向和方法，因此，领导能力带来的结果具有较大的不确定性
领导能力是一种客观的现象，使用一系列的客观标准如领导者的品质、行为、习惯来界定和分析领导能力及领导行为	领导行为是一个主观现象，评定领导能力的标准存在于领导者与追随者的意识中，标准因情境的变化而改变，因此，领导能力与领导行为是双方主观性的"自我意识安排"

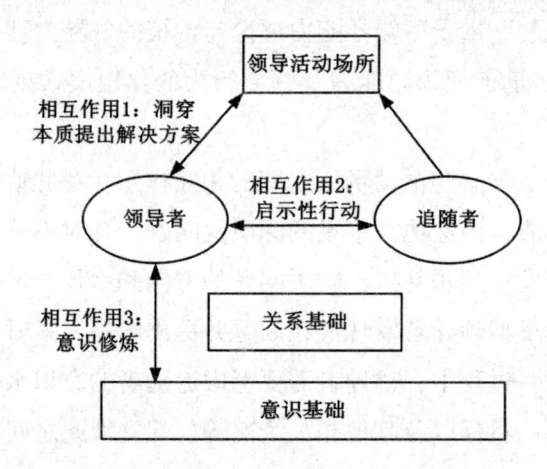

图3.4 量子型领导能力及领导行为的作用模式图

（3）诚信领导理论

组织行为学家鲁森斯（Luthans）等人根据领导学、道德学、积极心理学及积极组织学等领域的相关研究，创建了一种全新的领导理论——诚信领导理论（authentic leadership theory）。诚信是指个体拥有、了解和接受自己的价值观、信念、情感、需求以及偏好，并以一种与这些内在思想和情感相一致的方式进行活动。基于上述观点而形成的组织内的诚信领导是指：利用并促进积极心理能力和积极伦理环境的领导行为模式，该模式有助于领导者及其追随者在工作中形成更高水平的自我意识及内化道德观（杨旭等，2010）。Shamir等（2005）运用叙述生活故事的方法总结了诚信领导者四个方面的主要特征：诚信领导者忠于自己，不迎合他人期望，他们不会因为身居领导之位而伪装自己或刻意表现出一种领导者的形象或面貌，履行领导角色完全是诚信领导者的自我表达行为，不受他人或社会期望左右；诚信领导者承担的责任或从事领导活动不是为了地位、荣誉或其他形式的个人回报，而是出于一种信念，他们有一种基于价值观的理想或使命，担当领导职务就是为了实现这一理想或使命；诚信领导具有独创性，不盲目跟从，他们根据自己独到的见解来开展领导工作，从不人云亦云，但这并不意味着其人格特质上必然是独特的，相反，他们的价值观、信念、理想或使命在内容及方向上很有可能与其他领导者或员工相似，这种相似不是源于模仿他人，而是源于真诚型领导亲身感受和体验到它们是正确的，富有价值的；诚信领导者的行为受自身价值观和信念的影响，其一言一行都源于信念，且三者是有机的统一体，这也使得诚信领导者具有高度坦率的特点，其行为不是为了取悦他人、博取声望或出于个人狭隘的政治兴趣，因此诚信领导者具有高度正直的特点。

学者们也对诚信领导的作用效果进行了深入分析。Avolio等（2004）构建了真诚领导对下属相关工作态度及行为的影响机制模型。此影响机制模型在对诚信领导影响下属态度及行为的影响过程进行描述时，主要围绕积极的组织行为、信任、希望、情绪及认同等方面。首先，在该影响过程中，下属的个人和社会认同在真诚领导行为与希望、对领导者的信任以及积极情绪等变量的关系之间起中介作用，具体而言，诚信领导者对下属自我概念的激发使其认同领导者并形成与领导相似的价值观，实现领导者价值观向下属的传递，进而对下属的希望、信任和积极情绪产生正向影响。其次，下属的希望、乐观、对领导者的信任和积极情绪等积极心理变量在下属认同与下属工作态度（承诺、工作满意、意义感知和工作投入）的关系间发挥中介作用，这也说明了积极心理变量的重要作用；另外，下属的工作态度在积极心理变量与下属行为（工作绩效、额外努力和退出行为）的关系间发挥中介作用。此外，模型中的希望、信任和积极情绪三个变量之间相互影响。如，对领导者高水平的信任可促使下属产生高水平的积极情绪和希望，而高水平的积极情绪和希望又能反哺下属对领导者的信任。最后，包含组织权力和政治、组织结构以及组织文化和气氛等在内的组织情境因素会对真诚领导作用的发挥产生影响。Ilies等（2005）突破了以往研究只关注下属工作绩效及满意度等结果变量的局限，将研究目光转向工作之外的下属幸福感，并构建了诚信领导者对下属幸福感的影响机制模型。研究发现，诚信领导者与下属幸福感之间存在五种作用机制，即诚信领导者分别通过下属对领导者个人及组织的认同、积极情绪感染、领导者正面行为示范、支持性自我决定以及积极的社会交换影响下属幸福感。此外，研究还发现，下属幸福感与领导者幸福感之间存在相互促进的关系。

（4）柔性领导理论

随着网络与新兴技术的发展与应用，组织结构逐渐趋向扁平化和柔性化，组织的三项关键结构性维度随之发生改变：正式化的程度下降、复杂程度提升、集权度下降，这给以领导在组织范围内行使权力为基本假设的传统领导理论带来了巨大的挑战。管理学学者加里·尤克尔（Gary Yukl）在《柔性领导》一书中指出，传统的领导理论基于非此即彼、非黑即白的二元分析范式，如领导与管理、领导者与被领导者、参与与独裁、刚性与柔性等，忽略了两极中相互关联的重要内容。尤其是现代组织大多处于模糊与混沌的环境中，二元对立的思想方法脱离了环境背景，忽视了相关影响因素，将领导过程简单化，这种研究思路显然不能满足领导者处理复杂组织问题的需要。因此，尤克尔提出了柔性领导理论（flexible leadership theory）。他认为，柔性领导是柔性管理情境、知识员工和领导者互动的产物，并从组织、团队和个体层面以及领导者与下属的关系等方面对柔性领导进行阐述。

组织层面的柔性领导。组织层面的柔性领导主要体现在组织战略管理方面，与传统的领导不同，柔性领导不拘泥于计划或将组织战略仅仅满足于适应环境，而是表现出与组织目标或环境相联系的非常规性操作能力，通过不断积累知识进行适时调整、快速应变，在变化中创造机会，最终形成竞争优势。在深刻领悟组织战略精髓的基础上，柔性领导根据环境变化修改甚至摒弃原有计划，遵循主动性、灵活性、创新性和全局性原则制定新的战略。

团队层面的柔性领导。传统领导学理论中的"英雄式"领导指的是，以领导者为中心，无论情境如何变化，领导者始终以主导者、主动方和启蒙者的角色出现，下属的角色则只能是追随者、被动者和被启蒙者。这一假设只有在确定的情境下才能发挥作用。而在不断变化、柔性管理的情境下，"英雄式"的领导难以发挥效用，组织团队内迫切需要出现柔性领导——此类领导者可以实现弹性化角色演变，能根据具体情况扮演不同的角色，从而达到柔性领导的角色要求。柔性领导不再将自己看作是发号施令的掌舵者，此类领导更喜欢退出舞台的中心位置，扮演能使下属产生信任的沟通者角色，聚集资源、搭建平台，为组织挑选优秀的人才并使其充分发挥才能，最终培养成组织创新的中流砥柱。在这一过程中，柔性领导很少以老板自居，而是更多地乔装打扮成交通警察、演奏指挥者、赛事讲解员、鼓励者和颁奖者甚至"啦啦队长"等多个角色。

柔性领导与下属的互信与平等。柔性领导改变了以往传统领导与下属间管理与被管理的等级关系，而是转向了平等、互信的关系。在长期的人际交往中，凭借自身平易近人的特质和人格魅力，柔性领导逐步实现了与下属良好的人际互动，并建立起超越利益交换、通过人际关系形成的信任关系。在工作中，柔性领导可以将下属的信任转变为组织文化的一部分，并借助该文化的传播扩散与影响，将组织与成员间的信任关系由交换关系驱动型向人际关系驱动型升级的时间压缩，并同时增强了领导效能（许一，2007）。

柔性领导的人本主义。人本主义思想关注人的价值于尊严，认为人是万物的核心。柔性领导坚持人本主义，秉持尊重人、信任人、发展人的哲学观点，并将这些观点与组织目标和绩效形成紧密连接，构建人性与科学、竞争与协作融为一体的运行系统，用组织内生的伙伴关系和信任机制替代相互之间的对抗、规则与人性二者之间的对立，以及厂商与客户之间的对立。可见，柔性领导正是通过建立包容开放、公平与平等、相互信任、动态灵活的领导与下属关系及组织氛围，以及打造顺应时代潮流的文明和谐的组织及组织文化，最终实现并超越组织战略目标。

在当今快速变化的组织环境中，柔性领导与组织柔性管理完美融合，摒弃了传统领导的"英雄领导"假设，营造平等、互动、开放、变革和快速发展的组织氛围，显示出优于传统领导者的效能。尤其是在传统组织向现代组织转变的过程中，柔性领导解放了被禁锢在传统领导方式框架中的人力资源，使组织成员逐渐走到了组织前台，充分发挥其聪明才智，推动组织成功变革。

3.1.4 组织学习理论

3.1.4.1 组织学习理论的产生

学者们对"组织学习"（organizational learning）的探索最早可追溯到March等（1958）的研究，首先，他们在《商业组织的行为理论》一书中将组织学习一词列入组织理论探讨的范畴内，并指出，组织学习首先是通过组织内人与人的交互作用，从而不断产生及应用新知识并改变最终行为，使组织更好地适应外部环境的过程；其次，组织学习是组织不断产生新知识并不断传播与应用的螺旋上升过程；此外，组织学习强调的是社会性学习，是组织全员参与的集体学习和集体实践的社会现象。在前人研究的基础上，甘吉洛（E. Cangelosi）、迪尔（W. Dill）于1965年在《管理科学季刊》发表的"组织学习：对理论的观察"一文中，正式把组织学习当作"理论"呈现在广大读者面前。随后，阿吉利斯（Argyris）与熊恩（Schon）两位学者于1978年在著作《组织学习：行为理论观点》中对组织学习所做出的概念界定最具代表性，他们认为，"组织学习的目的是促进组织的长期效能及生存发展，面对不断变化的环境，在企业的运营过程中，根据实际情况适时进行根本信念、工作态度与工作行为、组织结构等各方面的调整活动，且此类活动主要通过正式和非正式的交流互动得以实现"。这一概念的界定也提供了判断组织是否进行学习的标准：能否不断地获取、传递并创造出新的知识；能否不断增强组织自身能力；最终的结果能否带来集体行为或绩效的改善。阿吉利斯（Argyris）与熊恩（Schon）的理解和论述引发了学术界和企业界对组织学习理论研究与实践应用的热潮。马奎特（Marquardt）在1996年将组织学习界定为"学习在组织中产生的方式"。他提出，组织学习主要包括以下三个层面：首先，组织学习是通过组织成员共同拥有的见解、知识水平及心智模式而形成；其次，组织学习的开展往往基于过往的知识和实战经历，也就是以组织记忆为基础，即依赖于组织的机制；最后，组织学习可以在一定程度上体现出组织内的所有成员通过对不断优化改善的承诺以提升知识水平的生产能力。普利斯基尔（Preskill）和托里斯（Torres）认为，大多数组织学习模型都强调学习是一个变革过程，并试图让所有成员参与学习以利用其智力和知识资本来促进个体、团队和组织的成长。此外，托里斯

（Torres）、普利斯基尔（Preskill）与派恩泰克（Piontek）认为，组织学习是个连续不间断的过程，体现了组织的成长变化和改善，组织学习与工作活动紧密连接，有利于员工在价值观、工作态度和观念上形成一致性，并能借助相关过程和结果对变革的实施进行相应的反馈（陈春华等，2014）。

3.1.4.2 组织学习理论研究的内容

学者们从多种角度对组织学习的内容和类型进行探讨，其中有四种具有代表性的流派：按照组织学习的深度、按照应用学习理论的主体、按照知识管理以及按照学习发生的过程开展研究。

（1）不同深度视角下的组织学习

阿吉利斯（Argyris）与熊恩（Schon）两位学者认为，组织学习中存在两种不同的学习方式——单环学习与双环学习，这种划分方式因其高度的概括性和完备性被学者们广泛应用于后续的研究之中。

Roux-dufort（2000）指出，在企业遇到问题时，基于对环境刺激的适应与调整，组织将产生单环学习。Deverell（2009）、Smith等（2007）的研究也支持了这一观点，他们发现，单环学习是组织普遍存在的一种学习模式。Tucker等（2003）在进行进一步研究后明确指出，当出现问题时，组织会产生两阶段截然不同的反应：第一阶段，组织主要寻求即时性的问题解决方案，体现为单环学习——即在面对失败时，组织成员采取快速响应、调整行为的方式对现存问题进行处理和解决；第二阶段，组织不仅对问题进行即时性纠正，还对深藏在问题背后的成因进行系统性探寻与思考，体现为双环学习——即组织成员对失败的根源进行系统性分析与探寻，并据此对企业文化、员工行为规范等多种要素进行调整，使各要素达到协调一致。在新创企业遭遇失败时，组织领导者通过对失败进行不同归因从而产生单环学习与双环学习两种模式（于晓宇等，2013）。

单环学习是指在未触动企业战略目标与核心价值观的情况下，进行企业行为和操作上的单方面调整，以此解决所遇到的问题。单环学习更像是一种"维持性学习"，旨在使员工深入了解该如何操作，往往注重工具性的变化及相应的绩效与结果。单环学习侧重于通过探寻并纠正与个体或组织现有规范不相符的偏差，随后，借助学习行为对个体或组织的现状进行维持，该学习过程强调的是对现状的认知，而不去思考产生偏差的深层次原因。例如，发现产品销售未达到预期目标，营销经理在个人职权范围内调整营销策略；产品生产合格率未达到要求，生产部门按照常规程序改变产品规格和生产方法等都属于单环学习。单环学习通过快速修正行为来解决失败问题，只是针对具体问题提出及时性的解决方案，因不涉及系统性的思考，企业往往直接利用现有惯例或现有惯例的简单组合来解决创新过程中所遇到的困难。因此，通过单环学习所获取的绝大多数的知识与经验与企业知识库中的原有内容相似。企业在短期内能够以相对较低的成本，通过学习将此类知识进行消化、吸收与利用，并以此为基础打造企业的竞争优势，指导实践活动从而提升绩效。但从长期来看，从单环学习中获得的新知识相对有限，不利于企业打破思维惯性，企业会在不断强化的思维惯性中深陷创新惯例的泥潭而无法自拔，自主创新能力和企业的竞争优势也因此被削弱，绩效随之下降。另外，单环学习避开了大量与系统性、根源性及变革性相关的信息，致使企业难以从系统层面对失败的原因进行深入探寻，更难实现对企业现有的行为规范及准则进行突破，提出解决问题的好办法也变得难上加难。而组织经营中出现的很多问题都具有"牵一发，动全身"的系统特征，这就要求企业要想办法尽快去解决存在于现有价值观、企业战略与经营目标、企业制度与政策中的根本性问题，仅仅寄希望于对创新结果和环境刺激的适应与调整容易将失败产生的根源及本质问题隐藏，而随着问题的日积月累，企业再次遭遇失败的风险大大增加，长期绩效也受到了一定的威胁。

　　双环学习是指组织成员通过对战略目标和企业的核心价值观进行重新审视，并对相应的行为进行深入反思，通过二者间的改变、匹配来解决问题。可以将双环学习视为"创造性学习"，它能够让企业员工了解操作的目的是什么，并能提高对价值观变化以及企业战略优化的关注度。双环学习往往可以将出现的问题与企业的常规化操作这二者进行关联，从中探寻在企业操作过程中反馈出的不足之处，且通过将问题与企业价值观、企业战略目标进行关联以揭示企业操作行为准则中可能存在的问题。双环学习具有所学的知识内容更具系统性、深入性，学习过程更加漫长，学习效果更为显著等特点。此外，双环学习在提供所遇问题解决方案的同时，也会系统深入地探寻问题的根源，并获取大量富有价值的新知识。这些新知识的有效与充分利用有助于企业开拓创新思路、提升其创新能力并借此打造竞争优势，最终有助于提升企业的绩效。另外，企业中很多问题具有隐藏性和系统性的特点，这使得对问题真实原因的探寻不能停留在表层，而是要深入挖掘其背后的根源。单环学习在未触动企业战略目标与核心价值观的情况下，通过对企业行为和操作的单方面调整来解决问题；而双环学习是重新审视企业战略目标和核心价值观，同时对行为进行反思，通过二者间的改变、匹配来解决问题。相较而言，单环学习更像是一种"维持性学习"，使企业员工了解如何做，关注工具性变化和绩效，而双环学习则更像是一种"创造性学习"，使企业员工了解为何这样做，关注价值观变化和战略优化（Wong，2008）。企业需要重新审视价值观、战略及行为的修正与匹配问题，双环学习中对行为规范、目标与基本决策的质疑为探明问题的深层次原因提供了可能性。但过度的双环学习会产生负面效应：基于搜寻成本视角，由于企业资源的限制，双环学习中的大范围知识搜寻会带来额外成本，使得边际效应递减（杨慧军等，2016）；此外，过度的双环学习会使企业经营出现动荡，由于反应及信息搜寻过度，企业会夸大局部问题的严重性，这将破坏企业战略决策与执行的一致性和连续性（王雪利，2007），导致企业进入低效混沌状态——资源在不断的反复配置中产生浪费，竞争优势在未被强化时即被破坏，最终降低了企业绩效。当组织遭遇困境或事故时，基于对环境刺激的适应与调整，组织将产生单环学习，Deverell（2009）、Smith等（2007）的研究也支持了这一观点，他们发现在失败情境下单环学习是组织普遍存在的一种学习模式。Tucker和Edmondson通过深入研究发现，当出现问题时，组织会产生两阶段截然不同的反应行为：第一阶段，组织关注问题的即时性解决方案，体现为单环学习——即针对特定的失败，组织成员通过快速响应、调整行为以解决现存问题；第二阶段，组织不仅对问题进行即时性纠正，还对问题成因进行系统性思考，体现为双环学习——即组织成员系统性分析失败原因，调整企业文化、行为规范及具体行为等要素，使其协调一致。两种失败学习模式差异化的分析视角和学习内容使其获取的知识存在区别，这可能导致不同失败学习模式对组织绩效的影响也存在差异。

单双环学习对企业绩效的影响。创新失败情境下的单环学习以绩效为目标，在不改变企业既定价值观、目标和行为规范的基础上，搜集和关注那些带来不良绩效、导致失败的相关要素，通过对失败要素搜集与分析，利用现有惯例及其简单组合的方式提出及时性解决方案——表现为单方面修正、调适行为以匹配目标结果（Argyris, 1978）。由于单环学习未能突破现有的价值系统，在既定的路径和方法下获取的知识和经验大部分与企业知识库中的原有内容相似，组织能以较小的学习成本将知识消化、吸收和利用，有助于在未来活动中快速选择与任务相匹配的行为方式（Shane, 2000），指导创新实践活动从而提升绩效。然而，随着更多的资源和精力用于单环学习，单环学习与企业绩效的正向关系可能发生反转，其中的原因为：过度的单环学习限制了企业获取全新的知识，不利于打破思维惯性，使企业在不断强化的思维惯性中陷入创新惯例的泥潭，削弱企业的创新能力和竞争优势。另外，单环学习屏蔽了大量关于系统性、根源性与变革性的信息，使得企业难以探寻系统层面的失败原因，难以突破既有行为规范和准则提出消除失败的方案，一味地依靠对结果和环境刺激来调整行为容易掩盖失败产生的本质问题，随着问题的日积月累，企业再次遭受失败的风险加大，给企业绩效带来威胁。

双环学习对企业绩效的影响。创新失败情境下的双环学习是一个系统分析过程，该过程通过将失败问题与企业常规操作相关联以发现操作中存在的问题，并通过将失败问题与企业价值观、战略目标相关联，更加清晰地察觉行为背后的"使用理论"（Theory-in-use），探寻行为前提和假设是否恰当并予以修正（Argyris, 1978）。双环学习的系统深入和过程漫长等特点使其不仅能够提供失败问题的及时性解决方案，而且会系统深入地探寻失败根源，获取大量富有价值的新知识（Tucker et al., 2003; Mazur, 2015）。这些新知识的运用将会开拓企业创新思路、提高企业创新能力、构建竞争优势，从而有助于企业绩效的提高（Wong，2008）。另外，创新失败"系统缺陷"的特性使得对失败真实原因的探寻不能停留在表层，仅仅纠正行为，而是要系统深入地思考，挖掘错误行为背后的根源。企业需通过克服防卫性推理（defensive reason）和习惯性防卫（habitual defence）造成的认识障碍（Argyris，1978），对根深蒂固的观念、规范、思维逻辑等提出质疑和挑战，重新审视创新系统内部价值观、战略与行为彼此间的匹配问题，而双环学习中对行为规范、目标与基本决策的质疑为探明失败深层次的原因提供了可能性（Tucker et al，2003）。由此可见，组织在学习过程中，应注意到单环学习与双环学习对企业绩效影响的差异性，需要在这两类学习之间进行资源的合理分配，以保证企业的持续发展和壮大。

（2）不同主体视角下的组织学习

根据组织内学习主体的不同，可以将组织学习划分为个体学习与群体学习（团队或组织学习）两种类型。个体学习是指员工获取知识和技能的过程，其中，获取知识是个体在综合运用自身理解能力和分析能力的基础上，对显性与隐性知识进行概念化界定与运用，而获取技能则是在综合运用自身操作能力和实践能力的基础上，对技术方法的掌握与实际应用。从微观视角来看，用学习来描述群体（团队或组织）的学习行为实际上是一种模拟，即借用描述个人行为的方式来形象地描述一个团队或组织的行为；而从宏观视角来看，群体学习则代表了一个整体性的学习行为（组织中有许多团队学习，团队学习整合就构成了组织学习，为表述方便，本小节将团队学习概括在组织学习之中），是指组织通过不懈的努力进行改变优化或对组织自身进行重新设计以应对日益变化的环境，学习亦是组织革新的过程。

在个体学习与组织学习的内涵得到明确界定后，二者间的关系也引发了学者们深入的探讨。阿吉瑞斯和熊恩指出，组织学习行为由组织内拥有共同思维模式的个体行为所组合而成，但是组织学习不是个体学习行为的简单加总，其过程要更为复杂。一方面，从理论角度看，针对个体而言，组织拥有更强的储存知识、使用知识以及创新知识的能力，在将个体知识创新融入特定方向并能给予支持扩大这一方面，组织拥有着巨大的潜能。因此，组织可以营造良好的环境与氛围进而更好地助推个体学习行为，最终获得远超过组织内部所有个体学习总和的学习效果；另一方面，从实践角度来看，目前，很多组织在知识的传播扩散、共享、储存和应用的过程中会产生一定的损耗，使得组织学习的效果有时可能又会远低于个体学习效果的简单加总。此类知识损耗往往源自组织内部各种权力和关系的冲突所产生的，形成了组织学习上形形色色的障碍。斯泰塔指出，不管是个体学习还是组织学习，二者皆是获取新知识及洞察力的一个过程，然而，二者又并不等同，仍然存在较多差异，主要体现在：首先，组织学习更多的是通过分享洞察力、知识和心智模式，而个体学习更多的是依赖于发现和获取新知识和洞察力；其次，学习主要是以以往的知识和经验作为基础，组织的记忆通过制度化机制（例如政策、策略和外在的模型）对相应的知识进行筛选与保留，而非单纯地依赖个体所拥有的记忆。郝德伯格（Hedberg）认为，组织学习的基础是个体学习，但前者却不是个体成员学习的简单算数累加，组织无法思考，但却有认知系统和记忆，当个体发展自身个性、个人习惯和信仰时，组织发展其观点思想。在这一过程中，组织在接受个体学习影响的同时也会对其产生反作用。因此，个体学习与组织学习之间的关系是一种相互影响又相互制约的互动状态，个体学习主要是发展个体素质、个体个性、个体习惯和信仰，而组织学习则主要发展组织世界观和意识形态。

（3）知识管理视角下的组织学习

日本学者野中郁次郎将知识分成显性知识（explicit knowledge）和隐性知识（tacit knowledge）两类，其中，显性知识是指能够被人类以一定符码系统（如语言，公式、图表、手势、文字等形式）加以完整表述的知识，此类知识是客观的、理性的。隐性知识与显性知识相对，是指未正式化、属于个人经验与直觉的知识，且不易被形式化和具体化。隐性知识主要包括企业、经营者或员工的经验、技术、文化、习惯等，此类知识是主观的、自悟的知识，涉及个人的认知。野中郁次郎认为，个体向组织学习转化的关键在于知识管理，只有当个体的知识改变了组织的模式，更新了组织的知识库时，组织学习才能够发挥效用，此过程需要组织中的显性知识与隐性知识进行互相转换得以实现。基于以上分析，他以组织学习的"知识"为关键研究要素，构建了以知识为核心的组织学习模型，如图3.5所示。该组织学习模型包括社会化、外部化、融合化和内部化这四个依次递进的环节：社会化也叫作群化过程，组织成员之间隐性知识的转移主要通过体验、观察、模仿等经验分享的方式，从而实现个体隐性知识到群体隐性知识的转化，如新加入组织的研发人员通过观察、模仿、体会等方式，学习经验丰富的研发人员分析问题的思路及经验，进而获取隐性知识；外部化是指借助文字、图表、语言等形式将隐性知识显性化的过程，隐性知识在团队中通过对话或讨论等方式转换为显性知识，属于知识创新的外化阶段；融合化是指知识从显性到显性的过程，团队内成员共同将各种零散的显性知识进一步创新、分享、传播，进而系统地整理整合成为新的知识或新概念，为组织知识增值；内部化是将显性知识转化为隐性知识的过程，通过对组织的新知识和新概念进行深入学习，组织成员可以将其转化为为我所用的隐性知识，实现知识在组织内的充分扩散。

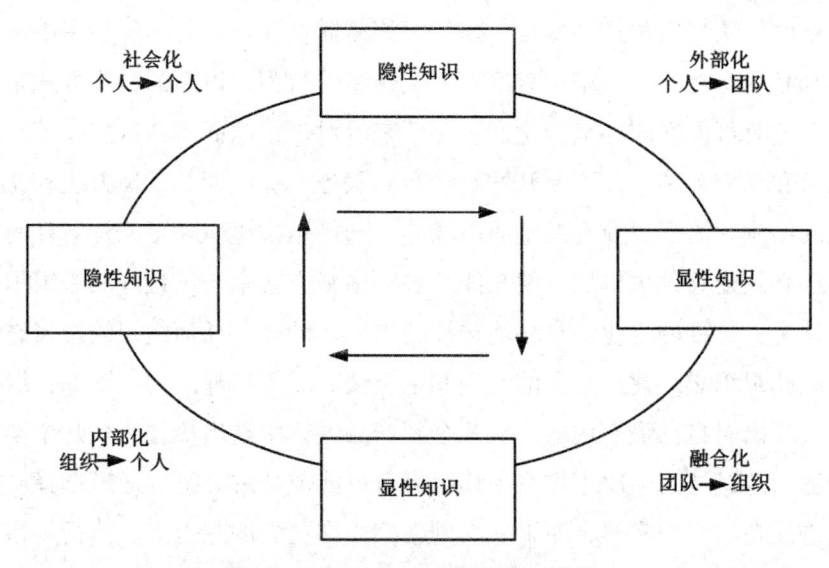

图3.5 野中郁次郎的组织学习模型

（4）过程视角下的组织学习

最早以过程视角探寻组织学习的学者是阿吉瑞斯和熊恩，他们提出了著名的包含发现、发明、执行和推广在内的四阶段模型，如图3.6所示。其中，发现包括发现组织内的潜在问题或外界环境中的机遇；在发明阶段，组织针对问题探寻有效的解决方案，并在随后的执行阶段在组织内实施该方案，从而对组织文化、组织战略、操作流程及组织架构等进行修改和完善；最后，突破各个部门的边界，将修改和完善后的内容在组织内部进行推广学习。陈国权（2002）认为，上述的四阶段中忽略了反馈环节，同时也无法反映组织学习的知识积累过程，因此，在此基础上，他对组织学习过程进行了补充和完善，并提出了6P-1B过程模型，即包含发现、发明、选择、执行、推广和反馈六个步骤（6P）以及一个数据库（1B）在内的学习过程，如图3.7所示。他认为，在执行之前组织应建立科学的选拔机制，以确保最佳的方案能够被选出，此为选择；在推广之后，组织需要对其结果进行评价以调整组织的运作方法、目标甚至学习过程和方法本身，使学习不断改进和深入，此为反馈。反馈不是组织学习的终点，而是再次作为组织学习的动力源推动组织不断发现新的问题，周而复始，让组织学习保持运转。此外，在组织学习的过程中，会在内外部产生大量的知识，组织需要建立数据库储存和积累知识，以保证组织学习成为逐步上升的过程。具体而言，发现是指组织进行学习的根本原因来自它感受了内外环境的变化。然而，现实世界中真实发生的变化被组织所认识并不总能自动实现，它必须建立必要的流程、系统和能力来监测各种变化，尤其是发现各种对组织发展作用重要的预警或微弱的信号。组织只有通过有意识、系统和持续的监测及分析活动，才能保持对内外环境变化的敏感性，从中认清各种挑战和机会。发明是指组织仅发现了内外环境的各种变化显然不够，它还必须能够提出新的方法来应付这些变化。阿里·德赫斯在《长寿公司》一书中指出，任何一个物种群体都必须有能力（或至少有潜力）发明新的行为，以新的行为方式来利用环境，这样整个物种才有可能适应环境变化而生存下来。对于组织而言，这意味着它必须建立自身的核心能力和相应系统，以不断开发新的产品服务、提出新的管理方法和竞争策略、持续改善组织的结构和流程以及开发新的市场等。选择是指组织除了能针对环境变化提出新的做法外，还必须建立选拔机制，使它能从各种创新方案中选出最好的为组织所用。达尔文的进化论认为，物种的进化都是环境选择的结果。同样，任何组织的发展进化也都是选择的结果，因此组织必须建立必要的流程和系统使其具备选择能力。譬如，组织从获得的大量信息中选择出对自己最有用的，从几个新产品方案中选出最佳，从几个候选人中选出最胜任的合适人选，从几个决策方案中选出最有可能成功的方案。通过选择，组织才可能让最优秀的方法在组织中实施，使下一次创新建立在更高的起点上。执行是指新选择出的方案和观点必须得以有效的实施才能真正使组织学习发生。然而，与"发现"类似，"执行"也不是自动的。有些组织不是提不出好的方法或主意，而是不能将这些好的方法或主意付诸实施。能否将一个好的方法或主意真正有决心、有计划、有系统、有可操作性、有始有终地付诸实施，这也许是好公司与不好公司的真正差别所在。因此，组织必须建立一定的方法、流程、系统和能力，使它能推进真正好的方法和措施。推广是指真正的组织学习来自分享和推广。也就是说，个人学习要扩展到团队学习，团队学习要扩展到组织学习，甚至还要穿越组织的边界，扩展到其他相关组织，只有这样，才能使一个好的经验和做法传播到更广的领域。如美国施乐（Xerox）公司鼓励每一个产品维修服务人员在完成每一次用户的维修服务活动后，写下工作日志，记录维修过程中的主要问题和解决的方法。工作日志被放在公司的内部网络（Intranet）上，这样其他维修人员就可以看到并从中学习，遇到类似问题时可以帮助解决，个人的经验和知识得以在组织中传播。反馈是指完成上面五个阶段后，组织还需要对其结果进行评价以调整和改进组织的运作方法、目标甚至学习过程和方法本身，使学习不断改进和深入，反馈的结果又可使组织不断发现新的问题，从而进一步学习。没有反馈的学习是盲目的，不同层次和程度的反馈也会对组织的学习产生重要影响。如上文中阐述的阿吉瑞斯（Argyris）曾提出单环学习（single—loop learning）和双环学习（double—lop learning）的概念，指的就是不同层次和程度的反馈。知识库是指组织学习的上述六个过程中都有知识的产生，只有建立一种积累知识的机制，组织学习才能不断向前发展。因此，组织需要建立必要的流程、方法和手段来积累和存贮各个阶段产生的知识到知识库（knowledge base）或记忆组织（organizational memory）中，才能使学习成为一个不断上升的过程。另一方面，组织也要利用知识库中的知识作用于每一个阶段。组织知识库中的知识除了来自内部外，有时也会直接来自外部环境，还会输出给外部环境（图3.7中"知识库"与"外部环境"之间是双箭头）。知识库的建立对组织学习是十分重要的。组织在利用知识库中的知识进行"发现""发明""选择""执行""推广"和"反馈"的过程中必须注意的是，所用的知识库中的"知识"必须与当前的内外环境相匹配和适应。另外，还要让知识库中不同类型的知识之间相互转化，所有人共享知识，使知识真正流动起来。组织知识资源的多少不仅取决于知识的存量，还取决于知识流动的速度。最后，还需要对核心知识加以保护。总之，对知识的积累、转化、共享、保护、输入和输出是知识管理的基本职能。

组织学习从"发现"变化和问题开始，进而"发明"解决的办法，对各种方法加以"选择"，"执行"新方法，并在更广的范围上"推广"，最后通过对全过程结果的"反馈"来进一步调整和改进。这六个阶段产生的知识以及外部环境的知识要流入组织的知识库，组织知识库中的知识又会对每个阶段产生影响，并输出到外部环境。一个组织要建立学习和自我更新的能力，就必须在它的经营流程、组织结构、管理制度以及信息系统中蕴涵这七个方面的基本思想。该模型的特点是：

第一，组织学习成为一个包含"发现""发明""选择""执行""推广"到"反馈"的闭环过程，体现了组织学习永无止境的、持续改进的本质。

第二，位于模型中心的"知识库"以及上述六个过程与"知识库"之间的互动，体现了组织学习不断积累、螺旋上升的本质。该模型将"组织学习"和"知识管理"这两个重要概念整合在一起，提高了本模型分析和解决组织学习和适应环境变化问题的能力。

第三，该模型具有一定的适应性。概述图中从"发现""发明""选择""执行""推广"到"反馈"的箭头是单向的，而每个阶段与"知识库"之间的箭头则是双向的。这样，它就不会像多米洛骨牌那样，中间缺一个环节并不能使整个学习过程中止。由于每个阶段与"知识库"之间有双向箭头，因此在这个大闭环中就包含了许多小的闭环回路，可以体现不同组织或同一组织在不同阶段和环境的学习过程特征。因此，该模型可用于很多不同情况。

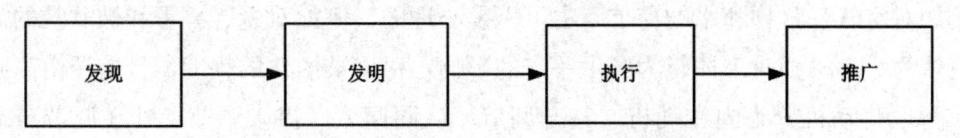

图3.6 阿吉瑞斯和熊恩的过程学习模型

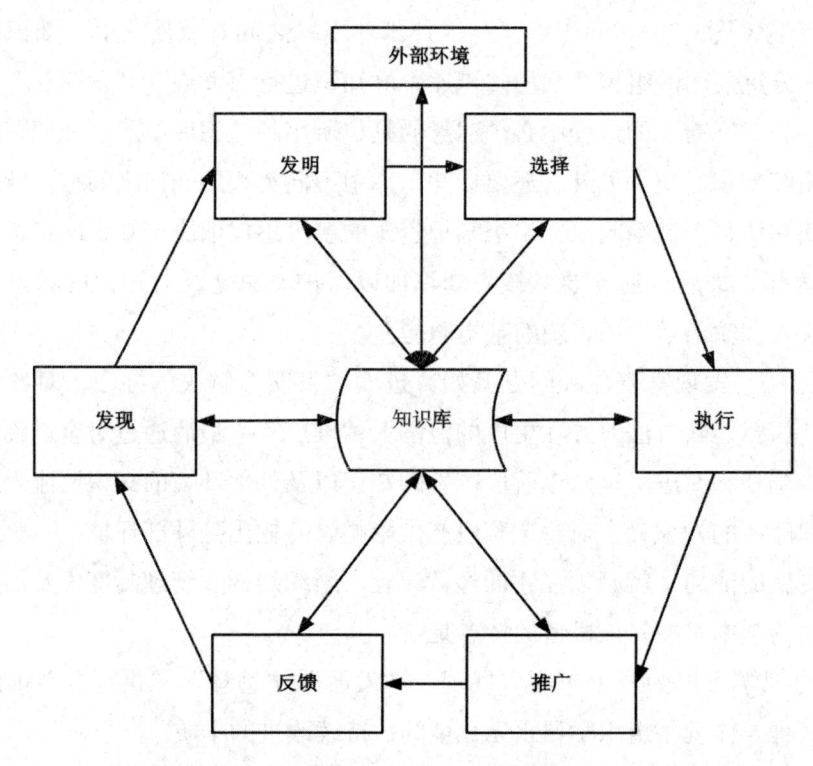

图3.7 组织学习的6P-1B过程模型

3.1.5 自我决定理论

3.1.5.1 自我决定理论的产生

自我决定理论是由美国心理学家德西（Deci Edward L.）和瑞恩（Ryan Richard M.）等人在20世纪80年代提出的一种研究个体行为的自我激励或自我决定程度的理论。与基本需求未得到满足不同，如果人们的基本需求得到满足，他们就倾向于具有高水平的绩效、健康和幸福感。基本需求是指人们所感受到的一种"缺失"或是一种"差距"，当其得到满足时会带来健康与幸福感，当其未得到满足时会引发疾病与异常。基本需求可以是生理的，例如对空气、食物和水的需求，也可以是心理的，例如对爱、尊重和被欣赏的需求。该理论认为，动机会对个体行为产生一定的影响。根据被内化的程度，且按照由高到低的顺序，可以将动机分为内在动机、整合调节、认同调节、摄入调节、外在调节与缺乏动机。其中，内在动机强调个体为了获得活动或行为本身所带来的快乐及满足感，自发、主动地开展活动或行为。处于中间的四种调节类型统称为外在动机，整合调节与认同调节强调个体产生某一行为是因将行为视为自我的一部分或与自我的价值观相匹配，具有较高的内化程度。因此，整合调节、认同调节与内在动机一起被称为自主性动机。外在调节与摄入调节强调个体从事某一行为是为满足外部要求、报酬或是将部分外部规则内化（但尚未完全将其视为自我的一部分），进行活动是为避免心理焦虑、自责或是增强自我及维持自尊，具有较低的内化程度，因此被称为外在动机。

　　两种动机的形成主要受个体的自主、胜任及关系这三种基本心理需求的影响。自主需求强调个体在从事某一行为时能感受到心理自由，自我价值观得以表达，即"这么做才是我"（张旭等，2013）；胜任需求强调个体在从事某一行为中感受到自身是有效的，即"我有能力"；关系需求强调个体在从事某一行为中感受到与他人具有紧密的关联，即"我是受欢迎的"。当上述三种基本需求未被满足时，个体感知到较少的自我决定，更容易受外部需求与事件的影响，形成受控动机；反之，个体更容易受到内在意愿的影响，形成自主动机。在两种动机的作用效果方面，自主动机与个体角色外行为紧密关联，受控动机则与个体角色内行为紧密关联（Yu et al，2013）。这三个需求被认为是所有人与生俱来的。然而，三个需求的相对重要性和每个人满足需求的方式，会随着时间的推移和人生阶段的变迁而发生改变。此外，个体所处的文化情境也会影响人们对三个需求的关注程度和主动寻求满足的程度。该理论的一个主要观点是，人们对某些生活目标的追求，可以带来对三个基本需求相对更为直接的满足，从而增强幸福感。然而，人们对某些其他目标的追求，或许无法带来对三个基本需求的满足，进而会引发疾病和异常。将个体内部目标的满足（如个人成长、归属感和联盟）与个人外部目标的满足（如金钱、名誉和形象）进行对比，结果发现关注内在愿望可以增强幸福感，而关注外在愿望会导致抑郁和焦虑。该理论的一个主要关注点是内部动机与外部动机的区别。内部动机是指，执行一项活动的原因是活动本身，是有趣的，可以不断满足活动执行者的需求，当人们完成任务本身就能体验到积极的情感时，个体是出于内部动机。相反，外部动机是指之所以采取行动是因为这样做会带来一些与活动本身不同的结果，例如获得奖励或避免惩罚。若人们认为其行为是由内部原因引起的，他们会有一种内在因果关系定位的感知。相反，若人们认为其行为是由外部原因引起的，他们会有一种外部因果关系定位的感知。关注内在愿望可以提升个体幸福感，而关注外在愿望则会导致抑郁和焦虑（Miles 著，徐世勇，李超平 译，2017）。根据自我决定理论，内在动机之所以重要，是由于它与总的心理健康和机能有关，但是内在动机是怎样产生的呢？德西和瑞安认为，内在动机的发展是通过自我决定理论所假设的三种基本心理需要的满足而实现的。具体来说，研究表明，完成某种行为而获得奖赏会削弱内在动机。在自我决定理论看来，这是由于奖赏削弱了个体的自主感，因此导致了内在动机的降低。由于我们更喜欢那些自己擅长的活动，所以，能力需要也可能对内在动机的发展起调节作用。怎样培养能力感，以使得内在动机得到发展呢？按照自我决定理论的观点，在特定条件下，正反馈是一种能够在一定条件下增强能力感，并能产生活动的内在动机的方法。然而，仅有正反馈还不够，反馈还必须让人感到是纯粹的，并且它绝不能取代个人的自主感。最后，自我决定理论主张，满足一个人的关联需要也是发展内在动机的一个重要的促进因素，但是，这种需要可能不像自主和能力需要那样的根本。体验到与他人的一种关联感，正如一个人在由父母和教师所营造的关怀氛围中所体验到的，能够培养内在动机。按照自我决定理论，假如外在动机内化或整合进了一个人的自我感，那么，曾经由外在因素所导致的行为就会变成由内在动机所驱动的行为。

随着研究的逐渐深入，自我决定理论也受到了来自不同领域的批评。第一，该理论被认为过于"盲目乐观"，因为它主要侧重于生活中积极、乐观和光明的一面，往往忽略了大部分人实际生活中消极、悲观和阴暗的现实面。德西和瑞安认为该理论也强调了基本需求无法得到满足时所产生的焦虑、悲伤和敌意。第二，有学者认为该理论假设所有人都具有动机、以成长为导向的本质特质，同时该理论还假设人们都具有追求健康和幸福、寻求成长必需养分的倾向。批评者认为这些假设或许并不适用于所有人。第三，该理论因只提出三个基本需求而受到批评，诸如安全、成长、意义和自尊等其他需求并未予以阐述。批评者指出，该理论没有充分定义需求满足，也没有考察三个基本需求何时会相互冲突。此外，该理论也没有研究三个基本需求会如何随着时间的推移而发生改变。第四，该理论没有考察需求的强度。自我决定理论并没有解释人们如何对各项需求进行优先排序，也没有解释人们如何关注于为了满足某些需求而损害其他需求所带来的成本和收益。批评者还争辩说，该理论也没有探讨人们是如何被满足需求的情境所吸引，又如何因情境不能满足需求而选择离开。此外，该理论中与自由意志思想相对的自主概念也遭到了批评。该理论主张自由意志并不存在，因为人们的行为在任何一个情境中都不可能独立于外部因素的影响，与此相反，批评者认为，人们的行为可以只源于个人的自由意志（Miles 著，徐世勇，李超平 译，2017）。为此，相关学者提出了该理论未来可以进一步研究的机会，包括：研究源自喜欢和欣赏的批评以及源自不喜欢和憎恶的批评对行为的影响；探寻胜任、自主与关系三个基本需求的不均衡水平对动机的影响；探寻从高度支持到高度不支持的他人绩效反馈对个体绩效水平的影响；探寻一系列社会因素（从短期因素，如奖励、期限和反馈，到长期因素，如教育）和动机类型对行为的影响；研究情境的意识和潜意识因素对激励与目标追求过程的影响；探讨任务类型（从有趣到无趣），以及内部与外部动机对结果的影响；研究人们在执行一项任务时，内部和外部动机对结果的影响；探讨自我成长带来的幸福感如何提高个体的生理健康水平；控制条件以对比不同于内部动机，外部动机对绩效会产生哪些不同的影响；研究文化和环境如何提升内在价值和外在价值，以及如何影响内部定向和外部定向（Miles 著，徐世勇，李超平 译，2017）。

3.1.5.2 自我决定理论的应用

自我决定理论考察了一个人的行为与自我激励或自我决定的程度。如果人们满足了自主、关系和胜任这三个基本需求，那么与未能满足这三个基本需求相比，他们倾向于具有更高水平的绩效、健康和幸福感。管理者的目标之一是激励员工完成所期望的组织目标和任务，而员工可以仅仅为了符合管理的要求，获得奖励或避免惩罚而完成一项任务，在这种条件下实施的行为往往不会持久，并且一旦惩罚或奖赏取消，其行为通常就会停止。员工也可以是因为认同一项任务的目标和意义而执行这项任务，在这种情况下，行为通常可以持续较长一段时间。但是，最理想的情况是，员工已经内化了任务的重要方面，将其转化为他们自身的一部分，在这种情况下，员工完成任务是因为任务本身的趣味性。管理者应该与其员工讨论他们是由内部动机还是外部动机驱动的，在条件允许的前提条件下，寻求多种方法，使员工能够更多地因为内部奖励而开展任务的执行，尽量减少因为外部的激励而开展任务的执行。同时，为了强化内在动机，领导者可以向员工说明具体任务对组织愿景、使命、战略目标和目标的价值以及对个人成长发挥的重要作用。员工将他们的工作原因和工作过程内化的程度越高，他们越会发现任务本身带来的趣味感和满足感，从而极大地提高他们的健康水平和幸福感。相反，如果员工感觉到他们的三个基本需求都没有得到满足，他们会转而寻求一份新的工作，因为需求未被满足时工作常常带给他们压力、紧张、抑郁甚至身体健康的损坏（Miles 著，徐世勇，李超平 译，2017）。

3.1.6 权变理论

3.1.6.1 权变理论的产生

权变理论是指20世纪60年代末70年代初在经验主义学派基础上进一步发展起来的管理理论。是西方组织管理学中以具体情况及具体对策的应变思想为基础而形成的一种管理理论。进入20世纪70年代以来，权变理论在美国兴起，并受到广泛的重视。权变理论的兴起有其深刻的历史背景，20世纪70年代的美国，社会不安、经济动荡、政治骚动达到了空前的程度，石油危机对西方社会产生了深远的影响，企业所处的环境很不确定。但以往的管理理论，如科学管理理论、行为科学理论等，主要侧重于研究加强企业内部组织的管理，而且以往的管理理论大多都在追求普遍适用的、最合理的模式与原则，而这些管理理论在解决企业面临瞬息万变的外部环境时又显得无能为力。正是在这种情况下，人们不再相信管理会有一种最好的行事方式，而是必须随机制宜地处理管理问题，于是形成一种管理取决于所处环境状况的理论，即权变理论，"权变"的意思就是权宜应变。在探寻组织设计和组织管理的最佳方式时，学者们发现任何单一、一成不变的管理方式都不可能适用于所有的组织，所谓最佳的组织结构是随着某些因素（如战略、规模、技术、环境等）而变化的，这构成了组织权变理论（contingency theory）的基本研究内容。Lawrence等（1967，1970）认为企业外部环境的不确定性水平与组织系统的分化程度及整合程度正向相关，如果组织想要更有效率，那么组织的内部运作必须符合组织的任务、技术、外部环境以及成员的要求，而不是寻求在全部条件下组织的最佳方式的"灵丹妙药"。Kast等（1972）深刻地揭示了权变理论的核心思想："权变观点强调组织的多元形式，了解组织在不同条件与特定情况下如何运作，从而制定最适合特定情况的组织设计与管理系统，即如果一定的环境条件存在，那么就能找到一种与此环境相适应，比其他管理方法（技术）更能有效达到目标的管理方法（技术）"（李超平等，2019）。

权变理论研究内容主要包括三个方面：第一，组织结构的权变理论。这类理论把企业组织作为一个开放系统，并试图从系统的相互关系和动态活动中，考察和建立一定条件下最佳组织结构的关系类型。例如，T·伯恩斯等人关于环境和组织结构的研究认为，市场和技术环境的变化与组织结构的功能有关，在变动的环境中有机型结构组织有较好的适应力，在稳定的环境中机械型结构组织有较高的工作效率。劳伦斯和洛尔施关于组织分化（组织和外界环境分别对应的程度）和整合（组织的统一和协调）的研究认为，组织分化程度和环境的稳定性成反比；而当分化少的组织采用集权结构，分化多的组织采用分权结构时，一般能较好地适应环境。伍德沃德关于组织内工艺技术和结构的关系研究认为，企业的"工艺技术连续性"对组织结构有重要影响作用，大批量生产宜采用古典层峰结构组织，小批量单位生产宜采用灵活的有机结构组织。黑格尔和斯洛克姆关于市场和产品特征的两维研究认为，根据市场变化的快慢和内部产品与工艺技术的差异，可把组织分解为4类与之相适应的结构模式，即产品事业部结构、矩阵组织结构、直线—职能组织结构和高度集权制组织结构。他们还提出企业组织结构既要有稳定性，也要有适应性，二者缺一不可。托西和卡罗尔关于市场和技术特征的两维研究认为，根据市场或外部环境的稳定性和组织日常工作技术的变革速度，可分别建立4类与之适应的组织结构模式，即层峰结构组织、市场中心型组织、技术中心型组织和灵活的有机型组织。此外，还有一些研究探讨了组织开发策略、信息处理程序等因素与组织结构之间的权变关系。第二，人性的权变理论。该理论认为人是复杂的，要受多种内外因素的交互影响，因而，人在劳动中的动机特性和劳动态度，总要随其自身的心理需要和工作条件的变化而不同，不可能有统一的人性定论。莫尔斯和洛尔施的超Y理论认为，人的需要是多种多样的，并且随着人的发展和生活条件的变化而变化。每个人的需要各不相同，需要层次也因人而异，人在同一时间内有各种需要和动机，它们会发生相互作用，并结合为统一整体，形成错综复杂的动机模式。动机模式的形成是内部需要和外界环境相互作用的结果，人在组织环境中，工作与生活条件不断变化会产生新的需要与动机，一个人在不同单位工作或同一单位的不同部门工作，会产生不同的需要。由于人们的需要不同、能力各异，对于不同的管理方式会有不同的反应，因此没有一套适合于任何时代、任何组织和任何个人的普遍行之有效的管理方法。第三，领导的权变理论。该理论认为领导是领导者、被领导者、环境条件和工作任务结构 4 个方面因素交互作用的动态过程，不存在普遍适用的一般领导方式，好的领导应根据具体情况进行管理，具体内容见下一节中"权变理论的应用"。

权变理论被一些研究者誉为未来管理的方向。它整合了管理学科某些方面的基本认识和方法，建立了多变量和动态化的新管理规定，它提倡实事求是、具体情况具体分析的精神，注重管理活动中各项因素的相互作用。其中，该理论明确了制约权变理论的因素主要包括：组织规模、组织对于外部环境的适应性、组织资源与经营活动的差距、管理人员对员工先入为主的假象、组织的战略以及社会发展的科技因素等。但是，权变理论存在着有些研究偏重组织的表面结构特征、不够深化、样本过小等方面的不足。

3.1.6.2 权变理论的应用

有效领导行为主义的相关研究证实了领导行为的类别与群体工作绩效二者之间的关联性，但尚有一些问题无法解释，如：同样是专权或是授权领导风格，在不同环境、不同性质的工作中为何会产生截然不同的效果。一些学者认识到，任何一个组织的领导者都应该根据环境的变化而采取随机应变的领导方式。因此，二十世纪六七十年代，领导问题的相关研究开始由行为主义视角向注重情境的权变理论（contingency theory）转变。该理论认为，组织中的个人和群体都是相互依存、相互影响的，领导有效性是领导者、下属及二者所处的环境之间相互作用的函数，要根据环境类型选择不同的领导方式，主要内容如下：

（1）费德勒的领导权变理论。弗雷德·费德勒（Fred Fiedler）是第一个提出权变理论模型的学者，他认为，任何领导风格均可能有效，且其有效性完全取决于领导风格与情境的匹配性。这一匹配过程主要分为三步，首先确定领导风格，其次确定情境，最后二者进行合理匹配。

①确认领导风格。费德勒将领导风格分为任务导向与关系导向两种。任务导向型领导者倾向于命令员工高效、按时地完成工作任务，不注重与员工建立良好的关系，关系导向型的领导往往更侧重于和下属员工形成良好紧密的关系，关心体贴员工。基于以上分析，费德勒设计了一个最难共事量表（least preferred co-worker questionnaire, LPC Questionnaire）来对领导风格进行测量，领导者需要在一系列维度上对最难共事者进行评价，如果对最不愿共事的人使用褒义词评价，那么该领导风格属于关系导向型，反之，则属于任务导向型。

②确定情境。费德勒将情境因素归纳为职位权力、任务结构和上下级关系三个方面。职位权力是指，领导者对员工在培训、晋升和加薪等方面的影响力。领导者拥有一定明确

的职位权力的情境有利于其开展工作。任务结构是指任务明确程度和员工对任务的负责程度。任务高度结构化、明确且计划详细的情境有利于领导者。领导者与员工关系是指员工对领导是否充满信心、充满信任并尊重领导。良好的上下级关系有利于领导者开展工作。

③领导者与情境的匹配。将职位权力的大小、任务结构的高低和上下级关系的好坏等三种不同的情境因素组合可以得到八种情境，如图3.8所示。研究结论为：在非常有利或非常不利的情境下，任务型导向的领导者能够发挥更大的效能。这意味着，职位权力较大、任务结构低和上下级关系好的情境对任务型领导极为有利，同样，在另一种极端情况下，即职位权力较小、任务结构低和上下级关系恶劣的情境对任务型领导也非常有利。而在中度有利和不利的情境下，关系型导向的领导者能够发挥更大的效能。费德勒的领导权变理论为提升领导有效性提供了方向：可以通过替换领导者以适应情境，也可以通过改变情境以适应领导者。

（2）情境领导理论。保罗·赫塞和肯·布兰查德在充分考虑下属特征的基础上，提出了情境领导理论（situational leadership theory）。该理论认为，有效的领导风格必须根据下属的成熟度来确定。成熟度的含义是个体对个人行为负责的能力及意愿。下属成熟度可根据程度强弱划分为四个不同级别：低成熟度的下属既无技能也无对工作负责的意愿；中低成熟度的下属具有强烈的工作意愿和责任，但缺少必要的能力；中高成熟度的下属具有能力，但是缺少承担工作的意愿和责任；高成熟度的下属既有能力又充满工作激情。情境理论对领导风格维度的划分源于费德勒领导权变理论中的任务取向和关系取向，该理论将每个维度划分为高低两种状态，从而形成四种不同的领导风格：指示型（高任务、低关系），领导者采用单项沟通的方式，对工作任务、流程、工作时间及工作地点等进行明确规定；推销型（高任务、高关系），领导者通过双向沟通与下属建立互动互信关系，在工作上给予下属指导和支持，同时也在心理上激发下属的工作积极性；参与型（高关系、低任务），领导者通过双向沟通与下属建立互动互信关系，但是在工作方面却很少给予支持或帮助；授权型（低任务、低关系），领导者赋予下属充分的权利，让其自由决策，但并不给予下属支持或帮助，仅仅发挥监督作用。

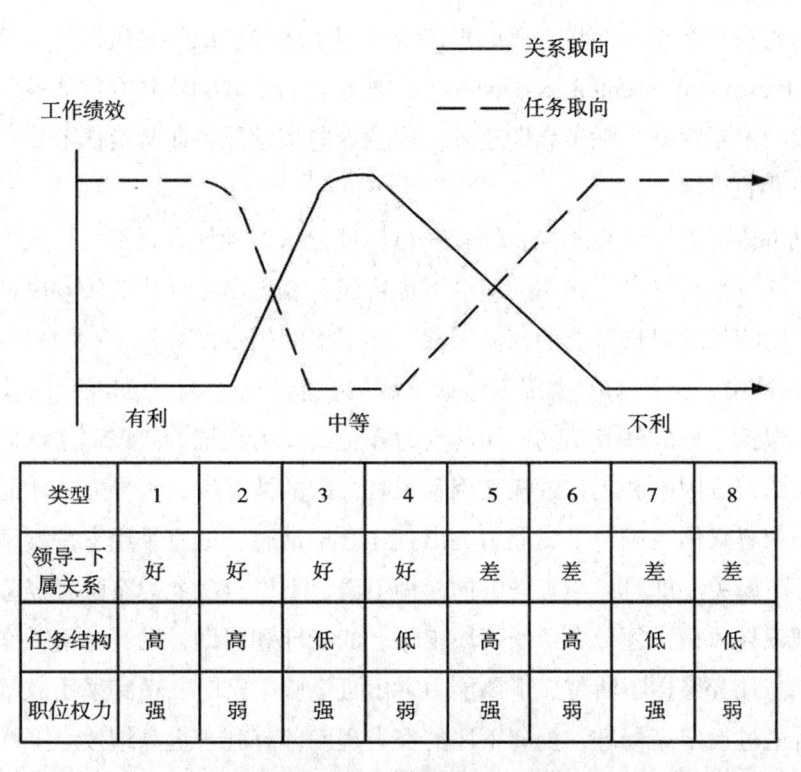

图3.8　费德勒的领导权变理论

类型	1	2	3	4	5	6	7	8
领导-下属关系	好	好	好	好	差	差	差	差
任务结构	高	高	低	低	高	高	低	低
职位权力	强	弱	强	弱	强	弱	强	弱

领导者应根据下属成熟度选择合适的领导风格。随着下属成熟度逐渐增强，与之匹配的领导行为变化过程为：指示型领导、推销型领导、参与型领导、授权型领导。当下属的成熟度低时，适宜采用指示型领导风格，领导者告知员工做什么、怎么做、何时何地做等，强调指导性行为；当下属的成熟度中低时，适宜采用推销式领导风格，领导者逐步放手并适当授权，通过说服教育激发下属积极性；当下属的成熟度中高时，适宜采用参与型领导风格，领导者鼓励员工参与管理，独立承担任务并树立更多责任心；当下属的成熟度高时，适宜采用授权型领导风格，领导者只需向下属充分授权，无须给予过多的支持或帮助。

（3）路径—目标理论。罗伯特·豪斯（R.House）以俄亥俄州立大学的领导理论和激励—期待理论为基础，提出了目标—途径理论（Path-goal Theory）。该理论认为，领导需要给予下属帮助和指导，为下属指明完成目标的路径并清理其中的障碍。该理论提出了四种领导风格，分别是：指导型领导（directive leadership），领导者对下属需要完成的任务进行说明，包括对下属的希望、期待其如何完成任务以及完成任务的时间限制等等，并为下属制定出明确的工作标准及规章制度；支持型领导（supportive leadership），领导者与下属建立友好信任的关系，关心下属的需要、福利、幸福、家庭和事业，在下属有困难时能够伸出援助之手；参与型领导（participative leadership），领导者邀请下属共同磋商问题，征求其想法和意见，并将下属的建议融入到团体或组织将要执行的决策中；成就取向型领导（achievement-oriented leadership），领导者为下属制定具有挑战性的工作目标，寻求工作绩效的不断提升。除了高期望外，成就导向型领导者非常信任下属有能力制定并完成具有挑战性的目标。

  与费德勒的领导行为观点不同，路径—目标理论认为领导方式不是一成不变的，该理论提出即使是同一个领导者，在不同情境下也可能会表现出差异化的领导风格。该理论提出了两类能够影响领导风格效能的权变因素，即下属的权变因素和工作的权变因素，具体如图3.9所示。其中，下属的权变因素包括下属的技能、工作能力和经验以及控制点，工作的权变因素包括工作的任务结构、团队动力和正式权力系统等。该理论认为，只有在领导方式、下属的权变因素和工作的权变因素三者匹配的情况下，领导方式才能够发挥最大效能。当工作内容具体明确、下属能力突出且经验丰富时，适宜采用支持型领导风格，领导者仅需给予下属关心即可；当工作方向模糊不清、下属自身能力有限且经验欠缺时，适宜采用指导型领导风格，领导者给予下属工作上的指导和帮助，助其厘清工作思路进而提高工作技能；当任务结构不清楚、下属能力突出且经验丰富时，适宜采用成就取向型领导风格，领导者通过设定高标准，提高下属的努力程度，有利于提高绩效水平；当下属具有内敛型人格特质时，适宜采用参与型领导风格，领导者通过与下属的互动，使其融入决策过程进而增强下属的存在感和价值感；而当下属具有外显型人格特质时，适宜采用指导型领导风格，领导者针对任务的相关信息向下属进行详细阐述。

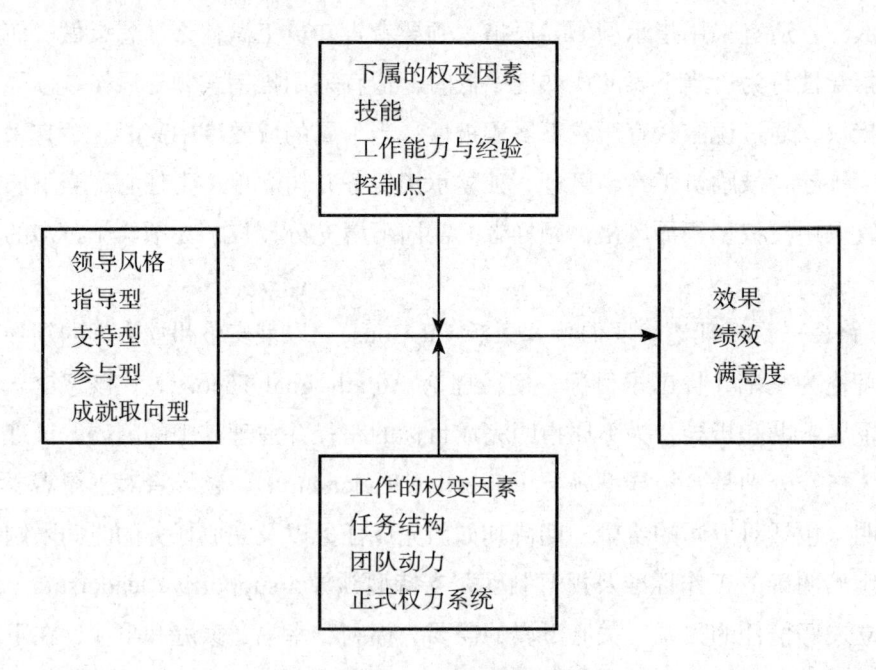

图3.9 路径—目标领导理论模型

尽管许多研究都强调了权变理论的有效性，但针对权变理论还是有许多批评意见。对这些批评意见的简要讨论将有助于澄清权变理论作为一个领导力理论的整体意义。

首先，权变理论无法解释为什么有特定领导风格的个人在一些情境中比在另一些情境中更有效率。费德勒（1993年）将其称之为"黑匣子"问题，因为在试图解释为什么任务驱动型领导者擅长处理极端情况而关系驱动型领导者处于中间情境的时候，仍具有些神秘性。这个理论提供的关于"最难共事者"测验（LPC）得分低的人在极端情况下，十分有效率的原因是这些人在享有大量控制权并能强有力发挥自身能力的情况下，能够更有把握。另一方面，那些LPC测验得分高的人不适应极端情境的原因是当有大量控制权时，往往反应过激，而当控制权过少时，又因为不过分关注人际关系而无力完成任务。在中间情境下，LPC测验得分高的人有效率，因为他们能处理好人际关系，而LPC测验得分低的人因缺乏确定性，易被这一问题困扰。第二个批评观点是针对LPC问卷，因为它看起来似乎并非有效，也没有很好地与其他标准领导力测试相联系，并且不容易正确无误地填写完。LPC测验的问卷通过让一个人描述另一个人的行为特征来衡量描述者的领导风格，因为这个测试源于推测，而描述者又很难明白在这个问卷里他们对别人的描述是自己领导风格的反映，所以从表面上看也很难理解为什么通过你对他人的评估可以测出你自己的领导风格。权变理论的支持者则认为LPC测验是用来衡量个人动机层面的因素。看重任务的领导者以一种否定的目光看待他们不愿与之共事的共事者，因为这些人阻挠他们完成任务，他们首要的目标就是完成工作，其后才是对他人观点的关注。另一方面，看重关系的人则以更为积极的态度来看待他们不喜欢的人，因为他们的首要目标就是和别人友好相处，其次才是完成任务。简而言之，通过评估领导者对阻挠其完成任务者的态度，LPC测验得以判断其领导风格，但是这一结论让人难以信服，虽然测验表格只需几分钟就能完成，但LPC测验的说明并不清楚，它没有完全解释清楚答卷者如何选择他最喜欢的合作伙伴。

关于权变理论的另一个批评意见是它在实际工作情境中运用非常麻烦。它需要对领导者的领导模式和其他3个方面的要素（领导者—下属关系、任务结构和职位权力）进行评价，而每一个要素都需要不同的工具或手段加以确定。在正在运作的组织中实行这样一套调查会很困难，因为它打断了组织内部的交流和运作链。对权变理论的最后一项质疑是：当领导者与其所处的工作情境不匹配时，该理论无法充分说明组织应当采取什么措施。这是一个针对个人的理论，也就是说，权变理论并没有告诉领导者该如何调整自己的领导模式来适应工作情境，以便于改进自己在组织中的领导作用。此外，这一方法还有可能使领导者把注意力转向所谓的"情境工程"，这意味着从本质上对工作情境进行改造，使其适应自己的领导模式。尽管费德勒和他的同事争辩道，所有的情境都可以在一定程度上改变来适应领导者的领导模式，但在理论中并没有明确指出如何进行这样的调整。实际上，改变工作情境以适应领导者领导模式并不是很容易的。例如，如果一个领导者的领导模式与一个结构散乱、职位权力低的情境不相匹配，那么，他也无法使这一组织的结构明晰，更无法提高自己的职位权力。类似的，在组织中管理级别的提升就意味着领导者可能进入一个完全陌生的、与其领导模式不相匹配的新的情境中去。例如一个LPC测试得分高（即具有关系导向）的领导者也许会被晋升到一个具有良好的领导者—下属关系、清晰的任务结构以及较高的职位权力的工作岗位上，而根据权变理论，这一情况会导致其工作效率低下。当然，对于一个公司而言，能否进行这样的改变也是很值得怀疑的。总的来说，改变工作情境可以带来积极的效果，但是这一建议对于各组织而言其可操作性是很值得怀疑的。

3.1.7 高层梯队理论

3.1.7.1 高层梯队理论的产生

在1984年，高层梯队理论（upper-echelons theory）由汉姆布瑞克（Hambrick）和梅森（Mason）提出，该理论认为企业中的高层团队或主管特征能够对企业绩效产生影响。早期研究中高层团队特征主要聚焦于心理结构（认知、价值和感知），并运用人口统计学的一些可观察变量进行表征，后期研究中高层团队特征增加了互动行为（领导、沟通、激励等）因素，发现上述特征通过作用于企业人员变更、战略定向与变化、资源获取行为等过程变量进而对企业绩效产生影响（Cappenter et al., 2004；Smith, et al., 1994；孙海法等，2003）。

3.1.7.2 高层梯队理论的研究内容

该理论主要观点包括如下内容：第一，高层管理人员会根据其经验和价值观做出决策和战略选择，进而对组织结果产生重要影响。第二，高层管理团队的特征对组织结果的预测要好于个人高层管理人员。第三，人口统计学变量对组织结果的预测具有一定的价值。高层梯队理论主要侧重于可观察到的管理特征，例如管理人员的年龄、组织任期、职能背景、教育程度、社会及经济状况和财务情况，往往一些重要而复杂的心理学变量可能被忽视，但经验观察变量的影响可以作为第一层变量纳入分析模型，该理论认为后续可将一些重要的心理变量纳入模型进行分析（李超平等，2019）。

基于高层梯队理论，后续学者们开展了一系列的研究，取得了较为丰硕的成果并在一定程度上丰富了该理论。一些研究者关注了高层管理人员的特征，例如年龄、组织任期、教育水平和一些复杂的心理学变量，这些高层管理人员的特征会对组织战略、组织绩效、组织创新等方面产生影响。组织战略方面，首席执行官的经验越丰富，其进行战略决策时就越有可能使用隐性知识；高层管理人员的年龄越小、经验越丰富，组织采用国际化战略的可能性越大；高层管理人员的任期和公司采取国际化战略两者间呈倒U型关系，随着高层管理人员的任期从无到有、逐渐增加，公司采取国际化战略的趋势增加，但当高层管理人员任期超过阈值后，公司采取国际化战略的趋势将被削弱。在组织绩效方面的研究中，学者们发现高层领导的特征同样会对组织绩效产生影响，如他们的年龄越小、任期越长、教育水平越高、职能经验越丰富，其所在的组织的绩效往往更好。高层管理人员的大五人格（开放性、尽责性、外倾性、宜人性、情绪稳定性）也会对组织绩效产生正向影响（李超平等，2019）。为了解释高层管理人员和高层管理团队的作用，学者们基于相关理论检验了一些重要中介机制。对于高层管理人员特征的作用机制，在人口学特征方面，高层管理者人员任期越长，高层管理团队的冒险倾向就越高，组织随之会有更多的创业举措，这会进一步提高组织绩效；在复杂的心理学特征方面，战略灵活性会中介高层管理者大五人格和组织绩效之间的关系：高层管理人员的情绪稳定性、宜人性、外倾性和开放性会通过提高组织战略的灵活性来提高组织绩效，而高层管理人员的尽责性则会通过降低组织战略的灵活性而降低组织绩效，高层管理人员对变革的开放态度会通过使得组织采用先驱者战略来促进组织创新。对于高层管理团队特征的作用机制，在人口学特征方面，高层管理团队的团队规模和团队多样性会通过降低团队的非正式沟通和团队整合度来降低组织绩效，高层管理团队的年龄多样性和职能背景多样性会通过促进团队的渐进性决策（逐渐修补的渐进过程来实现决策）以此来提高组织绩效；在复杂的心理学特征方面，高层管理团队的凝聚力会通过降低团队的情感冲突和增加团队的认知冲突来提高组织绩效，高层管理团队的社会整合度会通过提高组织的行动积极性来提高组织绩效，高层管理团队的创新投入会增加组织的电子商务创新，进而提高组织绩效（李超平等，2019）。在调节变量方面，许多研究关注环境动态与稳定性的调节作用。例如，相较于外部稳定的环境，环境动态性程度高时高层管理人员的核心自我评价和组织创业导向的正向关系更加强烈。环境动态性程度越高，高层管理团队国际经历和组织国际联盟的正向关系就越强，高层管理团队职能多样性和组织国际联盟的正向关系就越强，高层管理团队职能多样性和组织战略导向的正向关系就越强。在技术环境动态性程度较高的环境下，任期更短的首席执行官会引发更多的组织创新行为，但在技术环境较为稳定的情境下，任期更长的首席执行官会引发更多的组织创新行为。另外一些研究关注管理自主权的调节作用，学者们发现任期更长的高层管理团队遵循更持久的策略，战略符合行业的核心趋势，能够展现业界平均水平的绩效，最好的结果发生在允许管理人员高度自主性的背景下。此外，组织行业类型也会调节高层管理人员特征和其他变量的关系。组织行业类型为计算机行业时，高层管理团队规模会显著地提高组织绩效，但在天然气行业中则没有显著的关联。同一行业中的不同组织业务类型也存在调节作用。在治疗式生物技术公司中，高层管理团队成员过去在生物技术行业的经验会提高组织绩效，但在平台式生物技术公司中则不存在这种关联（李超平等，2019）。尽管高层梯队理论已在组织科学上发挥了重要作用，但其仍然受到了一些挑战。首先，高层梯队理论的研究结论出现了相互矛盾，例如在高层管理团队平均任期对组织绩效的影响研究之中，研究结果出现了不一致的情况。其次，较少高层梯队研究检验高层管理人员的特征与组织结果之间的心理和社会过程，有关上述传导机制问题仍未得到有效解决，例如，理解高层管理团队的规模为何会影响组织绩效。再次，高层梯队研究较少验证因果关系，例如，是高层梯队管理人员根据自己的经验、人格和偏见做出战略选择，还是存在反向因果——由战略选择影响高层梯队管理人员的经验、人格等，组织根据其组织战略来决定任用哪些高层管理人员。最后，一个学者认为，高层梯队理论过于关注高层管理人员和高层管理团队对组织的影响，而组织的其他层级人员，如中层管理人员对组织的影响也值得关注（李超平等，2019）。

3.1.7.3 高层梯队理论的应用

高层梯队理论强调高层管理人员的特征对组织的影响，因此该理论在实践中对管理者有着广泛的应用价值。首先，高层梯队理论可用于组织选择和培养高层管理人员。例如，考虑到高层管理人员的教育水平对组织绩效的预测，组织可以选择受过良好教育的高层管理人员或培养其高层管理人员获得相关学位和知识。再如，考虑到高层管理团队成员的行为整合度对组织绩效的影响，高层管理团队成员之间的互动可以被视为一个战略问题，而不仅仅是一个私人问题。其次，该理论能够帮助企业对竞争对手的战略进行预测。通过对竞争对手高层管理人员特征的搜集，能够帮助企业预测竞争对手的行为，及早准备竞争或合作战略。同时，在当今以新科技和高技术推动的高速发展背景下，可以运用该理论促进企业发展，如在数字化转型的企业中，高层团队的多样性能够汇集多元化的知识，推动转型的进程及效果。最后，在开展相关研究时不能仅关注高层梯队人员而忽略了其他组织成员发挥的重要作用，如中层管理者及一线员工。因此，在选拔中层管理人员时需要同样考虑其人口学特征和复杂的心理特征。

3.2 失败学习前因与后果研究的全景图

基于创新驱动视角，本研究聚焦于企业创新失败这一特定情境，通过融合社会认知理论、领导力理论、社会交换理论、组织学习理论、自我决定理论、高层梯队理论、权变理论等观点，揭示企业失败学习（个体层）的前因及形成路径，研究企业失败学习（个体层与组织层）的传导路径及其作用效果。具体而言，第一部分，失败学习形成路径研究："①变革型领导（单层次分析）——传导路径（组织心理所有权，组织支持感）——员工失败学习；②变革型领导（多层次分析）——传导路径（团队心理安全感，组织支持感）——员工失败学习；③组织支持感——传导路径（自我效能、情感承诺与责任感）——员工失败学习（单环失败学习、双环失败学习）"。第二部分，失败学习的传导路径及其对创新绩效的影响研究："④组织支持感——传导路径（员工失败学习）——员工创造力；⑤变革型领导×动态环境——传导路径（单环失败学习、双环失败学习）——企业绩效；⑥失败学习（单环失败学习、双环失败学习）×企业战略（探索型战略、防御型战略）——企业绩效（短期绩效、长期绩效）。整体研究框架如图3.10所示。

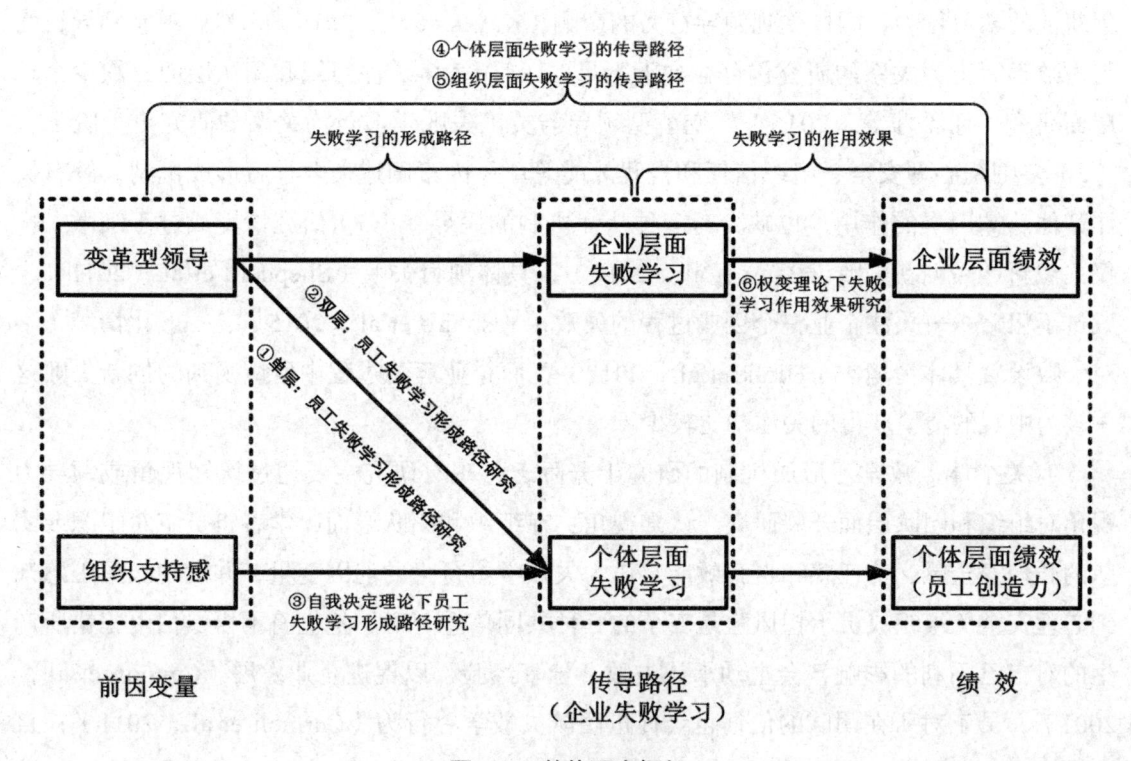

图3.10 整体研究框架

4 单层次变革型领导如何促进员工失败学习*

作为企业的掌舵者，领导人的行为无疑会对员工的经验学习及创新行为产生重要影响（Shepherd et al.，2011；Caimeli et al.，2014）。失败学习作为嵌入在特定情境下具有创新性的学习行为，同样受到领导行为的影响（Kayes et al.，2016），然而现有领导行为与失败学习行为关系的研究仍存在如下不足：（1）大多关注组织和团队层面，缺少个体层面研究（谢雅萍等，2016），变革型领导与员工失败学习行为关系的研究更为匮乏；（2）多围绕心理安全、组织信任和自我效能等单一因素阐述失败学习形成机制，鲜有关注其他认知因素的作用，也缺少对多种认知机制的探寻；（3）研究情境或过于细微——仅关注新产品创新失败（Bang et al.，2017）、具体项目失败（Shepherd et al.，2011），或过于粗略——关注企业整个创业过程的失败（Yasuhiro et al.，2015）、一般化情境（不对失败设置具体情境）（Hirak et al.，2012），而企业运营过程中所遭受到的创新失败这一较为中观的情境获得的关注却比较少。

有关个体失败学习形成机制的研究十分匮乏，现有研究主要通过认知视角或领导力视角对组织和团队层面开展研究。认知视角：在组织和团队层面，学者将员工对组织或团队的心理安全感、信任感和自我效能感作为失败学习行为的前因变量，并发现当员工感知到心理安全（组织成员承担风险是安全的一种共同信念）时，他们将不再惧怕由犯错所产生的对自己不利的影响，会主动承认失败、分享经验，以促进企业发展（Cannon et al.，2001）；员工对所在团队的信任也会促进团队失败学习行为（Carmeli et al.，2011）；自我效能感（认为自己能够完成某项事情的能力）对于个体的激励、情感和行动具有决定性作用（Bandura，1997），拥有较强效能感的员工在工作过程中更加积极主动，也更容易察觉问题并从失败中吸取有价值的经验（唐朝永等，2014）。同时，上述变量分别在社会资本（Carmeli，2007）、高质量关系（Carmeli et al.，2009）、领导包容性（Hirak et al.，2012）、关系型领导（Carmeli et al，2011）、心理资本与失败学习行为之间起中介作用（唐朝永等，2014）。领导力视角：领导因素作为组织和团队层面失败学习行为的重要

---

* 原文刊于《管理学报》2018年第8期，第1168-1176页。卢艳秋，**庞立君**，王向阳。变革型领导对员工失败学习行为影响机制研究。

前置变量，已引起学者广泛关注（Tucker et al.，2003）。学者们主要关注领导的某一特质对失败学习行为的影响，领导的激励、平易近人（Tucker et al.，2003）、沟通和协调能力（宁烨等，2016）、关系型领导（Carmeli et al，2011）、学习型领导（Carmeli et al.，2008）与包容型领导（王端旭等，2015）都能促进组织或团队失败学习行为。同时，上述领导行为或对失败学习行为直接产生影响，或是间接通过上述心理因素产生作用。

领导行为对个体失败学习行为影响的研究则更加匮乏，且领导力视角下的研究多选取领导者某一特质，而对于包含多种领导属性的变革型领导与失败学习行为之间的关系却鲜有研究，这导致相应的策略建议过于零散和片面，不能够有效地指导企业管理者系统、全面地帮助员工开展失败学习行为。此外，认知视角下的研究仅围绕已有的几个心理因素来阐述失败学习行为的内在形成机制，忽略了其他认知因素的综合作用，在一定程度上限制了对失败学习行为形成机制在广度和深度上的理解。现有对组织和团队的研究中，无论是领导行为还是认知因素都被视为研究对象的内部因素，二者间容易建立联系，但当研究转向个体层面时，领导行为将变为外部变量，它与个体内在认知的关系以及如何影响个体失败学习行为将变成全新的研究内容，因此，利用相关理论将上述因素整合在一个框架下显得尤为必要。

4.1 纵观全局：单层次变革型领导促进员工失败学习全景图

社会认知理论（social cognition theory，SCT）指出，个体行为、个体认知以及个体所处环境三者间相互影响，其中环境与个体行为的交互表明环境能够对行为施加影响；个体认知与行为的交互表明认知能够改变行为；环境与个体认知的交互表明环境可以改变认知（Domimo et al.，2015），在这一过程中个体追求三者间达到一种平衡、一致和协调的状态（马吟秋等，2017）。与强调成员互动性的团队失败学习行为或强调外在氛围的组织失败学习行为不同，个体失败学习行为更加强调学习主体的主观性，通过学习主体内心的思考和理解（Shepherd et al.，2011），继而产生学习行为，这往往是一个将外部环境转变为内在认知、赋予意义，再到外在行为的过程。变革型领导能够有效地影响企业员工的内在动机和外在行为，且已被多次证实是一种能够促进员工积极认知和组织公民行为的外在环境因素。

如何通过塑造员工主人翁意识——即组织心理所有权来对员工表现进行改善，已成为当前组织管理学界的一项重要研究议题（李锐等，2012）。员工失败学习行为具有风险性——因承认错误可能导致他人对自己做出负面评价或带来组织的惩罚，揭示其他员工的错误也有可能导致同事间的关系紧张等问题，而此时，员工主人翁意识将会弱化上述忧虑。因此，组织心理所有权是员工失败学习这一角色外行为产生的关键因素。在组织心理所有权形成和作用机制研究方面，学者们发现，变革型领导是影响员工组织心理所有权的重要外部环境因素（Dawkins et al., 2015）；此外，组织心理所有权会对员工的组织公民行为（Papk et al., 2013）、利他行为以及知识分享行为产生影响，并在外部环境对上述员工行为的影响机制中扮演着重要的中介作用（Dawkins et al., 2015）。员工失败学习行为与利他行为及知识分享行为相似，往往是互帮互助、传递、扩散、共享知识的过程（唐朝永等，2014）。根据社会认知理论，在创新失败情境下，变革型领导向员工传递的信息能够使员工产生对企业的占有感——组织心理所有权，进而赋予员工"我是主人，我愿意"的工作意义，最终激发员工从事对企业有益的活动（如员工失败学习行为）。基于此，本研究将检验组织心理所有权在变革型领导与员工失败学习行为之间的中介作用。

失败学习并非易事，既需直面风险的勇气，又需破旧立新的智慧，这使得来自组织的物质和精神支持变得尤为重要（Baumard et al., 2005）。员工对上述支持的总体感知——组织支持感，容易受到变革型领导的影响（Kurtessis et al., 2015）；基于社会认知理论中认知和行为的一致性，组织支持感能够带来强烈的回报义务感（Rhoades et al., 2002），进而产生角色外行为，如员工失败学习行为（唐朝永等，2014）。此外，已有研究发现，变革型领导通过组织支持感增强员工对领导的信任，进而促进员工的组织公民行为（Bai et al, 2012）。同样地，组织支持感在变革型领导与工作满意度及工作绩效之间起着传导作用（黄俊等，2012）。在创新失败情境下，由变革型领导引发的组织支持感赋予员工"我受益，我回报"的工作意义，进一步激发员工产生回报企业的行为。基于此，本研究将检验组织支持感在变革型领导与员工失败学习行为之间的中介作用。

综上所述，根据社会认知理论，本研究尝试探寻变革型领导（外部环境）、组织心理所有权、组织支持感（认知）与员工失败学习行为（个体行为）间的关系，本研究的研究模型如图4.1所示。

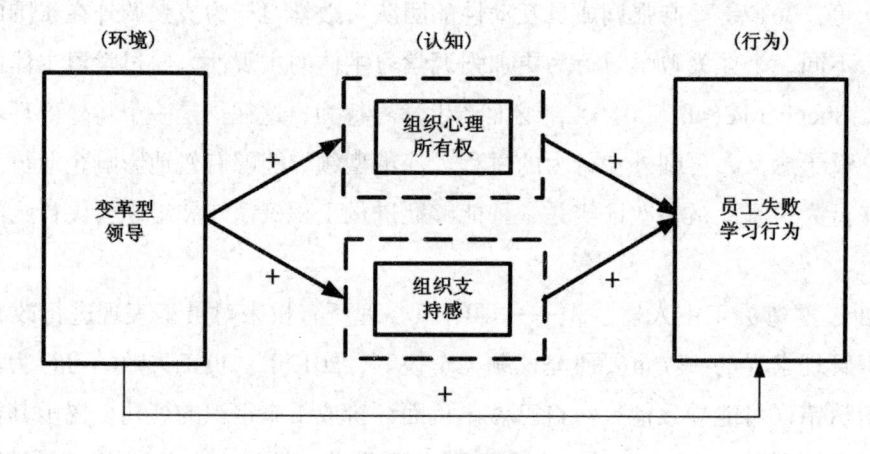

图4.1 研究模型

4.2 持之有故：单层次变革型领导促进员工失败学习的理论推演

4.2.1 变革型领导与员工失败学习行为

20世纪80年代，Burns提出了变革型领导概念，这一独特的领导方式使员工意识到工作本身的重要意义，从而激发其内在动机和高层次需要，领导通过营造与下属相互信任的氛围，促使下属能够为企业利益而牺牲自身利益，从而达到超出预期的结果。后续有学者进一步完善了变革型领导理论并形成了经典的四维度结构量表——领导魅力、愿景激励、智能激发及个性化关怀（Bass，1999）。国内学者李超平提出了符合中国文化背景的变革型领导维度——领导魅力、愿景激励、个性化关怀和德行垂范（李超平等，2005），这与Bass提出的结构既有联系又有区别，其中领导魅力和愿景激励的基本内涵没有变化，领导魅力仍指领导者业务过硬、思想开明、创新意识强且在工作中高标准严要求自己；愿景激励仍指领导者向员工描绘企业前景，为其指明发展方向并阐述工作意义。而在西方原有的对员工工作和职业的关注外，国内个性化关怀还增加了对员工家庭和生活的关心。德行垂范是中国变革型领导独特的维度，它强调领导要有"吃苦在前享乐在后"的牺牲精神，要以身作则、以德服人。在中国文化背景下，西方结构中的智能激发维度并未消失殆尽，而是蕴藏在领导魅力和个性化关怀之中（周浩等，2012）。

根据社会认知理论，外在环境传递的信息与个体行为具有一致性，因此，在创新失败的情境下，变革型领导与员工失败学习行为间存在紧密关联。具有领导魅力和德行垂范的变革型领导拥有高超的业务水平及良好的道德品质，这种才与德完美结合的领导会成为员工竞相学习的榜样，让员工心悦诚服，增强对管理者的信任和崇敬，并能积极地投入到领导所倡导的有益于企业的行动中。变革型领导通过灌输目标及愿景，使员工逐渐认同企业目标，并且意识到实现企业目标是实现个人目标的前提，进而认识到企业成败与自己的前途紧密相关。因此，在面对企业创新失败时员工会积极主动地学习。领导者的智能激发行为能够鼓励员工以创新性思维和批判性思维解决工作中存在的问题，增强员工好奇心，促使其发挥想象（陈晨等，2015），提高技能（Dong et al.，2017），提出解决问题的新思路。由于创新失败原因错综复杂，上述思考方式将有助于员工深入分析失败根源，从不同角度进行反思并探寻解决之道。变革型领导注重对不同员工进行个性化关怀和帮助，员工会逐渐形成积极态度，能以开放的心态面对工作中产生的困难或失败，这种习惯和心态使得员工敢于承担风险，尤其在失败情境中，能够克服自我恐惧感，直面失败并从中吸取经验教训。因此，本研究提出如下假设：

H₁：在创新失败情境下，变革型领导与员工失败学习行为存在正向相关关系。

4.2.2 组织心理所有权的中介作用

心理所有权是指个体感觉占有某个客体（物质形态或非物质形态）或它的一部分，即产生"它是我的"的心理状态，当这种占有感指向整个组织时便形成了组织心理所有权。员工这一心理状态与其角色外行为紧密关联（Bernhard et al., 2011）。

作为角色外行为的员工失败学习同样受到组织心理所有权的影响。失败会削弱个体的自尊和自我效能感（Cannon et al., 2001），且多数企业在失败时易采用伤害员工心理安全的问责管理方式，最终造成员工对失败的恐惧（Carmeli et al., 2011），抑制失败学习行为。因此，克服恐惧是员工能否从失败中有效学习的先决条件。在社会认知理论视角下，组织心理所有权能够促进员工失败学习，原因是组织心理所有权会促使员工对企业形成家的概念，能够增强员工心理安全感知（Lin Q et al., 2015），消除心理恐惧等抑制失败学习行为的因素；同时，组织心理所有权中对企业的控制感能增强员工对自身能力及价值的感知与自信（Pierce et al., 2001），在面对失败时，这将极大地促进失败学习行为（胡洪浩等，2011）；当对企业产生"占有感"——"我是主人，我愿意"时，员工愿意与企业共享利益，更积极地参与到维护企业的活动中（Dawkins et al., 2015）——即使存在一定的个人风险。因此，拥有较强组织心理所有权的员工敢于说出自己的错误，与大家分享知识并吸取教训，同时也可以指出他人的错误并给予帮助，避免企业未来遭受类似的损失。现有研究表明，组织心理所有权对员工失败学习行为具有促进作用（唐朝永等，2016）。

在社会认知理论视角下，变革型领导对员工心理所有权产生的心理根源（自我效能和自我认同等认知因素）产生影响（Pierce et al., 2001）。变革型领导的智能激发这一特质通过激发和鼓励员工以创新思维解决问题，逐渐增强员工自信心并提高其工作能力，进而促进员工形成强烈的自我效能感。此外，变革型领导通过愿景激励让员工明确企业目标和自身工作意义，对个人、工作和企业的关系有了更加清晰的认识，而对占有物与自我关系清晰的认识有助于了解自己，获得自我认同（周浩等，2012）。另外，变革型领导不仅作用于上述心理根源，还对包括目标物控制、亲密了解和个人投入在内的心理所有权的形成途径产生影响（Pierce et al., 2001）。变革型领导赋予员工更多思考空间和自主权，这将增强员工对目标物的控制感（Papk et al., 2013）；领导的关怀以及良好的沟通氛围会增强企业内成员彼此之间的情感联结和互动，促进信息的共享，加强对企业的了解。此外，与企业荣辱与共的意识和对领导的崇敬会使员工愿意为企业付出更多的精力、时间、努力和注意力。已有研究也表明，变革型领导会对员工的组织心理所有权产生正向影响（Papk et al.，2013）。

综上可得，在创新失败情境下，企业的变革型领导一方面影响心理所有权的心理根源，另一方面又作用于其形成途径，从而激发员工组织心理所有权的产生。在这一心理因素影响下，员工将企业视为自我的一部分，这种"我是主人，我愿意"意义的构建带给员工安全感和自信，以期达到社会认知理论中的外界环境、个人认知和个人行为三者一致平衡的状态，员工能够更为积极而主动地参与到有利于组织的活动中。尤其在创新失败情境下，员工会与企业共患难，将解决企业创新失败问题视为己任，愿意承认自身错误并能指出他人问题，积极开展失败学习活动。此外，研究表明，组织心理所有权在外部情境因素与员工行为之间起着重要的桥梁作用（Dawkins et al.，2015），也有学者指出，组织心理所有权在变革型领导对组织公民行为（Papk et al.，2013）、当责行为（李锡元等，2013）及进谏行为（周浩等，2012）等对组织有益行为的影响机制中起着重要的中介作用。因此，本研究提出如下假设：

H_2：组织心理所有权在变革型领导与员工失败学习行为之间起中介作用。

4.2.3　组织支持感的中介作用

美国学者Eisenberger在"互惠原则"和"社会交换理论"基础上，提出组织支持感概念：员工对组织重视员工贡献、关心员工福利程度的总体感受（Eisenberger et al.，2002）。这一概念反映了员工有被组织认可及满足社会情感的需求。据此，西方学者构建了关注"组织情感性支持"的单维测量量表，并得到了广泛应用。国外已有一些学者提出了变革型领导会促进组织支持感的观点（Florence et al.，2015），但在中国文化中，企业对员工的支持并非单一情感维度，员工可以感知到来自企业多方面的支持，测量量表应为多维结构，如三维量表：组织支持、主管支持和同事支持（顾远东等，2014）；四维量表：情感性支持、工具性支持、上级支持和同事支持（陈志霞，2006）。根据现有国内研究成果，本研究中的组织支持感也由多个维度构成。在创新失败情境下的学习行为多以探索式学习为主，通过寻找失败根源，提出创新性解决方案，员工更加需要来自企业的多源支持和帮助，才能得以在失败学习中"脑洞大开"。因此，本研究借鉴顾远东等（2014）和陈志霞等（2006）学者的研究成果，将组织支持感界定为员工感知到的组织、主管和同事所给予的支持和帮助。

根据社会认知理论，个体认知与个体行为具有一致性。作为重要的心理认知因素，组织支持感能够让员工心怀组织、形成帮助组织实现目标的责任意识，这种"我受益，我回报"的意识将会改变员工工作状态，使其产生更多角色外行为（Rhoades et al.，2002）。在企业创新失败情境下，组织支持感使员工感受到自己从企业中获益，增强了员工工作热情（Amanda et al., 2016）及对企业的信任、承诺和认同（Yong et al., 2016），进而激励其敢于主动承认自身错误并能向现存问题或失败风险提出建设性观点（Nevne et al., 2014），产生更多的组织公民行为（Singh et al., 2015）。此外，组织支持感使员工产生"我回报企业"的意识，激发回报动机，促进了包括对失败事件自我反思、帮助同事探寻失败根源、共同学习、共享知识在内的更多的角色外行为。在组织支持感构建的意义框架中，工作热情的点燃、承诺认同的建立以及回报动机的激发极大地促进了员工的角色外行为——失败学习行为。

Rhoades和Eisenberger（2002）利用元分析法提炼出组织支持感的重要前置变量——企业奖赏及工作环境和公正程序。企业的各种奖赏诸如薪酬增加、职位提升、职业生涯发展和培训指导等（Kraimer et al., 2011），以及具有较强工作自主性、针对挑战任务充分授权等工作环境对组织支持感均有显著的正向影响（Baranik et al., 2010）。程序公平包括结构性和社会性两种类型，如在决策过程中听取员工心声、全员参与等结构性的程序公平以及在资源分配过程中对员工的尊重、信任等社会性的程序公平皆会对员工组织支持感产生影响（Baranik et al., 2010）。

在社会认知理论视角下，员工认知的形成受到外在环境的影响。变革型领导向员工传递的信息让员工感受到企业丰厚的奖赏、良好的工作环境以及公正的程序，进而促使员工形成组织支持感。首先，变革型领导通过对员工的个性化关怀，不仅在员工工作方面给予指导、关心员工职业发展，同时也关心员工的家庭及生活，为其提供物质保障，促进人格成长，从而使员工感受到企业丰厚的奖赏；其次，变革型领导具有较强的创新意识以及拥有激发员工内在动力和认同感的能力，在管理过程中弱化了监管和控制，在工作中赋予员工更多自主权，营造轻松、自由的创新环境，从而使得员工感受到企业人性化的工作环境；另外，变革型领导为员工树立了具有吸引力的共同愿景，通过全员参与、群策群力等变革方式实现愿景目标，且由于自身独特的魅力和道德楷模形象使其容易与员工之间建立平等互信和认同感（Duan et al., 2016），从而使员工感受到企业内的公正程序。变革型领导相关实证研究也表明，变革型领导对员工的组织支持感产生正向影响（Baumard et al., 2005）。

在社会认知理论视角下，变革型领导对员工的关怀、尊重、授权和激励作为外部信息传递给员工，被其视为来自组织的支持，并内化为认知，进而形成组织支持感，构建"我受益，我回报企业"的工作意义，进一步使员工工作热情、对企业信任和承诺以及回报动机得到提高。此时，为了保持环境、认知和行为的平衡和一致性，员工会产生更多的角色外行为（如开展失败学习活动以提升企业绩效），以此作为对企业的回报（吴隆增等，2011）。此外，研究表明，组织支持感在变革型领导与工作满意度及工作绩效之间起着传导作用（黄俊等，2012）。因此，本研究提出如下假设：

H_3：组织支持感在变革型领导和员工失败学习行为之间起中介作用。

4.3 目量意营：单层次变革型领导促进员工失败学习的研究方案设计

4.3.1 问卷设计

问卷是指一组用于从调查对象上获取信息的格式化问题。问卷调查是目前社会科学研究中所广泛采用的调查方式，即由调研人员根据调查目标设计调研问卷，然后，采用科学的抽样方式确定调研样本并获取样本对调研问卷的作答数据，最后，应用统计分析方法得出调研结果的一种方式。问卷设计严格遵循概率与统计原理，调查方式和数据分析结果具有较强的科学性和可信性。为确保实现调研问卷的科学性和可信性，问卷设计一般遵循以下原则：

第一，合理性，围绕调研主题设计问卷，剔除无关问题；

第二，逻辑性，问卷结构合理，问题设置紧密相关，具有逻辑性；

第三，非诱导性，问题不能具有诱导性和提示性；

第四，明确性，避免使用专业术语，语言要规范且通俗易懂。

本研究严格按照上述原则开展问卷设计工作。首先，围绕创新失败情境下变革型领导对员工失败学习行为的影响机制这一研究主题，选取单层次变革型领导、组织支持感、团队心理安全感、员工失败学习行为和传统性等变量进行问卷设计；其次，按照问卷说明（包括问候语、研究目的和填写说明等）、主体部分（包括五个核心变量的测量题项）和背景部分（包括被调研者的性别、年龄等人口统计变量以及被调研者所在公司的基本情况）的先后顺序进行问卷编排，确保问卷结构合理；此外，为确保问题的明确性和非诱导性，本研究系统梳理了五个核心变量构念及测量量表的相关研究成果，根据研究情境相似、概念内涵相同、使用时间较长、使用范围较广及使用频率较高的选择标准，确定研究变量的测量量表，对源于国外的外文量表，运用Brislin的标准方法进行翻译和回译，并形成初始问卷；最后，邀请组织2位学习领域内的专家和5位企业管理人员，对问卷在设计结构、内容、表述等方面进行全面审核，结合修改建议，对问卷进行了第一轮修改，随后选取10家企业进行小样本预调研，根据调研反馈的建议，对问卷中存在的细节问题进行进一步修正，最终形成了正式的调查问卷。

4.3.2 样本选取

基于本研究的创新失败情境，本研究选择高科技企业作为实证研究对象，主要原因为：与传统企业相比，高科技企业需要不断创新，在产品研发、市场创新与管理创新等过程中面临更多失败（黄海艳等，2016）。因此，将高科技企业作为研究对象既便于研究主题的开展，又具有较大的实践价值。样本选取位于广东省深圳市和珠海市国家高新技术产业开发区内的多家高新技术企业，其主要原因为：长期以来，广东省一直是全国创新最活跃的省份之一，在2016年发布的《中国城市创新指数》报告中，深圳市和珠海市以企业创新为主导的城市创新模式为特色，走在广东省乃至全国的创新前列（以科技研发与产业化两项指标计算，深圳市、珠海市分别位列全国第二名、第五名，分别位列广东省前两名），因此，两地高科技企业创新对于其他地区具有一定的示范效应，在一定时期内，会形成趋同态势，选择深圳市和珠海市的高新企业作为研究样本既便于失败学习主题的开展，又具有一定的代表性。此外，考虑到失败学习受到诸如失败来源（source）和失败强度（magnitude）等情境特征的影响（Cannon et al.，2001），本研究的企业创新失败情境主要为：第一，失败经验源于企业内部。被调研企业需在近两年内发生过创新失败事件，包括新产品或新工艺研发失败、新市场开拓失败、原材料新供应源获取失败或组织形式变革失败。将失败事件的时限限定为两年，既考虑到研究的时效性，也同时方便被调查者提取记忆信息，进一步确保调查问卷信息的真实性和准确性。第二，失败强度适中。失败事件要使企业蒙受一定的经济损失，能够引发员工关注并被记忆，失败强度适中——失败既非微不足道，又不至于对企业造成致命打击。通过对企业高层与基层的访谈，根据上述标准，最终选定20家企业进行调研，其中计算机软件5家、新能源4家、智能家电制造、生物医药各3家、航天航空、电子通信服务各2家，精细化工制造1家，成立年限均在5年以上，员工总数在500人以上18家，其余2家为200～300人，研发费用占营业额均在4%以上。鉴于组织心理所有权与组织支持感在不同企业间的多样性，访谈也获取了各企业在这两个主题建设的方式和效果及共同特征方面的信息，经过研究发现：在心理所有权建设过程中，上述企业均通过努力营造"企业似家"的氛围培养员工主人翁意识，使其热爱工作并充满自信，鼓舞员工要有担当精神和责任意识，构建员工与企业命运共同体并明确员工在其中的角色定位；在组织支持感建设过程中，上述企业尽力给予员工全方位支持，从企业、领导支持到同事互助，从物质支持到精神鼓励等。为保证调研内容真实准确，调研人员通过对企业高层进行访谈，了解该企业在近2年中是否存在创新失败事件，对于符合条件的企业征询被调研意愿，最终选定12家企业进行调研。

4.3.3 数据收集

调研时间从2016年11月至2017年5月,调研方式为调研人员进入企业直接发放问卷,作简要说明后,要求被调研者现场填写并当场回收问卷。问卷共发放867份,回收616份,在问卷开始设置回忆企业创新失败的情境,剔除不符合要求的132份(通过甄别题目删除未经历或不能够清晰回忆创新失败事件的被调研者)和作答不认真的23份,最终得到有效问卷461份,有效回收率为53.172%。样本中男性231人,占50.108%,女性230人,占49.892%;年龄多为18～30岁,共319人,占69.197%;文化程度多为本科,共221人,占47.939%;从事技术/研发的人员最多,共155人,占33.623%;被调查者平均工作年限为5.514年,与其直接领导者平均共事年限为2.122年。

4.3.4 变量测量

为保证测量的有效性,本研究选取国外较为成熟或已在中国情境下广泛使用的量表进行调研,运用Brislin的标准方法对英文量表进行翻译和回译。本研究中所有变量的测量均采用Likert 5分等级量表,1分代表完全不同意,5分代表完全同意,量表具体内容如下:

(1)因变量:员工失败学习行为。借鉴Carmeli和Gittell(2009)的团队失败学习行为量表,根据研究主题将原有量表进行适当修改,修改内容主要包括两方面:第一,将团队失败学习行为改为员工失败学习行为;第二,结合创新失败研究情境,突出员工对其回忆特定创新失败事件的反思和学习。修改后问卷为5个题项:在经历企业上述创新失败后,"当我犯错或失误时,同事并不责备,而是从中学习经验""当我犯错或失误时,会通过自我反思从中吸取经验""当我犯错或失误时,会与同事分享并共同学习""我经常思索'为什么我们要这么做'""我经常思索'是否有更优的方式来提供产品会服务'"。

(2)自变量:变革型领导。借鉴李超平(2005)等开发的适合中国情境的测量量表,将变革型领导界定为领导魅力(6个题项)、愿景激励(6个题项)、个性化关怀(6个题项)和德行垂范(8个题项)4个维度,共26个题项。

(3)中介变量:组织心理所有权。借鉴Avey等(2009)编制的促进性心理所有权测量量表,将其界定为由自我效能、自我身份、归属感和责任感4个维度构成,每个维度有3个测量题项,共12个测量题项。组织支持感。借鉴顾远东等(2014)及陈志霞(2006)的研究成果,将组织支持感界定为组织支持(5个题项)、主管支持(4个题项)和同事支持(4个题项)3个维度,共13个测量题项。

4.4 有形可检，有数可推：单层次变革型领导促进员工失败学习的数据分析

本研究采用SPSS21.0和Amos24软件进行统计分析。首先进行探索性及验证性因子分析，随后，进行基本的描述性统计分析，并应用结构方程对变量之间的关系进行检验。主要的操作如下：（1）利用探索性因子分析和验证性因子分析对变量的信度和区分效度进行检验；（2）利用Harman's单因子检验法与控制未测单一方法潜因子法检验同源方差；（3）通过比较理论模型与竞争模型，根据拟合度的差异和相关理论修正模型；（4）通过Bootstrap法对中介效应的显著性进行检验。

4.4.1 描述性统计分析

表4.1总结了各个变量的均值、标准差和相关系数。由表4.1可知，变革型领导与员工失败学习行为呈显著正相关（$r=0.618$，$p<0.010$），H_1得到验证。

表4.1 变量描述性统计和相关系数

变量	M	SD	1	2	3	4	5	6	7
变革型领导	4.096	0.694	(0.883)						
心理所有权	3.858	0.634	0.630**	(0.824)					
组织支持感	3.951	0.639	0.715**	0.679**	(0.883)				
失败学习行为	4.055	0.678	0.618**	0.603**	0.686**	(0.859)			
性别	NA	NA	−0.089	−0.081	−0.081	−0.039	NA		
年龄	1.567	0.622	−0.039	−0.019	−0.059	−0.018	−0.095*	NA	
部门	NA	NA	0.019	0.048	0.08	0.059	0.278*	−0.083	NA

注："*"代表显著性水平$p<0.050$；"**"代表显著性水平$p<0.010$；"***"代表显著性水平$p<0.001$。括号中的数据为该量表的Cronbach's α系数；NA为不适合分析。

4.4.2 同源偏差分析

首先，根据Harman's单因子检验方法初步检测同源方差。经过探索性因子分析，在未旋转情况下，最大因子解释的变异量并未达到所有特征根大于1的公因子解释变异量总和的一半，可初步判断本研究中同源方差存在，但并不显著。另外，考虑到Harman's单因子检验方法检测同源方差统计效力较低，根据Podsakoff等（2003）学者的研究，采用控

制未测单一方法潜因子法进一步对同源方差进行检验，将同源方差的效应作为一个潜变量纳入四因子模型，通过比较纳入同源方差潜变量前后的两个模型拟合度差异进行判断，见表4.2。由表4.2可知，纳入同源方差潜变量后的5因子模型优于纳入前的4因子模型，$\Delta\chi^2$=85.259，Δdf=20（p<0.05），但RMSEA，CFI与NNFI的变化微弱，同时同源方差因子只解释了5%的变异率，远低于25%的判别标准（Williams et al.，1989）。综上，表明研究中虽不能排除同源方差的影响，但本研究的同源方差得到了有效控制，并不会对研究结果产生重要影响。

表4.2 同源方差检验

模型	χ^2	df	χ^2/df	RMSEA	CFI	NNFI
纳入前	318.584	93	3.426	0.073	0.981	0.975
纳入后	233.325	73	3.183	0.069	0.986	0.983

4.4.3 信度与效度分析

本研究运用内部一致性信度对量表的信度进行检验，经计算，各个量表的Cronbach's α系数均大于0.700，说明其具有较高的内部一致性。测量量表的56个题项探索性因子分析结果表明，各变量题项因子载荷在0.642~0.881之间，组合信度（CR）大于0.700，潜变量的AVE均高于0.500，具体数据见表4.3所示，表明量表聚合效度良好。采用验证性因子分析考察变革型领导、组织心理所有权、组织支持感和员工失败学习行为的区分效度，结果如表4.4所示，与其他三个模型相比，本研究提出的四因子模型拟合效果最佳，χ^2=318.584，df=93，χ^2/df=3.426，RMSEA=0.073，CFI=0.981，NNFI=0.975。由上可见，各个变量之间具有一定的区分效度。

表4.3 探索性因子分析结果

量表	α	CR	AVE
变革型领导：	0.883	0.902	0.683
企业创新失败情境下，我的直接主管业务能力过硬		0.785	
企业创新失败情境下，我的直接主管思想开明，具有较强的创新意识		0.794	
企业创新失败情境下，我的直接主管热爱自己的工作，具有很强的事业心和进取心		0.787	
企业创新失败情境下，我的直接主管对工作非常投入，始终保持高度的热情		0.789	
企业创新失败情境下，我的直接主管能不断学习，以充实提高自己		0.801	
企业创新失败情境下，我的直接主管敢抓敢放，善于处理棘手问题		0.787	

续表

量表	α	CR	AVE
企业创新失败情境下，我的直接主管能让员工了解单位/部门的发展前景		0.789	
企业创新失败情境下，我的直接主管能让员工了解本单位/部门的经营理念和发展目标		0.795	
企业创新失败情境下，我的直接主管会向员工解释所做工作的长远意义		0.791	
企业创新失败情境下，我的直接主管向大家描绘了令人向往的未来		0.785	
企业创新失败情境下，我的直接主管能给员工指明奋斗目标和前进方向		0.791	
企业创新失败情境下，我的直接主管与员工一起分析其工作对单位/部门目标的影响		0.799	
企业创新失败情境下，我的直接主管与员工打交道时，会考虑员工个人的实际情况		0.821	
企业创新失败情境下，我的直接主管愿意帮助员工解决生活和家庭方面的难题		0.803	
企业创新失败情境下，我的直接主管与员工沟通交流，以了解其工作、生活和家庭情况		0.795	
企业创新失败情境下，我的直接主管耐心地教导员工，为员工答疑解惑		0.835	
企业创新失败情境下，我的直接主管关心员工的工作、生活和成长，为其发展提建议		0.853	
企业创新失败情境下，我的直接主管注重创造条件，让员工发挥自己的特长		0.881	
企业创新失败情境下，我的直接主管廉洁奉公，不图私利		0.798	
企业创新失败情境下，我的直接主管吃苦在前，享受在后		0.823	
企业创新失败情境下，我的直接主管不计较个人得失，尽心尽力工作		0.841	
企业创新失败情境下，我的直接主管为了部门/单位的利益，能牺牲个人利益		0.817	
企业创新失败情境下，我的直接主管能把自己的利益放在集体和他人利益之后		0.834	
企业创新失败情境下，我的直接主管不会把别人的劳动成果据为己有		0.858	
企业创新失败情境下，我的直接主管能与员工同甘共苦		0.798	
企业创新失败情境下，我的直接主管不会给员工穿小鞋，不搞打击报复		0.787	
组织心理所有权：	0.824	0.833	0.547
企业创新失败情境下，我相信自己有能力对公司的成功做出贡献		0.70	
企业创新失败情境下，我相信自己能使公司有所进步		0.735	
企业创新失败情境下，在公司中，我有信心制定高绩效目标		0.786	
企业创新失败情境下，如果我认为某事做错了，不管他是谁，我都会质询他		0.642	

续表

量表	α	CR	AVE
企业创新失败情境下，如果我看到某事做错了，我会毫不犹豫地告诉公司	0.742		
企业创新失败情境下，我会质询公司的发展方向，以确保它的正确	0.689		
企业创新失败情境下，我觉得自己是属于公司的	0.785		
企业创新失败情境下，在公司中，我觉得十分轻松	0.707		
企业创新失败情境下，对我而言，公司就是家	0.835		
企业创新失败情境下，我觉得公司的成功就是我的成功	0.842		
企业创新失败情境下，我觉得作为公司的一员让我清楚自己究竟是谁	0.835		
企业创新失败情境下，当公司受到批评时，我觉得有必要为它辩护	0.819		
组织支持感	0.883	0.785	0.551
企业创新失败情境下，当我在工作中遇到困难时，公司会帮助我	0.748		
企业创新失败情境下，公司会原谅我的无心之过	0.716		
企业创新失败情境下，公司尊重我的目标和价值	0.73		
企业创新失败情境下，公司关心我的个人发展	0.781		
企业创新失败情境下，公司关心我的个人感受	0.769		
企业创新失败情境下，我的直接主管愿意倾听我工作中遇到的问题	0.776		
企业创新失败情境下，当我遇到困难时，会从我的直接主管那里得到帮助	0.717		
企业创新失败情境下，我的直接主管为我提供必要的工作信息	0.742		
企业创新失败情境下，我的直接主管关心我的福利	0.747		
企业创新失败情境下，当我遇到困难时，同事愿意提供帮助	0.771		
企业创新失败情境下，我的同事愿意倾听我工作中遇到的问题	0.754		
企业创新失败情境下，当我在工作中出现失误时，同事会安慰我	0.751		
企业创新失败情境下，我的工作伙伴愿意提供给我必要的工作信息	0.716		
员工失败学习行为	0.859	0.581	0.551
企业创新失败情境下，若是由同事犯错或失误造成，我并不责备，而是从中学习经验	0.773		
企业创新失败情境下，若是由我犯错或失误造成，我会通过自我反思从中吸取经验	0.821		
企业创新失败情境下，若是由我犯错或失误造成，我会与同事分享并共同学习	0.807		
企业创新失败情境下，我会积极思索"我们为什么这么做"	0.688		
企业创新失败情境下，我会积极思索"有没有更好的方式制造产品或提供服务"	0.818		

表4.4 验证性因子分析结果

模型	χ^2	df	χ^2/df	RMSEA	CFI	NNFI
四因子模型	318.584	93	3.426	0.073	0.981	0.975
三因子模型	497.768	96	5.185	0.095	0.902	0.891
二因子模型	629.105	98	6.419	0.108	0.835	0.828
单因子模型	806.097	99	8.142	0.125	0.784	0.779

注：四因子模型：变革型领导、组织心理所有权、组织支持感、员工失败学习行为；

三因子模型：变革型领导、组织心理所有权、组织支持感+员工失败学习行为；

二因子模型：变革型领导、组织心理所有权+组织支持感+员工失败学习行为；

单因子模型：变革型领导+组织心理所有权+组织支持感+员工失败学习行为。

4.4.4 假设检验

运用结构方程模型检验组织心理所有权与组织支持感的中介作用，通过将本研究的假设模型与其他竞争模型对比分析，基于简洁性原则及$\Delta\chi^2$及Δdf（χ^2差异及df的差异）作为模型选取依据。若差异不显著，则取路径简洁的模型；若差异显著，则取路径复杂的模型。首先将假设模型M0（部分中介模型）与竞争模型M1（完全中介模型）进行比较，得到χ^2及df差异显著（$\Delta\chi^2=44.607$，$\Delta df=1$，$p<0.0001$）（见表4.5），根据简洁性原则，模型M0优于模型M1。另外，根据模型修正指数建议，结合相关文献研究（李锐等，2010），增加组织支持感至组织心理所有权的路径，构建模型M2。对比可知模型M2与模型M0的差异显著（$\Delta\chi^2=56.714$，$\Delta df=1$，$p<0.0001$），表明模型M2优于模型M0。在M2的基础上分别删除变革型领导至组织心理所有权与组织支持感至员工失败学习行为的路径，构建模型M3和M4。对比可知模型M3、M4与模型M2的差异均显著（$\Delta\chi^2=76.337$，$\Delta df=1$，$p<0.0001$；$\Delta\chi^2=96.560$，$\Delta df=1$，$p<0.0001$），表明模型M2优于模型M3和M4。根据拟合指标和简洁性原则，最优模型为模型M2，如图4.2所示。

中介效应显著性检验。本研究采用Bootstrap程序检验以上中介效应的显著性。采用重复抽样的方法在461个原始数据中随机抽取5 000个Bootstrap样本，之后拟合模型M2。计算出5 000个中介效应的估计值和平均值，将估计值排序并选取第2.500百分数（LLCI）和第97.500百分数（ULCI）估计95%的中介效应置信区间。若LLCI与ULCI两个数值的区间不包含0，则表明在5 000次的运算过程中未出现中介效应值为0的情况，表明中介效应显著；若LLCI与ULCI两个数值的区间包含0，则表明在5 000次的运算过程中出现了中介效应值为0的情况，依据统计学分析判断的标准不能判断中介效应具有显著性。数据分析结果表明，变革型领导通过组织支持感正向影响员工失败学习、变革型领导通过组织心理所有权正向影响员工失败学习行为以及变革型领导通过组织感继而影响组织心理所有权最终正向影响员工失败学习这三条路径的LLCI与ULCI两个数值的区间均不包含0（见表4.6），验证了变革型领导对员工失败学习行为的影响是通过中介变量——组织心理所有权和组织支持感而产生，H_2和H_3得到支持。此外，研究发现两个中介变量中组织支持感正向影响组织心理所有权，并且组织支持感与组织心理所有权在变革型领导与员工失败学习行为关系间发挥链式中介作用。

表4.5 结构方程模型比较结果

模型	χ^2	df	χ^2/df	RMSEA	CFI	NNFI	$\Delta\chi^2$	Δdf	p
M0	376.145	94	4.002	0.081	0.943	0.941			
M1	420.752	95	4.429	0.089	0.921	0.919	44.607	1	<0.000 1
M2	319.431	93	3.435	0.070	0.984	0.981	−56.714	1	<0.000 1
M3	395.768	94	4.210	0.084	0.931	0.930	76.337	1	<0.000 1
M4	415.991	94	4.425	0.089	0.921	0.919	96.560	1	<0.000 1

注：M0：假设模型。

M1：基于模型M0删除变革型领导至员工失败学习行为的直接路径；

M2：基于模型M0增加组织支持感至组织心理所有权的路径；

M3：基于模型M2删除变革型领导至组织心理所有权的路径；

M4：基于模型M2删除组织支持感至员工失败学习行为的路径。

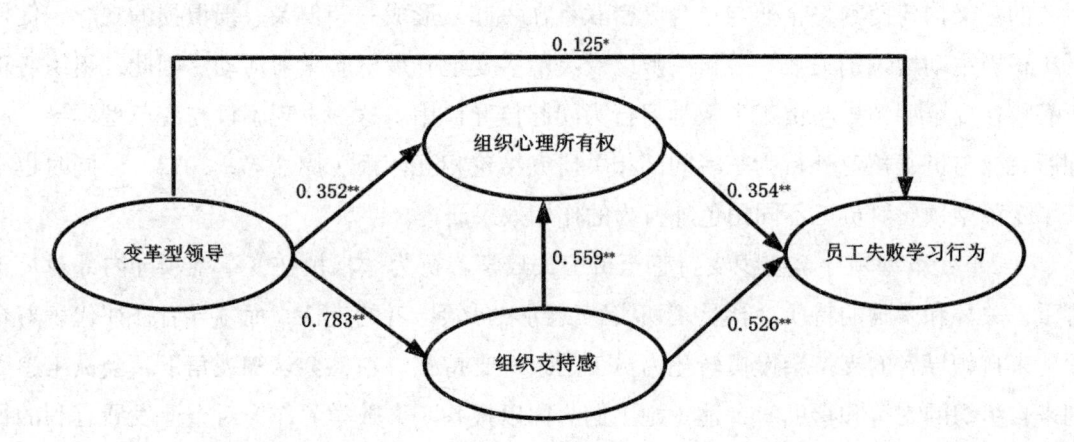

图4.2 组织心理所有权和组织支持感的中介作用模型

表4.6 中介效应显著性检验

变量之间的关系路径	标准化间接效应估计	95%置信区间 LLCI	95%置信区间 ULCI
变革型领导—组织支持感—失败学习行为	0.783×0.526=0.412	0.302	0.512
变革型领导—组织心理所有权—失败学习行为	0.352×0.354=0.125	0.056	0.197
变革型领导—组织支持感—组织心理所有权	0.783×0.559=0.438	0.326	0.548
组织支持感—组织心理所有权—失败学习行为	0.559×0.354=0.198	0.101	0.334
变革型领导—组织支持感—组织心理所有权—失败学习行为	0.783×0.559×0.354=0.155	0.074	0.227

4.5 抛砖引玉：借助单层次变革型领导开展失败学习

4.5.1 研究结果讨论

根据上述实证分析结果可知：企业创新失败情境下，变革型领导对员工失败学习行为影响的内在心理机制包括如下三条路径：

（1）变革型领导至组织心理所有权至员工失败学习行为。在创新失败情境下，变革型领导可以促进员工"企业似家"认知的形成，使其产生较强的安全感和自信心，进而消除因失败带来的恐惧，帮助员工走出失败阴影；在此基础上，员工的"我是主人，我愿意"的意义构建使其将企业与自身紧密联系在一起，形成一荣俱荣—损俱损的观念，促使员工积极主动地识别失败、分析失败以及灵活多变地开展试验学习活动。因此，组织心理所有权在变革型领导与员工失败学习行为间起传导作用。这一发现不仅与变革型领导、心理所有权与员工角色外行为三者间的相关研究结论相互印证（周浩等，2012），同时也丰富了变革型领导对员工不同角色外行为的作用效果研究。

（2）变革型领导至组织支持感至员工失败学习行为。根植在变革型领导内部对员工尊重、关怀和激励的特质会让员工切实感受到来自领导者的支持，而领导者往往代表着企业，来自领导者的支持会慢慢转化为员工的组织支持感。在社会认知视角下，当员工感受到来自组织的支持和帮助时，他（她）们会回以报答。失败学习作为对企业发展有利的行为会被员工视为回报企业的重要方式。因此，组织支持感在变革型领导与员工失败学习行为间扮演着重要的传导角色。该结论与现有社会交换与互惠规范视角下，组织支持感在领导行为与员工角色外行为间传导作用的研究结论具有一致性（刘燕等，2016），也再次印证了个体失败学习行为是一个强调内在心理认知的过程（查成伟等，2016）。

（3）变革型领导至组织支持感至组织心理所有权至员工失败学习行为。这一路径表明，在创新失败时，组织支持感的强弱对于员工组织心理所有权的形成及变化产生重要影响。因此，变革型领导可以先后通过组织支持感和组织心理所有权的传导对员工失败学习行为产生影响。其原因可能是，在中国文化背景下，员工对企业有潜在的"家"的期待——表现出泛家族主义。而在创新失败情境下，失败学习的风险性使得员工对这种期待更为强烈。源自变革型领导的组织支持感可以促使员工与企业间形成亲密的情感，增强了员工对企业的归属感和占有感，而随着这种"我归属于企业，我又拥有企业"的思想深入人心，员工角色外行为背后的动力逐渐从组织支持感的"我回报、要我做"转变为组织心理所有权的"我愿意、我要做"，进而促进员工失败学习行为。这一链式中介机制也进一步证实了领导力对失败学习行为的内在心理作用机制（Bang et al., 2017），即在外部领导因素作用下，失败学习的产生需要经历心理解释机制由外向内、由浅入深的逐步演变，这使得在变革型领导影响下，员工个体的心理认知由外部认知（组织支持感）向内部认知（心理所有权）逐步内化，促进其失败学习行为。

4.5.2　理论意义

（1）本研究区分了企业内部不同层面失败学习行为的特征，有别于以往团队和组织层面的研究，借助社会认知理论，将外在的领导力因素、内在的员工认知因素和行为因素纳入一个分析框架，探讨变革型领导对员工个体失败学习行为的作用机制，既为个体失败学习行为研究提供了全新的理论视角，也为领导力理论的推行提供了新途径，同时将领导力与失败学习行为关系的研究深入到个体层面，完善了领导力对企业内不同层面学习行为影响的研究。

（2）本研究聚焦于企业创新失败情境，相对于以往或专注于新项目失败、新产品失败等过于细化的情境，或专注于一般情况下过于笼统的情境，本研究情境介于二者之间，在研究范畴方面填补了现有研究的不足。

（3）本研究丰富了认知视角下员工个体失败学习行为形成机制，验证了多维的组织心理所有权和组织支持感在变革型领导与个体失败学习行为间的中介作用，与以往关注单个变量且单一维度的组织心理所有权对失败学习行为的影响相比（唐朝永等，2016），在研究内容和研究深度上进行了拓展和弥补；同时，将意义建构理论引入领导力和失败学习行为的研究中，为失败学习行为形成机制提供了新的理论依据。

4.5.3　管理实践启示

在企业管理实践过程中，领导力理论与组织学习理论备受推崇，有着广泛的应用。在以创新为主导的经营环境下，企业不得不面对更多的风险与不确定因素，创新失败已然成为企业必须面对的问题。因此，如何从创新失败中吸取经验教训从而持续保持竞争优势已成为当今企业领导工作的主要挑战和目标。本研究在上述背景下，围绕"领导行为如何有效促进员工失败学习行为"这一核心问题，提出变革型领导对员工失败学习行为的多层影响模型，运用科学、严谨的方法分析，研究结论能够从多方面为企业管理者帮助员工和企业在逆境中成长提供有益借鉴。具体实践意义如下：

第一，为管理者选择正确的领导行为提供理论指导。现阶段发展中，企业创新失败现象普遍存在，而失败中蕴藏的大量有价值的信息和知识可以为企业"东山再起"奠定基础。作为构成企业的基本单元，员工能否从失败中有效学习是企业未来发展成败的关键。本研究在构建创新失败情境的基础上，探寻变革型领导对员工失败学习行为的影响，具有重要的实践意义。研究结果表明，在创新失败情境下，变革型领导是企业员工失败学习行为的重要前因变量。该结论有助于管理者认识到变革行为的价值，并为其在员工心目中塑造的行为模式指明了方向。管理者需提高自身业务能力、学习能力、创新意识，树立业务过硬、学习过硬、思想过硬和形象过硬的口碑；将不同员工以及员工与企业之间汇聚成共同体，指明发展方向和工作意义；对员工在工作、职业、家庭和生活等方面进行全方位关怀；以德服人，运用权力之外的人格感染力让员工心悦诚服。同时，也更有利于企业人力资源部门建立、健全针对管理层变革行为的甄别机制与激励机制（如考核标准及评聘管理办法）。

第二，为管理者激励员工失败学习行为提供决策依据。研究揭示了组织支持感与组织心理所有权在单层变革型领导与员工失败学习行为关系间的中介作用。研究结论表明，领导在注重自身领导方式的同时，也要密切关注员工心理认知的变化，这将有助于企业制定相关制度、实施多种举措以提高组织支持感及组织心理所有权，通过在企业内营造真诚温暖的氛围、适当授权和强化自我认同等措施增强员工对企业的占有感，确保领导行为在向员工失败学习行为转化的过程中畅通无阻。

第三，管理者要尤为关注员工组织支持感，通过制定公平合理的分配制度、在物质和精神层面给予奖赏、鼓励员工间互帮互助等举措，让员工感受到来自企业多源且强烈的支持与帮助，从而更好地发挥变革型领导对员工失败学习行为的促进作用。

4.5.4 研究局限及未来研究展望

由于客观条件限制，本研究仍存在一定局限，需后续研究加以完善：

（1）本研究中的调研区域集中在深圳和珠海高新区，调研对象为高新技术企业，这降低了研究的外部效度，未来研究可选择更加广泛的区域及普通企业进行调研，以提高样本代表性。

（2）研究数据为截面数据，难以动态描述随着失败时间的推移变革型领导对员工失败学习行为影响的变化过程，未来研究可采用追踪研究法或实验研究法，以此来获得二者间的动态演变规律。

（3）本研究揭示了变革型领导对员工失败学习行为的作用机制，得出的结论仅仅是"冰山一角"，暗藏在二者间纷繁复杂的作用机制尚待深入而全面的探索，如变革型领导容易导致下属产生依赖性（Eisenbei et al., 2013）、员工较强的依赖性可能会抑制其失败学习行为等，变革型领导在其中的双面性有待探寻。另外，本研究的结论尚未考虑边界条件，未来研究可尝试纳入组织氛围、传统性等因素作为调节变量，明确结论的适用条件；同时，员工失败学习、团队失败学习和组织失败学习行为因其各自特点使得彼此间存在一定的差异（谢雅萍等，2016），变革型领导对三个不同层面失败学习行为的影响是否相同，以及三个层面间的演变机制等问题都是未来可研究的方向。

5 双层次变革型领导如何促进员工失败学习[*]

5.1 纵观全局:双层次变革型领导促进员工失败学习全景图

通过对现有文献的梳理,发现其中的不足之处以及未来具有价值的研究方向,结合社会认知理论、领导力理论、社会交换理论和组织学习理论,构建本研究的研究模型。

领导力理论中的多层次研究视角指出,领导行为可以分为两种类型,一类聚焦于团队,另一类聚焦于个体(Kark et al., 2002),且这两类行为均能够对个体某一状态或行为产生影响(Nielsen et al., 2012; Li et al., 2014)。例如,Li等(2014)发现,无论是个体导向还是团队导向的变革型领导,均能够同时正向影响个体知识分享。基于领导力理论的多层次分析视角,变革型领导可以分为指向团队的领导行为和指向个体的领导行为。在创新失败的情境下,双层次变革型领导(个体导向以及团队导向的变革型领导)在个体层面给予员工支持、关心并鼓励员工开拓创新,在团队层面,为团队成员树立榜样、激发其潜在动力、增进领导与成员间以及成员彼此间的互动与互助。根据现有失败学习行为的研究,双层次变革型领导的上述行为将会对员工失败学习行为产生影响。基于以上分析,本研究将在个体层面检验个体导向的变革型领导对员工失败学习行为的正向影响,在团队层面检验团队导向的变革型领导对员工失败学习行为的跨层次促进作用。

根据多层次领导力的相关研究,双层次变革型领导行为在团队层面和个体层面分别通过不同的路径对个体某一状态或行为产生影响(Nielsen et al., 2012; Li et al., 2014)。例如,Li等(2014)发现,个体导向的变革型领导通过领导—成员交换关系的中介作用正向影响个体知识分享,而团队导向的变革型领导则通过归属感、创新性以及公平感氛围等三条路径正向影响个体知识分享。这表明,双层次变革型领导与员工失败学习行为间可能存在多条影响路径。

---

[*] 本章内容部分源于《科研管理》2020第10期,第23-31页。卢艳秋,**庞立君(通讯作者)**,王向阳. 失败视角下变革型领导对员工创造力的影响。

5.1.1 个体层面组织支持感的中介作用

根据组织学习理论，失败学习行为并非易事，既需直面风险的勇气，又需破旧立新的智慧，这使得员工感受到来自组织多源的物质和精神支持——组织支持感变得尤为重要（Baumard et al., 2005；庞立君等，2018）。与组织和团队失败学习行为不同，个体失败学习行为更加强调学习主体的主观性，通过学习主体内心对学习意义的构建（Shepherd et al., 2011），继而产生学习行为，这往往是一个将外部刺激转变为内在认知，再到外在行为的过程（卢艳秋等，2018a）。变革型领导能够有效地影响企业员工的内在动机和外在行为，且已被多次证实是一种能够促进员工积极心理认知和组织公民行为的外在环境因素（Banks et al., 2016）。此外，社会认知理论中的一致性视角认为，个体行为、个体认知以及个体所处环境三者间相互影响，其中环境与个体行为的交互表明，环境能够对行为施加影响；个体认知与行为的交互表明，认知能够改变行为；环境与个体认知的交互表明，环境可以改变认知（Domino, 2015），在这一过程中，个体追求三者之间达到一种平衡、一致和协调的状态（马吟秋等，2017）。因此，在企业创新失败情境下，外部刺激（个体导向的变革型领导）、心理认知（组织支持感）与员工行为（员工失败学习行为）也将趋于一种平衡、一致和协调的状态。个体导向的变革型领导关心并帮助员工，同时鼓励开拓创新，这类领导者"急员工之所急，想员工之所想"，从而促进员工产生良好的心理认知（如形成组织支持感），而组织支持感又会激发为组织奉献的热情，促使员工积极投身到对组织有益的活动中（如开展失败学习活动）。此外，基于社会交换理论，员工的组织支持感容易受到个体导向的变革型领导影响，且组织支持感能够带来强烈的回报义务感（Rhoades et al., 2002），进而产生角色外行为，如员工失败学习行为等（唐朝永等，2014a）。另外，现有研究发现，变革型领导通过组织支持感增强员工对领导的信任，进而促进员工的组织公民行为（Bai et al., 2012），同样，组织支持感在变革型领导与工作满意度及工作绩效之间起着传导作用（黄俊等，2012）。因此，在变革型领导与员工行为二者关系之间，组织支持感起着重要的中介作用。

基于以上分析，本研究将检验个体导向的变革型领导对组织支持感和员工失败学习行为的正向影响，以及组织支持感对员工失败学习行为的正向影响，同时检验组织支持感在个体导向的变革型领导与员工失败学习行为间发挥的传导作用。

5.1.2 团队心理安全感的跨层次中介作用

源自社会认知的社会信息加工观点认为，环境中他人的重要行为线索会影响群体成员的共享规范、理念以及价值观的形成,继而对个体的态度和行为产生影响(刘萍等,2001;Salancik et al.,1978)。团队中的变革型领导具有强大的人格魅力,其言行往往会成为团队成员形成共享感知的重要外部线索(Jaiswal et al.,2015)。团队导向的变革型领导具有强大的人格魅力和愿景构建能力,其言行往往会成为团队成员形成共享感知(信念)的重要外部线索(Zhou et al.,2015;Jaiswal et al.,2015)。团队心理安全感作为团队成员所共有的一种人际信念,容易受到团队导向的变革型领导影响,同时这种基于成员间的坦诚和信任所营造的安全感能够减少员工失败学习过程中的风险,有助于员工失败学习行为的开展。基于以上分析,本研究将检验团队导向的变革型领导对团队心理安全感和员工失败学习行为的正向影响,以及团队心理安全感对员工失败学习行为的正向影响,同时检验团队心理安全感在团队导向的变革型领导与员工失败学习行为之间的跨层次中介作用。

5.1.3 传统性的调节作用

组织学习理论指出,个体失败学习行为受到自身因素差异的影响(Shepherd et al.,2010;Zhao,2011),在对员工失败学习行为形成机制进行探寻的同时,也需要考虑个体因素差异所发挥的调节作用,同时,领导力理论下的情境视角研究认为领导力效用的大小受到员工个体差异的影响。此外,Rousseau等学者(2001)指出,在不同国家开展学术研究时,需要尤为关注文化情境的作用。传统性是个体在传统儒家思想影响下所表现出来的认知态度、思想观念、价值取向、气质特征和行为意愿(杨国枢等,1989),既承载了文化因素,又体现了个体差异。具有不同传统性的员工遵从不同的行为规范,高传统性的员工尊重权威,以社会期许的角色定位支配自身行为,受领导方式的影响较小,同时他们不注重诱因——贡献平衡(inducement-contribution balance)的原则,反而更加强调权利与义务的不对等性。上述特征使得传统性在领导方式与员工行为间及心理认知因素与员工行为间均发挥着负向调节作用(Farh et al.,2007;彭伟等,2017;王海江等,2009;苏涛永等,2017;单红梅等,2017)。

基于以上分析,本研究将检验员工传统性在个体导向的变革型领导与员工失败学习行为间以及组织支持感与员工失败学习行为间发挥的负向调节作用。综上,本研究的理论研究模型见图5.1。

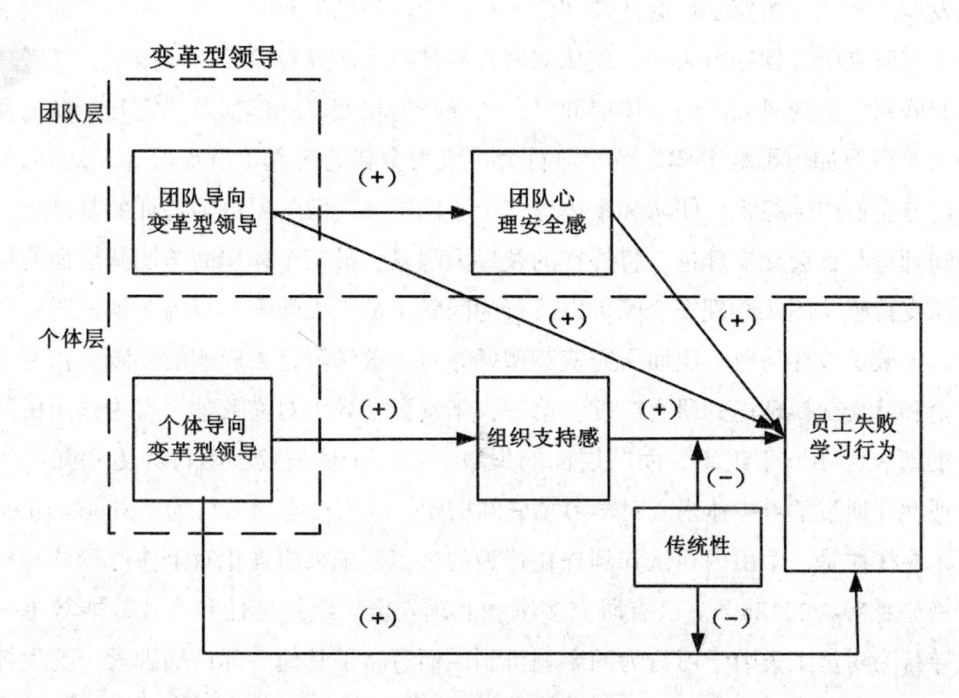

图5.1 研究模型

本研究的三个创新点：第一，以创新失败为切入点，推进多层次领导力理论与失败学习理论的融合与发展。当组织面临创新失败时，其内部的失败学习行为可以分别来自三个不同层面——组织失败学习、团队失败学习及个体失败学习（胡洪浩等，2011），现有研究大多将领导力理论应用于组织与团队层面，较少涉及个体层面（谢雅萍等，2016）。学者们虽然尝试从不同层面构建领导力与失败学习之间的关系模型，但由于未能构建合适的研究情境，研究仍聚焦于单一层面的领导行为、探讨单一的个体或群体领导行为对失败学习行为的影响（唐朝永等，2016；王端旭等，2015；Hirak et al.，2012）。根据多层次领导力理论，变革型领导不仅是个体层面现象，也是一种团队层面现象，其多层次构念可以通过个体因素与团队因素对个体变量产生影响（Kark et al.，2002）。本研究聚焦于组织创新失败情境下的员工失败学习行为，与以往或专注过于细化的情境，如新项目失败、新产品失败等，或专注过于笼统的情境不同，本研究的情境介于二者之间，研究对象由组织、团队转向员工，填补了现有文献研究范畴方面的不足。此外，在创新失败情境下，员工失败学习行为既会受到个体层面因素影响，也会受到创新团队层面因素的影响。根据这一特点，将双层次变革型领导应用于失败学习研究领域，建立更加完整的变革型领导对失败学习行为影响的多层次机制模型，同时将领导力与组织失败学习行为关系的研究深入到个体层面，完善了领导力对企业内不同层面学习行为的影响研究，也为员工失败学习行为形成机制提供了更为全面而系统的解释，从而推进多层次视角下领导力理论与失败学习理论的融合与发展。第二，拓宽了社会认知理论和社会交换理论的研究广度。在现有的组织和团队失败学习研究中，领导行为和心理认知因素都被视为研究对象的内部因素，二者之间容易建立起联系。但当研究转向个体层面时，领导行为将变成外部变量，它与个体内在心理认知的关系以及如何影响个体失败学习行为将成为全新的研究（卢艳秋等，2018a）。本研究在区分企业内部组织、团队和个体等三个不同层面失败学习行为特征的基础上，运用社会认知理论与社会交换理论，将外在的领导力因素、员工个体层面与团队层面的认知因素（组织支持感、团队心理安全感）以及行为因素（员工失败学习行为）纳入同一个分析框架中，突破了以往从单一层面研究变革型领导对失败学习行为影响的局限，拓宽了社会认知理论和社会交换理论的研究广度。第三，丰富了领导力对失败学习行为作用机制及边界条件的研究。不同于组织、团队层面的失败学习，个体失败学习行为更加强调学习主体的主观性，通过学习主体内心对学习意义的构建，继而产生学习行为（Shepherd et al., 2011），这往往是一个由内在认知到外在行为的过程，未来应强化对个体心理认知机制的研究（卢艳秋等，2018a）。已有研究多围绕心理安全、组织信任和自我效能等单一因素阐述领导行为对员工失败学习行为的影响机制，而忽略了其他心理认知因素可能发挥的中介作用。此外，在现有的组织及团队层面研究中，多结合组织失败学习行为和团队失败学习行为的特点——强调社会性和氛围（谢雅萍等，2016），选取个体外部因素如团队共享愿景（王重鸣等，2015）、失败友好环境（谢雅萍等，2016）等作为调节变量，而针对个体失败学习的特点，选取个体自身因素作为调节变量的研究偏少，结合中国文化背景探寻个体自身因素可能发挥的调节作用的研究则更加匮乏。本研究在运用相关理论的基础上，选取指向个体的组织支持感及指向团队的心理安全感探寻双层次变革型领导行为对员工失败学习的直接与跨层次影响机制，通过对不同层面影响机制的分析，丰富领导力对失败学习作用机制的研究内容。此外，本研究结合中国文化背景，探讨传统性在变革型领导对员工失败学习影响过程中发挥的调节作用，丰富了不同文化背景下领导行为与员工失败学习行为间的研究内容，同时也深化了在中国组织情境下本土文化因素对员工行为影响的理解。

5.2　持之有故：双层次变革型领导促进员工失败学习的理论推演

5.2.1　个体导向的变革型领导与员工失败学习行为

学者们普遍认为，个体导向的变革型领导行为主要有两个维度，其中包含智能激励及员工个性化关怀。结合失败情境下员工学习行为的特点，本研究认为，上述两个维度对员工失败学习行为均有促进作用，其原因如下：首先，基于组织学习过程视角，有学者将失败学习行为分为识别失败、分析失败和谨慎实验三个步骤（Edmondson，2011），而变革型领导的智能激发将会对这一过程产生影响。学者们发现失败学习受到来自组织、团队和个体层面等诸多因素的限制，其中，个体层面主要受到认知障碍的限制（胡洪浩等，2011）。在社会中，失败对个人的成长及发展的重要意义往往不被重视甚至被忽略，这也导致了对失败事件的检讨、自省和讨论会负面影响企业员工的自我意识、自尊及自我效能感（Cannon et al.，2001），容易造成员工对失败产生恐惧，使得失败无法被正确认识并往往被隐藏起来，难以探测，相关研究表明多数失败学习难以开展的原因就是难以探测失败学习事件（胡洪浩等，2011）。其次，个体导向的变革型领导的智能激发能够鼓励员工不断尝试和拼搏，提升了员工完成工作任务的信心，而随着工作信心的增强，员工的自我效能感也逐渐强大，进而形成有效的正面激励，对员工的行为取向产生更为积极、正向的影响，鼓舞并强化员工能够勇于承担失败的责任与后果。此外，自我效能感是个体针对某一特定的情境对自己能够取得成功的信念，即"我能行"，此种信念对员工的自我激励及积极情感具有重要作用，能够进一步增强员工的识别能力，有助于快速识别失败。探明失败原因是失败学习过程中非常关键的一个环节，由于创新是对未知领域的探寻，其失败原因往往更加错综复杂和扑朔迷离，这使得在探寻创新失败原因时需要员工有创新性及批判性思维，并具有独立思考能力和较强的专业能力，从而对失败的根源进行深入分析，并从多角度、多方面反思、寻找解决问题的方案。变革型领导的智能激发行为给予员工充分的思考空间，蕴藏着领导者对员工拼搏和勇于创新的鼓励，进而不断地向员工灌输新观念、增强员工好奇心，促使其发挥想象力（陈晨等，2015），鼓励员工以创新性思维和批判性思维解决工作中存在的问题，这些操作将会增强员工的认知能力，培养其独立分析问题和解决棘手问题的能力（Dong et al.，2017），激励员工对企业内部发生的失败事件进行学习，对失败原因进行深入分析，并在此基础上，通过系统性的试验，获取具有价值的知识，从而提升竞争力。此外，作为团队内有效的行动指导者，个体导向的变革型领导者注重对员工进行个性化关怀和帮助，并可以根据员工差异化特征给予个性化的指导，强化员工心理素质，帮助员工克服负面情绪、忧伤及自我恐惧感并树立直面困难的勇气和信心。同时，在变革型领导给予员工帮助及支持的过程中，随着领导者与员工互动的增加，双方心理距离的逐渐缩小，员工对领导者的信任也随之增强，进而形成个体心理安全感，这将使得员工能够以积极的心态和行为面对工作中遇到的困难或失败，敢于且乐于承担风险。由于中国传统文化的影响，人们往往以成败论英雄——成王败寇，这使得员工往往存在较强的反失败偏见，在面对失败时他们内心会产生排斥感和巨大的压力，谈败色变已成为多数企业员工不争的事实，而上述积极的心态能够减缓员工内心的压力与焦虑，帮助他们大胆指出失败事件，进行"批评与自我批评"式学习，深入剖析失败的原因。在实操和专业技能方面，变革型领导通过培训、指导和亲授等方式提高员工实操技能，帮助员工获取相关的专业知识、提升辨识和分析问题的能力，尤其是此类领导者能够根据每位员工自身的实际需求情况给予针对性的帮助与指导，这将非常有利于员工及早发现工作中潜在或已经发生的问题，并能通过专业知识和技能予以解决。因此个体导向的变革型领导的智能激励和个性化关怀两个维度将分别通过消除认知障碍、开拓思维、提升分析问题能力与技能、强化心理素质等方面作用于员工失败学习行为，上述影响机理如图5.2所示。

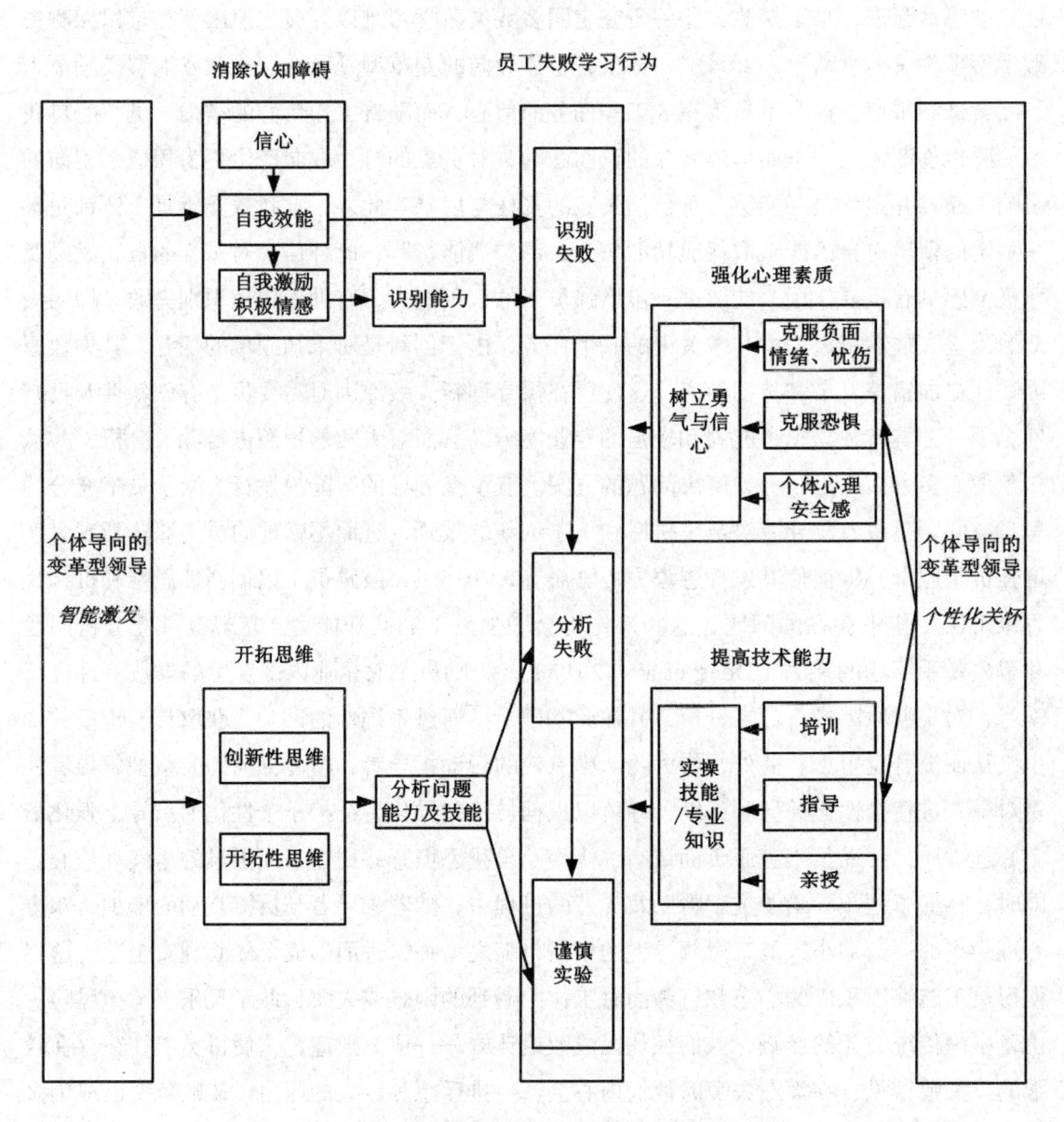

图5.2 个体导向的变革型领导与员工失败学习行为的关系

基于以上分析，本研究提出如下假设：

H₁：在创新失败情境下，个体导向的变革型领导对员工失败学习行为产生显著的正向影响。

5.2.2 团队导向的变革型领导与员工失败学习行为

在企业创新失败情境下，失败事件带给团队成员打击的同时，也蕴藏了大量富有价值的知识和信息，能够指引团队再次走向成功（Ucbasaran et al.，2010）。因此，鼓励团队成员走出失败的阴影、从失败中汲取经验教训往往成为团队领导的主要任务。团队导向的变革型领导具有独特的领导魅力，他们能够以身作则，向团队成员传递一种坚强、勇敢、自信等积极向上的工作态度，同时，变革型领导具有高超的业务水平和良好的道德品质，这种将才与德完美结合的领导者会成为员工竞相学习的榜样，让员工心悦诚服，并产生对领导者的尊敬和崇拜之情，这种感情会增强员工对领导的信任感，激励员工积极地投入到领导者所倡导的有益于企业的活动中。

此外，变革型领导通过向团队成员构建并阐释美好的愿景，传递高层次成就和价值观，点燃工作热情，对工作赋予更多的内在价值，促进团队成员产生更高的工作动机，逐渐将集体目标内化为团队成员的个人目标，使其认同企业目标，能够深刻体会到要想实现个人目标，其基本前提是首先要实现企业目标，企业成败与个人前途紧密相关，进而促使团队成员以集体利益视角看待工作任务，将集体利益置于个人利益之上，从而激励下属超越个体需求，为集体的利益无私奉献，最终表现出更多的组织公民行为（吴志明等，2007），在创新失败情境下，团队成员在认同感和无私奉献精神的影响下将"视失败为己任"，积极开展失败学习活动。另外，变革型领导往往借助高绩效期望向团队成员提出较高的绩效指标要求，以期打造团队的工作卓越和绩效优秀的形象。在企业创新失败的情境下，现实结果与预期的高绩效存在较大差距，为了实现和维持高绩效团队形象，团队成员唯有对失败事件进行深入分析，挖掘差距出现的原因并积极寻求解决方案。最后，组织内的学习具有一定的社会属性，失败中的员工学习行为更是如此，团队内部人际氛围和关系状态成为失败学习行为的主要影响因素（Edmondson，1999；Cannon et al，2001），指向团队的变革型领导强调团队成员之间的交流与合作，在团队内部建立互助、轻松和相互信任的氛围，从而形成良好的人际互动和人际关系，促进团队成员从失败中有效学习。因此，团队导向的变革型领导的领导魅力、愿景激励、高绩效期望与团队协作等维度分别通过学习榜样的建立、领导信任的建立、组织认同继而无私为企业奉献、维持高绩效形象、互助互信良好氛围的营造、良好的人际交流与互动等路径正向影响企业创新失败情境下的员工失败学习行为，其影响机理如图5.3所示。

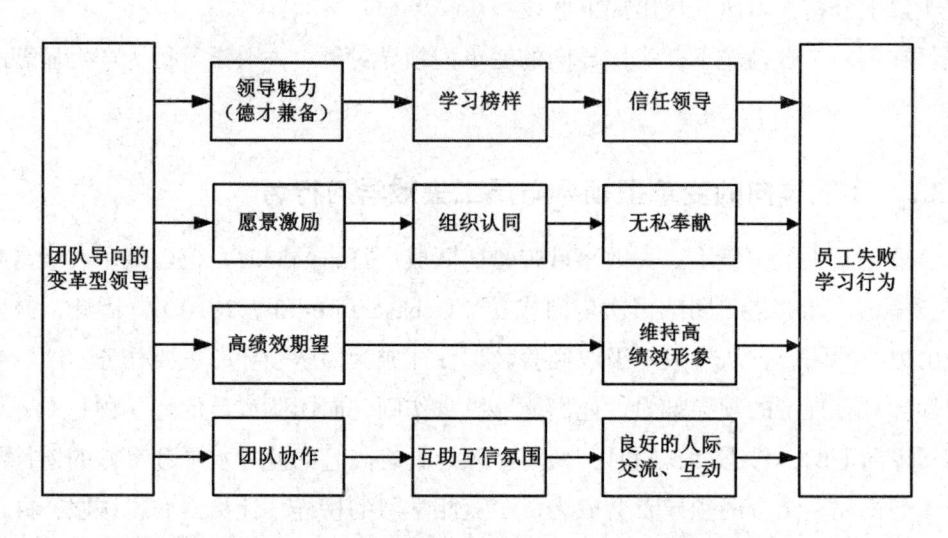

图5.3 团队导向的变革型领导与员工失败学习行为的关系

基于以上分析，本研究提出如下假设：

H2：在创新失败情境下，团队导向的变革型领导对员工失败学习行为具有正向影响，且该影响显著。

5.2.3 个体导向的变革型领导与组织支持感

Rhoades等（2002）利用元分析法提炼出组织支持感的三个重要前置变量——企业奖赏及工作条件、公正的程序和来自上级的支持。企业的各种奖赏诸如薪酬增加、职位提升、职业生涯发展和培训指导等（Kraimer et al., 2011），具有较强的工作自主性、针对挑战任务充分授权等工作条件对组织支持感均有显著的正向影响（Baranik et al., 2010）。程序公平包括结构性和社会性两种类型，如在决策过程中听取员工心声、全员参与等结构性的程序公平以及在资源分配过程中对员工的尊重、信任等社会性的程序公平皆会对员工组织支持感产生影响（Baranik et al., 2010）。基于组织拟人化视角，员工会将人类的某些特质赋予组织，并将企业的代理人——领导者对自己支持与否当做企业行为，进而产生组织支持感（Baranik et al., 2010）。根据现有研究，个体导向的变革型领导对上述三个前置变量均有促进作用。首先，变革型领导通过对员工的个性化关怀，一方面在工作上给予员工帮助、耐心教导，为其答疑解惑，创造良好的工作环境和条件，让员工充分发挥自己的特长及才能，关心员工成长，为其谋划职业发展规划；另一方面，通过经常与员工沟通了解其家庭生活情况，帮助员工解决家庭生活中的困难，如提供必要的物质保障、促进人格成长等，让员工切实感受到源于企业的关心和丰厚的奖赏。其次，变革型领导的智能激发维度表明，此类领导者具有较强的创新意识且拥有激发员工内在动力和认同感的能力。在管理过程中，他们摒弃了行政命令、绝对服从以及严格把控的传统领导方式，而是转向了弱化监管和控制、赋予员工更多自主权、营造轻松和自由创新环境的领导方式，从而使员工感受到人性化的工作氛围。另外，通过智能激发过程中的充分授权、全员参与和群策群力以及在个性化关怀过程中的真诚沟通与互帮互助，变革型领导也更容易与员工之间建立平等互信和认同感（Duan et al., 2016），从而使员工感受到企业内的公正程序。最后，变革型领导对员工的帮助和支持都会被员工视为组织支持的表现（Eisenberger et al., 2002），相关实证研究也表明，变革型领导对员工组织支持感产生正向影响（卢艳秋等，2018）。个体导向的变革型领导对员工组织支持感的影响机理如图5.4所示。

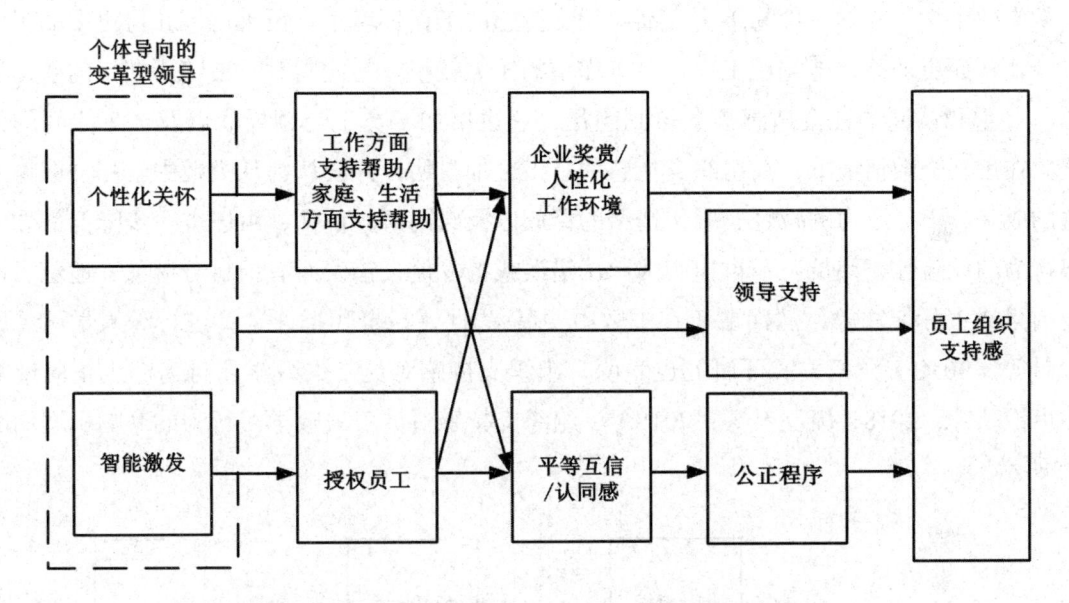

图5.4 个体导向的变革型领导与员工组织支持感的关系

基于以上分析，本研究提出如下假设：

H_3：个体导向的变革型领导行为正向影响组织支持感，且该影响显著。

5.2.4 组织支持感与员工失败学习行为

根据组织学习理论，组织中的学习可能来自组织、团队和个体三个不同层面。作为一种特殊情境下的组织学习，失败学习也遵循上述规律。与强调成员互动性的团队失败学习行为和强调外在氛围的组织失败学习行为不同，个体层面的失败学习行为更加强调学习者内心的思考与顿悟，是学习主体对学习意义进行构建的过程（Shepherd et al., 2011）。因此，个体的内在认知因素将会对员工失败学习行为产生重要的影响。作为关键的心理认知因素，组织支持感能够使员工心怀组织、树立帮助组织实现目标的责任意识，进而改变其自身工作状态，产生更多角色外行为（Rhoades et al.，2002）。员工将来自组织多源（组织、领导和同事）的支持信息进行解释与加工，形成组织关心自己的认知，增强了"我受益，我应该回报企业"的责任感，逐渐形成对企业的情感承诺，并积极地投身于对企业有利的角色外行为中以帮助企业实现目标。当企业面临困境时，员工所感知到的组织支持感越高，越容易否定自己与企业之间是单纯的"交易型"关系，而是站在企业的立场思考问题，不计个人得失，尽全力帮助企业渡过难关。在创新失败情境下，员工感受到的组织支持将激发其责任感，而此时回报企业最直接的方式即是失败学习。失败学习行为包括分享失败事件、探寻失败根源、反思失败原因、纠正错误行为以及重新审视企业行为规范与员工行为的匹配程度等（庞立君等，2018）。失败学习行为具有一定的风险性，这也使得员工从失败中学习并非一件易事。在高组织支持感的工作环境中，员工可以获得更多的工作资源，从而更加高效地完成工作，且工作中的压力较小。与此同时，员工所期待的获得关心、尊重和认同的社会情感需求得到满足，这也增加了员工与领导间以及员工之间的信任。在创新失败情境下，高组织支持感的员工更加自信，并会认为从失败中学习会取得有益的成果，工作压力的减轻、紧张情绪的释放以及对同事的信任，可以进一步降低失败学习行为的风险性，使员工不再担心因承认错误或揭发他人错误而有损自身形象、地位、职业前景或人际交往等，从而敢于在失败中开展"批评与自我批评"，进行深入学习（庞立君等，2018），相关实证研究也表明，组织支持感对员工失败学习行为产生正向影响（卢艳秋等，2018；庞立君等，2018）。组织支持感对员工失败学习行为的影响机理如图5.5所示。

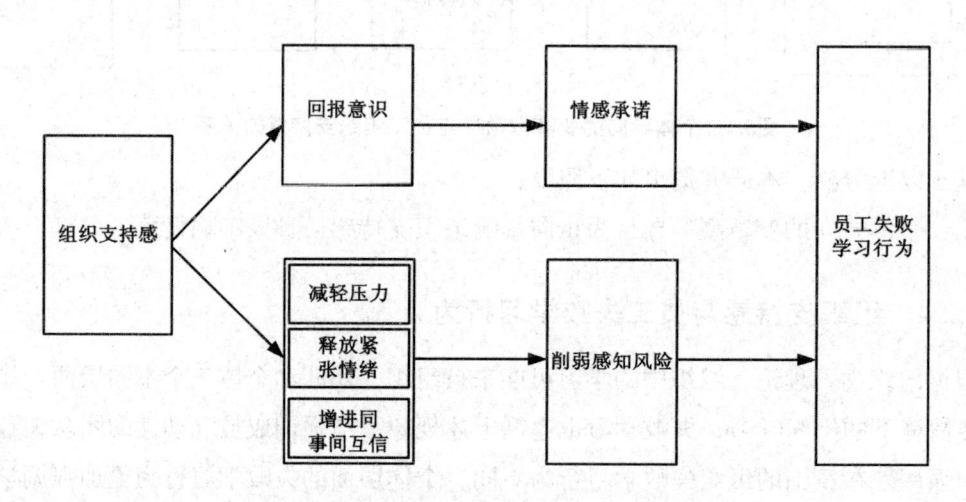

图5.5 组织支持感与员工失败学习行为的关系

基于以上分析，本研究提出如下假设：

H_4：组织支持感对员工失败学习产生显著的正向影响。

5.2.5 组织支持感在个体层面主效应间的中介作用

基于社会认知理论中的一致性视角，外部刺激会引发个体认知，而个体认知又会诱发个体行为，从而形成了外部刺激——个体认知——个体行为这一逻辑链条，且在此链条中，个体追求三者间达到一种平衡、一致和协调的状态，即积极的外部刺激能够唤起良好的认知继而引发积极的行为，反之亦然。在创新失败情境下，个体导向的变革型领导在工作和生活方面给予员工支持和帮助，并不断鼓励员工打破既有惯例，拓展创新思路并深挖自身巨大的潜能，此类型的变革型领导向员工传递了积极的外部刺激信息，员工也会受其影响而在内心产生正向的认识。组织支持感反映了组织重视员工的贡献以及关注员工福利的程度。从某种意义上讲，组织支持感代表了组织对员工的承诺，是员工对外部刺激加工后所形成的一种正向认知变量。因此，个体导向的变革型领导能够促进组织支持感。当员工感受到组织关心、支持与帮助自己时，员工会支持组织并参与到对组织有益的活动中，进而产生积极行为。在创新失败情境下，员工的这种积极行为具体表现为员工失败学习行为。此外，基于社会交换理论，交换双方存在一种互惠责任，即一方施惠于另一方后，受惠者将会感觉有责任在未来的某个时间以某种形式来回报施惠者，组织支持感在变革型领导与员工失败学习行为间发挥的中介作用正是在互惠过程中实现的。变革型领导对员工的关怀、尊重、授权和激励都被员工视为来自组织的支持，并渐渐内化为感知，形成组织支持感，进而产生强烈的回报责任感。在这种回报意识下，员工的自主学习动机、工作热情以及对组织的信任和承诺得到提升并最终在其工作行为上（如积极地开展失败学习活动以提升绩效）得以体现。这种"我受益，我应该"的认知将变革型领导与员工失败学习行为紧密地连接在一起，相关实证研究也表明，变革型领导通过组织支持感正向影响员工的角色外行为（刘璞，2008；卢艳秋等，2018a；）。因此，本研究提出如下假设：

H_5：组织支持感在个体导向的变革型领导和员工失败学习行为之间具有中介作用。

5.2.6 团队导向的变革型领导与团队心理安全感

团队导向的变革型领导强调整体性和一致性，即领导者将所有团队成员看作一个整体，领导力一视同仁地惠及至团队中的每一位成员，注重团队成员共享的氛围以及能够转变成员价值观并鼓励成员追求集体愿景的行为（Chen et al., 2007）。在社会信息加工视角下，团队成员受到团队领导的言行影响，明确在团队内何种观念和言行是可以被接受和期望的，进而形成团队一致的信念和言行规范（Zhou et al., 2015）。基于这一观点，团队导向的变革型领导将对团队心理安全感产生影响。首先，团队导向的变革型领导会向成员清晰描述愿景，激励团队成员牺牲小我需求，维护集体利益，为实现集体的目标无私奉献。团队成员对现有和未来的工作任务有共同的、清晰的理解（Zhang et al., 2011），并形成共同的心智模式——为实现集体目标（愿景）而不懈努力。当面对创新失败时，团队内这种共同的心智模式会使团队成员有着失败事件阻碍了共同目标实现的意识，并认为每个人都应该也都愿意尽全力去清除障碍。而在这一过程中，团队成员完全不必担心可能遭受来自团队中其他成员的敌视或报复性行为，共同的心智模式能够让这种意识遍及团队中的每个成员，即形成团队心理安全感。另外，因其自身强大的人格魅力，变革型领导往往会成为团队成员学习的榜样。变革型领导积极、乐观，技艺高超且平易近人，这些特质减少了领导者与成员之间的距离，加深了成员对领导者的感情及信任。与此同时，变革型领导强调团队间的交流与合作，倡导团队精神，即在团队内部互帮互助、取长补短。这一举措无疑增加了成员间的互动和了解，也进一步增进了成员之间的友谊和信任。团队成员对领导的信任和成员间的彼此信任是构成团队心理安全感的基石（Edmondson, 1999）。此外，变革型领导往往制定相对高的绩效期望，并通过以身作则及真诚沟通的方式使团队成员意识到目标的可实现性。在实现目标的过程中，同时受到高团队绩效期望的激励及变革型领导真诚的影响，团队成员会将内心真实想法表达出来，从而有助于营造团队内的心理安全氛围。团队导向的变革型领导对团队心理安全感的影响机理如图5.6所示。

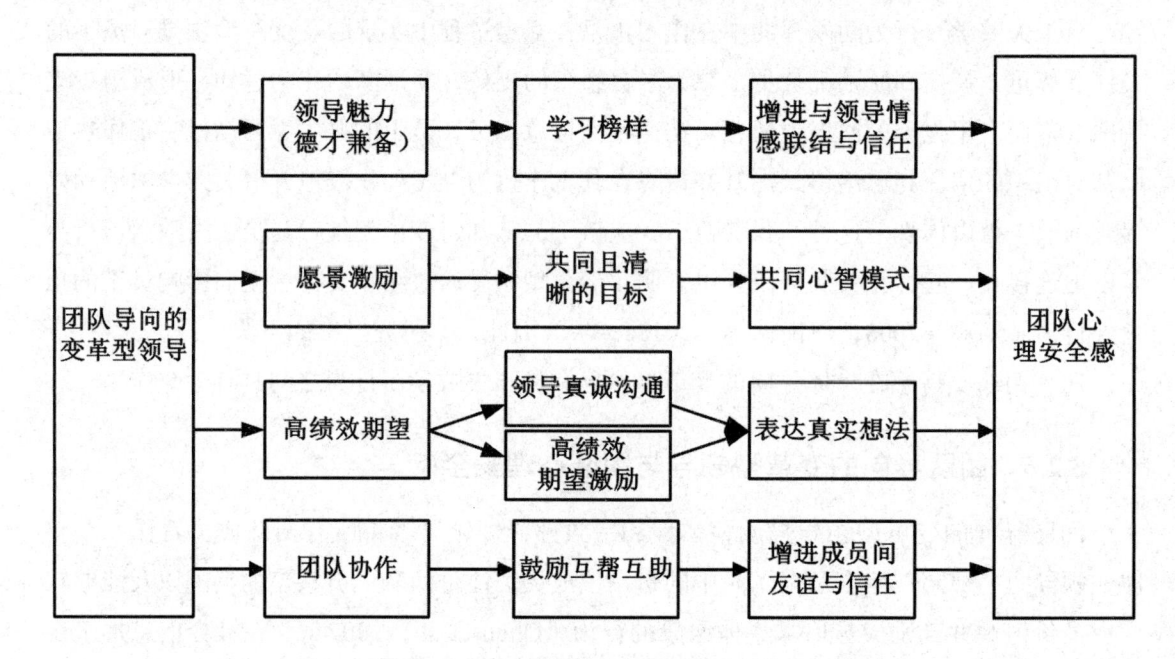

图5.6 团队导向的变革型领导与团队心理安全感的关系

基于以上分析，本研究提出如下假设：

H_6：在创新失败情境下，团队导向的变革型领导对团队心理安全感产生显著的正向影响。

5.2.7 团队心理安全感与员工失败学习行为

现有研究表明，作为一种特殊的学习方式，失败学习行为在保留传统学习方式的内涵，即积累和增长知识的同时（杜维等，2015），也衍生出新的特征，如风险性等（庞立君等，2018）。风险性主要体现在学习过程中的诸多方面，如在失败学习的源头——识别失败的过程中，鉴于现有大多数企业"奖励成功，惩罚失败"的政策以及社会中存在的对失败的偏见，当事人（因自身犯错而导致失败的员工）因担心承认错误会有损自身形象、地位以及职业前景等，往往选择缄口莫言。在探寻失败深层次原因阶段，团队成员会担心因揭发他人错误或与他人进行激烈争论而破坏良好的人际关系，这也常常导致对失败原因的分析流于表面，浅尝辄止。而在创新失败的情境下，由于失败的概率较高且失败原因存在一定的隐蔽性和复杂性，员工失败学习行为所要承担的风险更加突出，这些都成了限制从失败中进行有效学习的主要因素。团队心理安全感建立在团队成员之间互助、尊重和信任的基础上，为团队成员营造一种轻松和安全的氛围，使其可以自由地表达个人观点甚至检讨曾经犯过的错误，也能够直言不讳地指出其他成员存在的问题，而不用惧怕因此招致团队的惩罚或其他成员的敌视（Edmondson，1999；Hirak et al.，2012）。基于组织学习的知识管理视角，失败中蕴藏着大量有价值的知识，失败学习（探测失败、分析失败和谨慎实验）的实质是对失败中富有价值的知识进行知识源识别、获取、消化和融合的过程。在相对高团队心理安全感的氛围中，员工失败学习行为的风险性能够得到有效抑制，这有助于团队成员在轻松的环境中谈论失败事件，可以就失败事件进行正常交流，共吐"心声"。此类团队交流中通常暗含着系统且有深度的思考，是非显性知识的聚集，通过对他人隐性知识"轻而易举"的获得，可以将暗藏于失败中的极富价值的知识进行甄别、获得、消化吸收和融会贯通的应用，最终实现员工失败学习行为。现有研究表明，团队心理安全感能够有效促进个体的知识共享行为（郝萌等，2015；）。此外，已有多位学者对团队心理安全感与团队失败学习行为的关系进行了分析，如，Edmondson（1999）选取医院的护士团队作为样本，通过研究发现，在一个轻松、安全的团队氛围中，团队成员能够汇报更多的错误。在之后的研究中，Tucker等（2003）进一步证实了上述结论，他们在对9家医院的26名护士进行深度访谈时发现，失败学习行为的前提条件是员工不用担心因讨论失败而受到组织不公正的对待和惩罚。只有在感知到较高的团队心理安全感时，团队成员才会对过去发生的失败事件进行深入分析，从而提高绩效（Hirak et al.，2012）。团队心理安全感对员工失败学习行为的影响机理如图5.7所示。

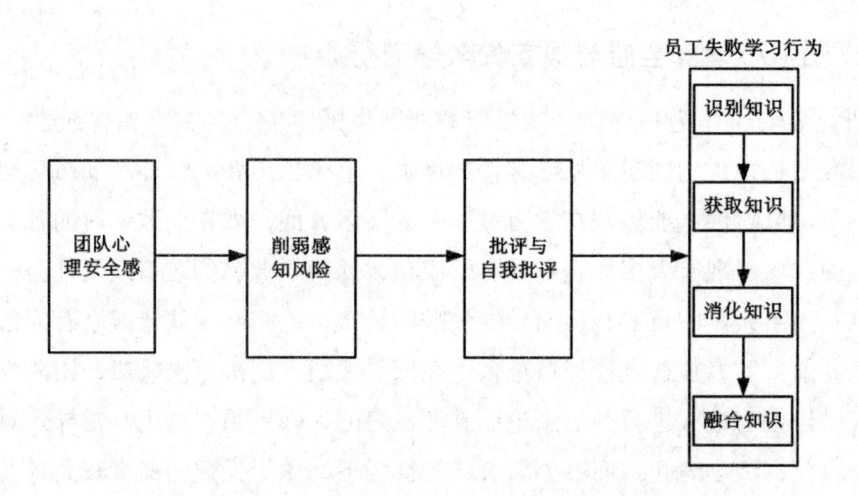

图5.7　团队心理安全感与员工失败学习行为的关系

基于以上分析，本研究提出如下假设：

H₇：在创新失败情境下，团队心理安全感对员工失败学习行为产生显著的跨层次正向影响。

5.2.8　团队心理安全感在跨层次主效应间的中介作用

在社会信息加工视角下，领导者提供的外部线索能够影响员工对所在群体的规范和观念的感知，继而影响员工行为。团队导向的变革型领导通过阐明愿景、团队合作、榜样示范与提出高绩效期望等行为，向团队成员构建了一个美好愿景并提出了高绩效期望，进而将组织目标与个体目标紧密相连，并通过以身作则、身先士卒及促进团队合作等方式，使得团队成员切实感受到团队内的互助、友好和信任的氛围，进而形成团队心理安全的共享信念。在这一信念影响下，通过有效抑制失败学习过程中的风险，团队成员将失败中富有价值的知识进行识别、获取、消化和融合，进而促进失败学习行为。此外，已有研究证实，团队中的变革型领导通过心理安全氛围间接影响成员行为（Zhou et al., 2015）。

基于以上分析，本研究提出如下假设：

H₈：团队导向的变革型领导通过团队心理安全感的中介作用对成员的失败学习行为产生影响。

5.2.9　传统性在个体层面主效应间的调节作用

从西方传播过来的管理理论不可能完全适用于中国具有浓厚文化底蕴及特色的情境，因此，学者们开始逐步探索西方企业管理思想的中国化过程（乔东，2015）。在这一过程中，东西方文化的差异发挥着重要作用。正如Rousseau等学者（2001）的观点，在对不同国家进行分析时，要尤为注重文化情境对同一理论构念的影响。在过去数十年里，伴随着改革开放的步伐，中国由计划经济逐步迈向了市场经济，人们的价值观也随之发生巨大变化（Ahlstrom et al., 2007）。但是，传统文化对中国人的影响仍旧广泛而深远，尤其在人格塑造、态度形成和行为举止方面的影响较强（Ping et al, 2003）。在描述中国传统文化背景下个体价值取向的概念中，传统性具有良好的代表性，已被学者们广泛地应用于组织行为研究领域。在创新失败情境下，具有不同文化价值取向的员工遵循不同的行为规范，这可能导致相关的影响因素对员工失败学习行为的作用效果产生显著差异。因此，本研究将传统性引入到失败学习研究范畴之中，试图揭示双层次变革型领导对员工失败学习行为影响过程中的边界条件，进而深入了解员工失败学习行为。具体而言，本研究将分别对传统性在两对关系（个体导向的变革型领导——员工失败学习行为与组织支持感——员工失败学习行为）中的调节作用进行详细论述。

在传统性影响下，个体往往会遵循国家传统文化的行为要求及规范逐渐形成个人的信念与认知、为人处世态度、价值观与思想观念、气质特征及行为模式等，具体表现包括：服从权威、孝顺长辈、尊重祖先、安分守己、宿命自保以及男者优越等六个方面（杨国枢等, 1989）。其中，服从权威一直被视为传统性的中心要素，并与其他四个要素密切相关。Yang（1993）的研究对遵从权威进行了进一步阐述，他指出，传统性按照传统儒家思想中提出的五伦观点（君臣、父子、夫妇、兄弟、朋友）来界定一个人的社会等级及其应承担的社会角色义务，但并不宣扬角色间的义务与权利对等，反而强调在义务与权利不对等的情况下，权利小的人承担更大的义务，应牺牲个人利益换取集体利益，从而维护等级体系的稳固。这一思想在领导者与员工关系间有着明显体现，如，上下级的权力是明显不对等的，上级可以随心所愿发挥其影响而不用太多地考虑角色规范的约束，相反地，下属必须严格遵守"位卑"的角色规范，顺从、尊敬以及追随领导（洪雁, 2012）。高传统性的员工恪守传统价值观念，对这种不对等的关系十分认可，他们认为，领导者与员工之间是上级与下级、领导与被领导的关系，下级要绝对服从上级的指示，竭尽全力地完成工作任务，为企业发展出谋献策并将上述内容视为自己的角色职责。在企业中，此类员工的行为较少受领导管理方式的影响，而主要受到个人所理解的角色职责及角色义务的影响与支配（Farh et al., 2007）。低传统性的员工则刚好相反，他们的传统价值观念淡薄，且行为主要受现代市场经济中的互惠原则影响，较少受到自身角色义务的影响。具体到变革型领导与员工失败学习行为关系中，在企业创新失败情境下，高传统性员工受到个体导向的变革型领导行为（智能激发与个性化关怀）影响较小，不论领导者变革行为的程度强烈与否，员工失败学习行为随之变化的幅度不大。而对于低传统性的员工，当个体导向的变革型领导营造了更加良好的工作氛围、给予员工更多的鼓励和权利并提供更多帮助时，基于互惠平衡原则，此类员工会积极地参与到对企业有益的活动中（如失败学习行为）以此回报企业，而当领导者变革行为程度较弱时，其从事失败学习行为的意愿也随之大幅度削减。此外，单红梅等（2017）研究发现，传统性在变革型领导与员工组织公民行为间具有负向调节作用。

基于以上分析，本研究提出如下假设：

H$_9$：传统性在个体导向的变革型领导与员工失败学习行为间具有负向调节作用，即员工传统性越低，个体导向的变革型领导对员工失败学习行为的促进作用越强。

5.2.10　传统性在组织支持感与员工失败学习行为间的调节作用

已有研究表明，传统性是相同情境下员工行为差异的重要调节变量，其主要原因在于，高传统性员工与低传统性员工在行为准则方面存在一定的差异（周浩等，2012）。高传统性员工往往更容易倾向于遵循传统性的社会角色义务（social role obligation）观念，而低传统性员工则更容易秉承诱因——贡献平衡（inducement-contribution balance）的规则（Farh et al.，2007）。根据社会交换理论，遵循诱因——贡献平衡的个体注重在交换过程中双方对等的责任和义务，即交换一方的行为对另一方而言是有益的，并且有益行为是相互的，当一方做出利于另一方的行为后，受惠者就需要主动去履行回报义务，当互惠性原则被破坏或者遭到违反时，交换自行中止，有时候甚至会产生激烈的冲突。低传统性的员工与企业互动的过程主要基于双方的社会交换关系，即企业如何对待我，我便如何对待企业（张征等，2017）。由此可见，作为员工对企业如何对待自己的综合评价，组织支持感将会对低传统性员工行为产生强烈影响。当组织支持感较高时，低传统性员工会用积极的热情及行为回报企业，尤其在企业处于危难时，他们能够将这份热情投入"救企业于水火"之中，并积极开展有益于企业的活动，如失败学习行为等。而当组织支持感较低时，此类员工回报企业的热情削减，参与对企业有益的活动也随之减少。相对而言，组织支持感对高传统性员工行为的影响程度较弱。高传统性员工的社会角色义务原则重点强调企业、领导与员工之间权力与责任的不平等。员工拥有较小的权力却要承担较大的责任，这使得高传统性员工普遍接受企业利益远在个人利益之上的观点，且为企业利益可以牺牲自己的利益，不论企业如何对待自己，高传统性员工都会自觉地遵守规章制度。因此，在创新失败情境下，高传统性员工的学习行为不会随着组织支持感的变化而发生较大波动。已有多篇文献证实了传统性具有与上述论述类似的调节作用，如传统性在领导成员交换与下属组织公民行为间具有负向调节作用（Hui et al.，2007）；传统性在组织公正和支持与员工承诺、组织公民行为之间具有负向调节作用（Farh et al.，1997；Farh et al.，2007）；传统性在组织成员交换与中层管理者情感承诺及工作绩效间具有负向调节作用（Zhang et al., 2014）。

基于以上分析，本研究提出如下假设：

H_{10}：传统性在组织支持感与员工失败学习行为间具有负向调节作用，即员工传统性越低，组织支持感对员工失败学习行为的促进作用越强。

5.3 目量意营：双层次变革型领导促进员工失败学习的研究方案设计

本节重点介绍该章所使用的研究方法，并对本研究所涉及的相关构念进行操作化定义。具体研究设计包括两部分。第一部分，通过问卷调研获取数据，具体包括：问卷设计、样本选择和数据收集。第二部分，对本研究的核心变量进行操作化界定，确定测量量表，具体包括：确定双层次变革型领导、组织支持感、团队心理安全感、员工失败学习行为和传统性等变量的测量量表。

5.3.1 问卷设计

本研究严格按照上述原则开展问卷设计工作。首先，围绕创新失败情境下双层次变革型领导对员工失败学习行为的影响机制这一研究主题，选取双层次变革型领导、组织支持感、团队心理安全感、员工失败学习行为和传统性等变量进行问卷设计。其次，按照问卷说明（包括问候语、研究目的和填写说明等）、主体部分（包括五个核心变量的测量题项）和背景部分（包括被调研者的性别、年龄等人口统计变量以及被调研者所在公司的基本情况）的先后顺序进行问卷编排，确保问卷结构合理。此外，为确保问题的明确性和非诱导性，本研究系统梳理了五个核心变量构念及测量量表的相关研究成果，根据研究情境相似、概念内涵相同、使用时间较长、使用范围较广及使用频率较高的选择标准，确定研究变量的测量量表，运用Brislin的标准方法对源于国外的英文量表进行翻译和回译，并形成初始问卷。邀请组织2位学习领域内的专家和5位企业管理人员，对问卷在设计结构、内容、表述等方面进行全面审核，结合修改建议，对问卷进行第一轮修改。随后，选取8家企业进行小样本预调研，根据调研反馈的建议，对问卷中存在的细节问题进行进一步修正，最终形成正式调查问卷，详见附录6。

5.3.2 样本选取

基于创新失败情境，本研究选择高科技企业作为实证研究对象，主要原因为：与传统企业相比，高科技企业需要不断创新，在产品研发、市场创新与管理创新等过程中面临更多失败（黄海艳等，2016）。因此，将高科技企业作为研究对象既便于研究主题的开展，又具有较大的实践价值。样本选取位于广东省广州市、深圳市和珠海市国家高新技术产业开发区内的多家高新技术企业，主要原因为：长期以来，广东省一直是全国创新最活跃的省份之一，在2016年广东省社会科学院与南方报业传媒集团共同发布的《中国城市创新指数》中，广州市、深圳市和珠海市以企业创新为主导的城市创新模式为特色，走在广东省乃至全国的创新前列（以科技研发与产业化两项指标计算，深圳市、珠海市和广州市分别位列全国第二名、第五名与第十二名，分别位列广东省前三名），因此，三地高科技企业创新对于其他地区具有一定的示范效应，在一定时期内，会形成趋同态势。选择广州市、深圳市和珠海市的高新企业作为研究样本，既便于失败学习主题的开展，又具有一定的代表性。此外，考虑到失败学习受到诸如失败来源（source）和失败强度（magnitude）等情境特征的影响（Cannon et al.，2001），本研究的企业创新失败情境主要为：第一，失败经验源于企业内部。被调研企业在近两年内发生过创新失败事件，包括新产品或新工艺研发失败、新市场开拓失败、原材料新供应源获取失败或组织形式变革失败。将失败事件的时限限定为两年，既考虑到研究的时效性，同时也方便被调查者提取记忆信息，进一步确保调查问卷信息的真实性和准确性。第二，失败强度适中。失败事件使企业蒙受一定的经济损失，能够引发员工关注并被记忆，失败强度适中——失败既非微不足道，又不至于对企业造成致命打击。根据上述标准，通过与企业高层及基层的访谈，最终选定36家企业进行调研。鉴于团队心理安全感与组织支持感在不同企业间的多样性（卢艳秋等，2018a），访谈也获取了各个企业在上述两个主题建设的方式、效果以及共同特征等方面的信息，经过研究发现：在团队心理安全感建设过程中，上述企业中的团队会努力营造互帮互助的氛围使团队成员之间相互交流，促使成员间相互包容，建立信任并允许团队内有不同的声音等；在组织支持感建设过程中，上述企业尽力给予员工全方位支持，从企业、领导支持到同事互助，从物质支持到精神鼓励等。为避免同源偏差，本研究采用领导—员工配对问卷进行调研。领导问卷包括团队成员失败学习行为、团队规模以及公司的基本信息等；员工问卷包括双层次变革型领导、团队心理安全感、组织支持感、传统性以及个人人口统计信息等。

5.3.3　数据收集

在确定调研样本范围后，研究人员开展了大规模的问卷调查，问卷的具体发放和收集过程如下所述：调研方式为调研人员进入企业直接发放问卷，在进行简要说明后，要求被调研者现场填写并当场回收问卷。具体操作程序为：在人力资源部门的协助下，采用随机抽样的原则确定被调研团队领导者和员工的名单，随后将对应编码的问卷发放给被调研的领导者和员工（如第一个团队中的第一位成员标注为T1-1，第二位为T1-2，以此类推）。为减少被调研者的顾虑，调研人员事先将问卷装入信封密封，并在问卷封面注明：为保护您的隐私，填好后的问卷将会在现场密封后交与研究人员。在调研过程中，研究人员共向36家企业中140个团队和768名团队成员发放了问卷，共回收122个团队的610份问卷，问卷回收率为79.43%。在问卷起始处创设回忆企业创新失败的情境，剔除不符合要求的116份问卷（通过甄别题目将未经历或不能够清晰回忆创新失败事件的被调研者删除）、作答不认真或团队成员填写少于3人以及无法匹配的16份问卷，最终，团队和员工有效样本数分别为92个和478份，有效回收率为78.36%。样本中，男性为244人，占51.05%，女性为234人，占48.95%；年龄为18～27岁共227人，占47.49%，年龄为28～37岁共219人，占45.82%，年龄为38～47岁共28人，占5.85%，年龄为48岁及以上的共4人，占0.84%；文化程度为大专及以下的共58人，占12.13%，文化程度为本科的共200人，占41.84%，文化程度为硕士的共185人，占38.71%，文化程度为博士（含博士后）的为35人，占7.32%；被调查者平均工作年限为4.25年，且与其直接领导者平均共事年限为3.13年；92个团队的平均年限为3.2年，平均规模为5.2人；调研企业所属的行业分别为计算机软件、新能源、智能家电制造、生物医药、航天航空、电子通信服务。样本特征如表5.1所示。

表5.1 样本特征

选项	样本特征	数量	百分比
性别	男	244	51.05%
	女	234	48.95%
年龄	18～27岁	227	47.49%
	28～37岁	219	45.82%
	38～47岁	28	5.85%
	48岁及以上	4	0.84%
教育程度	大专及以下	58	12.13%
	本科	200	41.84%
	硕士	185	38.71%
	博士（含博士后）	35	7.32%
团队规模	5人及以下	24	26.09%
	6～10人	42	45.65%
	11～20人	17	18.48%
	21人及以上	9	9.78%

续表

选项	样本特征	数量	百分比
企业行业	计算机软件	10	27.78%
	新能源	6	16.67%
	智能家电制造	5	13.88%
	生物医药	6	16.67%
	航天航空	3	8.33%
	电子通信服务	6	16.67%

在中国情境下，Podaskoff等学者（1990）的量表得到广泛运用（Wang et al., 2005），蔡亚华（2013）据此开发的量表受到了国内多位学者的检验，具有良好的信效度（孙永磊等，2016；黄海艳，2016；孙颖等，2017）。

5.3.4 变量测量

本研究中的所有变量测量均采用Likert5分等级量表，1分代表完全不同意，5分代表完全同意，各变量具体测量量表如下。

双层次变革型领导测量。双层次变革型领导是指领导者的变革行为分别指向团队和个体两个层面。在现有研究基础上，学者们对双层次变革型领导的维度和测量量表进行了深入探寻，他们或是围绕Bass（1994）的四维度测量量表进行探讨（Kark et al., 2002；Schriesheim et al., 2009；Wu et al., 2010），或是围绕Podaskoff（1990）的六维度测量量表进行探讨（Wang et al., 2005；Wang et al., 2010；Zhang et al., 2013；蔡亚华，2013）。本研究采用蔡亚华（2013）依据Podaskoff等学者（1990）的量表所构建的六维度测量量表（如表5.2所示），在该量表中，团队导向的变革型领导有11个题项，包括提供角色模范（GTL1-GTL3）、团队愿景（GTL4-GTL8）及提出高绩效期望（GTL9-GTL11）等三个维度；个体导向的变革型领导包括智力激发（ITL1-ITL3）和个性化关怀两个维度（ITL4-ITL7），共7个题项。

表 5.2 双层次变革型领导测量量表

层面	编号	题项内容
指向团队的变革型领导（GTL）	当企业遇到创新失败时……	
	GTL1	团队主管/经理用口头授权和以身作则来领导我们
	GTL2	团队主管/经理能对我们以身作则
	GTL3	团队主管/经理是我们的好榜样
	GTL4	团队主管/经理总是为我们部门或公司寻求新的机会

续表

层面	编号	题项内容
指向团队的变革型领导（GTL）	GTL5	团队主管／经理为我们所在的部门描述出美好的愿景
	GTL6	团队主管／经理对我们达到目标表现出非常有信心
	GTL7	团队主管／经理以他／她自己的未来计划来鼓励我们
	GTL8	团队主管／经理清楚地向我们说明他（她）对未来前景的看法
	GTL9	团队主管／经理坚持要求下属达到最佳工作绩效
	GTL10	团队主管／经理能够激励我们设定高水平的目标
	GTL11	团队主管／经理让我们知道他（她）对我们有很高的期望
指向个体的变革型领导（ITL）	ITL1	团队主管／经理提出建议促使我检讨一些约定俗成的想法
	ITL2	团队主管／经理提出一些新的方式帮助我思考问题
	ITL3	团队主管／经理能够激励我使用全新的方式思考旧问题
	ITL4	团队主管／经理在做决定时会照顾到我的感受
	ITL5	团队主管／经理在采取行为之前会考虑我的感受
	ITL6	团队主管／经理尊重我个人的感受
	ITL7	团队主管／经理会考虑到我的个人需求

资料来源：蔡亚华（2013）改编自Podaskoff等学者（1990）的六维度测量量表。

团队心理安全感测量。心理安全感存在于个体、团队和组织三个不同层面。有学者针对三个不同层面心理安全的测量进行了广泛研究，并开发出个体层面的单维度（May，2004；Detert et al.，2007；Liang et al.，2012）和二维度（Tynan，2005）测量量表，团队层面的单维度（Edmondson，1999；Pearsall et al.，2011；Harper et al.，2013；）和四维度（吴志平等，2011）测量量表，组织层面的单维度（直接将团队单维度量表中的团队改为组织）和三维度测量量表（Brown et al.，1996）。在团队心理安全感量表的应用中，受到国内外学者们广泛认可的是Edmondson（1999）构建的7题项量表，且在国内情境下被验证具有良好的信效度（Zhou et al.，2015）。因此，本研究采用Edmondson（1999）的量表，具体内容如表5.3所示。

表5.3 团队心理安全感测量量表

变量	编号	题项内容
团队心理安全感（PS）	PS1	如果我在团队中犯错，会被团队成员批评和鄙视
	PS2	团队中针对棘手的问题大家可以畅所欲言
	PS3	团队成员有时会因他人的特立独行而排挤他们
	PS4	在团队内部大家无须担心人际风险问题
	PS5	在团队内部难于获得其他成员的帮助
	PS6	在团队内部不会有人恶意破坏我的劳动成果
	PS7	在与团队其他成员的合作过程中，我的独特技能和才华可以得到充分发挥

资料来源：Edmondson（1999）开发的单维度7题项测量量表。

组织支持感测量。近年来，学者们普遍认为组织支持感应包括多个维度，如三维度测量量表（Bhan et al.，2003；Kraimer et al.，2004；凌文辁等，2006；顾远东等，2014；卢艳秋等，2018a）、四维度测量量表（陈志霞，2006）及六维度测量量表（宝贡敏等，2011）等。本研究选取顾远东等（2014）以及陈志霞（2006）的研究成果，将二者进行适度融合后形成测量量表。主要原因为：现有的组织支持感测量量表的开发往往集中于一般情境，鲜有针对某一特定情境，而本研究的创新失败情境与顾远东等（2014）的创新行为情境具有一定的相似性。此外，组织支持感的支持形式呈多样化特征，不同企业间的差异较大，调研前期获取的访谈内容与上述两位学者的研究结果比较吻合。因此，根据更接近目标行为的预测变量可以更好地预测目标行为这一测量规则，研究者对原有题项在情境方面做了适度修改，最终，本研究的组织支持感量表包括组织支持（POS1-POS5）、主管支持（POS6-POS9）和同事支持（POS10-POS13）三个维度，共13个题项。经检验，该量表具有良好的信效度（卢艳秋等，2018a）。测量量表的详细内容如表5.4所示。

表5.4 组织支持感测量量表

变量	编号	题项内容
组织支持感（POS）	POS1	当我在工作中遇到困难时，公司会帮助我
	POS2	公司会原谅我的无心之过
	POS3	公司鼓励创新和尝试在错误中学习的精神
	POS4	公司关心我的个人发展
	POS5	公司关心我的个人感受
	POS6	我的直接主管愿意倾听我工作中遇到的问题

续表

变量	编号	题项内容
组织支持感（POS）	POS7	当我遇到困难时，会从我的直接主管那里得到帮助
	POS8	我的直接主管为我提供必要的工作信息
	POS9	我的直接主管关心我的福利
	POS10	当我遇到困难时，同事愿意提供帮助
	POS11	我的同事愿意倾听我工作中遇到的问题
	POS12	当我在工作中出现失误时，同事会安慰我
	POS13	我的工作伙伴愿意提供给我必要的工作信息

资料来源：经顾远东等（2014）与陈志霞（2006）资料整理而成。

员工失败学习行为测量。失败学习维度及测量量表方面的研究往往集中于组织和团队层面。在团队层面，Rybowiak等（1999）开发了6题项量表，Cannon和Edmondson（2001）开发了6题项量表，Carmeli等（2012）开发了3题项量表；在组织层面，Tucker和Edmondson（2003）开发了5题项量表，且此量表由于具有较好的信度和效度，目前已被广泛适用于多个层面的失败学习行为研究中（Carmeli et al.，2007；Carmeli et al.，2009）。个体层面的量表大多由团队或组织层面修改得来（Shepherd et al.，2011；于晓宇等，2013；卢艳秋等，2018a）。因此，本研究借鉴Tucker等（2003）开发的5题项测量量表，将以组织为主体的失败学习行为修改为以员工为主体的失败学习行为，修改后的量表在卢艳秋等（2018a）的研究中被证明具有较好的信度与效度。测量量表的详细内容如表5.5所示。

表5.5 员工失败学习行为测量量表

变量	编号	题项内容
员工失败学习行为（LFF）		在企业创新失败的情境下……
	LFF1	当同事犯错或失误时，该员工并不责备，而是从中学习、吸取经验
	LFF2	该员工犯错或失误时，会通过自我反思从中吸取经验
	LFF3	该员工犯错或失误时，会与同事分享并共同学习
	LFF4	该员工经常思索"为什么我们要这么做"
	LFF5	该员工经常思索"我们是否有更好的方法向客户提供产品或服务"

资料来源：Tucker和Edmondson（2003）开发的5题项测量量表。

传统性测量。杨国枢等学者（1989）最早提出了传统性五维度的15个题项测量量表。但随着时间推移，有些题目已不适合现代情境，Farh等（1997）根据现代社会的特点，选取了其中五个具有最高载荷的题项，形成了精简版的测量量表。精简版量表被广泛应用于中国台湾（Farh et al., 1997）、中国香港（Farh et al., 1998）和中国大陆（Hui et al., 2004）的样本研究中，已被验证具有良好的信度与效度。测量量表的详细内容如表5.6所示。

表5.6　传统性测量量表

变量	编号	题项内容
传统性（TR）	TR1	当有争执时，请辈分高者主持公道
	TR2	父母尊重的人，孩子也要尊重
	TR3	避免错误最好的方法是听年长者的话
	TR4	女性结婚前要服从父亲，结婚后要服从丈夫
	TR5	政府首脑就像家庭的主人一样，公民应该服从他在国家事务上的一切决定

资料来源：Farh等（1997）开发的5题项测量量表。

控制变量。根据现有的失败学习行为研究文献，本研究将员工性别、年龄、教育水平和团队规模等视为控制变量（卢艳秋等，2018a）。其中，员工的性别作为虚拟变量，1是男性、2是女性；员工年龄18～27岁取值为1，28～37岁取值为2，38～47岁取值为3，48岁及以上取值为4；员工教育程度大专及以下取值为1，本科取值为2，研究生取值为3；博士（含博士后）取值为4；团队规模5人及以下取值为1，6～10人取值为2，11～20人取值为3，21人及以上取值为4。

5.4　有形可检，有数可推：双层次变革型领导促进员工失败学习的数据分析

5.4.1　描述性统计分析与相关分析

本研究采用SPSS21.0软件对样本进行描述性统计分析和相关分析。描述性统计分析主要对各个变量的均值与标准差进行计算，相关分析则对各个变量间的Pearson相关系数进行计算。根据Bai等（2016）和付博（2017）的研究，将个体层面与团队层面分别进行计算，结果如表5.7所示。由分析结果可知，在个体层面，个体导向的变革型领导行为分别与组织支持感、员工失败学习行为呈显著正相关关系（$r=0.694$，$p<0.01$；$r=0.568$，$p<0.01$），组织支持感与员工失败学习行为呈显著正相关关系（$r=0.650$，$p<0.01$）。在团队层面，团队导向的变革型领导与团队心理安全感正相关关系，且结果显著（$r=0.552$，$p<0.01$）。以上结果与研究假设具有一致性，初步验证了假设的合理性。

表5.7 描述性分析与相关分析

变量	M	SD	1	2	3	4	5	6	7
个体层									
1.个体导向变革型领导	4.055	0.727							
2.组织支持感	3.989	0.689	0.694**						
3.员工失败学习行为	4.068	0.676	0.568**	0.650**					
4.传统性	3.077	0.482	0.013	0.014	−0.014				
5.性别	1.490	0.500	−0.023	−0.017	0.019	−0.079			
6.年龄	1.600	0.639	−0.026	−0.006	0.031	0.042	−0.077		
7.教育程度	2.412	0.795	0.04	0.035	0.107*	0.071	−0.022	0.020	
团队层									
1.团队导向变革型领导	4.170	0.760							
2.团队心理安全感	3.812	0.722	0.552**						
3.团队规模	2.120	0.912	0.0231	−0.001					

注："*"代表显著性水平$p<0.050$；"**"代表显著性水平$p<0.010$；"***"代表显著性水平$p<0.001$。

5.4.2 同源偏差分析

同源偏差（common method biases）是指由于同样的数据来源或评分者、同样的测量环境、项目语境以及项目本身特征所造成的因变量与自变量之间人为的共变关系。同源偏差可能会对研究结果造成影响，因此，在分析之前，需要对数据进行同源偏差检验。在问卷设计阶段，本研究按照Podsakoff等学者（2003）的建议，通过多源数据收集（邀请员工与领导者分别填写问卷）以及反向问题设计等方式对同源偏差进行事前控制。此外，为确保研究结果的客观性与准确性，本研究采用多种科学的方法对收集到的数据进行同源偏差检验。首先，检测利用了Harman's单因子检验方法，经过探索性因子分析，在未旋转情况下，最大因子解释的变异量并未达到所有特征根大于1的公因子解释变异量总和的40%，可初步判断，本研究中存在同源方差，但并不显著。考虑到Harman's单因子检验方法检测同源方差的统计效力较低，根据Podsakoff等学者（2003）的研究，本研究采用控制未测单一方法潜变量法进一步对同源方差进行检验，并将同源方差的效应作为一个潜变量纳入本研究提出的六因子模型中，通过比较纳入同源方差潜变量前后的两个模型的拟合度差异进行判断（LISREL运行代码见附录3），结果如表5.8所示。由表5.8可知，纳入同源方差潜变量的7因子模型优于纳入前的6因子模型，但RMSEA，CFI与NNFI的变化微弱，改善程度均不超过0.02，这表明，加入同源方差因子后，模型拟合度并未发生显著改善（Williams et al.，1989）。由此可见，本研究虽不能排除同源方差的影响，但同源方差并不严重，不会对后续分析带来不良影响。

表5.8 控制未测单一方法潜因子法检验同源偏差

模型	χ^2	df	χ^2/df	RMSEA	CFI	NNFI
六因子模型	802.028	260	3.085	0.066	0.970	0.965
七因子模型	580.690	229	2.536	0.057	0.980	0.974

5.4.3 数据聚合检验

团队导向的变革型领导和团队心理安全感属于团队层面变量，由个体层面数据加总求均值得来。在将个体层面数据向团队层面聚合的过程中，需先检验聚合度，包括ICC（1）、ICC（2）和R_{wg}，其中，ICC（1）指的是不同团队之间是否有明显的组间差异，用组间方差占整个方差的比例表示，其数值需大于0.05；ICC（2）是指团队层面上测量构念的信度，其数值需大于0.5；R_{wg}是指同一团队内的成员对某一概念具有相同的感知程度，其数值需大于0.7（James，1984）。团队导向的变革型领导的ICC（1）为0.25，ICC（2）为0.76，平均R_{wg}为0.87，团队心理安全感的ICC（1）为0.26，ICC（2）为0.78，平均R_{wg}为0.88，均达到数据聚合要求。因此，将团队导向变革型领导和团队心理安全感聚合到团队层面是恰当且有效的。

5.4.4 信度分析

信度（Reliability）是指测量工具能够反映被测量对象特征的可靠程度，较为常见的测量信度的方法包括内部一致性信度、折半信度、重测信度和平行信度等。本研究在检验量表信度时采用了内部一致性信度的方法，六个变量（将双层次变革型领导拆分为两个变量，分别是指向个体与团队导向的变革型领导）的Cronbach's α系数值如表5.9所示。本研究中所有变量和总量表的信度系数均在0.80以上，由此可判定，量表具有良好的信度，达到了实证分析的标准，可进行后续数据分析。

表5.9 变量的Cronbach's α系数值（$N=478$）

量表	题项数量	Cronbach's α系数值
团队导向的变革型领导	11项	0.82
个体导向的变革型领导	7项	0.91
组织支持感	13项	0.85
团队心理安全感	7项	0.84
员工失败学习行为	5项	0.86
传统性	5项	0.80
总体量表	48项	0.94

5.4.5 效度分析

效度是指量表所测量的构念是否真实准确地衡量了研究所要获得的测量对象的特质（陈晓萍，2008）。一般而言，效度包括内容效度和建构效度两个方面。

内容效度是指调研问卷实际测量内容与计划测量内容之间的吻合程度。本研究首先对与研究主题相关的文献进行了梳理，遵循研究情境、内容与本研究高度契合且已被学者证实具有良好内容效度等原则进行量表的选取，形成初始问卷后，与组织学习领域内的专家和企业管理人员进行深入探讨，进一步修改、完善问卷，以确保本研究编制的调研问卷具有较高的内容效度。

建构效度（construct validity）的含义是理论构念与测量量表二者之间的一致程度，即变量测量内容和构念定义二者间的一致性程度（Schwab，1980）。建构效度包括聚合效度和区别效度两个方面。在检验聚合效度方面，Anderson等（2006）建议从标准化因子载荷、组合信度与平均提炼方差等三个方面进行检验。首先，标准化因子载荷要大于0.5；其次，组合信度要大于0.7，且平均提炼方差要大于0.5。依据此建议，本研究运用SPSS21.0对各个量表的聚合效度进行检验，结果如表5.10所示。由表5.10可知，6个构念的Bartlett球形检验的结果显示均为显著，且KMO均在0.7以上，这表征了共同因素存在于变量的相关矩阵中，可进行下一步的因子分析。因子分析的结果表明，各个题项标准化因子载荷均大于0.5，随后计算得到的组合信度均大于0.7，平均提炼方差均大于0.5，各个变量的测量量表具有较好的聚合效度。

表5.10　变量聚合效度检验（N=478）

构念	题项	KMO	Bartlet检验	标准化因子载荷	组合信度	平均提炼方差
团队导向的变革型领导	GTL1	0.92	0.00	0.70	0.94	0.59
	GTL2			0.82		
	GTL3			0.77		
	GTL4			0.82		
	GTL5			0.74		
	GTL6			0.79		
	GTL7			0.73		
	GTL8			0.80		
	GTL9			0.78		
	GTL10			0.77		
	GTL11			0.73		

续表

构念	题项	KMO	Bartlet检验	标准化因子载荷	组合信度	平均提炼方差
个体导向的变革型领导	ITL1	0.88	0.00	0.67	0.93	0.65
	ITL2			0.76		
	ITL3			0.86		
	ITL4			0.80		
	ITL5			0.84		
	ITL6			0.85		
	ITL7			0.86		
团队心理安全感	PS1	0.88	0.00	0.65	0.91	0.59
	PS2			0.80		
	PS3			0.64		
	PS4			0.85		
	PS5			0.84		
	PS6			0.82		
	PS7			0.76		
组织支持感	POS1	0.92	0.00	0.75	0.94	0.55
	POS2			0.67		
	POS3			0.80		
	POS4			0.79		
	POS5			0.78		
	POS6			0.77		
	POS7			0.71		
	POS8			0.69		
	POS9			0.75		
	POS10			0.76		
	POS11			0.75		
	POS12			0.71		
	POS13			0.70		
员工失败学习行为	LFF1	0.83	0.00	0.77	0.90	0.65
	LFF2			0.84		
	LFF3			0.81		
	LFF4			0.79		
	LFF5			0.82		

续表

构念	题项	KMO	Bartlet检验	标准化因子载荷	组合信度	平均提炼方差
传统性	TR1	0.75	0.00	0.79	0.87	0.57
	TR2			0.75		
	TR3			0.78		
	TR4			0.80		
	TR5			0.64		

在探索性因子分析的基础上，本研究运用LISREL8.0对各变量进行验证性因子分析，考察团队导向的变革型领导、个体导向的变革型领导、组织支持感、团队心理安全感、员工失败学习行为与传统性等变量间的区分效度（LISREL运行代码见附录4），根据Li（2014）等人的建议，分别对团队层面变量与个体层面变量进行区分效度检验。在检验过程中，为了节约自由度并达到模型简约性的目的，参照蔡亚华（2013）的操作方法，使用各个维度的平均分来表示多维度变量，结果如表5.11所示。

表5.11 变量区分效度检验

模型	χ^2	df	χ^2/df	RMSEA	CFI	NNFI
团队层：						
二因子模型	122.766	34	3.611	0.072	0.972	0.963
单因子模型	322.850	35	9.224	0.131	0.925	0.904
个体层面：						
四因子模型	294.540	84	3.506	0.072	0.966	0.958
三因子模型	1187.897	87	13.654	0.163	0.824	0.787
二因子模型	1493.545	89	16.781	0.182	0.775	0.735
单因子模型	1551.745	90	17.242	0.185	0.766	0.727

注：团队层面二因子模型：团队导向的变革型领导、团队心理安全感；团队层面单因子模型：团队导向的变革型领导+团队心理安全感；个体层面四因子模型：个体导向的变革型领导、员工失败学习行为、传统性、组织支持感；个体层面三因子模型：个体导向的变革型领导、员工失败学习行为+传统性、组织支持感；个体层面二因子模型：个体导向的变革型领导+员工失败学习行为+传统性、组织支持感；个体层面单因子模型：个体导向的变革型领导+员工失败学习行为+传统性+组织支持感。

根据吴明龙（2012）的观点，测量模型适配度的评价标准为：χ^2/df值小于5，RMSEA值小于0.08，CFI与NNFI均需大于0.9。由此可知，在团队层面，单因子模型拟合度不理想（χ^2=322.850，df=35，χ^2/df=9.224，RMSEA=0.131，CFI=0.925，NNFI=0.904），而二因子模型拟合度比较理想（χ^2=122.766，df=34，χ^2/df=3.611，RMSEA=0.072，CFI=0.972，

NNFI =0.963），且明显优于单因子模型。在个体层面，除四因子模型拟合度比较理想外（χ^2=122.766，df=34，χ^2/df=3.506，RMSEA=0.072，CFI=0.966，NNFI =0.958），其余模型拟合度均不理想。这说明本研究界定的变量无论是在团队层面还是个体层面均具有较好的区分效度。

5.4.6 个体层面假设检验

吴明隆（2012）指出，在探寻因果关系中，回归分析法只能估计各路径系数及其显著与否，却无法对整个因果模型与实际数据的适配情况作出判断。因此，建议研究者最好采用结构方程分析方法，除可探究各路径系数的显著性外，也可以就整体因果模型与实际数据的适配情况进行检验。因此，本研究运用LISREL8.80软件构建结构方程模型，进而对个体层面的假设进行检验（主要模型的LISREL运行代码见附录5），分析结果见表5.12与表5.13。

5.4.6.1 个体导向的变革型领导对员工失败学习行为的影响

首先，进行主效应分析，以员工失败学习行为作为因变量，将性别、年龄和教育程度等控制变量带入结构方程，构建Model1。将控制变量对员工失败学习产生的影响进行检验，在Model1的基础上，加入自变量——个体导向的变革型领导，构建Model2，检验个体导向的变革型领导对员工失败学习行为的影响。分析结果表明，个体导向的变革型领导到员工失败学习行为的路径系数为0.531（$P<0.001$），且模型适配度指标良好（χ^2=80.320，df=28，χ^2/df=2.869，RMSEA=0.060，CFI=0.985，NNFI=0.977），这表明个体导向的变革型领导正向影响员工失败学习行为，且该影响显著，假设H_1得到验证。

5.4.6.2 组织支持感对员工失败学习行为的影响

在Model1的基础上，加入组织支持感，构建Model3，检验组织支持感对员工失败学习行为的影响。分析结果表明，组织支持感到员工失败学习行为的路径系数为0.639（$P<0.001$），且模型适配度指标良好（χ^2=108.584，df=37，χ^2/df=2.935，RMSEA=0.063，CFI=0.981，NNFI=0.972），这表明组织支持感正向影响员工的失败学习行为，且该影响显著，假设H_4得到验证。

5.4.6.3 个体导向的变革型领导对组织支持感的影响

以组织支持感为因变量，将性别、年龄和教育程度等控制变量带入结构方程，构建Model4，检验控制变量对组织支持感的影响。在Model4的基础上，加入自变量——个体导向的变革型领导，构建Model5，检验个体导向的变革型领导对组织支持感的影响。分析结果表明，个体导向的变革型领导到组织支持感的路径系数为0.667（$P<0.001$），且模型适配度指标良好（χ^2=24.771，df=13，χ^2/df=1.905，RMSEA=0.042，CFI=0.994，NNFI=0.991），这表明个体导向的变革型领导对组织支持感具有显著的正向影响，假设

H_3得到验证。

5.4.6.4 组织支持感的中介作用

Baron等（1986）提出的检验中介的方法包括四个步骤：首先，检验自变量对因变量的影响是否显著；其次，检验自变量对中介变量的影响是否显著；随后，检验中介变量对因变量的影响是否显著；最后，在上述三步结果均显著的情况下，将自变量与中介变量共同对因变量的影响进行检验，如果在此情境下，自变量对因变量的影响系数与显著性都有所降低，则说明存在部分中介作用，若自变量完全对因变量不产生影响，则说明存在完全中介作用。根据上述操作方法，本研究对组织支持感的中介作用进行检验。上文已对操作方法中的前三步进行了检验，结果均显著（H_1、H_3与H_4）。在第四步操作中，在Model2的基础上加入组织支持感，构建Model6，分析结果表明，此时个体导向的变革型领导到员工失败学习行为的路径系数为0.208（$P<0.001$），与Model2中对应的路径系数0.531（$P<0.001$）相比，加入中介变量后，自变量对因变量的系数有了较大程度的减弱，且Model6适配度指标良好（χ^2=125.021，df=53，χ^2/df=2.359，RMSEA=0.051，CFI=0.988，NNFI=0.981），这表明组织支持感对个体导向的变革型领导与员工失败学习行为二者之间的关系起部分中介作用，假设H_5得到验证。

表 5.12　个体层面回归分析结果

	员工失败学习行为				组织支持感	
	Model1	Model2	Model3	Model6	Model4	Model5
性别	0.035	0.052	0.040	0.045	−0.008	0.013
年龄	0.029	0.048	0.044	0.048	−0.023	0
文化程度	0.078	−0.015	−0.014	−0.018	0.032	0.006
个体导向的变革型领导行为		0.531***		0.208***		0.667***
组织支持感			0.639***	0.485***		
模型适配度指标						
χ^2	108.223	80.320	108.584	125.021	68.936	24.771
df	17	28	37	53	6	13
χ^2/df	6.366	2.869	2.935	2.359	11.489	1.905
RMSEA	0.104	0.060	0.063	0.051	0.148	0.042
CFI	0.948	0.985	0.981	0.988	0.939	0.994
NNFI	0.919	0.977	0.972	0.981	0.868	0.991

注："*"代表显著性水平$p<0.050$；"**"代表显著性水平$p<0.010$；"***"代表显著性水平$p<0.001$。

5.传统性的调节作用

在检验调节作用的过程中，为减少多重共线性，根据陈晓萍等（2012）的建议，本研究将自变量和调节变量进行标准化处理，构建标准化的自变量与调节变量的乘积项，从而检验乘积项对因变量的回归系数。在Model2的基础上，加入调节变量构建Model7，分析结果表明，在加入传统性后，个体导向的变革型领导对员工失败学习行为仍具有显著的正向影响（β=0.442，P<0.001），但影响程度稍有减弱。在Model7的基础上，加入交互项构建Model8，检验传统性在个体导向的变革型领导与员工失败学习行为间的调节作用，分析结果表明，个体导向的变革型领导与传统性的交互项到员工失败学习行为的路径系数为-0.128（P<0.01），且Model8适配度指标良好（χ^2=228.037，df=87，χ^2/df=2.621，RMSEA=0.053，CFI=0.987，NNFI=0.978），这表明传统性在个体导向的变革型领导与员工失败学习行为间具有显著的负向调节作用，假设H_9得到验证。同理，在Model3的基础上，加入调节变量构建Model9，分析结果表明，加入传统性后，组织支持感对员工失败学习行为仍具有显著的正向影响（β=0.534，P<0.001），但影响程度稍有减弱。在Model9的基础上，加入组织支持感与传统性的交互项构建Model10，检验传统性在组织支持感与员工失败学习行为间的调节作用，分析结果表明，组织支持感与传统性的交互项到员工失败学习行为的路径系数为-0.103（P<0.01），且Model10适配度指标良好（χ^2=235.375，df=87，χ^2/df=2.705，RMSEA=0.056，CFI=0.986，NNFI=0.978），这表明传统性在组织支持感与员工失败学习行为间具有显著的负向调节作用，假设H_{10}得到验证。

表5.13 传统性的调节作用

	员工失败学习行为					
	Model2	Model7	Model8	Model3	Model9	Model10
性别	0.052	0.052	0.040	0.040	0.040	0.040
年龄	0.048	0.046	0.044	0.044	0.042	0.041
文化程度	-0.015	-0.013	-0.014	-0.014	-0.013	-0.012
个体导向的变革型领导行为	0.531***	0.442***	0.137			
组织支持感				0.639***	0.534***	0.258*
传统性		-0.095*	-0.032		-0.089*	-0.040
传统性*个体导向的变革型领导			-0.128**			
传统性*组织支持感						-0.103**
χ^2	80.320	216.098	228.037	108.584	257.031	235.375
df	28	78	87	37	92	87
χ^2/df	2.869	2.770	2.621	2.935	2.772	2.705
RMSEA	0.060	0.058	0.053	0.063	0.058	0.056
CFI	0.985	0.986	0.987	0.981	0.986	0.986
NNFI	0.977	0.978	0.978	0.972	0.978	0.978

注："*"代表显著性水平p<0.050；"**"代表显著性水平p<0.010；"***"代表显著性水平p<0.001。

5.4.7 跨层次假设检验

在团队层面假设中，研究变量既包括员工个体层面又包括团队层面，团队由个体构成，具有明显的嵌套数据特征。这使得传统的统计分析方法——回归分析难以准确地对假设进行检验，其原因为：若仅在个体层面对数据进行分析，会缺少员工所在团队的特征，将团队效应掺杂在总效应之中，降低了参数估计的标准误差；若仅将个体层面的相关数据直接集聚在团队层面，又会忽略员工个体间的差异，导致模型显著性下降（张雷等，2003）。因此，在对多层次嵌套数据进行处理时，需要使用多层线性模型（hierarchical linear model，HLM）的方法（Bryk et al.，1992）。该方法能够有效地区分不同层面的变异，并能准确地分析团队层面和个体层面变量的跨层次影响机制（张京，2013）。本研究采用多层线性模型方法，将员工作为第一层对象，团队作为第二层对象，运用HLM6.0软件检验团队导向的变革型领导通过团队心理安全感对员工失败学习行为的跨层次影响。

5.4.7.1 假设检验思路

按照Zhang等（2009）的研究观点，存在两种跨层次中介模型，如图5.7所示。

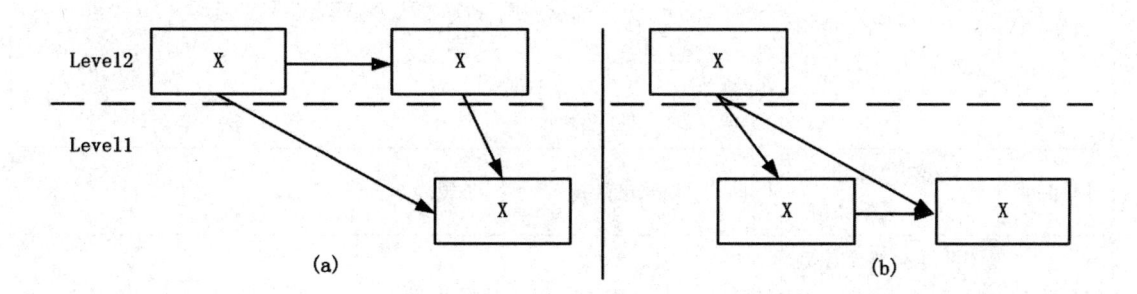

图5.7 跨层次中介模型

模型（a）是跨层次中介效应高层中介变量模型（cross-level mediation-upper mediator），其特点是自变量与中介变量均在第二层，因变量在第一层，因此该模型也简称为2-2-1模型（2代表第二层，1代表第一层）；模型（b）是跨层次中介效应低层中介变量模型（cross-level mediation-upper mediator），其特点是自变量在第二层，中介变量与因变量均在第一层，因此该模型也简称为2-1-1模型。

本研究中自变量（团队导向的变革型领导）与中介变量（团队心理安全感）均在第二层（团队层），因变量（员工失败学习行为）在第一层（员工个体层面），因此，假设检验模型属于2-2-1型中介模型。本研究参考Jaiswal et al.（2015）、Zhou和Pan（2015）、（张京，2013）与Liu等（2013）对跨层次中介的操作，构建如下方程，如表5.14所示，用于检验本研究提出的假设，具体分析结果如表5.15所示。

表5.14 跨层面假设回归方程

方程名称	方程含义	方程表达式
零模型	以员工失败学习行为因变量的零模型	Level-1：员工失败学习行为$_{ij}=\beta_{0j}+r_{ij}$ Level-2：$\beta_{0j}=\gamma_{00}+\mu_{0j}$
Model1	控制变量对员工失败学习行为的影响	Level-1：员工失败学习行为$_{ij}=\beta_{0j}+\beta_{1j}$（性别）$+\beta_{2j}$（年龄）$+\beta_{3j}$（文化程度）$+r_{ij}$ Level-2：$\beta_{0j}=\gamma_{00}+\gamma_{01}$（团队规模）$+\mu_{0j}$ $\beta_{1j}=\gamma_{10}+\mu_{1j}$ $\beta_{2j}=\gamma_{20}+\mu_{2j}$ $\beta_{3j}=\gamma_{30}+\mu_{3j}$
Model2	团队导向的变革型领导对员工失败学习行为的影响	Level-1：员工失败学习行为$_{ij}=\beta_{0j}+\beta_{1j}$（性别）$+\beta_{2j}$（年龄）$+\beta_{3j}$（文化程度）$+r_{ij}$ Level-2：$\beta_{0j}=\gamma_{00}+\gamma_{01}$（团队规模）$+\gamma_{02}$（团队导向的变革型领导）$+\mu_{0j}$ $\beta_{1j}=\gamma_{10}+\mu_{1j}$ $\beta_{2j}=\gamma_{20}+\mu_{2j}$ $\beta_{3j}=\gamma_{30}+\mu_{3j}$
Model3	团队心理安全感对员工失败学习行为的影响	Level-1：员工失败学习行为$_{ij}=\beta_{0j}+\beta_{1j}$（性别）$+\beta_{2j}$（年龄）$+\beta_{3j}$（文化程度）$+r_{ij}$ Level-2：$\beta_{0j}=\gamma_{00}+\gamma_{01}$（团队规模）$+\gamma_{03}$（团队心理安全感）$+\mu_{0j}$ $\beta_{1j}=\gamma_{10}+\mu_{1j}$ $\beta_{2j}=\gamma_{20}+\mu_{2j}$ $\beta_{3j}=\gamma_{30}+\mu_{3j}$
Model4	控制变量对团队心理安全感的影响	团队心理安全感$=\beta_0+\beta_4$（团队规模）$+r$
Model5	团队导向的变革型领导对团队心理安全感的影响	团队心理安全感$=\beta_0+\beta_4$（团队规模）$+\beta_5$（团队导向的变革型领导）$+r$
Model6	团队导向的变革型领导与团队心理安全感共同对员工失败学习行为的影响	Level-1：员工失败学习行为$_{ij}=\beta_{0j}+\beta_{1j}$（性别）$+\beta_{2j}$（年龄）$+\beta_{3j}$（文化程度）$+r_{ij}$ Level-2：$\beta_{0j}=\gamma_{00}+\gamma_{01}$（团队规模）$+\gamma_{02}$（团队导向的变革型领导）$+\gamma_{03}$（团队心理安全感）$+\mu_{0j}$ $\beta_{1j}=\gamma_{10}+\mu_{1j}$ $\beta_{2j}=\gamma_{20}+\mu_{2j}$ $\beta_{3j}=\gamma_{30}+\mu_{3j}$

5.4.7.2 团队导向的变革型领导对员工失败学习行为的影响

首先构建员工失败学习行为的零模型，得到员工失败学习行为的ICC（1）$=0.33$（$\sigma^2=0.327$，$\tau_{00}=0.161$，$p<0.010$），这表明不同员工失败学习行为的差异被组间解释了33%，具有显著的组间方差，可以以员工失败学习行为作为因变量进行跨层次分析，在此基础上，以员工失败学习行为为因变量，将个体层面的控制变量——性别、年龄和文化程度以及团队层面的控制变量——团队规模带入回归方程，构建Model1，检验控制变量对员

工失败学习的影响。在Model1的基础上，将变革型领导代入回归方程，构建Model2，检验团队导向的变革型领导对员工失败学习行为的主效应。回归分析结果表明，团队导向的变革型领导对员工失败学习行为的回归系数为0.511（$P<0.001$），即团队导向的变革型领导对员工失败学习行为产生跨层次的正向影响，且该影响显著，假设H_2得到验证。

5.4.7.3　团队心理安全感对员工失败学习行为的影响

在Model1的基础上，加入团队心理安全感，构建Model3，检验团队心理安全感对员工失败学习行为的影响。回归分析结果表明，团队心理安全感对员工失败学习行为的回归系数为0.530（$P<0.001$），即团队心理安全感对员工失败学习行为具有显著的跨层次正向影响，假设H_7得到验证。

5.4.7.4　团队导向的变革型领导对团队心理安全感的影响

团队导向的变革型领导与团队心理安全感均为团队层面变量，采用线性回归进行分析，以团队心理安全感为因变量，将控制变量团队规模带入回归方程，构建Model4，检验控制变量对团队心理安全感的影响。在Model4的基础上，加入自变量团队导向的变革型领导，构建Model5，检验团队导向的变革型领导对团队心理安全感的影响。回归分析结果表明，团队导向的变革型领导对团队心理安全感的回归系数为0.525（$P<0.001$），即团队导向的变革型领导对团队心理安全感具有显著的正向影响，假设H_6得到验证。

5.4.7.5　团队心理安全感的中介作用

根据Zhou & Pan（2015）以及Zhang et al.（2009）对跨层次中介的操作步骤，在Model3的基础上，将团队心理安全感这一中介变量代入到回归方程之中，构建Model5，检验团队心理安全感在变革型领导与员工创造力之间的跨层次中介效应。结果表明，团队导向的变革型领导对员工失败学习行为的回归系数为0.208（$P<0.001$），与Model3中对应的回归系数0.531（$P<0.001$）相比，加入中介变量后，自变量对因变量的系数有了较大程度的减弱，这表明在自变量与因变量二者关系之间，团队心理安全感起部分中介作用，假设H_8得到验证。

表5.15　跨层面回归分析结果

	员工失败学习行为				团队心理安全感	
	Model1	Model2	Model3	Model6	Model4	Model5
个体层面						
截距项（$\gamma 00$）	3.412***	3.503***	2.986***	3.247***		
性别（$\gamma 10$）	0.033	0.034	0.020	0.026		
年龄（$\gamma 20$）	0.017	0.037	0.065	0.059		

续表

	员工失败学习行为				团队心理安全感	
	Model1	Model2	Model3	Model6	Model4	Model5
文化程度（$\gamma 30$）	0.064	0.013	0.011	0.008		
团队层面						
团队规模（$\gamma 01$）	0.057	0.043	0.054	0.46	−0.006	−0.009
团队导向的变革型领导（$\gamma 02$）		0.511***		0.343***		0.525***
团队心理安全感（$\gamma 03$）			0.530***	0.321***		
Deviance	576.471	573.911	574.141	564.773		
Deviance change（df）		2.560**（1）	2.330**（1）	11.698**（2）		

注："*"代表显著性水平$p<0.050$；"**"代表显著性水平$p<0.010$；"***"代表显著性水平$p<0.001$。Model4和Model5为团队层面分析，Model1、Model 2、Model 3和Model 6为跨层次分析。

5.4.8 假设检验结果

本研究基于企业创新失败情境，构建双层次变革型领导对员工失败学习行为的理论模型，综合运用SPSS21.0、LISREL8.8以及HLM6.0等软件对收集到的92个团队中的478份有效问卷进行分析。结果表明，本研究基于理论模型提出的10个假设均得到验证，具体假设检验结果如表5.16所示。

表5.16 假设检验结果汇总

序号	假设	结果
H_1	在创新失败情境下，个体导向的变革型领导对员工失败学习行为产生显著的正向影响	通过
H_2	在创新失败情境下，团队导向的变革型领导对员工失败学习行为产生显著的正向影响	通过
H_3	在创新失败情境下，个体导向的变革型领导行为对组织支持感产生显著的正向影响	通过
H_4	在创新失败情境下，组织支持感对员工失败学习产生显著的正向影响	通过
H_5	组织支持感在个体导向的变革型领导与员工失败学习行为间具有中介作用	通过
H_6	在创新失败情境下，团队导向的变革型领导对团队心理安全感产生显著的正向影响	通过
H_7	在创新失败情境下，团队心理安全感对员工失败学习行为产生显著的跨层次正向影响	通过
H_8	团队导向的变革型领导通过团队心理安全感的中介作用影响团队成员失败学习行为	通过
H_9	传统性在个体导向的变革型领导与员工失败学习行为间具有负向调节作用，即员工传统性越低，个体导向的变革型领导对员工失败学习行为的促进作用越强	通过
H_{10}	传统性在组织支持感与员工失败学习行为间具有负向调节作用，即员工传统性越低，组织支持感对员工失败学习行为的促进作用越强	通过

5.5 抛砖引玉：如何借助双层次变革型领导促进失败学习

在上述实证分析的基础上，本节首先对假设检验结果进行深入的分析和探讨，进一步挖掘本研究中的双层次变革型领导、组织支持感、团队心理安全感、员工失败学习行为以及传统性等核心变量间的深层次关系及规律，并结合当今的创新热潮，分析研究结论的理论价值及其对企业和管理者的实践启示。

5.5.1 研究结果讨论

随着国家创新驱动战略的推进，企业创新活动也愈发活跃。然而创新并非易事，其过程往往掺杂着挫败（庞立君等，2018），但创新失败中蕴含着大量富有价值的知识，能够引领企业最终走向成功（Shepherd et al., 2009; Madsen et al., 2010）。因此，从创新失败中进行有效学习已成为企业在逆境中通往成功的重要环节。本研究结合社会认知理论、领导力理论、组织支持感理论和组织学习理论，探寻企业失败学习基本单元——员工失败学习行为的形成机制，围绕个体导向的变革型领导——组织支持感——员工失败学习行为，以及团队导向的变革型领导——团队心理安全感——员工失败学习行为这两条主线，重点关注双层次变革型领导在不同层面对员工失败学习行为的影响、影响机制（组织支持感与团队心理安全感的中介作用）以及影响过程中的边界条件（传统性的调节作用）等三个问题。针对上述问题，本研究运用问卷调查法获取了92个团队的478份有效问卷，综合运用SPSS21.0、LISREL8.8以及HLM6.0等软件对数据进行分析和实证检验，得到研究结论如下：

5.5.1.1 在企业创新失败情境下，指向个体与团队导向的变革型领导对员工失败学习行为具有显著正向影响

已有多位学者指出，在企业逆境中，领导行为是企业及员工失败学习行为产生的重要影响因素（Carmeli et al., 2008; Shepherd et al., 2011; 宁烨等，2016）。但现有研究均将变革型领导视为一个整体变量，仅聚焦于个体层面探寻其对员工失败学习行为产生的影响（唐朝永等，2016; 卢艳秋等，2018a），而探讨指向个体层面和指向团队层面的变革型领导对员工失败学习行为影响的研究却十分匮乏。本研究在领导力理论的基础上，借鉴Kark et al.（2002）的多层次领导力研究思路，将变革型领导划分为指向个体层面和指向团队层面两种，并在企业创新失败情境下，分别探寻其对员工失败学习行为的影响。研究结果表明，指向个体和团队导向的变革型领导对员工失败学习行为均有显著正向影响，即

假设H_1与假设H_2获得了数据的支持。这一结论丰富了变革型领导与员工失败学习行为间的多层次关系研究。

本研究结论表明，个体导向的变革型领导对员工失败学习行为具有显著正向影响。因其具有智能激发和个性化关怀等特质，个体导向的变革型领导通过消除员工的认知障碍帮助其重拾信心，增强自我效能和积极情感，提高员工发现问题的能力，并通过对员工创新性思维与发散性思维的培养，提高其分析和解决问题的能力。另外，此类领导方式通过强化员工心理素质，使其树立面对失败的勇气与信心，同时，通过企业培训、领导指导等方式帮助员工积累专业知识、提高技能进而促进员工失败学习行为。卢艳秋等（2018）基于企业创新失败情境，发现变革型领导与员工失败学习行为间存在正相关关系，这与本研究在个体层面得到的结论具有一致性。

本研究结论表明，团队导向的变革型领导对员工失败学习行为具有显著跨层次正向影响。团队导向的变革型领导因其具有愿景激励、人格魅力、高绩效期望等特质，能够增强员工与员工间，员工与领导者间的交流与互信，并能将集体目标与个体目标高度融合，形成员工组织认同，同时可以在高绩效期望的激励下，开展失败学习活动。胡洪浩等（2011）以及谢雅萍等（2016）在对有关失败学习行为这一主题进行总结时发现，国内外大多数学者普遍认为，良好的团队领导行为能够有效促进失败学习行为，如领导指导（Cannon et al., 2001）、学习型领导（Carmeli et al., 2008）、包容型领导（Hirak et al., 2012）和关系型领导（Carmeli et al., 2011）等。上述学者的研究与本研究结论具有一致性。同时，Cannon et al.（2001）通过深入分析指出，团队内清晰的目标是失败学习行为强有力的保障，同样，Carmeli（2007）和查成伟等（2016）也发现，以共享目标为核心维度的组织内高质量关系正向影响失败学习行为，团队导向的变革型领导所包含的团队愿景正是向团队成员构建一个清晰的、共享的、可以为之奋斗的集体目标。上述研究成果与本研究的结论能够相互印证。本研究结论融合了现有个体层面和团队层面的研究结果，丰富了变革型领导与员工失败学习行为之间多层次关系的研究。

5.5.1.2 组织支持感与团队心理安全感的中介作用。

（1）组织支持感在个体导向的变革型领导与员工失败学习行为间具有中介作用。

具体而言，个体导向的变革型领导正向影响组织支持感，组织支持感正向影响员工失败学习行为，个体导向的变革型领导通过组织支持感正向影响员工失败学习行为，即假设H_3、假设H_4与假设H_5均获得了数据的支持。个体导向的变革型领导通过个性化关怀和智能激发让员工感受到来自组织的关怀、尊重、授权和激励，并渐渐内化为感知，形成组织支持感。在组织支持感的影响下，员工会产生强烈的回报组织的责任感，当企业遭遇创新失败时，这种责任感促使员工积极地探寻失败根源，修正自身错误行为，开展失败学习活动以此来帮助企业走出困境。

　　本研究结论表明，个体导向的变革型领导正向影响组织支持感。个体导向的变革型领导在工作和家庭生活等方面给予员工支持和帮助，同时给予员工权力和决策空间，使员工感受到领导者的支持、企业的奖赏、人性化的工作条件以及公平公正的程序，进而促进员工失败学习行为。Eisenberger（1986）在对组织支持感进行界定时便指出，领导支持是其重要的前置变量。陈志霞（2010）的研究也得到了同样的结论：支持性人力资源管理实践中的领导支持能够有效促进组织支持感。Kim（2016）的研究指出领导关怀正向影响组织支持感。黄俊等（2012）的研究则进一步指出CEO变革型领导对中层管理者组织支持感具有促进作用。上述研究成果与本研究的结论具有一致性。

　　此外，本研究结论表明，组织支持感正向影响员工失败学习行为。员工组织支持感一方面能够使员工产生回报组织的责任意识，形成对组织的情感承诺，另一方面能够减轻压力、释放紧张情绪、增进同事间互信、削弱感知风险，最终促进员工失败学习行为。王重鸣等（2015）指出，创新的本质是探寻人类未知的领域与世界，期间充满了风险和不确定性，而对创新失败原因的探寻和学习更加困难重重，因此，员工创新行为以及创新失败后的学习行为更容易出现在那些能够给员工提供大量支持的组织中。庞立君等（2018）认为，在企业创新失败情境下，组织支持感能够点燃员工失败学习的激情，其原因为：当企业处于困境中，具有较高组织支持感的员工不再将自己与企业之间视为简单的"交易型"关系，而是与企业之间建立更多的情感联结，不计个人得失，能够站在企业的立场处理问题，帮助企业渡过难关；当企业面临失败时，其能够促进员工失败学习行为的产生。唐朝永等（2014）也认为员工失败学习行为的产生需要组织提供必要的支持。胡洪浩等（2011）在总结国外失败学习研究成果时同样发现了组织支持对失败学习行为的促进作用。上述研究成果均与本研究的结论具有一致性。

　　在领导力对失败学习行为的影响机制方面，学者们基于认知视角下的研究成果也支持了本研究的结论——组织支持感在个体导向的变革型领导与员工失败学习行为间具有中介作用。如Carmeli等（2011）研究发现，CEO关系型领导首先对高管团队信任产生正向影响，继而促进失败学习行为；Hirak等（2012）研究发现，包容型领导通过影响团队心理安全感进而正向影响失败学习行为；在中国情境下，王端旭等（2015）的研究也得出了类似的研究结论；唐朝永等（2016）研究发现，变革型领导能够对失败学习行为产生正向影响，心理所有权在二者关系间具有中介作用；卢艳秋等（2018a）的研究表明，在变革型领导对员工失败学习行为的影响机制中存在多条路径，其中，组织支持感发挥了重要的中介作用。本研究证实了个体层面的失败学习行为特征——强调学习主体的心理认知，这表明个体层面的失败学习行为是一个心理认知的过程，当外部刺激作用于员工时，员工首先将刺激进行加工并转化为认知、判断其价值与意义，进而决定是否产生失败学习行为。根植在变革型领导内部的对员工的尊重、关怀和激励的特质，使得员工能够切实感受到来自领导的支持。对员工而言，领导者往往代表着企业。因此，来自领导者的支持会逐渐转化为员工的组织支持感。在社会交换原则下，当感受到来自组织的支持和帮助时，员工会以相同的行为作为报答，作为对企业发展有利的行为，失败学习会被员工赋予价值并将其视为回报企业的重要方式。因此，组织支持感在个体导向的变革型领导与员工失败学习行为间扮演着重要的传导角色。

（2）团队心理安全感在团队导向的变革型领导与员工失败学习行为间具有中介作用。

具体而言，团队导向的变革型领导正向影响团队心理安全感，团队心理安全感正向影响员工失败学习行为，团队导向的变革型领导通过团队心理安全感正向影响员工失败学习行为，即假设H_6、假设H_7与假设H_8均获得了数据支持。团队导向的变革型领导往往会向所在团队的成员传递一系列的相关讯息，如团队具有共同愿景，成员间彼此互助、互信，形成命运共同体，并为了实现集体目标而努力奋斗。在创新失败情境下，这些信息能够使团队成员畅所欲言，不必担心受到惩罚或报复等负面影响，可以毫无忌讳地指出自己或他人存在的问题，从而形成团队心理安全感。在团队心理安全感的影响下，团队成员通过有效抑制失败学习过程中的风险，将失败中富有价值的知识进行识别、获取、消化和融合，最终实现失败学习行为。

本研究结论表明，团队导向的变革型领导正向影响团队心理安全感。因其具有愿景激励、人格魅力、高绩效期望等特质，团队导向的变革型领导能够增强员工与员工间、员工与领导者间的交流与互信，能够在团队内部形成共享心智模式——为实现集体目标而奋斗，而不考虑个人的利益得失或担心个人安危，进而营造团队安全氛围，形成团队心理安全感。在有关团队心理安全感前置变量的研究中，多位学者的研究成果均与本研究结论具有一致性。如，早在20世纪90年代初，学者们就发现心理安全感的关键影响因素中包括领导风格这个因素（Kahn，1990）；Edmondson（1999，2003）研究发现，团队领导者的指导行为有助于团队心理安全感的形成；Nembhard等（2006）以及古银华等（2017）认为，当团队领导者表现出开放性、有效性、平易近人时，员工更容易形成团队心理安全感；Yanadori等（2013）则认为，领导者的一举一动以及领导者对企业内部事件如何反应会直接影响员工对安全的感知和判定；卿涛等（2012）、张毅等（2012）以及Zhou等（2015）研究发现，变革型领导对团队心理安全感具有正向影响。

此外，本研究结论表明，团队心理安全感正向影响员工失败学习行为。员工感受到的来自失败学习行为的风险，如紧张、恐惧、自尊受损及人际关系紧张等会因团队心理安全感而削弱，从而使其在面对创新失败时能够畅所欲言，开展"批评与自我批评"，并将失败中富有价值的知识进行识别、获取、消化与融合，最终实现员工失败学习行为。胡洪浩等（2011）、谢雅萍等（2016）在对有关失败学习这一主题进行总结时发现，国内外学者普遍认为失败学习不是件容易的事，来自组织、团队和个体各层面的因素均会抑制失败学习行为的产生。其中，由于失败而引发的个体心理认知障碍，如恐惧、担忧或丧失信心等成为抑制失败学习行为的主要因素。Edmondson（1999，2003）的两项研究均发现，轻松、安全的团队氛围会使员工不用担心因讨论失败而受到组织不公正的对待或惩罚，进而促进团队失败学习行为。Carmeli等（2011）研究发现，作为营造团队心理安全感的核心要素——团队成员间的彼此信任能够对团队失败学习行为产生正向影响。Hirak等（2012）的研究则更加深入、直接地验证了团队心理安全感对团队失败学习行为的促进作用。国内学者的研究也基本得出了类似的结论。唐朝永等（2014a，2014b）指出，在个体层面，当感受到可以充分展示自我而不用担心自身形象和地位受损时，员工能产生更多的失败学习行为；在组织层面，当员工感受到组织内部的支持性管理、明确的工作角色定位以及允许抒发个人意见及观点时，组织内会形成失败学习的浪潮。查成伟等（2016）的研究结论也证实了组织心理安全感对组织失败学习行为的促进作用。上述学者均在同一层面对心理安全感与失败学习行为间的关系进行了探讨并发现：心理安全感能够削弱风险感知，是失败学习行为的重要促进要素。本研究根据相关理论，将处于不同层面的心理安全感与失败学习行为建立起关联，实证分析结果表明，团队层面的心理安全感同样是个体失败学习行为重要的促进要素，可以对其进行跨层次影响。这一结果与上述学者们的研究结论既有一致性又有互补性，进一步丰富了心理安全感与失败学习行为关系的研究。

在变革型领导对员工行为跨层次影响机制方面，学者们的研究成果在一定程度上支持了本研究结论——团队导向的变革型领导会对员工失败学习行为产生影响，且团队心理安全感在二者关系间起着跨层次中介作用。如，Zhou等（2015）研究发现，团队变革型领导对团队心理安全感具有正向影响，进而对员工的创新参与行为和创造力产生跨层次正向影响。Jaiswal等（2015）在对印度酒店一线服务员工创造力的研究中得到了类似结论，他们发现：团队中的变革型领导能够对团队创新氛围产生积极影响，在良好创新氛围影响下，员工表现出更高的创造力。国内学者卢艳秋等（2018b）研究发现，在企业创新失败情境下，团队变革型领导与团队成员建立的互信能够营造团队心理安全氛围，从而缓解团队成员因失败而产生的心理恐惧，增强团队成员敢于承认错误及分析失败的勇气，最终形成团队失败共享信念。在团队失败共享信念影响下，团队成员能够客观地看待失败事件，并能在失败情境下强化彼此之间的沟通互动，以失败为经验可以对现有知识进行提炼和改进，或是试验并获取新知识。付博（2017）在多层次领导力视角下，划分团队导向的变革型领导以及个体导向的变革型领导，研究更为细化。他通过实证研究发现，团队导向的变革型领导能够有助于团队形成良好的氛围，进而正向影响团队成员的组织公民行为。上述学者的研究结论均与本研究观点相吻合。本研究将有关变革型领导对员工行为跨层次影响机制的研究延伸到失败学习领域，既加深了对变革型领导作用效果的理解，又丰富了失败学习行为形成机制的研究。

5.5.1.3 传统性的调节作用

（1）传统性在个体导向的变革型领导与员工失败学习行为间具有负向调节作用。

具体而言，低传统性员工的行为主要受现代市场经济中的互惠原则影响，该类型员工受领导方式的影响较大；而高传统性员工的行为则更多地遵从社会期许的角色职责，受领导方式的影响较小。因此，高传统性的员工很难会因为个体导向的变革型领导的个性化关怀和智能激发所感动激励而形成失败学习行为，低传统性的员工则容易受个体导向的变革型领导的影响，进而促进失败学习行为。这一结论与现有的研究结果相吻合，如单红梅等（2017）认为，传统性会削弱变革型领导对员工组织公民行为的促进作用；彭伟等（2017）研究发现，传统性负向调节包容型领导与新生代员工的主人公行为这二者之间的关系；苏涛永等（2017）研究发现，传统性负向调节谦卑领导行为及员工创新行为间的关系。

（2）传统性在组织支持感与员工失败学习行为间具有负向调节作用。

具体而言，低传统性员工遵从诱因—贡献平衡原则，对来自组织的支持比较敏感，会因此产生回报组织的强烈愿望，在创新失败情境下，这种愿望会转化为失败学习行为；而高传统性的员工恪守社会期许原则，不关注企业如何对待自己，导致组织支持感对失败学习行为的影响较小。这一结论与现有的研究结果相吻合，如Farh等（1997，2007）多次证实传统性在组织公正、组织支持对员工承诺、组织公民行为正向影响过程中具有负向调节作用；Hui等（2007）研究发现，领导成员交换关系对下属组织公民行为具有显著正向影响，传统性会削弱二者之间的关系；Zhang等（2014）也证实了传统性会削弱组织成员交换与中层管理者情感承诺间的正向关系。

5.5.2 理论意义

本研究针对理论与实践共同关注的热点问题——如何从失败中有效学习进行分析。基于现有理论研究的空白，综合运用社会认知理论、领导力理论、社会交换理论和组织学习理论，构建双层次变革型领导对员工失败学习行为影响机制模型，研究结论能够丰富和完善现有理论研究，创新之处如下：

（1）整合领导力理论、社会认知理论、社会交换理论与组织学习理论，基于员工创新失败学习行为的特点，从个体层面和团队层面探讨了变革型领导对员工失败学习行为的影响，既丰富了不同层面的变革型领导与不同层面失败学习的研究，又加深了对变革型领导与员工失败学习行为关系的理解。

第一，当面临失败时，企业内部的失败学习行为可能来自三个不同层面——个体失败学习、团队失败学习和组织失败学习（胡洪浩等，2011），虽然现有研究多关注组织层面的失败学习行为，但对其他层面的研究同样具有价值（卢艳秋等，2018a）。员工作为团队和组织的基本构成单位，是失败学习行为的主体，且与其他两个层面的失败学习行为（团队与组织）有着明显差异（谢雅萍等，2016）。因此，学者们呼吁重点关注个体层面的失败学习行为并对其开展深入研究（卢艳秋等，2018a；庞立君等，2018）。本研究响应了这一号召，聚焦于个体层面的失败学习行为，在区分个体、团队和组织三个不同层面失败学习行为特征的基础上，对员工失败学习行为的产生过程进行了深入分析，丰富了不同层面失败学习行为的研究。

第二，根据领导力理论和企业实践，领导行为不仅是个体层面现象，同时也会呈现在团队层面（Kark et al.，2002；张京，2013；蒋琬，2015），在现有为数不多的领导力与员工失败学习行为关系的研究中，学者们均将领导行为视为一个整体变量，仅聚焦于个体层面探寻其对员工失败学习行为的影响（唐朝永等，2014a；唐朝永等，2016；卢艳秋等，2018a），却忽略了多层次视角分析，未能系统而深入地剖析领导行为对员工失败学习行为的影响。本研究在领导力理论的基础上，借鉴Kark等（2002）的多层次领导力研究思路，将创新失败情境下团队中的变革型领导行为分为个体导向层面和团队导向层面，并将双层次变革型领导与员工失败学习行为纳入同一个模型中进行研究。从不同层面探寻变革型领导对员工失败学习行为的促进作用，以突破现有文献仅关注单一层次的研究局限。本研究在丰富了多层次领导力研究的同时，更加系统、深入地剖析了变革型领导行为对员工失败学习行为的影响。

（2）从社会信息加工视角出发，探讨了变革型领导对员工失败学习行为的跨层次影响机制模型，既分析了团队心理安全感对员工失败学习行为的跨层次直接影响；又分析了团队导向的变革型领导通过团队心理安全感的跨层次中介作用对员工失败学习行为的影响，深化了员工失败学习行为形成机制的研究。

作为一种高效的领导方式，变革型领导能够有效地促进员工的组织公民行为、创新行为和谏言等角色外行为（杨春江等，2015；张毅等，2012；周浩等，2012），因此，在失败学习领域，学者们开始尝试探讨变革型领导对员工失败学习行为的影响机制问题（唐朝永等，2016；卢艳秋等，2018a）。但现有研究均将变革型领导视为一个整体变量，在个体层面孤立地考察变革型领导通过员工组织支持感和心理所有权等心理认知因素的中介作用对员工失败学习行为所产生的影响。在创新失败情境下，员工的失败学习行为往往需要同时考虑个人与其所在群体的多层面因素（唐朝永等，2014a；卢艳秋等，2018b）。然而，现有研究却未能就变革型领导如何通过员工所在的群体因素而影响员工失败学习行为这一问题进行清晰的阐释。因此，基于现有领导力研究文献，本研究将变革型领导分为个体导向和团队导向的多层次领导行为。同时，借助社会信息加工理论，构建变革型领导对员工失败学习行为跨层次影响机制模型，通过实证分析得出结论：变革型领导对员工失败学习行为存在跨层次作用机制。具体而言，在团队层面，团队心理安全感对员工失败学习行为跨层次直接影响，变革型领导的角色模范、团队愿景和高绩效期望通过团队心理安全感的中介作用对员工失败学习行为产生跨层次影响。研究结论更加系统深入地阐释了变革型领导影响员工失败学习行为的路径，有助于深入理解员工失败学习的形成过程，进一步深化了员工失败学习行为形成机制的研究。

（3）将表征中国传统文化的传统性纳入研究框架，探寻了其在个体导向的变革型领导与员工失败学习行为间、组织支持感与员工失败学习行为间的调节作用，既推动了失败学习本土化研究，又丰富了变革型领导有效性的研究。

第一，随着中国经济的发展，国内企业的管理问题逐渐浮出水面。学者们纷纷呼吁要结合中国文化特点开展对本土化管理问题的研究（Chen et al，2010；徐淑英，贾良定，2012；蔡亚华，2014）。然而，失败学习这一主题的研究源于欧美，且现有研究大多基于欧美文化情境开展研究，国内学者在对失败学习这一主题开展研究时也仅仅选取华人员工作为调研样本，未能充分考虑中国文化因素或将其纳入研究框架中，这些都难以推动失败学习行为的本土化研究。本研究不仅探寻了双层次变革型领导对员工失败学习行为的影响路径，同时，将表征中国传统文化的传统性纳入影响路径中，将其与领导行为、员工心理认知与失败学习行为相融合，识别出传统性在个体层面变革型领导与员工失败学习行为间以及组织支持感与员工失败学习行为间的负向调节作用，有效地推动了失败学习行为的本土化研究。

第二，根据领导力理论中的情境领导观点，领导行为的有效性受到被领导者个人因素的影响。同样，变革型领导对员工行为的影响并非一成不变，其有效性也容易受到员工个人因素的调节（单红梅等，2017）。但在变革型领导与员工失败学习行为关系的研究方面，学者们却很少关注员工个人因素在其中发挥的调节作用。本研究将员工个人因素——传统性纳入变革型领导与员工失败学习行为的研究中，明确了变革型领导行为对员工失败学习行为影响过程中的边界条件，进一步丰富了变革型领导有效性的研究。

5.5.3 管理实践启示

陈文玲（2017）认为，创新是推动经济发展的第一动力，是建立创新型国家的战略选择，且已成为我国开展经济建设的"灵魂"。但在以创新为主导的经营环境下，企业面对诸多的风险与不确定因素，失败已成为企业不得不面对的问题。本研究将创新失败这一普遍而又重要的现实情况纳入分析框架之中，围绕如何从失败中学习这一主题，构建双层次变革型领导对员工失败学习行为的影响机制模型，明确在企业创新失败情境下，领导行为如何通过个体层面和团队层面因素促进员工从中学习，并分析这一过程中的边界条件，研究结论能够从多方面为企业管理者帮助员工和企业在逆境中成长提供有益借鉴。具体实践启示如下：

5.5.3.1 败中学习，变革先行

失败并非总是坏事，其中蕴藏着的大量富有价值的信息，亟须企业挖掘、吸收利用，进而构建企业竞争优势，指引其未来发展（胡洪浩等，2011）。员工是构成企业的基本单元，其能否从失败中有效学习成为企业未来成败的关键因素。本研究在创新失败情境下，通过实证分析发现：双层次变革型领导（指向团队与指向个体）能够有效促进员工失败学习行为。这表明，在以创新为主导的竞争环境中，传统交易型领导方式难以有效应对创新中出现的问题。因此，融入变革因素为其"保驾护航"就变得尤为必要。从内部管理角度出发，企业应积极推行变革型领导方式，注重培养和选拔具有变革精神的领导者，通过系统而全面的培训，提高管理者的业务能力、学习能力、远景构建能力、创新意识和服务意识，从而树立其业务过硬、学习过硬、思想过硬和形象过硬的口碑，且在领导者选聘环节，要尤为注重候选人是否具备上述能力和特质，并将其作为领导者聘任和日常考核的重要指标。

从管理者自我提升角度出发，领导者应注重培养自身的变革能力。Wu等（2010）和Zhang等（2013）认为，企业中成功的领导者既要有激励所有下属成员的实力，也要有满足团队成员不同需求的能力。一个成功的领导需要"两手抓"——既要关注团队又要关注个体成员、"两手都要硬"——建设好团队并且满足团队成员需求。结合本研究的研究情境与结论，当企业创新失败时，在团队层面，领导者可以通过提供角色模范、团队愿景和提出高绩效期望等三个方面扭转败局。首先，领导者要以身作则、严于律己，提高自身的业务技能并加强个人职业素养，成为团队成员竞相学习的榜样，以此鼓励团队成员从失败中学习。其次，领导者要向团队成员描绘一个清晰且具有吸引力的愿景，并将其赋予意义，促进成员对团队的认同，进而将团队目标视为成员的个人目标，从而形成团队内共同的理想和价值观，激发成员拼搏奋进和无私奉献的精神。约翰·C.麦克斯

维尔（2016）认为感情先于理智，除非被领导者打动，否则员工不会行动。中国古代也有"用人之道，攻心为上"的观点，这些都表明了团队愿景对促进团队成员失败学习行为的重要性。最后，领导者要向团队成员提出高绩效期望，鼓舞其工作激情和进取心，激发其潜能，促使成员在工作中不断进步。在具体实施的过程中，管理者应避免"高绩效期望一步到位"式的做法，这会给团队成员带来巨大的工作压力，甚至会因实现过程的漫长而消磨团队成员的意志和信心。管理者可将高绩效期望的总目标拆分为若干个具有一定挑战性的子目标，并按照由易到难、循序渐进的方式逐步实现。此外，当企业创新失败时，在个体层面，领导者可以通过个性化关怀和智能激发来扭转败局。一方面，领导者要给予员工个性化关怀，"急员工之所急，想员工之所想"，根据每一位员工的特点和实际情况，在业务技能、心理感受及成长发展等方面给予其足够的关心和帮助。同时，在中国文化背景下，工作与家庭的边界较为模糊，这也要求管理者要兼顾员工的工作和家庭状况，并尽全力助其解决在工作和生活上出现的种种困难。另一方面，领导者要鼓励员工开拓创新，勇于挑战传统的观念，如定期开展创新思维培训与讨论会，将创新理论融入实际工作之中，鼓励员工开展非正式的头脑风暴会议进而拓展思路。同时，领导者应适当授权，为员工创造轻松、自由的思考空间。在授权过程中，由领导者设定工作目标，并围绕此目标赋予员工责任与权力，定期对任务的实施进度和结果进行检查，并及时给予必要的指导和帮助。

5.5.3.2 关注心理感知，疏通传导机制

Shepherd等（2011）与卢艳秋等（2018a）的研究发现，个体失败学习行为更侧重于学习者的内心思考与顿悟，是学习主体内心对学习意义构建的过程，这一过程将外部刺激转化为内部感知最终转变为行为。本研究结论也证实了这一观点，即双层次变革型领导通过组织支持感与团队心理安全感的中介作用影响员工失败学习行为。在管理实践过程中，领导者应关注如何通过上述两条路径有效地促进员工从失败中学习。在个体层面上，领导者要转变已有的监管观念，树立"为员工服务"的意识，将员工视为服务对象，关注员工的组织支持需求，通过多种措施提高员工组织支持感。这些措施的具体实施包括：首先，企业要建立公平、公正的规章制度。根据社会交换理论，人们总是希望个人的付出与回报间达到平衡。因此，企业在制定薪酬、晋升政策以及资源分配程序时，要剔除个人情感因素，应按照投入—收益平衡原则以确保程序公开透明，在政策上达到一视同仁。其次，企业要强化各个部门主管对下属工作指导与情感支持的监管。中国文化背景下的权力距离指数较高，领导与下属之间存在明显的等级区隔，领导者往往高高在上，这使得企业内有关领导服务于下属的制度收效甚微。因此，企业要加强对此类制度实施效果的跟踪及监管，如定期开展员工座谈会了解上级领导对员工的支持情况，设立信箱允许员工以匿名的方式

向人力资源部门反映领导者不作为的情况，对反应集中且强烈的问题进行调查，并公布调查结果和处理意见。最后，企业要营造同事间良好的氛围。员工的组织支持感源于组织、领导和同事等多个方面，因此，企业需要营造良好的组织氛围，鼓励同事之间开展交流互动及互帮互助行为，如在日常工作中组织召开员工任务压力分担小组会议；在工作之余，组织召开员工情感交流家庭聚会等促进员工的组织支持感。除了通过上述组织、领导和员工等三方面提升员工组织支持感之外，企业还需要重点关注三类人群，第一类是新入职的员工，企业应了解其需求并给予支持，以帮助其尽快地融入集体之中，第二类是主动离职的员工，企业应了解其离职的真实原因，发现现有组织支持体系的不足并及时修正、完善，第三类是企业的中坚力量，因其对企业的贡献和重要性，企业应了解其个性化需求并给予支持。

在团队层面上，领导者要密切关注团队的安全氛围，通过多种措施提高员工的团队心理安全感，确保领导行为在向员工失败学习行为转化的过程中畅通无阻。首先，在企业文化方面，树立正确的失败价值观，将失败视为常态化和富有价值的事件，营造轻松的学习氛围，鼓励团队成员敢于面对、承认失败，将正确的失败观作为团队安全氛围的基石。其次，在企业制度层面，改变以成败论英雄的奖惩制度。现有大多数企业"奖励成功、惩罚失败"的管理方法使得团队成员在创新失败情境下会产生极大的不安全感（胡洪浩等，2011），这不但阻碍了团队成员的失败学习行为，也阻断了卓有成效的领导行为对团队成员失败学习行为的正向影响。在制度层面，企业需明确表明对待失败的宽容态度，并在失败情境下营造出良好的团队安全氛围，如Google公司在创新过程中所秉持的"好好失败"原则，将失败视为通往成功过程中富有价值的环节，团队成员不会因犯错而招致惩罚、嘲讽甚至敌视，成员间能够真诚沟通、彼此信任。根据归因理论，在制定具体制度时，企业可将失败的原因分成两类进行差别对待：对于无法预知和无法控制的失败予以宽容，甚至给予一定的褒奖；对于可预判可控制的失败（仅仅由于操作人员主观疏忽导致）则给予警告甚至采取一定的惩罚。最后，团队领导除了继续发挥变革能力之外，还肩负着对失败原因进行判断的责任，领导者应通过组织团队成员共同商议的方式对失败原因进行分析。

5.5.3.3 因人而异，差别对待

在不同文化情境下，员工所具有的认知态度和行为具有一定的差异性。在对员工行为与绩效开展研究时，不应忽略文化作用（Mellahi et al., 2010）。本研究结合中国传统文化，将传统性引入研究框架。研究结果表明，传统性在个体导向的变革型领导与员工失败学习行为间以及组织支持感与员工失败学习行为间均具有负向调节作用。这一结论为企业以及领导者实施差异化策略、促进不同员工的失败学习行为提供了合理化建议。在管理实践中，管理者应意识到领导行为与组织支持感对员工失败学习行为作用的大小会受到员工

传统性的影响。因此，应对不同传统性的员工采取差异化措施。人力资源部门在招聘环节或日常工作环节先获取员工传统性的信息，并依据这些信息对高传统性与低传统性两类员工进行划分。针对高传统性员工，变革型领导行为特质与组织支持感对其失败学习行为的影响被削弱，领导者应考虑采用其他管理方式激发此类员工的学习行为，如阐述失败学习的重要性以及必要性，将失败学习行为纳入员工行为规范之中，突出强调失败学习行为是员工的角色职责和责任义务。而针对低传统性员工，应充分发挥变革型领导行为特质与组织支持感的影响力以促进其失败学习行为。

5.5.4 研究局限及未来研究展望

员工失败学习行为是现阶段组织学习领域的前沿问题之一。本研究在已有研究的基础上，立足于企业创新失败情境，融合领导力理论、社会认知理论、社会交换理论及组织学习理论，深入剖析员工失败学习的形成机制问题，并得到了颇具价值的结论。但由于客观条件限制，本研究仍存在一定局限，需后续研究加以完善，主要体现在以下几点：

（1）本研究中的调研区域主要集中在广东省广州市、深圳市和珠海市的国家级高新技术产业开发区，调研对象为高新技术企业，这降低了研究的外部效度，未来研究可以选择更加广泛的区域及普通企业进行调研，以便进一步增强研究结论的说服力。

（2）本研究数据为截面数据，未来研究可采用追踪研究法或实验研究法，以此获得研究变量之间动态演变规律。此外，本研究采用的实证分析方法能够较好地进行验证性分析——检验理论模型，但却难以有效进行探索性研究——构建理论模型，未来研究可考虑将定性分析方法与定量分析方法相结合，通过案例分析对变量间的关系和影响机制进行探寻并构建理论模型，随后，通过定量分析方法对理论模型进行检验。

（3）本研究从领导力视角出发，揭示了双层次变革型领导如何通过团队层面因素与个体层面因素进而对员工失败学习行为产生影响，得出的结论仅仅是变革型领导与失败学习行为复杂关系中的"冰山一角"，未来可以考虑将群体层面的失败学习行为纳入研究模型之中，进而探寻双层次变革型领导对不同层面失败学习行为影响机制的异同。另外，按照失败来源不同，将失败学习行为划分成组织内失败学习行为与组织间失败学习行为这两类，二者的形成机制有所不同（胡洪浩等，2011），且在二者形成过程中，双层次变革型领导是否发挥着不同作用也是值得探讨的问题。同时，变革型领导会使员工产生依赖性（Eisenbei et al.，2013），而依赖性则会抑制其失败学习行为，未来可尝试探寻双层次变革型领导对员工失败学习行为产生的"双刃剑"效应。此外，现有研究大多将研究视角聚焦于企业内部变量（如本研究的双层次变革型领导）对失败学习行为的影响，较少关注企业外部因素对企业内部失败学习行为的影响，未来可尝试将企业的外部利益相关者纳入失败学习研究框架之中。如，基于企业与消费者协同演化视角，消费者将对企业能力产生重要影响（肖静华等，2014），在企业的一些失败事件中，消费者会蒙受经济损失甚至造成身体伤害（李英等，2016），反应较为激烈，此时，消费者与企业的互动容易对企业内失败学习能力产生影响，将消费者行为融入组织行为领域，能够更加系统、深入地理解失败学习行为形成机制。

6 组织支持感如何促进员工失败学习[*]

在创新失败情境下，员工失败学习不是易事，失败给员工带来物质与精神双重压力（Michael et al., 2019），从失败中学习既需破旧立新的智慧和能力，又需直面风险的勇气与鼓励，这使得让员工感受到来自组织多源的物质及精神支持——组织支持感变得尤为重要（Catalano et al., 2018；庞立君等，2018），如何将组织支持感转化为员工失败学习这一问题因此应运而生，成为现阶段学术界与实践界重点关注的课题。

组织支持感是员工对源于组织、领导和同事给予的关心和支持的感受（顾远东等，2014），能够对员工认知与角色外行为产生积极影响（Rhoades et al., 2002；Moorman et al., 1998）。沿此思路，学者们围绕组织的多源支持对失败学习的影响进行了深入分析，结论如下：（1）领导的支持和指导能够提高组织和成员对失败的认识和学习效果（Carmeli et al., 2009；Tucker et al., 2003）；（2）同事间融洽的关系和互敬互助也有助于组织与团队在失败中有效学习（Carmeli et al., 2009；Edmondson, 1996）；（3）组织提供的技术支持和培训项目能够减少失败事件的发生（Singer et al., 2013），且技术信息支持能够有效促进失败后的组织学习行为（于晓宇等，2012）；（4）综上源于领导、同事和组织的多源支持能够有效促进员工失败学习（庞立君等，2018；唐朝永等，2014）。上述研究虽已证实组织支持感与失败学习间的正向关系，但二者间仍有一些极富价值的问题尚需澄清和探究：（1）失败事件不仅对组织和团队学习行为产生影响，也会促使个体产生独特的学习行为，而现有研究大多关注组织与团队层面的失败学习，少有针对个体层面的失败学习开展研究；（2）另外，与组织和团队层面不同的是，员工层面的失败学习更加强调学习主体的主观性，即通过学习主体内心对学习意义的构建，继而产生学习行为（Shepherd et al., 2011），这往往是一个将内在认知由浅入深再逐渐演变为外在行为的过程（卢艳秋等，2018），而对组织支持感到员工失败学习这一演变过程的内在作用机制尚未得到深入研究；（3）组织学习视角下，学者们普遍认为失败情境下存在单环与双环两种不同的学习模式，其形成过程存在差异（Deverell, 2009；郝喜

---

[*] 原文刊于《管理工程学报》2022第2期，第49-60页。**庞立君**，任颋，王向阳。组织支持感与员工失败学习行为：基于复杂产品系统创新失败。

玲等，2018；庞立君等，2019），而现有研究均将失败学习视为单一模式，忽略了组织支持感对不同学习模式作用路径的深入探讨。上述不足不利于社会交换理论的发展与应用，更有碍于员工从失败中有效学习、助力企业从失败走向成功。

6.1 纵观全局：组织支持感促进员工失败学习全景图

社会交换理论指出，作为心理认知的初级阶段（文吉等，2015），组织支持感需作用于员工的内在心理，由浅入深进而产生对组织有益的结果。有关社会交换理论的元分析进一步指出，组织支持感通过绩效—回报期望、社会认同及社会交换等三种传导机制影响员工绩效和行为（Rhoades et al.，2002）。沿此思路，本研究识别出能够分别表征上述三种作用机制的核心要素——自我效能、情感承诺与责任感，运用社会交换理论构建并行多重中介模型探讨第一个关键问题：组织支持感与员工失败学习之间存在何种作用机制。

根据自我决定理论，自我效能感和情感承诺与自主动机（autonomous motivation）紧密关联，责任感则与受控动机（controlled motivation）紧密关联。两种动机相较而言，自主动机更能促进创新行为（Edward et al.，2005），受控动机更能促进日常工作和角色内行为（Yu et al.，2013）。失败情境下的单环学习主要通过对企业行为及操作的单方面调整来解决问题，使企业员工了解如何做，关注工具性变化和绩效（Tucker et al.，2003），较少涉及创新行为。同时，由于创新失败高发的特点，企业往往要求员工重视失败并快速响应，使得单环学习更贴近员工角色内行为。双环学习则需重新审视企业战略目标及核心价值观，同时对行为进行反思，并通过二者的改变和匹配来解决问题，使企业员工了解为何这样做，关注价值观变化和战略优化，涉及较多的创新行为（庞立君等，2019）。因此，本研究运用自我决定理论探讨第二个关键问题：自我效能感、情感承诺与责任感在组织支持感与员工不同失败学习间的中介作用是否存在差异？

综上所述，本研究将探讨自我效能感、情感承诺与责任感在组织支持感与员工不同失败学习间的中介作用，并分析不同传导作用的差异。本研究的研究模型如图6.1所示，研究结论能够为深入理解创新失败情境下的失败学习形成机制提供理论依据，为企业在逆境中高效学习、转败为胜提供实践指南。

图6.1 研究模型

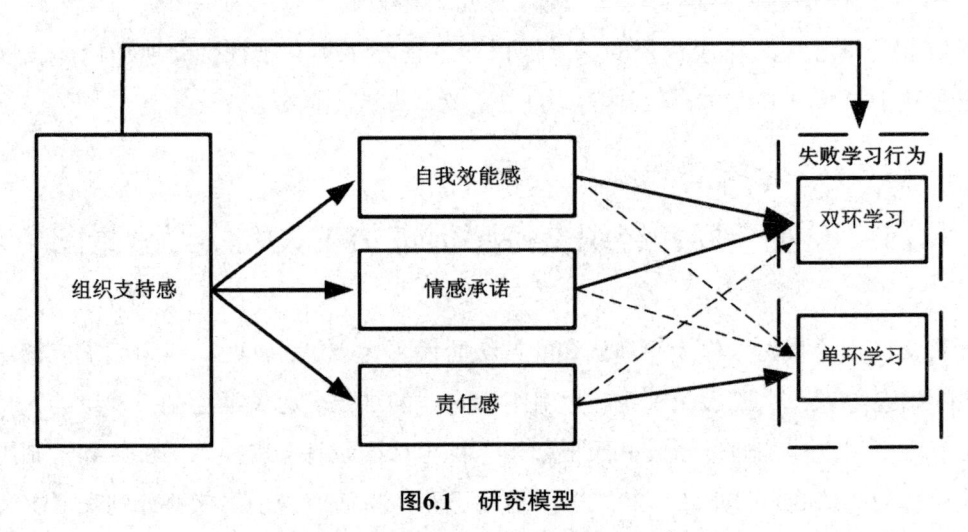

注：图中虚线代表影响效果偏弱

6.2 持之有故：组织支持感促进员工失败学习的理论推演

6.2.1 组织支持感与员工失败学习

Eisenberger等（2002）基于"互惠原则"和"社会交换理论"，提出组织支持感概念：员工对组织重视员工贡献、关心员工福利程度的总体感受。这一概念将组织给予的支持巧妙地转化为员工内在的心理认知，并用具体问项将其刻画出来。随着社会交换理论研究的深入，测量方式已由过去仅关注"组织情感性支持"的单维量表发展为多维量表，如三维量表：组织支持、主管支持和同事支持（顾远东等，2014）；四维量表：情感性支持、工具性支持、上级支持和同事支持（陈志霞，2006），上述多维量表已被用于验证组织支持感与员工角色内和角色外行为间的正向关系（顾远东等，2014；卢艳秋等，2018）。

基于组织支持感理论，在创新失败情境下，当来自组织多源的支持被体察并形成主观感知时，极有可能产生员工失败学习行为。这是因为，首先，组织支持感可以视为"组织对员工的承诺"，员工因此受到鼓舞和激励，能以感恩之心争取各种机会回报组织（Eisenberger et al.，2002）。在日常工作中，回报意识与回报行为相互交融与促进，当遭遇失败事件时，员工的回报意识将发挥先导作用，为了避免组织再次蒙受损失，他们会充分调动学习的积极性，助推自主性学习行为的产生，一方面及时纠正自身操作行为即产生单环学习，另一方面重新审视行为与其背后规范的匹配性，对企业现有文化与价值观提出建设性观点即产生双环学习。其次，组织支持感会逐渐形成员工的心理安全感（Neves et al., 2014）、情感承诺（Stinglhamber et al., 2003），增强员工的工作热情（王陵峰等，2011）和组织承诺（Kim et al., 2016），使员工在面对失败事件时敢于并乐于主动承认错误，与同事分享知识并帮助他人学习（Rhoades et al., 2002; Stinglhamber et al., 2003）。此外，组织支持感能提高员工自我认知价值（Kim et al., 2016），促使他（她）们在工作中高标准、严要求自己，产生较多对组织有利的角色外行为（Singh et al., 2015），进而推动员工在失败事件出现后积极主动参与到纠错与反省的学习活动中。其他现有研究也得出类似的结论，如组织内领导与同事的支持（庞立君等，2018；Carmeli et al., 2009；Tucker et al., 2003；卢艳秋等，2018）、组织的技术与培训支持（Singer et al., 2013；于晓宇等，2012）均能够有效促进失败学习。

综上所述，本研究提出如下假设：

H1：组织支持感与员工失败学习呈正相关；

H1a：组织支持感与员工双环失败学习呈正相关；

H1b：组织支持感与员工单环失败学习呈正相关。

6.2.2 中介效应

社会交换理论强调组织支持感对个人与组织的影响是一个心理传导的过程（Rhoades et al., 2002），具体表现在首先，组织支持感中的工具性支持能够提高员工的能力，增强其实现职业目标的信心（Karatepe, 2015），推动员工全力以赴地投身组织建设之中；其次，组织支持感中的情感性支持如组织对员工的关心、认同和尊重有助于员工形成组织认同，推动员工为组织的发展贡献力量。个体从失败中吸取经验教训往往是一个"内省""顿悟"的过程，学习主体将外部刺激由浅入深、循序渐进地转化为内心深度的思考和理解，继而指导外在学习行为（Shepherd et al., 2011），创新失败情境下的员工失败学习亦是如此（卢艳秋等，2018）。在社会交换理论的框架下，结合个体失败学习的特点，本研究认为自我效能感、情感承诺与责任感在组织支持感与员工失败学习间具有中介作用，即员工对组织支持的客观体察与认识将形成心理认知的初级阶段——组织支持感，继而转化为深层次的认知和情感，赋予失败学习意义，最终促进后续的失败学习。

自我效能感的中介作用。自我效能感由美国心理学家阿尔伯特·班杜拉最早提出，它是指个体对自己是否有能力完成某一活动所进行的推测与判断，主要受情绪状态、言语劝说、替代榜样及过去成功经验所影响（姚凯，2008）。

失败情境下，员工的挫败感易诱发负面情绪、带来心理压力、挫伤自尊心、降低自我效能感，甚至产生"我真的不行"的想法（庞立君等，2018）。此时，组织支持感让员工感受到来自组织、领导与同事无微不至的情感支持。其中,对员工的接纳与关心为其舒心减压、调节情绪状态,有利于员工自我效能感的提升,而对员工的言语性鼓励和赞同则能提升自尊与自信(姚凯,2008)。组织支持感拉近了员工与领导及同事的距离,便于观察和学习榜样在逆境中的坚持与拼搏,进而增强其努力便可成功的信念。此外,组织支持感除情感性支持外,还包括工具性支持——对员工工作中使用的知识和技能给予辅导与培训,为其成功完成工作任务提供保障,进一步提升员工自我效能感。受自我效能感影响,员工将为自己设定较高的职业目标并为之拼搏奋斗,在逆境中表现出尤为强劲的韧性。因此,在失败情境下,结果与预期目标的落差将促使员工不断分析失败、总结经验,以此实现高绩效目标。同时,自我效能感能够调节情绪,尤其在遭遇困难和失败时,可以有效削减员工的痛苦和紧张感,帮助员工快速调整心态、恢复平静,进而从失败中吸取经验教训。此外,自我效能感能够激发员工的工作兴趣和积极态度,使得员工在面对失败时不仅能对自身行为进行反思,纠正操作失误,更能对失败原因进行深入分析,以探寻行为规范存在的问题,进而将行为与其背后规范进行匹配。结合上述分析,本研究认为,当员工感受到来自组织多源的情感性与工具性支持时,将有助于控制其不良情绪,增强其自尊、信念与知识技能,并在失败情境下形成能够完成任务的自信,在这一深层认知的影响下,员工将开展实践活动——积极参与失败学习活动、从失败中汲取价值。基于此,本研究提出如下假设:

H2:创新失败情境下,组织支持感通过自我效能的中介作用影响员工失败学习;

H2a:组织支持感通过自我效能的中介作用影响员工双环失败学习;

H2b:组织支持感通过自我效能的中介作用影响员工单环失败学习。

情感承诺的中介作用。组织行为视角下,情感承诺是指员工对组织的情感依恋、认同和卷入,是驱动员工角色外行为的重要影响因素,常用来衡量员工与组织关系的紧密程度。

现有研究表明,听取员工意见、给予员工指导和培训、帮助员工实现目标等企业开展的一系列关心员工利益和福祉的活动能够有效增强员工情感承诺(Takeuchi,2010),继而推动员工的积极行为,如主动承担特殊任务、帮助企业解决问题等。个体失败学习是"由内而外,循循有序"的过程,综上,组织支持感极有可能通过情感承诺作用于员工失败学习。首先,企业的支持性举措被员工所感知,在内心渐渐形成企业关心并认可其贡献的认知,即产生具有互惠内涵的组织支持感,促使员工产生积极的态度。此外,这种感知能够满足员工被认可与尊重的内在高层次需要,员工将与企业进行情感交融,逐渐达到"你中有我,我中有你"的状态,进而形成对企业的情感承诺。高情感承诺的员工与企业之间强烈的情感纽带使其产生对企业的归属感与认同感,与企业齐努力、共进退,将努力践行有益于企业的活动。企业创新失败时，为保持企业的竞争优势，他们会践行岗位职责，对失败事件进行快速响应，同时探寻失败根源、纠正行为及其背后规范。现有研究均表明，组织支持感通过正向影响情感承诺进而作用于员工行为，如组织公民行为（Chênevert et al.，2015）和群体层面利他行为（Tremblay et al.，2019）等。基于此，本研究提出如下假设：

H3：创新失败情境下，组织支持感通过情感承诺的中介作用影响员工失败学习；

H3a：组织支持感通过情感承诺的中介作用影响员工双环失败学习；

H3b：组织支持感通过情感承诺的中介作用影响员工单环失败学习。

责任感的中介作用。组织支持感理论强调礼尚往来，组织对员工投之以桃，员工对组织应报之以李。基于这一思想，组织支持感对员工失败学习的影响过程中，责任感发挥着重要传导作用，原因为：组织支持感使员工感受到源于企业、领导与同事在物质和精神方面的支持与帮助，这种受益于他人的感觉促进员工产生一种回报意识，随着"我受益、我回报"意识的逐渐积累和增强，员工内心深处为企业着想、帮助企业实现目标的责任感和义务感油然而生。当企业创新失败导致预期目标未能实现时，员工的责任感将驱使其主动自检，分析失败原因、分享自我观点、进行批评与自我批评、共同学习——一方面纠正显性的局部错误（如粗心大意导致的违规操作、理解不当导致的操作失误等），另一方面修正隐藏在系统内部的问题（如规章制度不当、目标设定不合理等），进而从失败中吸取经验教训。此外，现有研究表明，组织支持感通过责任感影响员工行为（Yu et al.，2013）。基于此，本研究提出如下假设：

H4：创新失败情境下，组织支持感通过责任感的中介作用影响员工失败学习；

H4a：组织支持感通过责任感的中介作用影响员工双环失败学习；

H4b：组织支持感通过责任感的中介作用影响员工单环失败学习。

6.2.3　中介效应比较分析

基于自我决定理论，个体内心存在三种基本需要：自主需要——个人行为受自身而非他人管控；胜任需要——感觉自己具有影响力，有能力取得富有价值的成果；关系需要——感觉自己与他人相互联系且是组织中富有价值的一员。当上述三种基本需要未被满足时，个体感知到较少的自我决定，更容易受外部需求与事件的影响，形成受控动机；反之，个体更容易受到内在意愿的影响，形成自主动机。与受控动机相较而言，自主动机更能唤起个体对工作的兴趣、热情与好奇心，因此，后者对复杂、认知灵活及概念性的任务具有较大影响（Yu et al.，2013），并能有效促进员工创造力（Feng et al.，2016）；相反地，受控动机则对简单、常规及非概念性的任务具有较大影响（Gagné et al.，2005）。

创新失败情境下，单环与双环失败学习存在较大差异（于晓宇等，2013）。单环学习强调对失败事件的及时处理与解决，通过探明行为存在的问题，对其修正以保证生产或服务的连续性，因解决方案往往是现有惯例及其简单组合，未能对失败根源（如行为规范是否正确，目标与价值观是否存在问题）进行深入探寻，由此产生的知识大多是现有知识的改进和完善。双环学习在纠正错误行为的同时也会重新审视行为规范与核心价值观，系统性地思考行为与指导行为的思想二者之间的匹配程度，对失败根源进行深入分析，往往会产生全新的知识。相较而言，单环学习强调员工"正确地做事（doing things right）"，使其了解如何做，强调学习效率和绩效，包含较少的创新元素；而双环学习则更加强调"做正确的事（doing the right things）"，使企业员工了解为何这样做，关注价值观变化和战略优化，包含较多的创新元素（Wong et al., 2008）。

自我效能与胜任需要紧密关联，强调了较强的自主动机（Kovjanic et al., 2012），对双环失败学习的影响较为显著，原因为：拥有较强自我效能感的员工对自己的能力充满信心，大多喜欢富有挑战的工作，在工作过程中不循规蹈矩，往往"脑洞大开"，常以创新性思维分析问题（Li et al., 2018），尤其在危机情境下，他们不易受外部环境的干扰，不畏惧冲突和风险，形成内在动机（Yu et al., 2013），探寻失败事件的深层次原因（唐朝永等，2014），并实施创新行为（方阳春等，2019）。因此，在创新失败情境下，具有较强自我效能感的员工在强大的自信与挑战精神等内驱力的推动下会深挖失败根源，将更多的精力投放在艰巨且富有创新与价值的系统性（行为与其背后指导思想间的匹配）思考方面。情感承诺体现了较强的自主动机（Yu et al., 2013），其对双环失败学习的影响较为显著。首先，当员工对组织目标、价值观和文化产生认同进而形成情感承诺时，他（她）们会运用更多的创新思维思考问题（Carmeli et al., 2007），以此获取更多的全新知识，尤其在失败情境下，员工的情感承诺能够有效促进开展系统而深入的失败学习活动（Shepherd et al., 2011）。此外，拥有较高情感承诺的员工与企业融为一体，充满了强大的内驱力，当企业遭遇困境时，他们往往冲锋在前，不顾及个人得失，这种"不破败局终不还"的情怀与决心使得员工在开展失败学习活动时不会采用局部分析的短平快方式解决问题，而是系统地分析失败原因，以此彻底根除导致失败的原发病灶。责任感源于企业对待员工的方式，当企业善待员工时，员工便会形成压力并产生必须要回报企业的认知，体现了较强的受控动机（Yu et al., 2013），其对双环失败学习的影响较为有限。较强的责任感会让个体专注于既定的目标并应用现有惯例解决问题（Cooper et al., 2006），难以提供双环失败学习所需的全新知识。此外，双环失败学习的探索式分析模式需要消耗员工大量的精力，而对失败伤疤的深入揭露又会耗竭员工的心理能量，因此，双环学习需要内驱力作为保障。在责任感的驱使下，员工产生"我应该"为企业付出的思想更多源于外部刺激，内在动力的不足导致员工在失败学习过程中会更加侧重难度不大、成本较低的单环学习，而较少涉及包含较多创新要素的双环学习。基于此，本研究提出如下假设：

H5：在创新失败情境下，与责任感相比，自我效能感和情感承诺对双环失败学习具有较强的影响。

与双环失败学习不同，自我效能感与情感承诺对单环失败学习的影响较为有限。低自我效能感的员工缺少内在动机，他们更多的是通过提升日常工作绩效证明自身实力，而具有较高自我效能感的员工则较少关注日常工作或常规工作任务。因从事创新的企业面临较多的不确定性和风险性，遭受失败的概率要远高于一般企业，这导致不同于一般的研究情境中将单环失败学习视为角色外行为，本研究选取的研究对象更多地将单环失败学习视为角色内行为和常规工作任务。因此，在创新遭遇失败时，较高自我效能感的员工不会将过多的精力倾注在简单的行为纠正上，从而导致自我效能对单环失败学习的影响受到一定限制。与自我效能感类似，高情感承诺的员工具有较强的自主动机和内在动机，他们会从事更多的角色外行为而非角色内行为（Bolino et al.，2005），Walumbwa等（2009）的研究也发现与领导成员交换关系比较而言，情感承诺的核心要素组织认同对员工角色内绩效影响较弱，对角色外绩效影响较强。责任感以雇佣双方的契约和由此形成的雇佣关系为基础，推动员工在生产经营活动中践行自身的职责。创新失败的高发性使得在创新失败情境下，为保障创新的顺利开展并维持现有的雇佣关系，对失败进行快速响应、纠正错误行为已成为员工必须承担的责任与义务，现有研究表明员工的角色内行为更多受到社会交换关系的影响，Yu等（2013）进一步指出责任感对员工的核心工作职责具有较强影响。因此，本研究认为责任感对单环失败学习具有较强的影响。基于此，本研究提出如下假设：

H6：在创新失败情境下，与自我效能感、情感承诺相比，责任感对单环失败学习具有较强的影响。

6.3 目量意营：组织支持感促进员工失败学习的研究方案设计

6.3.1 问卷设计

本研究严格按照上述原则开展问卷设计工作。首先，围绕创新失败情境下组织支持感对员工失败学习行为的影响机制这一研究主题，选取组织支持感、自我效能、情感承诺、责任感与员工失败学习（单环学习、双环学习）等变量进行问卷设计。其次，按照问卷说明（包括问候语、研究目的和填写说明等）、主体部分（包括五个核心变量的测量题项）和背景部分（包括被调研者的性别、年龄等人口统计变量以及被调研者所在公司的基本情况）的先后顺序进行问卷编排，确保问卷结构合理。此外，为确保问题的明确性和非诱导性，本研究系统梳理了五个核心变量构念及测量量表的相关研究成果，根据研究情境相似、概念内涵相同、使用时间较长、使用范围较广及使用频率较高的选择标准，确定研究变量的测量量表。运用Brislin的标准方法对源于国外的英文量表进行翻译和回译，并形成初始问卷。邀请组织2位学习领域内的专家和4位企业管理人员，对问卷在设计结构、内容、表述等方面进行全面审核，结合修改建议，对问卷进行第一轮修改。随后，选取7家企业进行小样本预调研，根据调研反馈的建议，对问卷中存在的细节问题进行进一步修正，最终形成了正式的调查问卷。

6.3.2 样本选取

研究样本选取位于广东省和吉林省多家高新技术企业。长期以来，广东省一直是全国创新最活跃的省份之一，且广州、深圳等地均体现出以企业创新为主导的城市创新模式；吉林省是全国老工业基地重镇，聚集了多家从事研发与生产的实力雄厚的大型企业。以上两省创新发展强劲，是我国现阶段具有较好代表性的区域。两地的创新对于其他地区企业具有示范效应，在一定时期内，会形成趋同态势。因此，选择广东省与吉林省作为调研区域既便于失败学习主题的开展又具代表性，且能够提炼出具有一定普适性的理论。创新自身的特点使得其需要密集的知识和技术作为坚强的后盾，对创新主体的研发水平、技术实力和知识产权投入要求较高。因此，将高新技术企业作为研究对象能够与研究主题形成较高的契合度。本研究在选择样本企业时遵循以下标准：第一，近两年内企业发生过创新失败事件；第二，失败程度适中。现有研究认为失败程度会对失败学习产生影响，一种观点认为小失败不易被识别，甚至被公司有意定义为中性或成功事件，这使得从小失败中学习变得尤为困难；另一种观点认为巨大的失败往往引发外部归因，同时对企业经营造成困扰，有时会带给企业毁灭性的打击——倒闭，导致失败学习效果甚微或失败学习难以发生。因此，为控制失败程度对研究结果的影响，研究团队选取创新失败给企业带来影响（经济损失）适中的样本——既非无足轻重使员工无法识记，又非损失巨大使企业元气大伤（卢艳秋等，2018），以便更加精准地揭示本研究核心变量间的关系。本研究基于行业特征、产品特征和企业发展三方面考虑，围绕航天航空业与装备制造业的4家企业开展调研，其原因为：首先，就行业特征而言，航天航空业与装备制造业中的重大、高新技术装备业是典型的复杂产品系统行业，其中的重点企业是我国创新的主力军，以这些企业中的创新项目作为研究对象具有一定的代表性，符合研究主题的需要。此外，上述产业在创新投入、创新管理等方面与发达国家相比仍存在较大差距，其发展任重而道远，有必要对其创新过程开展深入研究，从而提升其创新能力和国际竞争力，且现有相关文献也大多将装备制造业与航天航空业作为研究对象，对创新管理进行探讨。其次，就产品特征而言，4

家企业开发的产品具有研发成本高、生产周期长、单件定制化生产、技术原理极其复杂等特征，能够较强地表征创新。最后，就企业特征而言，4家企业在各自领域内都具有明显的竞争优势和影响力，近两年均有新项目运营及失败的经历，且经营业绩稳步提升，具有较强的自主创新能力，能够对创新失败具有一定的承受力和自愈力，这为深入探寻失败后员工学习行为的形成机制提供了可能。上述特征使得这4家企业可以成为失败学习研究对象的典型代表。4家企业中航天航空与装备制造类企业各2家，成立年限均在16年以上，员工总数在1 000人以上的有2家，其余2家为600～700人，研发费用均占营业额4%以上。

6.3.3 数据收集

在具体调研过程中，采用领导者与员工配对成组的方式获取数据。首先，对企业进行编码（A、B、C、D），在人力资源部门协助下，从每家企业随机挑选150名员工并编号，如第一家企业的员工编号为A001-A150，后面三家企业员工编号以此类推。随后，调研人员在对问卷做简要说明后，将印有员工编号、组织支持感、自我效能、情感承诺、责任感与人口统计变量的问卷发给员工填写，将印有员工编号与姓名、员工单环与双环失败学习的问卷发给员工的直接领导者填写，所有问卷均现场作答、回收。本次调研共发放600份问卷，回收564份，剔除无法匹配及作答不完整的25份、不符合情境要求的72份（通过甄别选项，剔除未经历失败事件及无法清晰回忆失败事件的问卷），最终获得467份有效问卷，有效回收率为77.83%。在有效的配对问卷中，男性员工238人，占51.0%；21～30岁员工325人，占65.59%，31～40岁115人，占24.63%；本科学历员工235人，占50.32%，研究生及以上学历员工168人，占35.97%。

6.3.4 变量测量

为确保测量的有效性，本研究中六个变量均选取国外较为成熟或已在中国情境下广泛使用的测量量表，按照Brislin提出的"翻译—回译方法"对英文量表进行如下操作：首先，邀请两名英语专业的博士生对问卷进行翻译、回译，形成初始量表；随后，聘请一名管理学教授与一名企业中层管理者对问卷进行修缮，进一步保证量表的适切性。所有量表均采用Likert 5分等级量表，从1分——完全不同意到5分——完全同意，量表具体内容如下：

（1）组织支持感：借鉴卢艳秋等（2018）及陈志霞（2006）的研究成果，将组织支持感界定为组织支持、主管支持和同事支持三个维度，共13个测量题项。典型题项为"公司会原谅我的无心之过""遇到困难时，我会从直接主管那里得到帮助"，该量表的内部一致性为0.934。

（2）自我效能感：采用Avey（2009）研究中所使用的自我效能量表，共3个测量题项。典型题项为"我相信自己有能力为公司的成功做出贡献""在公司里，我有信心制定高绩效目标"，该量表的内部一致性为0.867。

（3）情感承诺：采用Meyer等（1993）开发的组织承诺量表中的情感承诺分量表，共6个测量题项。典型题项为"企业似家，我是其中一员""企业对我而言意义重大"，该量表的内部一致性为0.950。

（4）责任感：采用Avey（2009）研究中所使用的责任感量表，共3个测量题项。典型题项为"如果我认为某事做错了，不管是谁，我都会质询他""如果我看到某事做错了，我会毫不犹豫地告诉公司"，该量表的内部一致性为0.793。

（5）失败学习：借鉴Wong等（2008）与庞立君等（2019）研究中使用的学习行为量表，根据研究情境对其适当修改。单环学习量表共3个测量题项，如在创新失败后，"该员工会提出及时性的解决方案""该员工会依据过去的经验来解决失败事件"等，该量表的内部一致性为0.811。双环学习量表共3个测量题项，如在创新失败后，"该员工会对失败根本原因进行深入分析""基于对失败事件的反思，该员工会探寻并运用新的绩效提升方法"等，该量表的内部一致性为0.792。

（6）此外，根据现有失败学习的相关研究，将员工的性别、年龄、教育程度及本单位工作年限等作为控制变量（黄海艳等，2016）。在统计分析过程中，1代表女性，2代表男性；1代表21～30岁，2代表31～40岁，3代表41～50岁，4代表51岁及以上；1代表大专以下学历，2代表大专，3代表本科，4代表研究生及以上；1代表任职年限为2～4年，2代表5～7年，3代表8～10年，4代表11年及以上。

6.4 有形可检，有数可推：组织支持感促进员工失败学习的数据分析

本研究采用SPSS21.0和Mplus7.0软件进行统计分析。首先进行验证性因子分析，然后进行基本描述性统计分析，最后运用结构方程检验变量之间的关系。具体操作如下：通过验证性因子分析检验变量区分效度及同源偏差；进行描述性统计分析，计算变量的平准值、标准差及相关系数；构建结构方程模型，运用Bootstrap方法对中介效应的显著性及差异性进行分析。

6.4.1 描述性统计分析

各变量的平准值、标准差及相关系数如表6.1所示。由分析结果可知，组织支持感分别与自我效能（$r=0.239$，$p<0.001$）、情感承诺（$r=0.398$，$p<0.001$）、责任感

（r=0.494，p<0.001）、单环学习（r=0.499，p<0.001）及双环学习（r=0.337，p<0.001）显著正相关，H1a与H1b得到验证；单环学习分别与自我效能（r=0.144，p<0.01）、情感承诺（r=0.281，p<0.001）及责任感（r=0.451，p<0.001）显著正相关；双环学习分别与自我效能（r=0.411，p<0.001）、情感承诺（r=0.451，p<0.001）及责任感（r=0.174，p<0.001）显著正相关。上述结果与研究假设具有一致性，初步验证了研究假设。

表6.1 描述性统计分析

变量	M	SD	1	2	3	4	5	6	7	8	9
1.组织支持感	3.950	0.653									
2.自我效能	3.974	0.700	0.239***								
3.情感承诺	3.902	0.785	0.398***	0.336***							
4.责任感	3.666	0.745	0.494***	0.173***	0.319***						
5.单环学习	3.963	0.685	0.499***	0.144**	0.281***	0.451***					
6.双环学习	4.033	0.693	0.337***	0.411***	0.451***	0.174***	0.331***				
7.性别	1.510	0.500	0.020	−0.036	−0.079	−0.013	0.024	−0.017			
8.年龄	1.370	0.620	0.039	−0.029	0.013	0.059	−0.001	0.000	−0.091		
9.文化程度	3.137	0.858	0.011	0.051	0.040	0.003	0.056	0.040	0.027	−0.051	
10.工作年限	2.426	0.882	−0.014	0.066	−0.006	0.084	0.020	0.033	−0.002	0.064	0.028

注："*"代表显著性水平p<0.050；"**"代表显著性水平p<0.010；"***"代表显著性水平p<0.001。（下同）

6.4.2 验证性因子分析

在探寻不同变量间的区分效度时，主要应用了验证性因子分析方法，结果如表6.2所示。与其他五个模型相比，本研究提出的六因子模型拟合适配度指标最佳（χ^2=566.789，df=174，χ^2/df=3.257，RMSEA=0.068，CFI=0.973，NNFI=0.964），表明六个不同变量间具有良好的区分效度。

表6.2 验证性因子分析

模型	χ^2	df	χ^2/df	RMSEA	CFI	NNFI
六因子模型	566.789	174	3.257	0.068	0.973	0.964
五因子模型	1333.470	179	7.450	0.118	0.909	0.893
四因子模型	1662.345	183	9.084	0.132	0.884	0.866
三因子模型	2676.530	186	14.390	0.170	0.804	0.779
二因子模型	3350.750	188	17.823	0.190	0.751	0.722
单因子模型	4225.715	189	22.358	0.214	0.682	0.647

注：六因子模型：组织支持感、自我效能、情感承诺、责任感、双环失败学习、单环失败学习；

五因子模型：组织支持感、自我效能、情感承诺、责任感、双环失败学习+单环失败学习；

四因子模型：组织支持感、自我效能、情感承诺、责任感+双环失败学习+单环失败学习；

三因子模型：组织支持感、自我效能、情感承诺+责任感+双环失败学习+单环失败学习；

二因子模型：组织支持感、自我效能+情感承诺+责任感+双环失败学习+单环失败学习；

单因子模型：组织支持感+自我效能+情感承诺+责任感+双环失败学习+单环失败学习。

在同源偏差方面，首先从员工与管理者两个来源收集数据，在研究设计上控制同源偏差。随后，验证性因子分析结果进一步表明本研究中的同源偏差得到了有效控制。

6.4.3 假设检验

依据Preacher和Hayes的研究方法（Preacher et al.，2008），将自变量、中介变量及因变量同时纳入结构方程模型，确保对每一个中介效应进行分析时能够有效控制其他中介效应，同时运用该方法对不同中介效应的大小进行比较。参照Kovjanic等（2012）学者的研究，在中介效应运算过程中，设置Bootstrap样本量为5 000，置信区间为90%，采用偏差校正方法对自我效能、情感承诺及责任感在组织支持感与失败学习关系间的多重中介效应进行计算。在中介效应对比分析过程中，将置信区间修改为95%，进一步对三个中介效应进行两两比较，中介效应分析及中介效应比较结果如图6.2、表6.3所示。

6 组织支持感如何促进员工失败学习

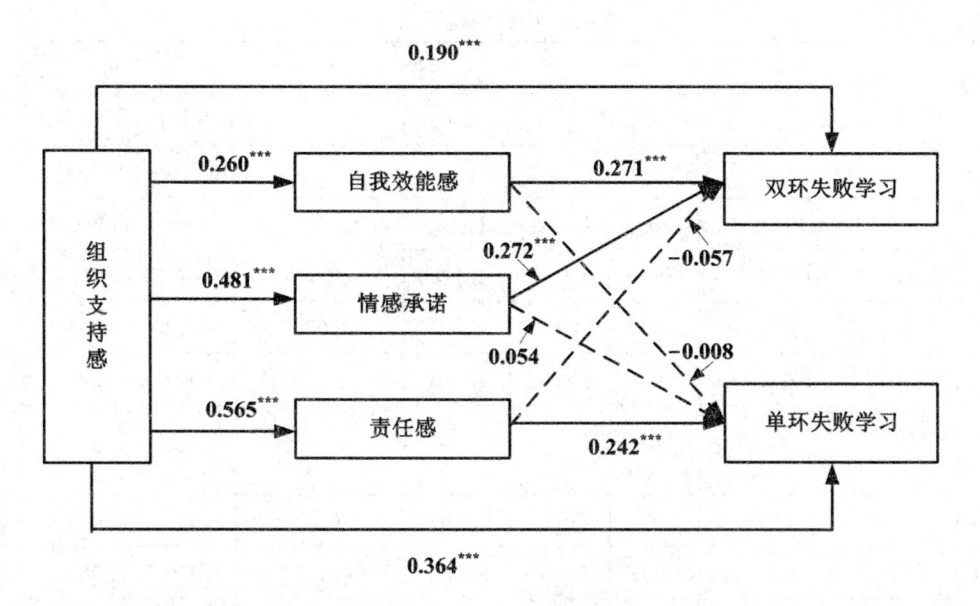

图6.2 Bootstrap分析结果

由分析结果可知，自我效能感在组织支持感与双环失败学习间具有中介效应（β=0.071，SE= 0.020，CI = 0.037 to 0.116），H2a得证；情感承诺在组织支持感与双环失败学习间具有中介效应（β=0.132，SE= 0.028，CI = 0.083~0.197），H3a得到验证；责任感在组织支持感与双环失败学习间不具有中介效应（β=-0.032，SE= 0.026，CI = -0.085~0.018），H4a未得到验证；自我效能感在组织支持感与单环失败学习间不具有中介效应（β=-0.002，SE= 0.011，CI =-0.028~0.018），H2b未得到验证；情感承诺在组织支持感与单环失败学习间不具有中介效应（β=0.026，SE= 0.022，CI =-0.015~0.072），H3b未得到验证；责任感在组织支持感与单环失败学习间具有中介效应（β=0.137，SE=0.029，CI = 0.086~0.200），H4b得到验证。

三个中介效应两两对比分析结果表明，在组织支持感与双环失败学习关系间，自我效能感的中介效应显著强于责任感的中介效应（β=0.103，SE=0.033，CI =0.040~0.168）、情感承诺的中介效应显著强于责任感的中介效应（β=0.163，SE=0.040，CI=0.089~0.240），而自我效能感与情感承诺的中介效应无显著差异（β=-0.060，SE=0.036，CI =-0.132~0.009），H5得到验证；同样地，在组织支持感与单环失败学习关系间，自我效能感的中介效应显著弱于责任感的中介效应（β=-0.139，SE= 0.030，CI = -0.202~-0.084）、情感承诺的中介效应显著弱于责任感的中介效应（β=-0.111，SE= 0.040，CI =-0.197~-0.032），而自我效能感与情感承诺的中介效应无显著差异（β=-0.028，SE= 0.027，CI = -0.080~0.023），H6得到验证。

表6.3 中介分析及比较

中介变量	因变量								
	双环失败学习				单环失败学习			
	BC 90% CI				BC 90% CI			
	Point Estimate	SE	Lower	Upper	Point Estimate	SE	Lower	Upper
自我效能感	0.071	0.020	0.037	0.116	−0.002	0.011	−0.028	0.018
情感承诺	0.132	0.028	0.083	0.197	0.026	0.022	−0.015	0.072
责任感	−0.032	0.026	−0.085	0.018	0.137	0.029	0.086	0.200
中介效应对比分析	BC 95% CI				BC 95% CI			
C1	−0.060	0.036	−0.132	0.009	−0.028	0.027	−0.080	0.023
C2	0.103	0.033	0.040	0.168	−0.139	0.030	−0.202	−0.084
C3	0.163	0.040	0.089	0.240	−0.111	0.040	−0.197	−0.032

注：C1：自我效能感的中介效应—情感承诺的中介效应；C2：自我效能感的中介效应—责任感的中介效应；C3：情感承诺的中介效应—责任感的中介效应。

6.5 抛砖引玉：如何借助组织支持感促进失败学习

6.5.1 研究结果讨论

基于现有研究的不足，本研究聚焦于创新失败情境，运用社会交换理论与自我决定理论，通过467份问卷实证分析了组织支持感与员工失败学习的关系，并进一步考察了组织支持感对员工不同类型失败学习的作用机制，得到结论如下：

创新失败情境下，组织支持感与员工失败学习正相关。具体而言，当感受到组织支持时，员工将表现出更多的单环和双环失败学习。这一结果与现有研究结论互为印证和补充，这表明组织支持感不仅能够在顺境中有效促进员工冒险行为（Zhao，2011）、创新行为（顾远东等，2014）、创造力（Yu et al.，2013）等角色外行为（Singh et al.，2015），还能在逆境中促进员工开展学习活动。

组织支持感通过自我效能感和情感承诺的中介作用影响员工双环失败学习，而责任感在其中未发挥中介作用。多位学者认为失败学习是一个由内而外、循序渐进的过程（Shepherd et al.，2011；卢艳秋等，2018），本研究结论较好地诠释了这一观点，处于浅层的组织支持感能够在员工内心逐渐形成"我能行""我愿意"及"我应该"的深层认知。不同于"我应该"的这一认知，前两种认知能够较好地满足员工的胜任需要、关联需要和自主需要，在创新失败情境下，能够唤起员工探究失败的兴趣与热情，以"打破砂锅问到底"的态度对待失败，进而形成双环失败学习。责任感体现为受控动机，缺少探究失败的内驱力和兴趣，"非内驱无以溯源，非兴趣无以深思"，这导致了组织支持感难以通过责任感促进双环失败学习。

组织支持感通过责任感的中介作用影响员工单环失败学习，而自我效能感与情感承诺在其中未发挥中介作用。组织支持感对单环失败学习的影响同样遵循由浅入深的规律，但在其影响下形成的自我效能与情感承诺受内驱力的作用，促使员工不会一味追求对于失败的快速解决方案，也不再拘泥于凭借原有思路和经验解决问题，而是以一种"系统讨论，深入挖掘"的方式开展学习。在组织支持感影响下形成的责任感则体现了更多的互惠原则，内驱力的缺失使员工难以形成"将失败学习进行到底"的态度和决心，而是以常规的方法和经验单方面纠正行为，力求快速解决问题，进而形成单环失败学习。

与责任感相比，自我效能和情感承诺在组织支持感与双环失败学习间具有较强的中介作用。其原因为：双环失败学习强调系统性与深入性，通过运用大量的创新思维和方法分析问题，进而产生较多的全新知识，其过程往往漫长、复杂且艰辛。因此，在组织支持感向双环失败学习转化的过程中，需培养员工形成"我有能力且愿意完成这项艰巨任务"的认知和情感，在上述强大自主及内在推动力的影响下，员工才敢于且愿意从事双环失败学习活动。而责任感内在推动力"成色不足"的特点使其助推双环失败学习的作用受限，导致其在组织支持感与双环失败学习间的传导作用被削弱甚至消失，继而与内驱力联系紧密的自我效能感和情感承诺发挥的传导作用具有显著差异。这一结论与Edward（2005）、Sears等（2018）的结论具有一致性，再次印证了内在动机是员工创造力与创新行为等角色外行为的重要影响因素。

与自我效能和情感承诺相比，责任感在组织支持感与单环失败学习间具有较强的中介作用。其原因为：单环失败学习强调及时性与高效率，主要运用大量的惯性思维与固有方法分析问题，产生的全新知识极为有限，其过程往往短暂、简单和便捷，尤其在创新的环境中，企业往往经历更多的失败，及时高效地处理失败事件已成为一些创新类企业规定员工必须完成的内容，单环学习具有员工角色内行为的色彩。因此，在组织支持感向单环失败学习转化过程中更多依靠受控动机而非自主动机的传导作用，即源于组织的支持促进自我效能、情感承诺与责任感，与承载了较多自主动机的自我效能与情感承诺相比，责任感的回报意识更加有助于员工完成规定任务——在现有经验范式下对失败进行快速响应，及时纠正错误行为，形成单环失败学习。这一结论与Yu和Frenkel（2013）的研究不谋而合，均验证了受控动机是员工日常行为和角色内行为的重要影响因素。

6.5.2 理论意义

本研究的理论贡献在于：

第一，本研究将社会交换理论应用于失败学习领域，丰富了该理论的研究内容。本研究运用社会交换理论阐释了组织支持感对员工失败学习的影响效果及影响路径，进一步明确了在创新失败情境下源于组织的支持能够为员工传递不同的信息，产生自主与受控两种不同的动机，进而对员工的不同行为产生差异化影响。研究结论拓宽了社会交换理论的应用场景，并有助于推动危机情境下有关组织支持感作用效果与作用机制的研究。

第二，本研究揭示了组织支持感与不同失败学习间的"黑箱"机制，深化了失败学习形成机制的研究。不同于现有研究仅探讨单一类型失败学习的形成机制，本研究在区分不同失败学习类型的基础上，从理论与实证方面论证并检验了两种失败学习的形成机制，深化了对不同类型失败学习的含义、特征、影响因素及形成机制的理解，有助于未来开拓不同类型失败学习前因变量及形成机制的比较分析研究。

第三，本研究将创新失败情境与自我决定理论有机融合，丰富了自我决定理论的相关研究。将广泛应用于一般创新情境且具有较强解释力的自我决定理论聚焦到创新失败学习领域，结合不同类型失败学习的特点构建了双环与单环失败学习形成机制的差异化模型，并验证了该理论是不同类型失败学习形成机制的一个理论基础，将自我决定理论研究由一般创新情境繁衍至创新失败这一新的情境，为该理论的现有研究成果做出贡献，并进一步拓宽了其在组织行为学领域的应用范围。

6.5.3 管理实践启示

第一，创新失败情境下，组织应给予员工充分的支持。根据组织支持感与员工失败学习正相关的研究结论，结合以往研究中组织支持感能够有效促进员工角色外行为的研究结论（Singh et al., 2015），可得出组织支持感是员工从创新失败情境中有效学习、扭转败局的重要影响因素，组织管理者应予以重视。在现有研究成果的基础上，构建组织内部多元化支持体系：一方面，制定合理的决策方式及公平的分配制度。在分析决策过程中要群策群力，领导者对员工一视同仁，倾听并重视每位员工的意见和建议，在资源分配过程中要公开透明，分配结果要体现出公平性。另一方面，营造良好的工作环境与氛围，在布置挑战性任务时领导者要变"指派"为"指导"，给予员工决策权。此外，在组织内部倡导领导者与员工之间以及员工彼此之间的交流互助，如搭建工作信息交流平台、召开工作压力分忧会、举办节日家庭情感交流聚会等。在开展上述活动时，组织要重点关注新员工、离职员工与精英骨干三类群体，为新员工提供支持与帮助，使其尽快融入组织；从离职员工处发现现有组织支持体系的不足并及时修正、完善；从骨干精英处了解组织需求，明确构建支持体系的重点内容。

第二，充分发挥内外部动机在失败学习活动中的作用。根据本研究结论，自我效能感和情感承诺在组织支持感与员工双环失败学习间具有传导作用，责任感在组织支持感与员工单环失败学习间具有传导作用。因此，企业在开展失败学习活动时需同时激发员工失败学习的内外部动机。在调动内在动机方面，向员工阐述具体任务对组织愿景、使命和目标的价值，明确任务的重要意义，使其充分感受到任务本身带来的趣味性和满足感，同时，鼓舞员工精神，培训员工技能；在调动外在动机方面，进行正向物质激励如加薪、晋升等，甚至制定一些负向物质激励如罚款、降薪等。此外，组织要根据失败事件的原因及学习强度的要求，适时调整两种动机的强度，确保失败学习整体的最佳学习效果。

6.5.4　研究局限及未来研究展望

本研究的研究局限主要包括：（1）研究样本集中在广东省与吉林省从事创新的4家企业，降低了研究结论的外部效度，未来可扩大样本企业的区域和数量，进一步检验结论的普适性；（2）研究采用横截面数据，难以刻画变量间的动态变化过程及因果关系，未来可采用纵向追踪和实验研究的方式探讨组织支持感与员工失败学习间的动态演变规律；（3）本研究探讨了员工失败学习的个体层面形成机制，但这一过程往往受到多个层次、多个变量的综合影响，未来可在现有研究基础上继续探寻个体层面的其他中介变量，同时吸纳组织及团队层面的相关变量，如组织学习氛围、团队稳定性等，并探讨其调节作用；（4）本研究未探讨失败学习的作用结果，未来可强化此方面的研究，如探寻不同失败学习对二元创新、创新绩效及二元文化的影响。

7 失败学习如何促进企业绩效[*]

创新往往影响到一个国家的综合国力和国际竞争力（Davies et al.，2011），复杂性的特点使得创新失败的概率居高不下，如何在创新失败后"转败为胜"成为亟待解决的实践问题。围绕这一主题，学者们展开了对失败学习与企业绩效关系的探讨，得出两种截然不同的研究结论：创新失败蕴藏的大量有价值的知识会给企业创新成功带来指引（Carmeli et al.，2017），从"失败到成功"已成为多数企业创新的正常顺序（Yin et al.，2019），通过失败学习能够促进创新能力、决策质量和绩效（Carmeli et al.，2011）；但也有部分学者指出失败学习未必总是带来永恒的正能量，若盲目地开展失败学习，往往收效甚微，甚至阻碍创新工作及绩效（谢雅萍等，2016）。

组织学习及权变理论能够为上述看似相左的结论提供答案。一方面，组织学习理论认为企业存在不同的学习模式，其中单环与双环学习备受关注。在犯错或危机情境下，企业可能关注工具性的变化和绩效改进——采取单环学习，也可能关注价值观的变化和策略优化——采取双环学习（Tucker et al.，2003），两种学习模式的视角和内容的不同可导致其后续的学习效果存在差异（Wong et al.，2008）。现有失败学习与企业绩效关系的研究大多忽略了不同学习模式的特点，未对其进行区分，而是笼统地阐释二者间的关系。此外，上述研究均基于静态视角，孤立地选取单一时点的企业绩效，未能从动态视角出发将不同时点的企业绩效纳入研究之中，从而导致上述看似矛盾的研究结论。另一方面，权变理论（contingency theory）指出企业内部要素间需协同一致才能有效促进企业发展，同样组织学习也难以在"真空"中发挥作用，需要与其密切关联的要素产生协同效应才能发挥积极的功效。现有研究未考虑失败学习发挥作用的边界条件，这是矛盾结论产生的另一个原因。作为企业的一种导向性原则，战略导向决定了企业未来的发展定位和态势选择，通过对内部现有资源的配置以增强竞争力，从而实现定位目标。在创新失败情境下，开展不同失败学习模式的企业需要战略导向为其提供一些资源，这体现了失败学习与战略导向的关联性。与此同时，由于企业可能采取不同的失败学习模式，其对战略导向提供资源的要求

---

[*] 原文刊于《技术经济》2020年第6期，第70-79页。**庞立君**，高微。失败学习与战略导向的匹配对企业绩效的影响。

亦不同，这体现了不同的失败学习模式需要不同的战略导向与之匹配，以确保失败学习所需资源与战略导向提供的资源保持一致，进而有效提升企业绩效。基于现有研究不足，本研究聚焦于创新失败情境，运用组织学习理论与权变理论构建不同学习模式与不同战略导向的匹配对企业绩效的影响模型，以期更好地解释现有失败学习与企业绩效看似矛盾的研究结论。

7.1 纵观全局：失败学习促进企业绩效全景图

失败学习模式。失败学习模式是指企业失败后采取的学习方式。现有失败学习模式的研究主要基于以下三种视角：第一种以组织学习理论为研究视角。众多学者将组织学习看作是基于历史经验、具有路径依赖的递增式知识获取和信息加工过程。失败作为一种历史经验，是组织学习的重要来源与知识载体（Madsen et al., 2010; Gong et al., 2019）。沿此思路，学者们将失败学习模式分为单环（single-loop learning）与双环（double-loop learning）两种（Tucker et al., 2003; 于晓宇等，2013）。相较而言，单环学习更像是一种"维持性学习"，使企业员工了解如何做，关注工具性变化和绩效，而双环学习则更像是一种"创造性学习"，使企业员工了解为何这样做，关注价值观变化和战略优化（Wong et al., 2008; 庞立君等，2019）。杜维等（2015）将失败学习分为探索式和利用式两种：探索式失败学习是指企业在研究失败经验的基础上发现、创造新领域或新技术，其本质是以失败经验为基础，强调对新知识的获取和试验；利用式失败学习是指企业在吸取失败经验的基础上提高、拓展已有的能力或范式，其本质是以失败经验为依托，强调对现有知识的提炼和改进。虽然上述学者的表述不同，但观点基本相似——探索式学习类似双环学习，通过改变心智模式和规范而获取新知识，属于深入、高阶的学习方式；利用式学习类似单环学习，是在既定框架和规范下对行为和目标进行修正。组织学习理论存在一个假设，即企业可以从自身经历中直接学习。第二种以认知理论为研究视角，认为企业除了可以从自身失败经历中学习，也可以借鉴其他企业的失败案例而从中获益，认知理论拓宽了失败学习的渠道，将间接学习这一模式带入人们的视野。第三种以情境学习理论为研究视角，认为企业的失败学习是一个社会性活动，除了观察和模仿他人经验，企业还需要与外界保持良好的关系与互动。在企业创新失败情境下，以组织学习理论为基础的单环学习模式和双环学习模式对企业失败学习具有更强的解释力。主要因为，一方面，创新的过程蕴藏着对未知事物错综复杂的探寻，在总结失败经验教训时，既需对行为和目标进行重新审视以解决现有问题，更需要打破现有的心智模式和规范，进行整体、系统性的反思，这样才能深层次剖析失败的真正原因。另一方面，内外部失败学习的作用机制存在着差异（Madsen et al., 2010），本研究将创新失败仅限定于企业自身的经历，不考虑外在的失败学习。因此，本研究对基于组织学习理论视角下的单环与双环学习模式开展研究。

创新是一个试错过程，无论成败均可带来创新所需知识的改变。以新产品开发失败作为情境的研究发现，失败有利于知识扩散，而从失败中获取的知识将有助于后续研发。Tahirsylaj（2012）认为失败是成功的前提，在知识和信息经济时代，智能快速失败（intelligent fast failure）是创造新生有价值事物、改进已有技术服务的一种重要理论、方法和工具。失败学习能够提高战略决策质量（Carmeli，2011），进而提升团队创新能力和后续绩效，尤其对研发团队而言，失败学习对团队的创新能力及绩效能够产生更加显著的正向影响（谢雅萍等，2015）。在企业层面，失败学习同样能够提升企业的创新能力和创新绩效（于晓宇等，2019；杜维等，2015；于晓宇等，2013）。但也有学者指出，失败学习并非"灵丹妙药"，它更像一把双刃剑，学习之旅充满艰难与痛苦（Shepherd et al., 2011），若盲目地开展失败学习行为将会阻碍创新工作及绩效（谢雅萍等，2016），再次将企业推向失败的深渊（Haunschild，2015；Vaughan，2005）。

综上所述，现有研究大多认为失败富有价值，并验证了失败学习对企业绩效的正向影响。也有少数学者指出，企业的失败学习对绩效的影响并不显著。上述研究忽略了不同失败学习模式的特点，这种"一概而论"的方式仅能笼统地探讨失败学习对企业绩效产生的静态影响，导致理论上难以解释二者关系研究中的矛盾结论，实践上难以回答创新失败后企业命运多舛的问题——同样对自身失败进行反思和学习，为何有的企业后续创新绩效突飞猛进，而有的则停滞不前。此外，现有研究忽略了组织学习高度情景依赖的特征，未能探寻其发挥作用的边界条件。在权变视角下，组织内高度相互依赖的要素需融为一体，形成良好的匹配，以达到整体优化，才能提高绩效水平（Ven et al., 2013）。因此，在企业创新失败情境下，未来可结合不同学习模式的特点，采用动态分析视角探寻失败学习模式（单双环）对企业不同时段绩效（长短期绩效）的影响，并探寻不同学习模式如何与企业内部重要情景因素有效匹配以充分发挥失败学习的价值。

基于此，本研究立足于创新失败情境，综合运用组织学习理论与权变理论，构建失败学习（单双环）、战略导向（探索型和防御型）与企业绩效（短期与长期）三者关系的研究模型，阐释不同失败学习模式对企业绩效差异化的影响，以及不同失败学习模式与不同战略导向的最佳匹配问题，如图7.1所示。

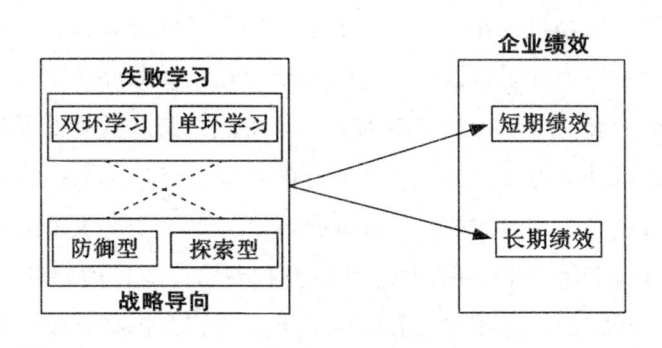

图7.1 研究模型

7.2 持之有故：失败学习促进企业绩效的理论推演

7.2.1 失败学习与企业绩效

第一，单环学习对企业绩效的影响。创新失败情境下的单环学习以绩效为目标，在不改变企业既定价值观、目标和行为规范的基础上，搜集和关注那些带来不良绩效、导致失败的相关要素，通过对失败要素的搜集与分析，利用现有惯例及其简单组合的方式提出及时性解决方案——表现为单方面修正、调适行为以匹配目标结果。由于单环学习未能突破现有的价值系统，在既定路径和方法下获取的知识和经验大部分与企业知识库中的原有内容相似，在短时间内组织能以较小的学习成本将知识消化、吸收和利用，因此在短期内，单环学习对企业绩效具有较大的促进作用。但从长期来看，单环学习与企业绩效的正向关系可能被弱化甚至产生反转，其原因为：随着时间的推移，企业容易形成惯性思维，单环学习获取的新知识极为有限，不利于打破思维惯性。难以培养企业长期创新能力和竞争优势。另外，单环学习屏蔽了有关系统性、根源性与变革性的信息，使得企业未能探寻系统层面的失败原因，无法突破既有行为规范和准则进而提出消除失败的方案。而创新失败往往具有"系统缺陷"的特性（卢艳秋等，2018），客户需求多样化、技术原理深奥、参与主体众多、时间跨度较长的特点使创新失败概率居高不下，失败原因也更加错综复杂（Davies et al.，2005），一味地依靠对结果和环境的刺激来调整行为容易掩盖失败产生的本质问题，随着问题的日积月累，使得未来企业再次遭受失败的风险加大，给企业长期绩效带来威胁。因此，迫切需要企业去解决现有价值观念、战略目标、政策和制度安排中的问题。

第二，双环学习对企业绩效的影响。创新失败情境下的双环学习是一个系统分析过程，该过程通过将失败问题与企业常规操作相关联，以发现操作中存在的问题；通过将失败问题与企业价值观、战略目标相关联，更加清晰地察觉行为背后的"使用理论"，探寻行为的前提和假设是否恰当并予以修正。与单环学习相比，双环学习具有学习内容更加系统深入、学习过程更为漫长、学习效果更为显著等特点，其对企业长短期绩效的影响不同于单环学习。首先，双环学习不仅提供失败问题的解决方案，还会系统而深入地探寻失败根源，获取大量新颖且富有价值的知识（Tucker et al.，2003）。大范围的知识搜寻及知识学习活动会挤占员工的工作时间和精力，增加企业支出，短期内双环学习的效果难以显现。而从长期来看，新知识的运用将会开拓企业创新思路，提高企业创新能力，构建长期竞争优势，从而有助于企业长期绩效的提高。其次，双环学习的本质是共享信念和认知模式的改变，人们需要充足的时间进行反思与意义构建才能从失败中有效学习（Shepherd et al.，2011），打破根深蒂固的观念、规范和思维逻辑等，且创新失败的原因错综复杂，这进一步延长了学习周期，使得双环学习效果需要经历较长的时间才能得以显现。最后，双环学习涉及企业价值观和行为规范的改变，创新失败"系统缺陷"的特征使得企业的价值观、战略与行为可能发生巨大变化，这种变化会引发企业短期内的"阵痛"，如员工因对新价值观的不理解而产生抵触情绪，因不熟悉新规范下的操作流程而效率低下甚至犯错，进而影响短期绩效。而随着时间的推移，员工对新规范与行为逐渐从顺从、认同到内化，最终会促进企业长期绩效的增长。因此，本研究提出如下假设：

在创新失败情境下，开展不同失败学习模式的企业，其绩效水平会有较大差异（假设H1）；

H1a：与开展双环学习模式的企业相比，开展单环学习模式的企业具有较好的短期绩效；

H1b：与开展单环学习模式的企业相比，开展双环学习模式的企业具有较好的长期绩效。

7.2.2 战略导向与失败学习匹配对企业绩效的影响

根据管理中的权变理论，自变量的有效性受到所处情景变量的影响（Ven et al.，2013），只有变量间有效协同才能发挥最大效用。因此，在创新失败情境下，单环学习与双环学习都迫切需要依赖恰当的情景为其效用的充分发挥提供所需的资源和条件（Edmondson，2004）。作为企业内部重要的情景因素，战略导向是企业经营活动的基础和方向，决定了企业的资源配置、结构及盈利模式（贾建锋等，2015）。不同战略导向提供的差异化资源能否与失败学习模式所需的资源匹配，进而打开单、双环失败学习效用的"阀门"，是企业转败为胜的关键。在企业战略导向分类研究中，Liang等（2009）指出Miles等的研究成果尤为著名并被其他学者广泛引用，在Miles等（1978）的研究中，他们描绘了一个战略连续体，即从一端的防御型到另一端的探索型，以及介于二者间的分析型战略。因位列两端的战略能够较好地体现不同战略间的差异性，而分析型战略是两端战略的混合体，因此，现有研究大多围绕防御型和探索型两种战略进行分析（Liang et al.，2009）。沿此思路，本研究将探讨防御型、探索型两种战略与不同学习模式间的匹配问题。

防御型战略的企业具有较强的保守倾向，以稳定和效率构建企业竞争优势。本研究认为，防御型战略的企业开展单环失败学习更加有利于短期绩效的提升。一方面，防御型战略的企业倾向于规避风险，关注标准和效率（Miles et al.，1978），以企业现有的、系统化的显性知识——元件、技术、范式和流程为基础，制定明确的工作执行计划与绩效标准，并据此调配企业资源，推进工作并纠正偏差。这一战略导向与大量运用惯性思维和现行规定处理问题的单环学习模式相匹配，组织能够围绕单环学习提供其所需的资源，设计与之匹配的组织架构和奖惩机制等，这将进一步提高单环学习的效率，从而增强单环学习对企业短期绩效的促进作用。另一方面，防御型战略的企业较为注重当下的运行情况（Miles et al.，1978），所建立的契约式管理模式与员工短期绩效挂钩，企业内追求短期绩效的观念盛行，而该观念又恰好与单环学习模式吻合，这使得员工乐于参与单环失败学习的同时，也能投入更多的时间、精力及专注度等个人资源，促进了单环学习获取的知识与组织现有知识的融合，问题能够更加高效、快捷地解决，进一步增强了单环学习对企业短期绩效的促进作用。此外，防御型战略的企业具有严格的会计管控系统，因此，在单环学习过程中，企业会更加追求资源的利用效率，减少资源的无谓浪费，在短期内能够较明显地提升企业绩效。

探索型战略的企业将创新视为企业发展的基石，他们通过新产品开发和市场开拓培育自身的竞争力并树立领域内先驱者的形象。本研究认为，探索型战略的企业开展双环失败学习更加有利于长期绩效的提升。一方面，探索型战略的企业乐于尝试新思路和新方法，塑造新的系统而非拘泥于原有体系，对外实时监测经营环境的变化，对内鼓励员工以创新性和批判性思维解决工作中存在的问题。失败情境下注重"系统性思考"的双环学习模式恰好与之吻合，这将进一步强化对新知识的探索、吸收和利用，有助于企业构建长期竞争优势。另一方面，探索型战略的企业对不确定性及风险有着较高的容忍度，更关注长期绩效的提升（Liang et al.，2009）。这类企业不拘于眼前"一城一池的得失"，能够营造浓厚的宽容失败的内部氛围，从而有助于减弱双环失败学习过程中员工因痛苦、恐惧所导致的内心资源枯竭，为其注入"资源与动力"，扫清双环失败学习向长期绩效转化过程中的障碍。此外，探索型战略的企业具有灵活的组织结构，对部门授予权限，并在部门间有效地配置和协调资源（Miles et al.，1978），弱化对运营过程的管控，这使得企业对创新失败进行系统化分析时，能够将有限的资源物尽其用，充分发挥双环学习的作用效果，形成企业宝贵的经验与强劲的竞争优势，以增强其对长期绩效的促进作用。

基于此，本研究提出如下假设：

在创新失败情境下，失败学习模式与不同战略导向的匹配将对企业绩效产生差异性影响（假设H2）；

H2a：在失败学习模式与不同战略导向组合中，单环学习模式与防御型战略匹配的企业具有较好的短期绩效；

H2b：在失败学习模式与不同战略导向组合中，双环学习模式与探索型战略匹配的企业具有较好的长期绩效。

7.3 目量意营：失败学习促进企业绩效的研究方案设计

7.3.1 问卷设计

本研究严格按照问卷设计原则开展后续工作。首先，围绕创新失败情境下失败学习与战略导向的匹配对企业绩效的影响机制这一研究主题，选取失败学习（单环失败学习、双环失败学习）、战略导向（探索型战略导向、防御型战略导向）、企业绩效（短期绩效、长期绩效）等变量进行问卷设计；其次，按照问卷说明（包括问候语、研究目的和填写说明等）、主体部分（包括三个核心变量的测量题项）和背景部分（包括被调研者的性别、年龄等人口统计变量以及被调研者所在公司的基本情况）的先后顺序进行问卷编排，确保问卷结构合理；此外，为确保问题的明确性和非诱导性，本研究系统梳理了三个核心变量构念及测量量表的相关研究成果，根据研究情境相似、概念内涵相同、使用时间较长、使用范围较广及使用频率较高的选择标准，确定研究变量的测量量表，运用Brislin的标准方法对源于国外的英文量表进行翻译和回译，并形成初始问卷。组织邀请2位学习领域内的专家和4位企业管理人员，对问卷在设计结构、内容、表述等方面进行全面审核，结合修改建议，对问卷进行第一轮修改。随后，选取5家企业进行小样本预调研，根据调研反馈的建议，对问卷中存在的细节问题进行进一步修正，最终形成了正式的调查问卷。

7.3.2 样本选取

样本选取位于北京、华南区域及东北区域的国家高新技术产业开发区内从事创新的高新技术企业。选择上述区域的主要原因为北京与广东均为全国创新尤为突出的区域，而东北则是老工业基地，聚集了多家实力强劲的从事创新的企业，这些区域的企业创新对于其他地区具有一定的示范效应，在一定时期内，会形成趋同态势。因此，选择上述区域的企业作为研究样本既便于研究主题开展，又具有一定的代表性。考虑到研究结论受到诸如失败来源及强度等情境特征的影响，本研究的企业创新失败情境主要为：企业在近2年内发生过创新失败事件且失败强度适中，并根据上述标准选择调研企业。

7.3.3 数据收集

在具体调研过程中，采用多源数据获取的方式以避免同源偏差，其中，技术副总测评失败学习模式、CEO助理测评企业战略导向、财务副总测评企业绩效。所有问卷均现场作答与回收。共发放378份问卷，回收289份，剔除作答不完整的22份，最终获得267份有效问卷，有效回收率为92.39%。样本企业特征见表7.1。

表7.1 样本企业特征

项目		频数	占比
企业成立年限	2～5年	39	14.607%
	6～9年	90	33.708%
	10～13年	87	32.584%
	14年及以上	51	19.101%
企业规模	200人及以下	44	16.479%
	201～500人	78	29.213%
	501～1 000人	81	30.337%
	1 001人及以上	64	23.971%
所处行业	航空航天业	41	15.356%
	机车车辆业	68	25.468%
	造船业	62	23.221%
	电子信息业	96	35.955%

7.3.4 变量测量

本研究所有变量的测量均采用Likert 5分等级量表，1分代表完全不同意，5分代表完全同意，量表题项来源如下。

企业绩效。本研究借鉴现有的通常做法（杨皖苏等，2015），采用主观评价方式，其中短期绩效共5个题目，具体题目为"企业每年对销售利润率增加、净利润增加、运营现金流、运营成本节省及投资回报率增加等都有考核要求"等；长期绩效共5个题目，具体题目为"企业对新产品的开发绩效、市场的开拓、未来市场占有率的增长、市场的成长性及研发的成果等很重视"等。短期绩效因子载荷均在 0.758~0.835 之间，Cronbach α 系数为 0.892，长期绩效因子载荷均在 0.731~0.856 之间，Cronbach 系数为 0.906，长、短期绩效均具有较高的内部一致性。

失败学习模式。借鉴Wong 等（2008）的研究，根据本研究情境对其进行适当修改，修改后的单环学习量表共3个题目，示例题目为"在创新失败后，企业按照先前制定的目标，找到正确的做事方式"等；修改后的双环学习量表共3个题目，示例题目为"创新失败后，企业对失败根本原因进行深入总结"等。单环学习因子载荷均在 0.842~0.902 之间，Cronbach α 系数为 0.851，双环学习因子载荷均在 0.829~0.884 之间，Cronbach α 系数为 0.823，两种学习模式均具有较高的内部一致性。

战略导向。刘刚等（2015）基于Miles 和 Snow的战略分类法，编制了探索型战略与防御型战略测量量表。本研究借鉴此量表，探索型战略量表共4个题目，示例题目为"企业追求开发新产品或新市场"等；防御型战略量表共4个题目，示例题目为"企业注重开发现有产品或现有市场"等。探索型战略因子载荷均在 0.789~0.834之间，Cronbach α 系数为 0.928，防御型战略因子载荷均在 0.736~0.801 之间，Cronbach α 系数为 0.912，两种战略均具有较高的内部一致性。

7.4 有形可检，有数可推：失败学习促进企业绩效的数据分析

7.4.1 描述性统计分析

本研究中的关键变量描述性统计分析与相关分析结果如表7.2所示。各变量平均变异抽取量（AVE）的平方根均大于该变量与其他变量间的相关系数，表明变量之间具有较好的区分效度，同时进行验证性因子分析，结果也表明六因子模型（单环学习、双环学习、防御型战略、探索型战略、短期绩效、长期绩效）拟合度优于五因子模型（单环学习+双环学习、防御型战略、探索型战略、短期绩效、长期绩效）、四因子模型（单环学习+双环学习、防御型战略+探索型战略、短期绩效、长期绩效）、三因子模型（单环学习+双环学习、防御型战略+探索型战略、短期绩效+长期绩效）、二因子模型（单环学习+双环学习+防御型战略+探索型战略、短期绩效+长期绩效）及单因子模型（单环学习+双环学习+防御型战略+探索型战略+短期绩效+长期绩效），再次证明模型区分效度良好。

表7.2 描述性统计和相关系数

变量	均值	标准差	1	2	3	4	5	6
单环学习	3.978	0.731	0.875					
双环学习	3.772	0.806	0.342***	0.855				
防御型战略	4.019	0.702	0.257**	0.159*	0.771			
探索型战略	3.877	0.758	0.131*	0.293***	0.216**	0.810		
短期绩效	3.664	0.983	0.354***	0.122*	0.403***	0.212**	0.800	
长期绩效	3.515	0.857	0.087	0.267**	0.249**	0.378***	0.465***	0.817

注:"*"代表显著性水平$p<0.050$;"**"代表显著性水平$p<0.010$;"***"代表显著性水平$p<0.001$,对角线加粗数据为AVE值平方根。

7.4.2 同源偏差分析

首先,采用Harman's单因子方法,在未旋转条件下,最大因子解释的变异量小于所有特征根大于1的公因子解释变异量总和的40%,初步表明本研究中的同源偏差并不严重,同时,利用lisrel8.8对数据进行验证性因子分析,分析结果见表7.3。结果显示,六因子模型拟合度优于其他模型,χ^2=707.682,df=237,χ^2/df=2.986,RMSEA=0.071,CFI=0.981,NNFI=0.975,这表明本研究中的同源偏差得到了有效控制。

表7.3 验证性因子分析

模型	χ^2	df	χ^2/df	RMSEA	CFI	NNFI
六因子模型	707.682	237	2.986	0.071	0.981	0.975
五因子模型	1719.412	242	7.105	0.121	0.906	0.897
四因子模型	2260.494	246	9.189	0.137	0.883	0.869
三因子模型	3373.452	249	13.548	0.167	0.819	0.811
二因子模型	4254.701	251	16.951	0.189	0.769	0.738
单因子模型	5099.976	252	20.238	0.205	0.694	0.662

注:六因子模型:单环学习、双环学习、防御型战略、探索型战略、短期绩效、长期绩效;

五因子模型:单环学习+双环学习、防御型战略、探索型战略、短期绩效、长期绩效;

四因子模型:单环学习+双环学习、防御型战略+探索型战略、短期绩效、长期绩效;

三因子模型:单环学习+双环学习、防御型战略+探索型战略、短期绩效+长期绩效;

二因子模型:单环学习+双环学习+防御型战略+探索型战略、短期绩效+长期绩效;

单因子模型:单环学习+双环学习+防御型战略+探索型战略+短期绩效+长期绩效。

7.4.3 假设检验

失败学习对企业绩效的影响。借鉴贾建锋等（2015）的研究，本研究运用SPSS21.0对失败学习进行聚类分析，设置聚类类别数量为2，每一类别失败学习模式的企业数量分别为119家与148家，详细结果见表7.4所示。

表7.4 失败学习模式聚类类别统计

学习模式	类别1 （N=119家）	类别2 （N=148家）
单环学习模式	4.123	3.861
双环学习模式	3.504	3.987

由表7.4的分析结果可知，在类别1中，单环学习模式均值（4.123）高于双环学习模式均值（3.504），这表明在创新失败情境下，该组内的企业更注重单环学习模式，因此，将类别1中的119家企业命名为单环学习模式型企业；在类别2中，双环学习模式均值（3.987）高于单环学习模式均值（3.861），这表明在创新失败情境下，该组内的企业更注重双环学习模式，因此，将类别2中的148家企业命名为双环学习模式型企业。在此基础上，运用独立样本T检验方法分析两类不同企业在长、短期绩效上是否存在显著性差异，以检验不同失败学习模式是否会对绩效产生差异化影响，分析结果如表7.5所示。

由表7.5的分析结果可知，单环学习模式型企业的短期绩效均值（3.801）高于双环学习模式型企业的短期绩效均值（3.554），且二者间的差异具有统计学意义（$p<0.001$），这表明与开展双环学习模式的企业相比，开展单环学习模式的企业具有较好的短期绩效，H1a得证；单环学习模式型企业的长期绩效均值（3.321）低于双环学习模式型企业的长期绩效均值（3.756），且二者间的差异具有统计学意义（$p<0.001$），这表明与开展单环学习模式的企业相比，开展双环学习模式的企业具有较好的长期绩效，H1b得证。

失败学习与战略导向匹配对企业绩效的影响。首先，将战略导向在全样本中进行聚类分析，设置聚类类别数量为2，每一类别战略导向的企业数量分别为132家与135家，详细结果见表7.6所示。由表7.6的分析结果可知，在类别1中，防御型战略均值（4.231）高于探索型战略均值（3.776），这表明在创新失败情境下，该组内的企业更注重防御型战略，因此，将类别1的132家企业进行命名，名为防御型企业；在类别2中，探索型战略均值（3.976）高于防御型战略均值（3.812），这表明在创新失败情境下，该组内的企业更注重探索型战略，因此，将类别2中的135家企业命名为探索型企业。

其次，将样本按照学习模式与战略导向两个维度进行分组，分别得到探索与双环组合的84家企业（Ⅰ）、探索与单环组合的51家企业（Ⅱ）、防御与单环组合的68家企业（Ⅲ）以及防御与双环组合的64家企业（Ⅳ），如图7.2所示。随后，运用单因素方差分析法（One-way ANOVA）比较在战略导向与学习模式四种组合下企业绩效的差异，结果见表7.7。由表7.7可知，学习模式与不同战略导向的匹配对企业绩效具有差异化影响，具体而言，针对企业短期绩效，防御型战略与单环学习的组合（Ⅲ）显著优于其他三种组合，H2a得证。此外，防御型战略与双环学习的组合（Ⅳ）明显优于探索型战略与双环学习的组合（Ⅰ），而（Ⅱ）与（Ⅰ）以及（Ⅱ）与（Ⅳ）均无显著差异，这表明单环学习难以独自发挥作用，只有与防御型战略匹配才能有效发挥其对企业短期的影响，进一步验证了H2a。针对企业长期绩效，探索型战略和双环学习的组合（Ⅰ）显著优于其他三种组合，H2b得证。此外，探索型战略与单环学习的组合（Ⅱ）及防御型战略和双环学习的组合（Ⅳ）两者间无显著差异，但均显著优于防御型战略与单环学习的组合（Ⅲ），这表明双环学习难以独自发挥作用，只有与探索型战略匹配才能有效发挥其对企业长期的影响，进一步验证了H2b。

表7.5 失败学习模式企业的绩效对比分析

变量	短期绩效			长期绩效		
	N	Mean	S.D.	N	Mean	S.D.
单环学习模式企业	119	3.801	0.849	119	3.321	0.959
双环学习模式企业	148	3.554	1.583	148	3.756	0.678
Levene检验	假设方差不相等			假设方差不相等		
t	6.015			4.973		
df	226.633			198.312		
Sig.（双侧）	0.000			0.000		

表7.6 战略导向聚类类别统计

战略类型	类别1（N=132家）	类别2（N=135家）
防御型战略	4.231	3.812
探索型战略	3.776	3.976

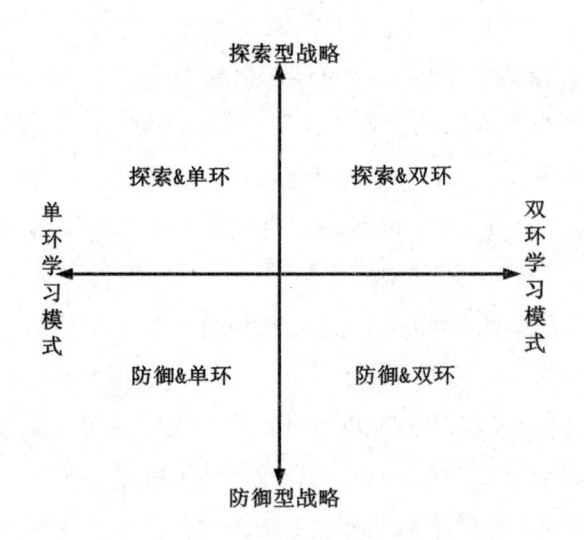

图7.2 战略导向与学习模式组合

表7.7 单因素方差分析

因变量	（A）类别	（B）类别	均值差（A-B）	标准误
短期绩效	Ⅲ	Ⅰ	0.351***	0.135
		Ⅱ	0.214*	0.142
		Ⅳ	0.189*	0.133
	Ⅰ	Ⅱ	-0.137	0.150
		Ⅳ	-0.162*	0.119
	Ⅱ	Ⅳ	-0.025	0.138
长期绩效	Ⅰ	Ⅱ	0.196*	0.145
		Ⅲ	0.368***	0.141
		Ⅳ	0.209*	0.136
	Ⅱ	Ⅲ	0.172*	0.147
		Ⅳ	0.013	0.127
	Ⅲ	Ⅳ	-0.159*	0.138

注："*"代表显著性水平$p<0.050$；"**"代表显著性水平$p<0.010$；"***"代表显著性水平$p<0.001$。

稳健性检验。为保证研究结论的稳健性，将全样本按照所属行业重新进行分类及匹配，在相应的四个行业中失败学习与战略导向的匹配与企业长短期绩效关系的分析结果与主分析完全相同，表明研究结论非常稳健。

7.5 抛砖引玉：如何借助失败学习促进企业绩效

7.5.1 研究结果讨论

本研究旨在阐释创新失败情境下，企业如何将学习模式与战略导向进行匹配，进而"转败为胜"，进一步提高企业的长、短期绩效。通过对国内267家从事创新企业的实证分析，本研究发现，单环学习与双环学习对企业的长、短期绩效产生差异化影响，且两种学习模式需要分别与防御型战略及探索型战略进行有效匹配才能充分发挥作用。

一方面，研究发现，在创新失败情境下，开展单环学习模式的企业具有较好的短期绩效，而开展双环学习模式的企业具有较好的长期绩效。主要原因为，单环学习模式型的企业通过快速纠正行为方式以确保生产经营的连续性和效率，有利于企业短期绩效的提高。然而，由于单环学习对既有思维和惯例过分依赖，失败的真因易被隐藏，使得企业难以获取并吸收全新知识，竞争优势容易被削弱，继而难以提高长期绩效（单环学习与企业长期绩效的相关系数为0.087，未达到显著性水平）。双环学习能够使企业系统而深入地剖析失败事件的根本性原因，产生更多的全新知识，甚至颠覆企业现有的认知与行为规范，其学习效果需要较长时间得以体现，因此，开展双环学习模式的企业具有较高的长期绩效。

另一方面，本研究在创新失败情境下，将企业战略融入组织学习领域，发现单环学习只有与防御型战略匹配才能有效发挥其对企业短期绩效的促进作用，而双环学习只有与探索型战略匹配才能有效发挥其对企业长期绩效的促进作用。秦令华等（2012）、刘刚和于晓东（2015）、贾建锋等（2015）、张大鹏等（2017）认为企业内部因素，如企业年限，领导的特征、经历和管理风格等均需要与企业战略合理匹配才能促进企业绩效。本研究结论与上述现有文献的观点互为补充，且在上述研究基础上，进一步拓宽研究范围，将权变因素——企业战略与内部的组织学习纳入同一模型中，探寻二者组合对企业绩效的影响。

7.5.2 理论意义

本研究结论为组织学习理论与权变理论提供了富有价值的理论贡献。首先，从动态视角出发探讨不同学习模式对企业绩效的差异化影响，深化组织学习与绩效关系的研究。围绕创新失败情境，探讨单环学习与双环学习对企业长短期绩效的差异化影响，通过整合现有研究成果，为相左的研究结论提供一个强有力的解释。其次，探寻战略导向（探索型和防御型）在不同学习模式与企业绩效间的调节作用。本研究将战略导向这一重要的情景因素与组织学习相结合，检验组织学习发挥效用的边界条件，更加清晰和准确地阐述在创新失败情境下，如何利用组织学习与战略导向的匹配以提高企业绩效。最后，本研究将创新失败情境与权变理论有机融合，丰富了权变理论的相关研究。将广泛应用于一般创新情境且具有较强解释力的权变理论聚焦到创新失败学习领域，结合创新失败情境下组织学习的特点构建了失败学习与战略导向的匹配模型，验证了权变理论是创新失败情境下企业绩效提升的一个理论基础，为权变理论的研究成果做出了增量贡献，进一步拓宽了其在组织行为学领域的应用范围。

7.5.3 管理实践启示

创新不是件易事，其过程往往掺杂着挫折和失败。本研究将创新失败这一普遍而又重要的现实情况纳入分析框架之中，使研究结论在对相关理论做出贡献的同时，也能够为企业提高绩效明确方向。

本研究的实践启示如下：首先，由于创新存在技术原理复杂、生产周期长以及参与者众多等特点，使其失败常有发生。社会存在"反失败偏见"，往往以成败论英雄。这些观念使得人们"谈败色变"，难以深入挖掘隐藏在失败中的价值。本研究结论揭示了失败与成功之间的关系，明确了失败独特的价值，有助于人们树立正确的失败观并从失败中进行深入学习。

其次，在开展失败学习的过程中，企业应注意单、双环两种不同学习模式对长、短期绩效的影响。一味采用单环学习，难以构建长期竞争优势，影响企业长期绩效的提高；而一味采用双环学习，企业短期绩效难以显现，工作动力不足。企业需在两种学习模式间合理分配资源，以保证长、短期绩效的均衡。

最后，在失败学习过程中，企业应注意战略导向对失败学习作用效果的影响，将企业战略与学习模式进行合理匹配，扭转败局以提高企业绩效。在具体操作方面，企业应首先明确现阶段的发展目标是短期绩效还是长期绩效，当目标为前者时，企业应以单环学习为主，以防御型战略的管理方式为辅，如创建标准、有序的工作流程，给员工界定清晰的角色任务，强调工作效率，建立基于短期目标的物质奖励制度等；当目标为后者时，企业应以双环学习为主，辅以探索型战略的管理方式，如搭建灵活的组织结构、促进资源在部门间有效配置，给予员工充分授权，鼓励创新，建立基于长期和企业成就的物质与精神奖励制度等。

7.5.4 研究局限及未来研究展望

本研究存在四个方面的局限，需后续研究加以完善。第一，本研究聚焦于企业的创新失败情境，研究结论的外部效度尚需检验，未来可选取普通产品创新失败情境，检验研究结论的适用性;第二,本研究尝试从动态视角刻画变量间的关系,但是由于采用截面数据,难以深刻描述其动态变化过程及因果关系,也未能就变量间的反向因果问题开展深入探讨,未来可采用纵向追踪和实验研究的方式探讨组织失败学习、企业战略导向与企业绩效间的动态演变规律,并进一步探寻研究变量间是否存在反向因果关系;第三,本研究对失败来源及强度进行了严格限定,根据失败学习的相关研究,组织内与组织间失败学习的作用效果存在差异,不同失败强度会引发差异化的失败学习效果,未来可将失败来源与强度纳入研究,探索其在现有研究框架中的作用;第四,本研究对失败学习模式与企业绩效的关系进行了阐释,但不同失败学习模式对企业长、短期绩效的影响机制仍有待进一步研究。

8 组织支持感如何促进员工创造力：
失败学习的传导路径*

随着国家发展战略从要素驱动和投资驱动向创新驱动的转变，创新已成为引领企业发展的第一动力。企业在未来必将以极大的热忱投身于创新活动中，从而构建竞争优势，得到长足发展。员工作为企业构成的基本单位，其创造力是企业持续创新的动力源，关乎着企业的生死存亡（Amabile等，2004）。创新的本质使得创新主体在这个过程中面临诸多不确定性和风险性，失败常有发生（王重鸣等，2011），在创新过程中，员工创造力的锤炼往往与创新失败共生共存，这使得员工创新更容易在支持创新和创造性活动的组织情境中出现，因此，作为员工对组织支持性情境的主观感知——组织支持感对员工创造力的影响引起了学者广泛的关注（顾远东等，2014）。在对二者直接关系进行研究时，Amabile等（1996）学者指出，团队支持以及领导鼓励对员工的创造力产生正向影响，Zhang等（2016）学者发现，组织支持感能够直接促进员工创造力的提升；在对二者内在作用机制进行探索时，Madjar等（2002）学者发现，源于工作中（领导和同事）的创造性支持和非工作（家庭和朋友）中的创造性支持均能够显著提升员工的创造力，而积极情绪在二者之间起中介作用，Yu等（2013）学者验证了责任感、认同感与成功期望在组织支持感与员工创造力之间共同发挥中介作用，顾远东等（2014）学者分别将自我效能与积极情绪、成就动机与工作卷入纳入组织支持感对员工创造力影响的研究框架中，发现自我效能与积极情绪以及成就动机与工作卷入在二者关系之间起中介作用。尽管上述文献对组织支持感与员工创造力的关系进行了分析，但仍有一些重要问题尚未解决，主要表现为：（1）二者间作用机制的研究尚处于探索阶段，现有研究大多在积极情境下探寻组织支持感对员工创造力的影响机制，忽略了创新易败性的特征，鲜有将失败情境融入二者作用机制框架中，使得理论研究与企业实践相脱离；（2）缺少对组织支持感有效性的边界条件的探讨，使得研究结论的针对性和适用性不强。因此，有必要揭示在失败情境下组织支持感对员工创造

---

* 原文刊于《社会科学战线》2018年第3期，第255-259页（略有改动）。**庞立君**，卢艳秋。失败情境下组织支持感对员工创造力的影响机理。

力的作用机制以及其中的调节变量,充分发挥组织支持感对员工创造力的积极作用。

8.1 纵观全局:组织支持感促进员工创造力全景图

根据失败学习理论,一方面,失败学习具有风险——因承认错误可能导致他人对自己做出负面评价或带来组织的惩罚,揭示其他员工的错误也有可能导致同事间的关系紧张等问题,使得失败学习的产生需要借助良好的组织环境;另一方面,失败学习具有价值——隐藏在失败身后是数量巨大的极具价值的知识与经验,会给未来成功带来指引(Shepherd et al., 2009),与成功相比,从失败学习中所得到的知识对于企业和员工的长远发展及成长实践而言,更具有普适性和指导意义(Madsen et al., 2010)。在失败情境下,组织支持感代表了员工感知的良好的组织支持环境,能够促进员工失败学习,进而提升员工创造力,助其成长。因此,本研究的观点是,在组织支持感和员工创造力这二者关系中,员工的失败学习起中介作用。

外部支持发挥作用的过程往往受到个体特质的影响,即不同特质的员工在面对外部支持时,可能会存在很大的反应差异。下属依赖作为与个体特质紧密关联的变量,是员工在工作中需要依靠领导引导和指导的一种心理状态。具有较高下属依赖的员工往往表现出更多依赖型人格特质,更喜欢借助外部因素来解决工作中的难题,此时,外部支持将会对员工在工作中的行为产生较大影响。同时,员工对组织认同的高低也会对组织支持感的效果产生一定的影响。本研究认为,下属依赖及组织认同会调节组织支持感对员工失败学习的影响。综上所述,本研究理论框架如图8.1所示。

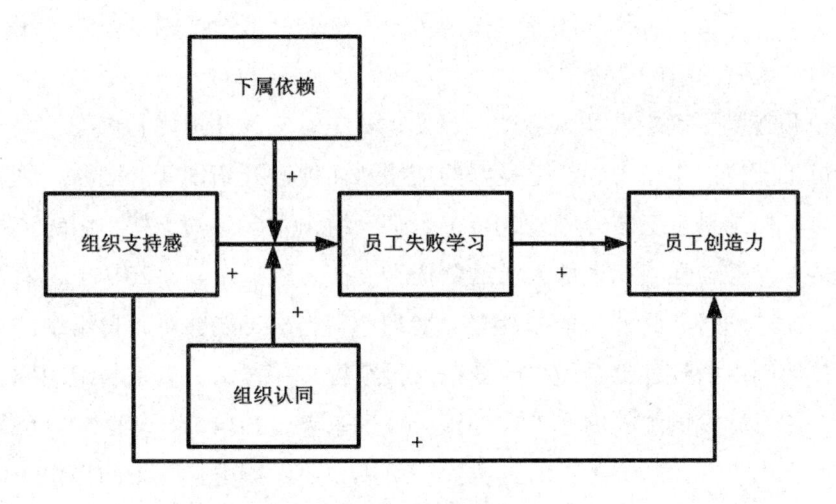

图8.1 研究框架

8.2 持之有故：组织支持感促进员工创造力的理论推演

8.2.1 组织支持感与员工创造力

Eisenberger等（2002）以"互惠原则"和"社会交换理论"为基础，提出组织支持感概念：员工对组织重视员工贡献、关心员工福利程度的总体感受。组织支持感可以视为"组织对员工的承诺"，只有员工感受到来自组织的这份承诺，接下来才能产生"员工对组织的承诺"，即说明员工能够对源于组织的关心和支持有所感受，这是推动其为组织做出贡献的前提条件。沿此思路，学者们将组织支持感测量问卷逐渐由单维结构向多维结构拓展，并探寻了组织支持感对员工的积极影响，研究结论主要集中在对员工内在心理要素和外在行为变量方面。（1）内在心理要素：研究发现，组织支持感能够减少员工的工作压力、提高员工的心理幸福感和工作满意度，进而增强员工的组织自尊、责任感、情感承诺以及留职意愿，尤其在不安全的工作环境下，组织支持感对情感承诺的促进作用更为明显；（2）外显行为变量：在服务领域，组织支持感对一线员工的服务补救绩效和日常工作绩效具有显著促进作用（Karatepe，2012），Riggle等（2009）指出上述结论同样适用于其他领域的非一线员工。组织支持感除了对员工上述角色内行为产生影响，同样也会积极地作用于员工的角色外行为，这些行为包括互助行为、个人勤勉和忠诚拥护以及谏言行为等，同时能够减少缺勤行为与撤退行为。

员工创造力是指为了提升组织的经营实力而产生的有关产品、服务和管理流程等新的思想并能够将其付诸实践的能力。员工创造力的影响因素主要包括员工自身的内在要素，如：性格、动机、情绪、自我效能等，以及员工所处的外部情境因素，如，组织政策、工作氛围、领导方式、同事的帮助等。

创新的过程充满不确定性和风险性，这使得员工常常为此担忧和焦虑。源于组织的支持感能够让员工减少工作压力、产生良好的情绪从而促进开拓创新。同时，创新也是多种知识交融、碰撞的结果（王陵峰等，2011），来自组织中多源的支持（组织支持、领导支持、同事支持）能够增强组织内部人员的信任和交流（顾远东等，2014），有益于知识的传播和分享，促进创新。此外，根据社会交换理论，当员工能够对源自组织的关怀和帮助有所感知时，他们由内到外都会做出改变以回报组织：一方面，员工与组织间会形成较强的情感承诺，这将激发员工的内在工作动机（顾远东等，2014），从而为其创新提供源源不断的动力（卢小君等，2007）；另一方面，员工"要做得更好"来回报组织的意识会让他们不断强化自己的知识和技能，这为员工创新提供了必要的条件，而且，他们也更愿意多多参与到对组织有利的角色外活动中,如主动学习和积极思考工作的新思路和新方法等(Zhang et al., 2016)。现有多篇文献已证实,组织支持感对员工创造力具有显著的促进作用(Zhang et al., 2016;Yu et al., 2013)。因此,本研究提出如下假设:

H_1:组织支持感对员工创造力有显著的正向影响。

8.2.2 员工失败学习的中介作用

在组织行为研究中,失败学习的内涵往往被界定为当组织绩效在出现偏差而无法实现预期目标的时候,对出现偏差的原因进行分析并加以改变(Tucker et al., 2003)。本研究将员工失败学习定义如下:企业开展创新活动的实际效果未达到预期值,成员主动进行失败事件的总结与反思,且对行为方式进行相应的调整以此来减少未来再次遇到此类失败的概率,同时,促进企业绩效提升的过程。

现有研究表明,失败学习作为一种特殊的学习方式,在保留传统学习方式的内涵——积累和增长知识的同时,也衍生出一些新的特征,如风险性——因承认自己的错误可能导致他人对自己做出负面评价以及组织对自己的惩罚,而指出他人的错误又可能致使同事间关系紧张等问题。组织支持感能够调动员工的学习积极性,助推自主性学习行为的产生,上述学习行为包括员工不惧困难为实现企业目标而努力学习的个体行为以及积极帮助其他同事学习和共享知识的行为(Rhoades et al., 2002)。此外,组织支持感能够减少因工作带来的压力,降低恐惧感,提高心理安全感,激发员工敢于向现存问题或失败风险提出建设性的观点(Neves et al., 2014)。同时,组织支持感能增强员工工作热情(王陵峰等,2011),提高员工对企业的承诺和认同(Kim et al., 2016),从而激励员工做出对企业有利的角色外行为。当感受到来自组织支持时,员工学习动力的激发、内心恐惧的消除以及承诺认同的建立,将会极大地促进其自身的另外一种角色外行为——失败学习。因此,本研究提出如下假设:

H_2:组织支持感对员工失败学习有显著的正向影响。

创造力的形成受到个人创造性人格、知识能力和人际交往等因素的影响,而员工失败学习对上述三方面均有促进作用。在失败学习的过程中,员工往往表现出构成创造性人格的多种特质,他们具有较强的创新意愿,愿意投入更多的精力;他们思维活跃,喜欢尝试新的方法解决问题;他们敢于冒险,拥有较强的自信心,不惧怕失败,更不会因失败而产生巨大的负向情绪(Shepherd, 2003);同时,他们也非常友好,愿意接纳同事并原谅他们的过错(Shepherd et al., 2003)。在失败学习中,员工的专心专注、思维活跃、敢于冒险和友好互助等特质铸造了创造性人格,这无疑会有助于员工创造力的提高。

其次,在知识能力方面,创造力是多种异质性知识汇集、融合与碰撞的结果。失败学习中所包含的对失败的探测、分析与谨慎实验、进行改善等（Edmondson，2011），都是以失败经验为基础，或是通过强调对现有知识的提炼和改进，进而提高、拓展能力；或是强调对新知识的获取和试验，进而开拓新领域与新技术（杜维等，2015）。可见失败学习的本质是通过总结并反思失败事件，完善原有知识或学习新知识，但无论哪种形式都是知识积累、汇集和相互碰撞的过程，且都将促进员工的创造力。

最后，创造力有其特定的社会属性，有效的沟通和互帮互助行为有助于提高员工创造力。创新的易败性会导致企业内部员工在探讨时心存戒备，而在失败学习的过程中，员工能够客观看待失败，不会出现"谈败色变"的情形，这使得他们在面对同事失败时往往不会戴着有色眼镜看待，而是以一颗平常心与同事谈论失败事件，互帮互助，共同反思。在沟通过程中，员工会感觉格外放松和安全，能够分享自己的"心声"，这种"心声"中往往蕴含着全面而深入的思考，是隐性知识的汇集。员工失败学习正是通过对他人隐性知识"轻而易举"的获取，增加了学习主体自身知识储备的多样性和复杂性，进而提高其创造能力。因此，本研究提出如下假设：

H_3：员工失败学习对其个人创造力有显著的正向影响。

综上所述，组织支持感有利于激发员工在失败中产生学习行为，而失败学习则会进一步作用于员工的创造力，助其提高。因此，本研究提出如下假设：

H_4：组织支持感通过员工失败学习的中介效应影响员工创造力

8.2.3　下属依赖的调节效应

下属依赖即组织内的员工对其领导者所产生的依赖，此类情感与婴童对父母或长辈的依赖相似，主要由员工崇拜或信任领导而形成，是员工在认知或动机等方面对领导者的认可、认同、指引和辅导较为依赖的一种心理状态。现有研究主要从下属依赖的负面角度出发，关注其在领导风格与创造力之间的中介作用，而对下属依赖的正向效应以及可能发挥的调节效应并未进行深入分析。本研究假设下属依赖正向调节组织支持感与员工失败学习之间的关系，主要原因如下：

一方面，具有较高下属依赖的员工在工作中往往缺少主见和自信（Eisenbei et al.，2013），尤其遇到困难的工作时，他们很难独立完成，需要依靠外部的指导与帮助克服困难。失败学习不是件容易的事，既要克服心理恐惧、处理人际关系又要获取知识、发散思维，这使得具有较高下属依赖的员工在进行失败学习时会更多地借助来自组织的支持解决问题，因此所产生的组织支持感将对员工的失败学习产生较大的影响。相反，较低下属依赖的员工在寻求问题解决方案的时候往往不会过多地借助外在的组织支持，而通常是依靠个人力量解决所遇到的问题与障碍，在某种程度上降低了组织支持感对员工失败学习影响的力度。

另一方面，具有较高依赖性的个体往往对外界事物更加关注和敏感，会对他人、自我与他人关系方面有着更好的认知。这表明，当员工对领导者产生高度依赖时，他们会更加关注来自领导者、同事以及组织的支持与帮助，并对此产生更加深刻的认知。根据社会交换理论和动机理论，内在动机影响个体的外在行为，员工对组织支持的认知越深刻，越容易将其转化为自身的角色外行为，以此来回报组织，即组织支持感对员工失败学习的促进作用更显著。然而，具有较低下属依赖的员工通常对组织支持理解不够深入，难以将内在的认知转化为有益于组织的行为。因此，本研究提出如下假设：

H_5：下属依赖正向调节组织支持感与员工失败学习之间的关系，即具有高下属依赖的员工更倾向于通过组织支持感促进自身的失败学习。

8.2.4 组织认同的调节效应

组织认同是指个体以组织成员的身份定义自我，从而归属于组织的一种认识。组织认同解答了组织中员工"我是谁"的问题，将员工自我概念中的"我"转化为"我们"，让员工感知到自己与组织的一致性，并与组织融为一体。员工在组织中的自我概念将会影响其在工作中的态度和感知，而个体的态度和感知会直接影响个体行为的产生及该行为对个体发展的作用效果。高组织认同的员工会将组织与自己视为命运共同体，对组织产生较强的归属感（在面对失败），并逐渐形成组织是安全的心理感知。在提升创造力的过程中，个体形成的对组织的安全心理感知和信任将会促使他们倾向于选择高风险与高收益并存的学习行为——失败学习（顾远东等，2014），以此来谋求自我发展。反之，低组织认同感的员工因缺少对组织的安全心理感知和信任感，使得他们尽量避免进行具有风险的失败学习，而是采用更加安全和保守的学习方式以提高自身的创造力。因此，本研究提出如下假设：

H_6：组织认同正向调节员工失败学习与员工创造力之间的关系，即具有高组织认同的员工更倾向于通过失败学习提高自身的创造力。

进一步地，结合H_5和H_6，本研究认为，下属依赖和组织认同不仅可以发挥上述相对简单的调节作用，同时，二者也能够调节员工失败学习在组织支持感与员工创造力间的中介效应。在组织支持感促进员工创造力的过程中，具有较高下属依赖和组织认同的员工更愿意将支持感知更多地运用到工作中，尤其是带有挑战和困难的工作，例如失败学习。同时，对组织的安全心理感知和信任也促使他们大胆尝试，不惧风险，敢于进行失败学习，并能通过失败学习积累知识和经验，最终实现自我创造力的升华；而具有较低下属依赖和组织认同的员工不愿将组织支持感用于失败学习，也不敢用于失败学习，这削弱了失败学

习在组织支持感与员工创造力关系间的传导作用。因此,本研究提出如下假设:

H_7:下属依赖和组织认同正向调节员工失败学习在组织支持感与员工创造力之间的中介作用。具体而言,这一中介作用对于具有高下属依赖和高组织认同的员工而言相对较强,而对于低下属依赖和低组织认同的员工而言则相对较弱。

8.3 目量意营:组织支持感促进员工创造力的研究方案设计

8.3.1 问卷设计

首先,围绕创新失败情境下组织支持感对员工创造力的影响机制这一研究主题,选取组织支持感、员工失败学习、下属依赖、组织认同及员工创造力等变量进行问卷设计;其次,按照问卷说明(包括问候语、研究目的和填写说明等)、主体部分(包括五个核心变量的测量题项)和背景部分(包括被调研者的性别、年龄等人口统计变量以及被调研者所在公司的基本情况)的先后顺序进行问卷编排,确保问卷结构合理;此外,为确保问题的明确性和非诱导性,本研究系统梳理了五个核心变量构念及测量量表的相关研究成果,根据研究情境相似、概念内涵相同、使用时间较长、使用范围较广及使用频率较高的选择标准,确定研究变量的测量量表,运用Brislin的标准方法对源于国外的英文量表进行翻译和回译,并形成初始问卷。邀请组织3位学习领域内的专家和3位企业管理人员,对问卷在设计结构、内容、表述等方面进行全面审核,结合修改建议,对问卷进行第一轮修改。随后,选取5家企业进行小样本预调研,根据调研反馈的建议,对问卷中存在的细节问题进行进一步修正,最终形成了正式的调查问卷。

8.3.2 样本选取

本研究选择高科技企业作为实证研究对象。主要原因为:与传统企业相比,高科技企业需要不断创新,在产品研发、市场创新与管理创新等过程中面临更多失败(黄海艳等,2016)。因此,将高科技企业作为研究对象既便于研究主题的开展,又具有较大的实践价值。样本选取位于广东省深圳市和珠海市国家高新技术产业开发区内的多家高新技术企业,其主要原因为:长期以来,广东省一直是全国创新最活跃的省份之一,在2016年发布的《中国城市创新指数》报告中,深圳市和珠海市以企业创新为主导的城市创新模式为特色,走在广东省乃至全国的创新前列(以科技研发与产业化两项指标计算,深圳市、珠海市分别位列全国第二名、第五名,分别位列广东省前两名),因此,两地高科技企业创新对于其他地区具有一定的示范效应,在一定时期内,会形成趋同态势,选择深圳市和珠海市的高新企业作为研究样本既便于失败学习主题的开展，又具有一定的代表性。此外，考虑到失败学习受到诸如失败来源（Source）和失败强度（Magnitude）等情境特征的影响（Cannon et al.，2001），本研究的企业创新失败情境主要为：第一，失败经验源于企业内部。被调研企业需在近两年内发生过创新失败事件，包括新产品或新工艺研发失败、新市场开拓失败、原材料新供应源获取失败或组织形式变革失败。将失败事件的时限限定为两年，既考虑到研究的时效性，也同时方便被调查者提取记忆信息，进一步确保调查问卷信息的真实性和准确性。第二，失败强度适中。失败事件要使企业蒙受一定的经济损失，能够引发员工关注并被记忆，失败强度适中——失败既非微不足道，又不至于对企业造成致命打击。通过对企业高层与基层的访谈，根据上述标准，最终选定12家企业进行调研。

8.3.3 数据收集

采用领导-员工匹配样本方式以避免共同方法偏差，领导对4~6名员工的创造力进行评价，员工则对组织支持感、失败学习、下属依赖和组织认同等题项进行作答。领导问卷标注员工姓名和相应员工编号，员工问卷仅标注编号，并按号发放。最后，以员工编号为识别码将领导问卷与员工问卷进行匹配。共发放867套匹配问卷，最终得到有效匹配问卷437份，有效回收率为50.40%。样本的基本信息统计如表8.1所示：

表8.1 样本统计概况

项目		人数	占比
性别	男	219	51.10%
	女	218	49.90%
年龄	18~30岁	308	70.48%
	31~40岁	103	23.57%
	41~50岁	22	5.03%
	51岁及以上	4	0.92%
学历	大专以下	5	1.14%
	大专	111	25.40%
	本科	210	48.05%
	研究生及以上	107	24.49%
	未填写	4	0.92%
岗位	技术/研发	151	34.55%
	销售/市场	96	21.97%

8.3.4 变量测量

本研究对变量的测量均采用被国内外广泛使用的成熟量表。员工问卷包括对组织支持感、员工失败学习、下属依赖和组织认同的测量，以及员工的人口统计信息等。领导问卷包括对员工创造力的评价。调查问卷的题项均采用Likert5分等级量表，1分代表完全不同意，5分代表完全同意，量表具体内容如下：

（1）因变量。对员工创造力的测量源于Farmer等（2003）开发的4题项量表，具体表述为：在日常工作中"他/她（指员工）会率先尝试新的想法和新的方法""他/她会寻求解决问题新的思路和新方法""他/她能在自身领域内提出突破性的理念""他/她是我们部门创造力的楷模"。

（2）自变量。对组织支持感的测量源于顾远东等（2014）以及陈志霞（2006）的研究成果，将组织支持感界定为组织支持（5个题项）、主管支持（4个题项）和同事支持（4个题项）3个维度，共13个测量题项。

（3）中介变量。对员工失败学习的测量源于Carmeli和Gittell（2009）开发的5题项团队失败学习量表，根据本研究的研究主题，将原有量表中以团队为主体的失败学习修改为以员工个体为主体的失败学习。修改后的题项表述为："当我犯错或失误时，同事并不责备，而是从中学习经验""当我犯错或失误时，会通过自我反思从中吸取经验""当我犯错或失误时，会与同事分享并共同学习""我经常思索'为什么我们这么做'""我经常思索'是否可以有更好的方式来为客户提供相应的产品或服务'"。

（4）调节变量。对下属依赖的测量源于Eisenbei和Boerner（2013）开发的13题项量表，并从中选取因子载荷最高的10个因子、共5个维度（对领导经验技能的依赖、对领导观点的依赖、工作动力的依赖、工作投入的依赖以及争取领导的认可，且每个维度均为2个题项）形成最终测量量表。对组织认同的测量源于Mael与Ashforth（1992）开发的6题项量表，选择其中（因子载荷最高的3个因子）语义差异较大的3个题项，具体表述为："当有人批评公司时，我会觉得这是对我个人的侮辱""我觉得公司的成功就是我的成功""我很在意其他人对公司的看法"。

（5）控制变量。根据员工创造力研究的相关文献，本研究将员工的性别、年龄、教育程度作为控制变量，其中员工性别研究男性取值为1，女性取值为0；员工年龄18~30岁取值为1，31~40岁取值为2，41~50岁取值为3，51岁及以上取值为4；员工教育程度大专以下取值为1，大专取值为2，本科取值为3，研究生及以上取值为4。

8.4 有形可检，有数可推：组织支持感促进员工创造力的数据分析

8.4.1 描述性统计分析

本研究的各变量描述性统计分析结果见表8.2。由表8.2可知，组织支持感与员工创造力显著正相关（$r=0.475$，$p<0.010$）；组织支持感与员工失败学习显著正相关（$r=0.619$，$p<0.010$）；员工失败学习与员工创造力显著正相关（$r=0.581$，$p<0.010$）。该结果与本研究假设的方向一致，为进一步验证模型和假设的合理性提供了初步的证据。另外，人口统计变量中年龄与员工创造力显著正相关（$r=0.094$，$p<0.050$），表明了后续分析中控制变量设定的必要性。

表8.2 变量描述性统计和相关系数

变量	均值	标准差	组织支持感	下属依赖	组织认同	失败学习	员工创造力	性别	年龄	文化程度
组织支持感	3.985	0.595								
下属依赖	2.993	0.738	0.217**							
组织认同	3.882	0.808	0.641**	0.128**						
失败学习	4.111	0.569	0.619**	0.152**	0.534**					
员工创造力	3.794	0.713	0.475**	0.121*	0.480**	0.581**				
性别	NA	NA	0.048	0.145**	0.035	0.003	0.072			
年龄	1.502	0.501	−0.067	0.028	0.023	−0.002	0.094*	0.076		
文化程度	2.533	0.726	−0.037	0.147**	−0.026	−0.039	−0.033	0.024	0.014	

注："*"代表显著性水平$p<0.050$；"**"代表显著性水平$p<0.010$；"***"代表显著性水平$p<0.001$。NA为不适合分析；员工失败学习简称为失败学习。

8.4.2 信效度分析

本研究运用SPSS21.0和LISREL8.8软件进行信效度分析。首先，计算各变量的Cronbach's α 系数，结果如表8.3所示，其中整体问卷、组织支持感、下属依赖、组织认同、员工失败学习和员工创造力的Cronbach's α 系数分别为0.915、0.925、0.844、0.826、0.803、0.848，均大于0.7，表明各变量具有较高的信度，符合研究要求。然后，进行探索性因子分析，各变量题项的因子载荷在0.633~0.877之间，且大部分都在0.7以上，这表明，各个变量整体上具有比较满意的聚合效度。最后，采用验证性因子分析考察组织

支持感、下属依赖、员工失败学习、组织认同和员工创造力的区分效度，结果如表8.4所示。本研究提出的五因子模型的卡方检验和模型拟合指数（χ^2=420.030，df=130，χ^2/df=3.231，RMSEA=0.074，CFI=0.966，NNFI=0.954）显著优于四因子模型、三因子模型、两因子和单因子模型，说明5个变量各自表征不同的含义，彼此间具有较好的区分效度。

表8.3 探索性因子分析结果

量表　题项	因子载荷	α值
组织支持感：		0.925
在企业创新失败情境下，当我在工作中遇到困难时，公司会帮助我		0.716
在企业创新失败情境下，公司会原谅我的无心之过		0.633
在企业创新失败情境下，公司尊重我的目标和价值		0.766
在企业创新失败情境下，公司关心我的个人发展		0.765
在企业创新失败情境下，公司关心我的个人感受		0.741
在企业创新失败情境下，我的直接主管愿意倾听我工作中遇到的问题		0.782
在企业创新失败情境下，当我遇到困难时，会从我的直接主管那里得到帮助		0.760
在企业创新失败情境下，我的直接主管会为我提供必要的工作信息		0.742
在企业创新失败情境下，我的直接主管关心我的福利		0.726
在企业创新失败情境下，当我遇到困难时，同事愿意提供帮助		0.758
在企业创新失败情境下，我的同事愿意倾听我工作中遇到的问题		0.727
在企业创新失败情境下，当我在工作中出现失误时，同事会安慰我		0.662
在企业创新失败情境下，我的工作伙伴愿意提供给我必要的工作信息		0.659
下属依赖：		0.844
在企业创新失败情境下，如果没有直接主管的指导，我的工作难以运行		0.656
在企业创新失败情境下，我觉得当直接主管在我身边时，我的工作会完成得更加出色		0.638
在企业创新失败情境下，我不会质疑直接主管的命令		0.663
在企业创新失败情境下，我欣然接受直接主管的观点，从不向其发起挑战		0.666
在企业创新失败情境下，如果我的直接主管不在岗，我对工作的投入会下降		0.814
在企业创新失败情境下，如果我的直接主管不在岗，我工作的动力会下降		0.685
在企业创新失败情境下，当我的直接主管度假时，我加班的主动性会减弱		0.748
在企业创新失败情境下，当我的直接主管度假时，我工作的热情会减弱		0.763

续表

量表 题项	因子载荷	α值
在企业创新失败情境下，得到直接主管对我的表扬非常重要		0.654
在企业创新失败情境下，我一直努力获得直接主管对我的认可		0.682
组织认同：		0.826
在企业创新失败情境下，当有人批评公司时，我会觉得这是对我个人的侮辱		0.872
在企业创新失败情境下，我觉得公司的成功就是我的成功		0.833
在企业创新失败情境下，我很在意其他人对公司的看法		0.851
员工失败学习行为：		0.803
在企业创新失败情境下，当我犯错或失误时，同事并不责备，而是从中学习		0.711
在企业创新失败情境下，当我犯错或失误时，会通过自我反思从中吸取经验		0.789
在企业创新失败情境下，当我犯错或失误时，会与同事分享并共同学习		0.758
在企业创新失败情境下，我经常思索"我们为什么这么做"		0.719
在企业创新失败情境下，我经常思索"有没有更好的方式制造产品或提供服务"		0.773
员工创造力：		0.848
在企业创新失败情境下，该员工会率先去尝试新的想法和新的方法		0.842
在企业创新失败情境下，该员工会寻求解决问题的新思路和新方法		0.858
在企业创新失败情境下，该员工能在自身领域内提出突破性的理念		0.877
在企业创新失败情境下，该员工是我们部门创造力的楷模		0.758

表8.4 验证性因子分析结果

模型	χ^2	df	χ^2/df	RMSEA	CFI	NNFI
五因子模型	420.030	130	3.231	0.074	0.966	0.954
四因子模型	589.435	134	4.399	0.095	0.921	0.901
三因子模型	789.386	137	5.762	0.110	0.890	0.866
两因子模型	1012.476	139	7.284	0.123	0.871	0.842
单因子模型	1280.848	140	9.149	0.134	0.859	0.827

注：五因子模型：组织支持感、下属依赖、员工失败学习、组织认同、员工创造力；

四因子模型：组织支持感、下属依赖、员工失败学习、组织认同+员工创造力；

三因子模型：组织支持感、下属依赖、员工失败学习+组织认同+员工创造力；

两因子模型：组织支持感、下属依赖+员工失败学习+组织认同+员工创造力；

单因子模型：组织支持感+下属依赖+员工失败学习+组织认同+员工创造力。

8.4.3 假设检验

对于变量直接关系（H_1、H_2 和 H_3）的检验，本研究按照层级回归的思路进行分析，具体步骤如下：（1）做员工创造力对控制变量（性别、年龄和文化程度）的回归，构建模型1；（2）在模型1中加入组织支持感，构建模型2，结果表明，组织支持感对员工创造力具有显著的正向影响（$\beta=0.576$，$p<0.001$），H_1 得到支持；（3）在模型1中加入员工失败学习，构建模型3，结果表明，员工失败学习对员工创造力具有显著的正向影响（$\beta=0.580$，$p<0.001$），H_3 得到支持；（4）做员工失败学习对控制变量（性别、年龄和文化程度）的回归，构建模型4；（5）在模型4中加入组织支持感，结果表明，组织支持感对员工失败学习具有显著的正向影响（$\beta=0.596$，$p<0.001$），H_2 得到验证。上述分析结果见表8.5。

表8.5 层级回归分析结果

变量		员工创造力			员工失败学习	
		模型1	模型2	模型3	模型4	模型5
控制变量	性别	0.094	0.056	0.090	0.005	−0.034
	年龄	0.103	0.142*	0.104*	−0.002	0.039
	文化程度	−0.035	−0.017	−0.013	−0.031	−0.012
自变量	组织支持感		0.576***			0.596***
员工失败学习				0.580***		
统计量	R^2	0.014	0.243	0.351	0.002	0.386
	ΔR^2		0.229***	0.337***		0.384***
	F	2.102	34.676***	58.328***	0.218	67.801***

注：模型2和模型3中的ΔR^2是指与模型1比较的结果，模型5中的ΔR^2是指与模型4比较的结果。

对于中介效应与调节效应的检验，本研究参照Hayes等（2014）提出的检验中介和中介被调节的方法，并运用PROCESS Bootstrap程序进行分析，具体操作过程如下：首先进行中介效应检验，选择模型4，采用偏差校正的非参数百分位取样法在原始的437个数据中随机抽取5 000个Bootstrap样本，设定置信度为95%，分别将组织支持感、员工失败学习和员工创造力选为自变量、中介变量和因变量，同时将性别、年龄和文化程度选为控制变量，分析结果见表8.6。员工失败学习在组织支持感与员工创造力间起到中介作用（$\beta=0.286\,9$，CI=［0.221 2，0.365 2］，该区间不包含0），H_4 得到支持。此外，当控制中介变量后，组织支持感对员工创造力的影响仍然显著（$\beta=0.193\,4$，CI=［0.097 5，0.289 4］区间不包含0），这表明上述中介效应为部分中介。随后，进行调节效应的检验，选择模型1，分别添加下属依赖和组织认同作为调节变量，计算结果如表8.7所示。组织支持感与下属依赖的交互项能够对员工失败学习产生显著的正向影响（$\beta=0.1595$，CI=[0.0561，0.2629]），且与未加入该交互项时比较，加入后的模型解释度得到了显著的提高（$\Delta R^2=0.0129^{**}$），这表明，下属依赖在组织支持感与员工失败学习间起到正向调节作用，H_5得到支持。员工失败学习与组织认同的交互项能够对员工创造力产生显著的正向影响（$\beta=0.1221$，CI=[0.0068，0.2374]），且与未加入该交互项时比较，加入后的模型解释度得到了显著的提高（$\Delta R^2=0.0061^*$），这表明，组织认同在员工失败学习与其创造力间起到正向调节作用，H_6得到支持。

选择模型2，进行中介效应被调节的模型检验，结果见表8.8。当下属依赖和组织认同均处于较低的水平时（平均值减少一个标准差），员工失败学习在组织支持感与员工创造力间的中介作用值为$\beta=0.2083$（CI=[0.1373，0.3077]），而当下属依赖和组织认同均处于较高的水平时（平均值增加一个标准差），员工失败学习在组织支持感与员工创造力间的中介作用值为$\beta=0.4504$（CI=[0.3255，0.5991]）。由此可见，员工失败学习所发挥中介作用的大小受到下属依赖和组织认同的正向调节，H_7得到支持。

表8.6　员工失败学习的中介效应

变量路径	INDIRECT EFFECT（中介效应值）	SE	LLCI	ULCI
组织支持感→员工失败学习→员工创造力	0.2869	0.0366	0.2212	0.3652

表8.7　下属依赖与组织认同的调节效应

回归方程		统计量			回归系数显著性				
结果变量	预测变量	R^2	F	ΔR^2	β	SE	LLCI	ULCI	t
员工失败学习	组织支持感	0.3990	47.5858	0.0129**	0.1215	0.1591	-0.1913	0.4342	0.7634
	下属依赖				-0.6483	0.2219	-1.0844	-0.2121	-2.9216
	组织支持感*下属依赖				0.1595**	0.0526	0.0561	0.2629	3.0324
	性别				-0.0347	0.0431	-0.1194	0.0501	-0.8042
	年龄				0.0407	0.0344	-0.0269	0.1083	1.1830
	文化程度				-0.0069	0.0301	-0.0661	0.0524	-0.2287
员工创造力	失败学习	0.3953	46.8514	0.0061*	0.1028	0.2322	-0.3536	0.5592	0.4428
	组织认同				-0.2889	0.2407	-0.7619	0.1841	-1.2005
	失败学习*组织认同				0.1221*	0.0587	0.0068	0.2374	2.0806
	性别				0.0715	0.0538	-0.0343	0.1772	1.3283
	年龄				0.1035*	0.0432	0.0187	0.1884	2.3987
	文化程度				-0.0110	0.0373	-0.0843	0.0623	-0.2953

表 8.8　中介效应被调节的分析结果

变量路径	下属依赖	组织认同	β（中介效应值）	SE	LLCI	ULCI
组织支持感→员工失败学习→员工创造力	-1标差（低）	-1标差（低）	0.208 3	0.042 7	0.137 3	0.307 7
	+1标差（高）	+1标差（高）	0.450 4	0.070 2	0.325 5	0.599 1

8.5　抛砖引玉：如何借助组织支持感促进员工创造力

8.5.1　研究结果讨论

本研究整合社会交换理论、失败学习理论和创造力理论，构建理论模型，在对调研数据进行分析的基础上，得到如下结论：①组织支持感对员工创造力的促进作用显著，且员工失败学习在二者关系间起中介作用；②下属依赖正向调节了组织支持感与员工失败学习之间的关系；③组织认同正向调节了员工失败学习与员工创造力之间的关系；④下属依赖与组织认同能够增强员工失败学习在组织支持感与员工创造力之间的中介效应。

8.5.2　理论意义

本研究的理论贡献在于：①现有的组织支持感对员工创造力影响的研究忽略了创新易败性的特点，未能就失败学习在上述关系中发挥的作用进行探讨，本研究通过整合社会交换理论、失败学习理论和创造力理论，将员工失败学习纳入现有的研究框架之中，验证了员工失败学习在组织支持感与员工创造力之间的中介效应，在丰富了组织支持感对员工创造力影响的内在作用机理的同时，也为社会交换理论的推行提供了一个新的途径；②本研究通过引入下属依赖这一变量，探讨其在组织支持感与员工失败学习之间的调节作用，既突破了现有下属依赖研究中仅限于探讨其中介效应和负面效应的局限，为更加全面而深入地研究下属依赖奠定了基础，又拓宽了组织支持感促进员工失败学习的边界条件的研究；③此外，本研究探讨了组织认同在员工失败学习与员工创造力之间的调节作用，可以进一步加深对失败学习的价值及其发挥过程的了解，是对现有失败学习理论发挥有效性的一次补充和完善。

8.5.3　管理实践启示

本研究的实践意义在于：①企业应重视员工的创造力，尤其是高新技术企业更应视其为构成企业核心竞争力的重要组成部分。为提高员工的创造力，企业应为员工提供多源化（公司、领导和同事）的支持，如制定相关的制度，关心员工的个人发展，给予员工足够的尊重等；要求领导能够倾听下属心声，并为其提供必要的工作信息和帮助；鼓励同事间互帮互助等；②在企业管理实践过程中，企业应正确看待创新过程中的失败现象，对其采取包容而非消极的态度；形成从失败中学习的文化，培养员工敢于面对失败、百折不挠的精神，引导其开展失败学习活动，以此来提高自身的创造力；③因员工下属依赖的不同，使得其将源于组织的支持感转化为失败学习时存在一定差异，例如在创新失败的情境下，企业在给予员工支持的同时，还需巧妙运用下属对领导的依赖，如增加领导与员工的互动、提升领导的魅力、建立下属认同等方式，进而提升组织支持的有效性，促进员工在失败中进行有效学习；④企业在提高员工创造力方面可充分利用组织认同的调节作用，不仅要鼓励员工进行失败学习，还要建立员工对组织的认同，形成对组织的信任和心理安全，使失败学习对创造力的影响达到事半功倍的效果。

8.5.4　研究局限及未来研究展望

本研究的局限之处在于：①主要使用了截面数据进行分析，未能动态分析各变量随时间变化的作用过程，使得结论的说服力不强，未来研究可采用追踪研究法或实验研究法，以此来获得变量间动态的演变规律，增强结论的说服力。②调研区域集中在广东省，与中西部一些省份相比，广东省企业的创新力和管理水平均处于全国前列，这在一定程度上降低了研究成果的外部有效性，因此，未来研究可以选取处于不同创新能力和管理水平区域内的企业，对研究结论做进一步检验。③本研究借助失败学习理论，揭示了组织支持感对员工创造力的影响，但对于二者间纷繁复杂的作用关系，该结论也只是"万里长征的第一步"，后续的分析可以继续沿着心理视角，探寻心理所有权和心理授权可能发挥的中介效应。④此外，本研究在数据的相关性分析中发现，下属依赖与员工创造力具有正相关关系（$r=0.121^*$），这虽与以往的研究结论不一致（Eisenbei et al.，2013），却也印证了下属依赖不仅会抑制创造力，同样也存在促进创造力的可能性。因此，关于下属依赖对创造力影响的边界条件也是未来值得探讨的问题。

9　变革型领导如何促进企业绩效：失败学习的传导路径[*]

作为领导理论研究的新范式，变革型领导具有智能激发、充分授权、愿景激励等特质，被广泛应用到创新领域和绩效领域研究中，备受学者推崇。然而，现有变革型领导与绩效关系的研究仍存在如下不足：（1）大多关注个体和团队层面——从组织行为学和心理学视角出发，选取中、基层或团队领导探讨其变革行为对直接下属和所在团队绩效的影响，而组织层面如选取高层领导探讨其变革行为对整个企业绩效影响的研究十分匮乏（朱慧等，2016）；（2）在为数不多的企业层面研究中，研究结论一直存在争议，如变革型领导与企业绩效正相关（Howell，1993）还是负相关（Ensley，2006），有学者指出矛盾根源为二者关系间存在复杂的作用机制及边界条件（朱慧等，2016），虽然已有研究从组织内部动态能力视角探讨了组织学习、组织创新（陈晓红等，2012；Noruzy et al.，2013）、组织学习能力（王飞绒等，2012）和探索式创新在二者间发挥的中介作用以及动态环境在其中的调节作用（王凤彬等，2011），但对其在特定情境下内部作用机制的探索仍旧有限（陈晓红等，2012）；（3）研究结论的矛盾性表明变革型领导与绩效的关系难以离开具体情境而单独讨论，但上述研究均是在积极情境下探寻组织学习或创新在变革型领导与企业绩效关系间的中介作用，忽略了中介变量的自身特征——如创新的易败性（胡洪浩等，2011）、组织学习的情境依赖性（段发明等，2016）等，未能将创新失败情境与组织学习进行深入融合，这使得在企业创新失败情境下，企业高层通过自身变革行为促进失败学习进而影响企业绩效方面缺少必要的理论指导，阻碍了企业持续发展。那么，在创新失败情境下，高层变革型领导行为与企业绩效呈现何种关系？组织学习（失败学习）会产生何种变化？此时的组织学习是否在企业高层变革型领导行为与绩效间发挥中介效应？动态环境又能否在其中发挥调节作用？鉴于此，本研究尝试完善现有研究的不足，聚焦企业创新失败情境，运用高层梯队理论，探寻CEO变革型领导作用于企业绩效的影响机制及

---

[*] 原文刊于《研究与发展管理》2019年第4期，第114-126页（略有改动）。**庞立君**，任颋，王向阳．CEO变革型领导与企业绩效关系研究——失败学习的非线性中介作用．

其边界条件。

9.1　纵观全局：变革型领导促进企业绩效全景图

　　变革型领导与企业绩效。变革型领导能够激发员工的内在动机和高层次需要、营造相互信任的氛围，激励员工能够为了企业利益而牺牲自身利益，从而达到超过预期的效果。该类型领导包括领导魅力、智能激发、愿景激励和个性化关怀四个维度（Bass，1999），其中，领导魅力是指领导者具有业务过硬、思想开明、创新意识强以及道德高尚等让员工心悦诚服的特质，使其能够获得员工称赞和认同，成为角色典范；愿景激励是指领导者能够基于价值观及理想向员工描绘企业前景、阐述工作价值，进而激发员工热情，增强其信心；智能激发是指领导者会主动打破企业因循守旧的观念，鼓励员工拓展多样化思维、提高想象力；个性化关怀是指领导者关心员工成长和发展，提供必要的支持和帮助。长期以来，学者们对变革型领导的影响效果开展了一系列研究，但大多围绕个体层面或团队层面（朱慧等，2016），未来研究可从高阶梯队（upper echelon）层面探寻企业高层变革型领导行为对整个企业的影响效应（王凤彬等，2011；Sarminah，2012）。

　　以企业高层为出发点探寻变革型领导对企业绩效影响的研究成果为数不多，且结论存在不一致性。早期学者关注变革型领导对企业绩效的直接影响，Howell（1993）指出，CEO变革行为中的领导魅力和愿景激励能够增强企业内全体人员的凝聚力和协同，进而提高企业绩效水平。后续学者的研究结论（Elenkov，2002；陈建勋，2011）大多支持该观点——即变革型领导能够促进企业绩效，但也有部分学者发现在统计上该促进作用并不显著（Waldman，2001），甚至会产生抑制作用（Ensley，2006）。上述矛盾的结论引发了学者们的思考：变革型领导对企业绩效并非简单直接的影响，需要进行二者间作用机制及边界条件的深入探寻，这在一定程度上也隐含了二者在特定的情境下可能存在非线性关系。在中介机制方面的研究发现，组织学习在变革型领导与企业绩效间发挥重要作用。García-Morales等（2008）、Noruzy等（2013）分别对西班牙大型企业和伊朗制造型企业进行研究并发现，变革型领导通过复杂的中介过程影响企业绩效，组织学习则是其中一条非常重要的路径，Abbasi等（2013）以伊朗科学研究技术部下属的公共农业学院为研究样本，结论也支持了变革型领导通过组织学习影响企业绩效的观点。在国内相关研究中，学者们也得出了相似结论。陈国权等（2009）研究表明，在企业家变革领导行为对企业绩效的影响过程中，组织学习能力发挥完全中介效应，王飞绒等（2012）进一步证实了组织学习在变革型领导与组织创新绩效之间具有完全中介效应。但是上述研究均忽略了组织学习具有很强情境依赖性这一重要特征（段发明等，2016）——即在不同情境下组织学习的方式、内容和作用具有很大差异性，并未对其所处情境进行详细构建，围绕企业创新为主题的情境构建更是匮乏。企业管理理论及实践均表明创新对企业发展发挥着十分重要的作用，而企业如火如荼地开展创新活动的同时，也面临着失败频现的风险。已有研究表明，企业创新失败的平均概率在40%~90%之间（于晓宇等，2013）。因此，十分有必要将企业创新失败情境融入现有研究中，探讨组织失败学习在变革型领导与企业绩效间是否发挥中介作用？是线性中介还是非线性中介？

在调节变量方面，动态环境作为影响领导行为的重要权变要素，已被学者应用于变革型领导研究中。Ensley 等（2006）研究表明，动态环境在变革型领导和企业绩效二者关系间起正向调节作用，在高动态环境下，二者呈正向变动关系，而在低动态环境下，二者呈反向变动关系。类似研究还包括Waldman 等（2004）与Agle 等（2006）分别验证了在由变革型领导核心维度之一的领导魅力构成的魅力型领导对企业绩效产生影响时，动态环境发挥正向调节作用。Lin 等（2016）的研究则表明，动态环境负向调节信任氛围对变革型领导与企业绩效关系的中介作用。在国内相关研究中，陈建勋（2011）在研究CEO变革型领导行为与企业绩效关系时发现，当企业处于高动态环境时，变革型领导对企业绩效影响增强。王凤彬等（2011）发现，在变革型领导与企业绩效二者关系之间，环境动态性起正向调节作用，而探索式技术创新在二者关系间具有完全中介作用。阎婧等（2016）也发现，以商业模式创新为中介变量的变革型领导与绩效关系模型中，环境动态性起正向调节作用。现有研究虽然揭示了上述调节作用，却忽略了动态环境带来企业创新失败概率增加的现实问题，以及随后CEO变革型领导行为引领企业从失败中学习、走出创新失败泥潭的过程中动态环境所发挥的作用等研究尚属空白，这为本研究和未来研究指明了创新的方向。

失败学习。在组织行为研究中，将失败学习的内涵界定为当组织的绩效出现偏差而未能实现所预期的目标时，分析偏差出现的原因并加以改正（Tucker et al.，2003）。本研究结合熊彼特提出的创新概念，将创新失败情境下的企业失败学习行为界定为：企业在进行创新活动时（新的产品，新的工艺，新的市场，新的原材料供应源以及建立新的企业组织形式），实际效果未达到预期值，企业自主对失败事件进行反思，并通过调整行为规范或行为方式以实现预期目标的过程。在企业创新过程中，失败常有发生（胡洪浩等，2011），如何在失败中学习已成为学术界研究的热点课题之一。从组织学习的视角出发，学者们认为在失败情境下存在着不同的学习模式，其中单环学习（single-loop learning）与双环学习（double-loop learning）备受关注。单环学习是指在未触动企业战略目标与核心价值观的情况下，通过对企业行为和操作的单方面调整来解决问题；双环学习是指重新审视企业的战略目标和核心价值观,同时对行为进行反思,通过二者间的改变、匹配来解决问题。相较而言,单环学习更像是一种"维持性学习",使企业员工了解如何做,关注工具性变化和绩效,而双环学习则更像是一种"创造性学习",使企业员工了解为何这样做,关注价值观变化和战略优化。Roux-Dufort(2000)指出,当组织遭遇困境或事故时,基于对环境刺激的适应与调整,组织将产生单环学习,Deverell(2009)、Smith and Elliott(2007)的研究也支持了这一观点,他们发现在失败情境下单环学习是组织普遍存在的一种学习模式。Tucker与Edmondson(2003)进行深入研究则发现,当出现问题时,组织会产生两阶段截然不同的反应行为:第一阶段,组织关注问题的即时性解决方案,体现为单环学习——即针对特定的失败,组织成员通过快速响应、调整行为以解决现存问题;第二阶段,组织不仅对问题进行即时性纠正,还对问题成因进行系统性思考,体现为双环学习——即组织成员系统性分析失败原因,调整企业文化、行为规范及具体行为等要素,使其协调一致。于晓宇等(2013)认为,在新创企业遭遇失败时,组织领导者通过对失败进行不同归因从而产生单环学习与双环学习两种模式。

通过系统地梳理国内外文献能够发现,由于失败情境下学习模式构念的结构仍然处于探索阶段,现有的失败学习模式研究大多是概念型或采用质化研究方法,结论缺少实证数据的支持和检验。因此,本研究充分思考创新失败情境下组织学习的特征,结合现有研究成果,将失败学习分为单环学习与双环学习,并形成相应测量量表,进行严谨的实证分析,在弥补现有研究不足的同时,也为后续研究夯实方法基础。

高层梯队理论(upper-echelons theory)认为企业高层团队特征(技能、认知、行为倾向等)通过作用于战略选择与行为,进而影响企业绩效,且在这一过程中外部客观环境发挥着重要的调节作用(Carpenter et al.,2004;Smith et al.,1994)。

作为企业高层团队互动过程的变量——变革型CEO代表了领导者在技能、行为倾向等方面的特征(陈建勋,2011),对整个企业的经验学习会产生重要影响(王凤彬等,2011)。失败学习作为嵌入在特定情境的学习行为,同样会受到CEO变革型领导行为的影响,在企业创新失败情境下,失败学习对知识的获取、吸取及利用会影响企业竞争优势,进而影响企业绩效。因此,根据高层梯队理论,遵循领导行为影响企业行为进而影响整体绩效这一逻辑主线,本研究将CEO变革型领导行为、失败学习、企业绩效及外部动态环境纳入一个分析框架之中,检验失败学习在变革型领导与企业绩效间的中介作用,以及动态环境在CEO变革型领导行为与失败学习(单环与双环)关系间的调节作用。综上所述,本研究的研究框架如图9.1所示。

图9.1 研究框架

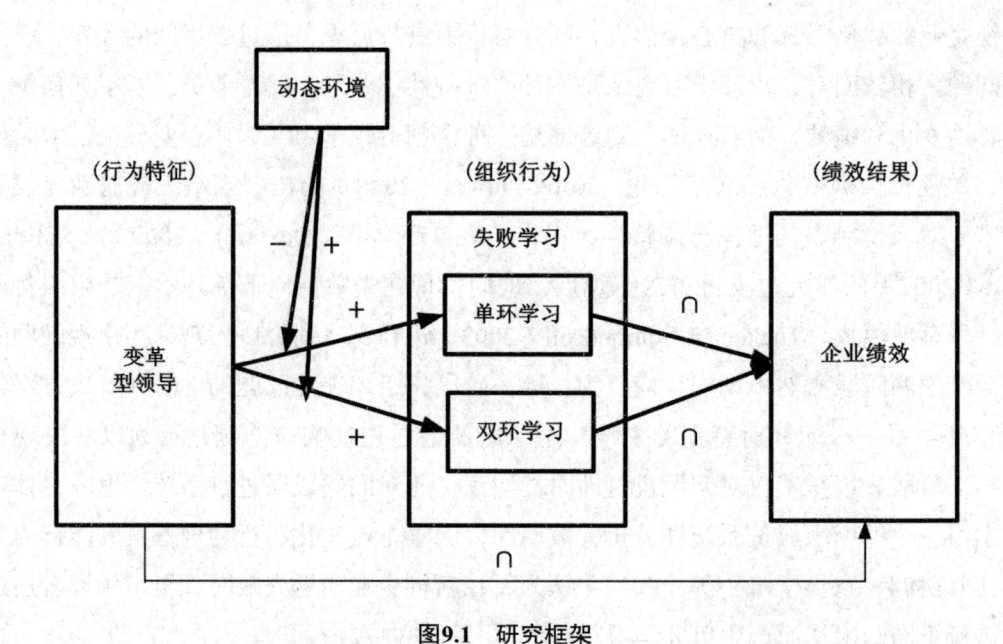

注：∩表示倒 U 型函数关系，+表示正相关关系，−表示负相关关系。

9.2 持之有故：变革型领导促进企业绩效的理论推演

9.2.1 CEO变革型领导行为与企业绩效

在企业创新失败情境下，变革型CEO独有的智能激发、愿景描绘和个性化关怀等特质会对企业绩效产生重要影响，且随着变革行为的增强，上述特质对企业绩效的影响会产生双重效应——积极效应和消极效应。变革型CEO主要通过以下途径对企业绩效产生积极影响，首先，变革型CEO的智能激发能够鼓励组织成员打破常规，尝试新方法，并形成组织创新惯性，增强创新能力，进而提高企业绩效（江静等，2012）；同时，变革型CEO对未来发展愿景的描绘以及对工作意义的构建能够调动组织成员的良好情绪和主观能动性，有助于提高组织专注度，为提升企业绩效提供必要条件（Liu，2016）。其次，变革型CEO通过信任组织成员，赋予其自主权和决策空间，增强组织成员的自我效能及企业效能，激发员工与组织的内在工作动力（Amabile，2004）。最后，变革型CEO的个性化关怀能够给予组织成员必要的资源和信息支持，提高组织成员的回报意识及组织承诺，形成组织合力，促进绩效提升。然而，CEO变革型领导行为对企业绩效的促进作用并不是无限的，过度的变革领导行为会"过犹不及"，抑制企业绩效。领导者过度的愿景会阻碍员工独特理想及工作态度的形成，限制企业长远发展（Osborn et al.，2009），尤其在复杂的企业系统中，高层领导应该尽量减少对特定目标的指定，合理控制愿景（Marion等，2001）。创新失败的原因错综复杂，这使得在经历创新失败后，企业往往置身于复杂的环境之中，此时，CEO过度的愿景将会对企业产生不利影响。另外，由于从创新失败走向成功的复杂性以及员工素质能力和知识体系的限制，变革型CEO对员工的过度授权会造成员工能力无法匹配权力，易产生错误决策，削弱企业竞争力，而且，随着授权程度的增强，企业内决策主体的扩大会增加统一决策成本，降低效率，进而影响企业绩效（徐鹏等，2016）。

因此，本研究提出如下假设：

H_1：在创新失败情境下，CEO变革型领导行为与企业绩效呈倒U型关系，即随着CEO变革行为的增强，企业绩效呈先上升后下降的曲线变化。

9.2.2　CEO变革型领导行为对失败学习的影响

根据高层梯队理论，高层管理者是影响企业行为的关键因素，因此，在创新失败情境下，变革型CEO与失败学习行为间存在紧密关联。变革型CEO拥有高尚的道德情操，是企业员工竞相学习的榜样，且能在企业内部营造一种公平互信的氛围，当实际绩效低于预期值时，这种良好的氛围会激发员工通过快速调整行为方式以实现预期目标。变革型CEO通过愿景激励增强员工对企业目标的认同，将个人目标与企业目标高度融合，进而将个人发展与企业成败形成紧密联系。因此，当企业创新失败时，企业员工将其"视为己任"，企业内部会形成纠错浪潮，促进行为调整，从而实现企业既定的目标，即产生单环学习行为。与其他失败情境相比，创新的不确定性使其失败的原因更加错综复杂，在进行失败分析时，变革型CEO的创新思维及其给予员工的智能激发，能使员工开拓思路并采用新方法解决问题，这种发散性和创新性思维能够扩大失败根源的搜索范围，对企业现有目标和价值观的合理性进行检验，并对前期行为的准确性加以分析。此外，变革型CEO的个性化关怀能够营造企业安全氛围，消除失败引发的恐惧，使企业员工能以放松的心态参与批评与自我批评活动，有助于员工系统深刻地反思企业价值观及自身行为，进而优化战略、修正行为，从而开展双环学习。因此，本研究提出如下假设：

H_2：在企业创新失败情境下，CEO变革型领导行为正向影响组织失败学习，具体而言：

H_{2a}：CEO变革型领导行为正向影响组织单环学习；

H_{2b}：CEO变革型领导行为正向影响组织双环学习。

9.2.3　失败学习对企业绩效的影响

（1）单环学习对企业绩效的影响。创新失败情境下的单环学习以绩效为目标，在不改变企业既定价值观和行为规范的基础上，通过快速修正行为来解决失败问题，往往直接利用现有惯例及其简单组合提出及时性解决方案。因此，通过单环学习获取的知识和经验大部分与企业知识库中的原有内容相似，企业能以较小的学习成本将知识消化、吸收和利用，指导实践活动从而提升绩效。但随着更多的资源和精力用于单环学习，企业获取新知识受到限制，不利于打破思维惯性，企业会在不断强化的思维惯性中陷入创新惯例泥潭，创新能力和竞争优势被削弱，绩效随之下降。另外，单环学习屏蔽了大量关于系统性、根源性与变革性的信息，使得企业难以探寻系统层面的失败原因，难以突破既有行为规范和准则提出消除失败的方案。而创新失败具有"范式破碎"的特性，迫切需要企业去解决现有价值观念、战略目标、政策和制度安排中的问题，一味地依靠对结果和环境刺激的适应与调整容易掩盖失败产生的本质问题，导致随着问题的日积月累，企业再次遭受失败的风险加大，给企业绩效带来威胁。

（2）双环学习对企业绩效的影响。创新失败情境下的双环学习是一个系统分析过程，该过程通过将失败问题与企业常规操作相关联以发现操作中存在的问题，并通过将失败问题与企业价值观、战略目标相关联以发现操作行为准则存在的问题。双环学习具有学习内容更加系统深入、过程更为漫长、效果更为显著等特点，且双环学习不但能提供失败问题的解决方案，而且会系统深入地探寻失败根源，获取大量富有价值的新知识。这些新知识的运用将会开拓企业创新思路，提高企业创新能力，构建竞争优势，从而有助于企业绩效的提高。另外，创新失败"范式破碎"的特性使得对失败真实原因的探寻不能停留在表层，而是要深入挖掘错误行为背后的根源。企业需要重新审视价值观、战略与行为的修正与匹配问题，而双环学习中对行为规范、目标与基本决策的质疑为探明失败深层次的原因提供了可能性。但过度的双环学习会产生负面效应：基于搜寻成本视角，由于企业资源的限制，双环学习中的大范围知识搜寻会带来额外成本，使得边际效应递减（杨慧军等，2016）；此外，企业进行过度的双环学习会带来企业经营的不稳定，由于反应及信息搜寻过度，企业会夸大局部错误的严重性，这将破坏企业战略决策与执行的一致性和连续性（王雪利，2007），导致企业进入低效混沌状态——资源在不断地反复配置中产生浪费，竞争优势在未被强化时即被破坏，最终降低企业绩效。因此，本研究提出如下假设：

H_3：在创新失败情境下，失败学习与企业绩效呈倒U型关系，具体而言：

H_{3a}：企业开展的单环学习与绩效呈倒U型关系，即随着单环学习的增强，企业绩效呈先上升后下降的曲线变化；

H_{3b}：企业开展的双环学习与绩效呈倒U型关系，即随着双环学习的增强，企业绩效呈先上升后下降的曲线变化。

根据高层梯队理论，高层团队特征对企业战略选择与行为产生影响，继而作用于企业绩效。变革型CEO体现了企业高管良好的激励、沟通、授权等行为特征，在创新失败情境下，这些特征能够激发失败学习行为，最终对企业绩效产生影响。此外，已有研究证实，高层团队特征通过沟通与整合行为对企业绩效产生影响（Smith et al.，1994）。因此，本研究提出如下假设：

H₄：在创新失败情境下，失败学习在CEO变革型领导行为与企业绩效间具有中介作用，具体而言：

H₄ₐ：单环学习在CEO变革型领导行为与企业绩效间起中介作用；

H₄ᵦ：双环学习在CEO变革型领导行为与企业绩效间起中介作用。

9.2.4 动态环境的调节效应

动态环境是指企业外部环境不确定性及风险性的程度。在高层梯队理论研究中，外部环境在企业高管团队影响企业行为的过程中往往具有调节作用（Carpenter et al.，2004），而作为重要的外部环境变量——动态环境，将在变革型CEO与失败学习行为关系中发挥调节作用。随着环境动态性的增强，企业在技术、市场和供应链等方面的竞争压力和错误决策会导致企业陷入经营困境，CEO在决策过程中面临更大压力，企业员工对自身和企业的未来变得更为担忧（陈建勋，2011）。在高动态环境下，失败事件的高价值性（Madsen et al.，2010）与员工危机感相叠加，促使员工更珍视每一次失败学习机会，从而形成强烈的系统深入学习的意愿，此时，变革型CEO的创新与发散性思维与员工这一学习意愿相得益彰，CEO变革型领导行为更容易在企业中被接受和认可，进而促进员工更加注重对失败根源的深入剖析。相对而言，在低动态环境下，由于企业竞争压力减少和决策风险降低，失败事件带给企业的价值也随之下降（Madsen et al.，2010），且双环失败学习需要耗费员工大量的物质资源（如挤占工作时间、增加学习成本等）及心理资源（如克服恐惧、耻辱和自卑等不良情绪），此时，员工对失败事件进行系统深入学习的意愿减弱，导致CEO变革型领导行为难以在企业中产生共鸣，相应地变革型CEO对企业员工双环学习的促进作用被削弱。

在低动态环境下，随着外界竞争压力减弱，对失败事件的及时修正便能够保证企业正常运行甚至能够保持既有竞争力，同时，随着失败事件的价值下降，员工对耗费大量资源的系统式纠错意愿减弱，而对成本低且相对便捷的单环学习意愿增强，此时，变革型CEO的愿景构建和个性化关怀能够让员工形成企业关心自己的认知并产生回报企业的责任感，责任感与单环学习意愿的融合将助推单环学习意愿更多地转化为单环学习行为。在高动态环境下，单环学习可能会隐藏问题的根源所在，难以发现系统式的缺陷，增加企业未来再次遭遇失败的风险，因此，在面临创新失败时，受到变革型CEO的影响，企业员工会将更多的精力和资源用于失败根源剖析——审视价值观、战略以及行为规范的合理性，而对仅涉及行为修正的单环学习关注度的增加则极为有限。因此，本研究提出如下假设：

H_5：在创新失败情境下，动态环境在CEO变革型领导行为与失败学习之间起调节作用，具体而言：

H_{5a}：在高动态环境下，CEO变革型领导行为对双环学习的促进作用加强，在低动态环境下减弱；

H_{5b}：在高动态环境下，CEO变革型领导行为对单环学习的促进作用减弱，在低动态环境下加强。

9.3 目量意营：变革型领导促进企业绩效的研究方案设计

9.3.1 问卷设计

首先，围绕创新失败情境下变革型领导对企业绩效的影响机制这一研究主题，选取变革型领导、失败学习（单环学习、双环学习）、企业绩效和动态环境等变量进行问卷设计；其次，按照问卷说明（包括问候语、研究目的和填写说明等）、主体部分（包括五个核心变量的测量题项）和背景部分（包括被调研者的性别、年龄等人口统计变量以及被调研者所在公司的基本情况）的先后顺序进行问卷编排，确保问卷结构合理；此外，为确保问题的明确性和非诱导性，本研究系统梳理了核心变量构念及测量量表的相关研究成果，根据研究情境相似、概念内涵相同、使用时间较长、使用范围较广及使用频率较高的选择标准，确定研究变量的测量量表，运用Brislin的标准方法对源于国外的英文量表进行翻译和回译，并形成初始问卷。邀请2位组织学习领域内的专家和4位企业管理人员，对问卷在设计结构、内容、表述等方面进行全面审核，结合修改建议，对问卷进行第一轮修改。随后，选取6家企业进行小样本预调研，根据调研反馈的建议，对问卷中存在的细节问题进行进一步修正，最终形成了正式的调查问卷。

9.3.2 样本选取

本研究的研究对象为高科技企业。与传统企业相比，高科技企业需要不断创新，在产品研发、市场创新与管理创新等过程中面临更多失败（黄海艳等，2016）。因此，将高科技企业作为研究对象既便于研究主题的开展，又具有较大实践价值。样本选取位于广东省国家高新技术产业开发区内的高新技术企业，其主要原因为：长期以来，广东省一直是全国创新最活跃的省份之一，在2016年发布的《中国城市创新指数》报告中，广州市、深圳市和珠海市以企业创新为主导的城市创新模式为特色，走在全国的创新前列（以科技研发与产业化两项指标计算,深圳市、珠海市和广州市分别位列全国第二名、第五名与第十二名,分别位列广东省前三名),该地区高科技企业创新对于其他地区具有一定的示范效应,在一定时期内,会形成趋同态势。考虑到研究结论受到诸如失败来源(source)及强度(magnitude)等情境特征的影响(Cannon,2001),本研究的企业创新失败情境主要为:(1)失败经验源于企业内部。被调研企业需在近2年内发生过创新失败事件——新产品或新工艺研发失败、新市场开拓失败、原材料新供应源获取失败或组织形式变革失败;(2)失败强度适中。失败事件使企业蒙受一定经济损失,能够引发领导者关注并被记忆,但又不至于对企业造成致命打击。在区管委会的协助下,根据上述标准选择调研企业。

鉴于CEO对企业的重要影响,有关组织理论和战略理论研究通常将CEO和高管团队视为组织层面因素(王凤彬和陈建勋,2011)。本研究沿用此观点,将研究界定在组织层面,采用多源数据来源的方式获取数据以避免同源偏差。

9.3.3 数据收集

借鉴陈建勋(2011)的研究成果,分别选取CEO助理、人力资源副总和技术副总测评CEO变革型领导行为,并对三者的评分进行算数平均处理,此外,由人力资源副总测评动态环境、技术副总测评失败学习、财务副总测评企业绩效。在调研过程中,为减少被试顾虑,调研人员事先将问卷密封于信封,并在问卷封面注明:"为保护您的隐私,填好后的问卷将会现场密封并交于研究人员",调研方式为调研人员进入企业直接发放问卷——作简要说明后,要求被调研者现场填写并当场回收问卷。本次调研共发放600份问卷,回收358份问卷,剔除作答不完整和无法匹配(所有测评人未全部填写)的64份,最终得到有效问卷294份,有效回收率为49.00%。企业特征与CEO特征分别见表9.1与表9.2。

表 9.1 样本企业特征

项目		频数	占比
企业成立年限	2~5年	79	26.87%
	6~9年	83	28.23%
	10~13年	85	28.91%
	14年及以上	47	15.99%
企业规模	200人及以下	50	17.01%
	201~500人	82	27.89%
	501~1 000人	127	43.20%
	100 1人及以上	35	11.90%

续表

项目		频数	占比
所处行业	先进制造业	110	37.42%
	电子信息	85	28.91%
	高技术服务业	44	14.97%
	生物医药	35	11.90%
	其他	20	6.80%

表9.2　样本企业CEO特征

项目		频数	占比
企业CEO性别	男	215	73.13%
	女	79	26.87%
受教育程度	大专及以下	33	11.23%
	本科	165	56.12%
	研究生及以上	96	32.65%
年龄	18～30	34	11.56%
	31～40	71	24.15%
	41～50	144	48.98%
	51及以上	45	15.31%
任职年限	2～4	70	23.81%
	5～7	100	34.01%
	8～10	87	29.59%
	11年及以上	37	12.59%

注：任职2年以下的CEO可能未经历企业创新失败事件，因此未将其作为有效样本。

9.3.4　变量测量

本研究所有变量的测量均采用Likert 5分等级量表，1分代表完全不同意，5分代表完全同意，量表具体内容如下：

（1）因变量。企业绩效。由于调查样本在成立年限、规模与行业类别等方面存在差异，且大多未上市，难以获得客观绩效数据，本研究借鉴现有学者的通常做法（Li等，2001；阎婧等，2016），采用主观评价方式，从净利润率、投资回报率、销售增长率等3个方面测量企业绩效，如"贵公司近2年平均利润率比同行主要竞争对手高"等。

（2）自变量。CEO变革型领导行为。借鉴Vera与Crossan（2004）开发的适合测评CEO变革型领导行为的量表，将变革型领导界定为领导魅力、愿景激励、智能激发和个性化关怀4个维度，每个维度均为3个题项。

（3）中介变量。失败学习。基于Argyris（1976）对单环及双环学习的论述，选取Wong等（2008）开发的不同类型学习行为量表，根据本研究情境对其进行修改。修改后的单环学习量表共3个题项，如在创新失败后，企业"能够提出及时性解决方案"等。修改后的双环学习量表共3个题项，如在创新失败后，企业"对失败根本原因进行深入总结"等。

（4）调节变量。动态环境。借鉴Jansen等（2006）的研究，由人力资源副总对环境动态性进行主观测评，共3个题项，如"企业身处外部环境发生强烈的动荡变化"；"客户对企业所提供的产品（服务）总会给出新的意见或需求"等。

（5）控制变量。根据高层梯队理论，高管的人口统计变量会对企业绩效产生影响，另外企业的规模、年限与企业绩效也具有一定相关性。为确保研究结论的准确性，本研究参照相关研究，选取CEO的性别、年龄、受教育程度、任职年限，企业年限和规模作为控制变量，（王凤彬等，2011；陈建勋，2011）。在具体运算过程中，1代表男性、2代表女性；年龄18～30岁取值为1，31～40岁取值为2，41～50岁取值为3，51岁及以上取值为4；教育程度大专及以下取值为1，本科取值为2，研究生及以上取值为3；任职年限2～4年取值为1，5～7年取值为2，8～10年取值为3，11年及以上取值为4；企业规模由员工总人数来测定，200人及以下取值为1，201～500人取值为2，501～1000人取值为3，1001人及以上取值为4；企业年限由公司注册至今的时间来测定，2～5年取值为1，6～9年取值为2，10～13年取值为3，14年及以上取值为4。

9.4 有形可检，有数可推：变革型领导促进企业绩效的数据分析

9.4.1 描述性统计分析

表9.3总结了各变量的均值和标准差以及相关系数。由表9.3可知，变革型领导分别与单环学习（$r=0.64$，$p<0.001$）、双环学习（$r=0.61$，$p<0.001$）和企业绩效（$r=0.30$，$p<0.001$）正相关，企业绩效分别与单环学习（$r=0.31$，$p<0.001$）和双环学习（$r=0.35$，$p<0.001$）正相关。以上结果与研究假设具有一致性，初步验证了假设的合理性。

表 9.3 变量描述性统计和相关系数

变量	均值	标准差	1	2	3	4	5	6	7	8	9	10	11
CEO变革型领导行为	4.05	0.71	(0.88)										
单环学习	4.06	0.69	0.64***	(0.84)									
双环学习	3.66	0.81	0.61***	0.46***	(0.80)								
企业绩效	3.87	0.70	0.30***	0.31***	0.35***	(0.86)							
动态环境	3.27	1.08	0.01	−0.21**	0.11	0.05	(0.91)						
性别	1.27	0.44	−0.02	−0.02	0.02	−0.06							
年龄	2.68	0.87	−0.03	−0.01	−0.04	0.01	−0.11	−0.07					
学历	2.21	0.63	0.10	0.10	0.04	0.14*	0.05	0.05	−0.08				
任职年限	2.31	0.97	0.03	0.06	0.04	0.02	−0.01	0.03	−0.08	−0.01			
企业规模	2.50	0.91	0.02	0.01	0.04	0.06	−0.01	0.06	−0.60	0.04	0.13*		
企业年限	2.34	1.04	−0.09	−0.04	0.00	−0.00	−0.07	−0.03	−0.17**	−0.04	0.27***	0.19***	

注:"*"代表显著性水平$p<0.050$;"**"代表显著性水平$p<0.010$;"***"代表显著性水平$p<0.001$(下同)。括号中的数据为该量表的Cronbach's α系数。

9.4.2 同源偏差分析

首先,根据Harman's单因子检验方法初步检测同源方差。经过探索性因子分析,在未旋转情况下,最大因子解释变异量并未达到所有特征根大于1的公因子解释变异量总和的一半,可初步判断本研究中同源方差存在,但并不显著。另外,考虑到采用Harman's单因子检验方法检测同源方差统计效力较低,根据Podsakoff等(2003)学者的研究,本研究采用控制未测单一方法潜变量法进一步对同源方差进行检验,将同源方差的效应作为一个潜变量纳入五因子模型,通过比较纳入同源方差潜变量前后的两个模型的拟合度差异进行判断,见表9.4。由表9.4可知,纳入同源方差潜变量后的6因子模型优于纳入前的5因子模型,$\Delta\chi^2=82.55$,$\Delta df=21$($p<0.05$),但RMSEA,CFI与NNFI的变化微弱,改善程度均不超过0.02,表明加入同源方差因子后模型拟合度并未发生显著改善(谢宝国等,2008)。综上,表明研究中不存在严重的同源方差。

表9.4 同源方差检验

模型	χ^2	df	χ^2/df	RMSEA	CFI	NNFI
五因子	194.37	94	2.07	0.06	0.98	0.97
六因子	111.82	73	1.53	0.07	0.99	0.98

9.4.3 信效度分析

本研究使用内部一致性信度对量表的信度进行检验，经计算，各量表的Cronbach's α系数均大于0.70，说明存在较高的内部一致性。测量量表25个题项的探索性因子分析结果显示，各变量题项因子载荷均大于0.69，组合信度（CR）大于0.70，潜变量的AVE均高于0.50，表明量表聚合效度良好。采用验证性因子分析考察CEO变革型领导行为、单环学习、双环学习、企业绩效和动态环境的区分效度，结果如表9.5所示，与其他四个模型相比，本研究提出的五因子模型拟合效果最佳：χ^2=194.37，df=94，χ^2/df=2.07，RMSEA=0.06，CFI=0.98，NNFI=0.97。由此可见，各个变量之间具有较好的区分效度。

表9.5 验证性因子分析结果

模型	χ^2	df	χ^2/df	RMSEA	CFI	NNFI
五因子模型	194.37	94	2.07	0.06	0.98	0.97
四因子模型	661.93	98	6.75	0.14	0.88	0.85
三因子模型	1372.27	101	13.59	0.21	0.73	0.68
二因子模型	2514.01	103	24.41	0.28	0.50	0.41
单因子模型	1559.03	104	14.99	0.22	0.69	0.65

注：五因子模型：CEO变革型领导行为、单环学习、双环学习、企业绩效、动态环境；

四因子模型：CEO变革型领导行为、单环学习、双环学习、企业绩效+动态环境；

三因子模型：CEO变革型领导行为、单环学习、双环学习+企业绩效+动态环境；

二因子模型：CEO变革型领导行为、单环学习+双环学习+企业绩效+动态环境；

单因子模型：CEO变革型领导行为+单环学习+双环学习+企业绩效+动态环境。

9.4.4 假设检验

CEO变革型领导行为是由不同的个体数据加总求均值得来的，需先检验聚合度，检验指标包括R_{wg}、ICC（1）和ICC（2）。CEO变革型领导行为的ICC（1）为0.28，ICC（2）为0.76，平均R_{wg}为0.87，达到数据聚合标准。因此，本研究中CEO变革型领导行为由三位下属的测评数据聚合而来恰当有效。

采用层次回归法对假设检验进行验证，分析过程与结果见表9.6与表9.7。（1）首先，进行主效应检验，以企业绩效作为因变量，依次将控制变量、CEO变革型领导行为及其平方项作为自变量带入回归方程，分别构建model1、model2与model3。由结果可知，CEO变革型领导行为一次项回归系数为1.89，平方项回归系数为-0.22，均达到显著性水平，且

model3与model2相比，前者比较平方复相关系数的改变量（ΔR^2）也达到了显著性水平，说明CEO变革型领导行为与企业绩效存在非线性的倒U型关系，H_1得证。（2）其次，进行中介效应检验，分别以单环学习与双环学习作为因变量，依次将控制变量、CEO变革型领导行为带入回归方程，分别构建model4、model5、model6与model7，在model5与model7中，变革型领导的回归系数分别为0.41与0.37，且均达到显著性水平，两个模型比较平方复相关系数的改变量（ΔR^2）也达到了显著性水平，说明CEO变革型领导行为分别对单环学习与双环学习具有正向影响，H_2得证。在model3基础上，加入中介变量单环学习与双环学习，构建model10，由结果可知，CEO变革型领导行为一次项回归系数由1.89变为1.48，二次项系数由-0.22变为-0.20，说明单环学习与双环学习在变革型领导与企业绩效的关系中具有部分中介作用，H_4得证。另外，在model11基础上，依次将单环学习、双环学习及其平方项带入回归方程，分别构建model8与model9，结果发现单环学习回归系数为1.24，平方项回归系数为-0.14，双环学习回归系数为0.58，平方项回归系数为-0.05，除双环学习平方项回归系数外，其余回归系数均达到显著性水平，且model9与model8相比，前者比较平方复相关系数的改变量（ΔR^2）达到了显著性水平，说明单环学习与企业绩效存在非线性的倒U型关系，而双环学习与企业绩效间的非线性倒U型关系未得到验证，H_3部分得证。（3）最后，进行调节效应检验，在model5基础上，依次将调节变量动态环境及CEO变革型领导行为与动态环境乘积项带入回归方程，分别构建model11与model12，由结果可知，CEO变革型领导行为与动态环境乘积项回归系数为-0.09，达到显著性水平，且model12与model11相比，其比较平方复相关系数的改变量（ΔR^2）也达到了显著性水平，说明动态环境能够负向调节CEO变革型领导行为与单环学习之间的关系。同理，在model7基础上，依次将调节变量动态环境及CEO变革型领导行为与动态环境乘积项带入回归方程，分别构建model13与model14，由结果可知，CEO变革型领导行为与动态环境乘积项回归系数为0.12，达到显著性水平，且model14与model13相比，前者比较平方复相关系数的改变量（ΔR^2）也达到了显著性水平，说明动态环境能够正向调节CEO变革型领导行为与双环学习之间的关系。为更加全面检验H_5，本研究分别以动态环境的均值加减一个标准差作为分组标准，描绘在不同动态环境中CEO变革型领导行为分别对单环学习及双环学习的影响变化，结果见图9.2、图9.3。在高动态环境下，CEO变革型领导行为对单环学习促进作用减弱，在低动态环境下加强；而在高动态环境下，CEO变革型领导行为对双环学习促进作用加强，在低动态环境下减弱，H_5得证。

表9.6 企业绩效回归分析结果

变量	因变量：企业绩效					
	model1	model2	model3	model8	Model9	Model10
控制变量						
性别	0.01	0.02	0.01	0.01	−0.01	−0.01
年龄	−0.06	−0.06	−0.06	−0.06	−0.09*	−0.06
学历	0.15*	0.12	0.08	0.12	0.06	0.07
任职年限	0.01	−0.00	−0.06	−0.01	−0.01	−0.01
企业规模	0.05	0.04	0.01	0.04	0.02	0.01
企业年限	−0.02	0.00	−0.02	−0.01	−0.02	−0.03
自变量						
变革型领导		0.29***	1.89***			1.48***
变革型领导平方			−0.22***			−0.20***
中介变量						
单环学习				0.18**	1.24***	0.16**
单环学习平方					−0.14**	
双环学习				0.23***	0.58***	0.20***
双环学习平方					−0.05	
R^2	0.03	0.11***	0.20***	0.17***	0.24***	0.26***
ΔR^2	0.03	0.08***	0.09***	0.14***	0.07**	0.06**

注："*"代表显著性水平 $p<0.050$；"**"代表显著性水平 $p<0.010$；"***"代表显著性水平 $p<0.001$。下同。

表9.7 单环学习与双环学习回归分析结果

变量	因变量：单环学习				因变量：双环学习			
	model4	model5	model11	model12	model6	model7	model13	model14
控制变量								
性别	−0.05	−0.02	−0.05	−0.05	0.03	0.06	0.08	0.08
年龄	−0.00	0.02	−0.01	−0.01	−0.04	−0.01	0.00	0.01
学历	0.12	0.05	0.06	0.05	0.05	−0.03	−0.04	−0.02
任职年限	0.06	0.03	0.04	0.04	0.03	0.01	0.00	−0.00
企业规模	−0.01	−0.01	−0.01	−0.02	0.03	0.01	0.01	0.02
企业年限	−0.04	0.01	−0.01	−0.02	−0.01	0.04	0.05	0.06
自变量								
变革型领导		0.62***	0.62***	0.79***		0.69***	0.70***	0.46***
调节变量								
动态环境			−0.14***	0.23			0.09*	−0.39
CEO变革型领导×动态环境				−0.09*				0.12*
R^2	0.02	0.41***	0.46***	0.47***	0.01	0.37***	0.39***	0.40***
ΔR^2	0.02	0.39***	0.05***	0.01*	0.01	0.36***	0.02*	0.01*

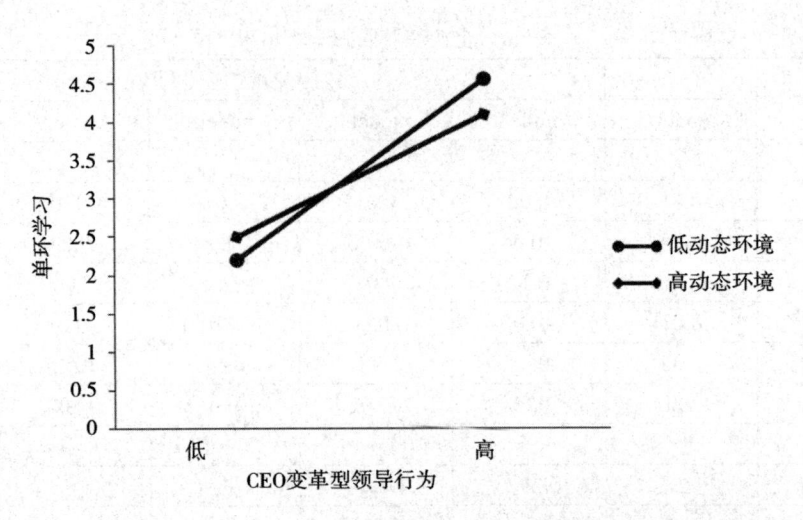

图9.2 动态环境在CEO变革型领导行为与单环学习间的调节作用

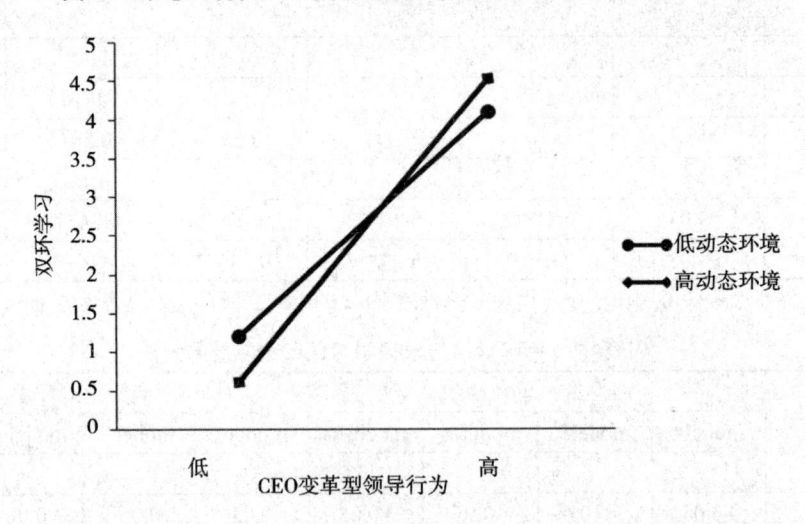

图9.3 动态环境在CEO变革型领导行为与双环学习间的调节作用

9.5 抛砖引玉：如何借助变革型领导促进企业绩效

9.5.1 研究结果讨论

本研究以高层梯队理论为基础，基于企业创新失败情境，揭示CEO变革型领导行为、失败学习对企业绩效的影响机理，实证分析结果表明：（1）CEO变革型领导行为与企业绩效呈倒U型关系，即在一个适度范围内，随着企业CEO变革型领导行为的增强，企业绩效逐渐增加。这与前人得出的变革型领导促进企业绩效的结论具有一致性（Howell et al., 1993；Lin等，2016），当企业CEO变革型领导行为过度时，企业绩效将会受到抑制，这与前人得出的变革型领导抑制企业绩效的结论具有一致性（Ensley，2006）。本研究将现有变革型领导与企业绩效关系研究中两种矛盾的观点进行了强有力的整合和解释，拓展并完善了现有研究。（2）CEO变革型领导行为正向影响失败学习，且该影响显著。这一结论与Abbasi等（2013）、王飞绒等（2012）的研究结论类似，再次验证了CEO变革型领导行为的积极作用及其对组织学习的正向影响，深化了变革型领导对特定组织学习行为——失败学习影响的研究，并丰富了失败学习的影响因素研究。（3）单环学习与绩效呈倒U型关系——即随着企业单环学习增强，企业绩效呈先上升后下降的变化趋势。该结论印证了Pilbeam等（2016）、Smith等（2007）的观点，即在危机情境下单环学习普遍存在于组织之中并有利于企业发展，但过度关注单环学习容易滋生危机，限制企业发展。与本研究假设不同的是，双环学习只是正向影响企业绩效，并未验证出二者间的倒U型关系。根据Pilbeam等（2016）、Tucker与Edmondson（2003）的研究，由于受到多种因素制约，双环学习在企业内并未普及，尤其在失败情境下更加难以开展。本研究首次从实证角度验证了上述观点，研究发现样本中大部分企业开展的双环学习并未达到"过度"状态（双环学习均值为3.66，标准差为0.81），这可能是导致双环学习与企业绩效仅呈现正相关的原因。（4）失败学习在CEO变革型领导行为与企业绩效间起部分中介作用。研究结论证实了高层梯队理论可以用来解释CEO变革型领导行为对企业绩效的影响机制，同时表明失败学习（单环与双环）是CEO变革型领导行为影响企业绩效的重要因素，这与Abbasi等（2013）、王飞绒等（2012）的研究结论具有一致性，同时也响应了段发明与党兴华（2016）提出的关注组织学习情境依赖性特点的提议。（5）动态环境在CEO变革型领导行为与单环学习间发挥负向调节作用，而在CEO变革型领导行为与双环学习间发挥正向调节作用。该结论不仅与动态环境在变革型领导对企业行为影响过程中发挥调节作用相互印证（王凤彬等，2011；阎婧等，2016），同时也丰富了变革型领导对不同失败学习模式作用边界的研究。

9.5.2 理论意义

随着国家创新驱动战略的推进，企业内创新活动愈发活跃，然而创新并非易事，其过程往往掺杂着挫败。本研究将创新失败这一普遍而又重要的现实情况纳入分析框架之中，使得研究结论在丰富和完善现有理论研究的同时也能够为企业提升绩效明确要点，具有一定的理论意义和实践价值。具体而言，理论意义：（1）有别于以往高层梯队理论中聚焦CEO人口统计特征对企业绩效影响机理的研究，本研究以CEO互动过程为视角，选取CEO变革型领导行为，将其与失败学习和企业绩效纳入同一分析框架中，丰富了现有高层梯队理论的研究，将CEO变革型领导行为的影响效果向企业层面进行拓展，既为企业绩效提升提供了理论依据，也为领导力理论的推行提供了新途径；（2）本研究聚焦于企业创新失败情境，区分了企业内部不同模式的失败学习的特征，首次以实证方式验证了不同模式的失败学习在CEO变革型领导行为与企业绩效关系中的传导作用，拓展了组织学习理论在情境化方面的研究，深化了对失败学习"前因后果"的探讨，是对失败学习理论一次有力的完善；（3）此外，本研究探讨了动态环境在CEO变革型领导行为与不同失败学习模式间的调节作用，丰富了领导力有效性的多情境研究，深化了对领导力有效性边界条件的理解。

9.5.3 管理实践启示

本研究的实践启示主要为：（1）败中学习，变革先行。面对以创新为主导的竞争环境，传统交易型领导难以有效应对创新中的问题，因此融入变革因素为其"保驾护航"变得尤为必要。研究结果表明，变革型CEO是企业失败学习的重要前因变量，企业应注重培养和选拔具有变革精神的领导者，通过企业内系统而全面的培训，提高领导者的业务能力、学习能力、远景构建能力、创新意识和服务意识，从而树立其业务过硬、学习过硬、思想过硬和形象过硬的口碑，在领导选聘环节要尤为注重候选人是否具备上述能力和特质，并将其作为领导聘任和日常考核的主要指标，同时通过领导者自我管理和企业制度对愿景激励和员工授权等变革行为进行合理控制，谨防过犹不及。（2）深挖价值，均衡发展。失败蕴藏着大量富有价值的信息，亟须企业挖掘、吸收和利用。研究结果表明，一方面，失败学习对企业绩效有正向影响，因此，企业应通过各种措施积极开展失败学习活动，深入挖掘失败价值。如，①在企业文化方面，树立正确的失败价值观，将失败视为常态化和富有价值的事件，营造轻松的学习氛围，鼓励员工敢于面对、承认失败并能从中有效学习；②在企业制度层面，改变以成败论英雄的奖惩制度，"奖励成功、惩罚失败"的管理方法严重抑制失败学习，企业需在制度层面明确表明对待失败的宽容态度并制定奖励失败学习的条款；③在实践操作层面，企业需组建正式的学习组织，通过定期研讨及针对突发失败事件开展不定期学习活动，帮助员工掌握应对失败的基本心理调节技巧和方法，并能快速而深刻地从失败中吸取经验教训，另一方面，失败学习同样存在对企业绩效的负面影响，企业应意识到失败学习的"双刃性"，在两种失败学习模式间合理分配资源，以保证企业持续健康地发展。（3）巧用环境，实现目标。企业发展受到外部环境影响，动态环境在带来压力与风险的同时，也可用于促进企业发展。研究结果表明，动态环境可以调节变革型领导对不同失败学习模式的影响强度，因此，企业应密切关注外部环境变化，适时利用外部环境所带来的不确定性和风险性调整企业单环失败学习与双环失败学习的强度，以达到两种失败学习模式的均衡。如通过与标杆企业对比突显自身不足、描绘经营困境等方式唤起类似于动态环境下的危机感，从而推动双环失败学习，也可以通过突显自身优势、外部机会等方式减弱危机感,从而推动单环失败学习。

9.5.4 研究局限及未来研究展望

由于客观条件限制,本研究仍存在一定局限,需后续研究加以完善:

(1)本研究中的调研区域集中在广东省内的国家高新技术产业开发区,调研对象为高新技术企业,这降低了研究的外部效度,未来研究可选择更加广泛的区域及普通企业进行调研,进一步增强研究结论的说服力;(2)研究数据为截面数据,难以动态描述上述研究变量随着失败时间推移的变化过程,未来研究可采用追踪研究法,以此来获得变量间的动态演变规律。

参考文献

[1] Abbasi E, Zamani-miandashti N. The role of transformational leadership, organizational culture and organizational learning in improving the performance of Iranian agricultural faculties[J]. Higher Education, 2013, 66(4): 505-519.

[2] Abrantes R M, Adams C P, Metz A D. Pharmaceutical development phases: Duration analysis[J]. Journal of Pharmaceutical Finance, Economics and Policy, 2005, 14(4): 19-41.

[3] Ahlstrom D, Bruton G D, Kuang S Y. Venture capital in China: Past, present, and future[J]. Asia Pacific Journal of Management, 2007, 24(3): 247-268.

[4] Al-Raqadi A M S, Rahim A A, Masrom M, et al. Enhancing transparency and learning sustainability on the perceptions of improving naval ships' support performance[J]. International Journal of System Assurance Engineering and Management, 2017, (8), sl: 265-289.

[5] Amabile T M, Schatzel E A, Moneta G B, Kramer S J. Leader behaviors and the Work environment for creativity: Perceived leader support[J]. The Leadership Quarterly, 2004, 15(1): 5-32.

[6] Amanda S, et al. The buffering effect of perceived organizational support on the relationship between work engagement and behavioral outcomes[J]. Human Resource Management, 2016, 55(1): 25-38.

[7] Anderson R, Tatham R, Hair J, et al. Multivariate data analysis[M]. Prentice Hall, 2006.

[8] Argote L, Levine J M. The oxford handbook of group and organizational learning[M]. Oxford: Oxford University Press, 2018.

[9] Argyris C. Single-loop and Double-loop models in research on decision making[J]. Administrative Science Quarterly, 1976, 21(3): 363-375.

[10] Armstrong D, Shakespearefinch J, Shochet I. Organizational belongingness mediates the relationship between sources of stress and posttrauma outcomes in firefighters[J].

Psychological Trauma Theory Research Practice & Policy, 2015, 8(3): 343-347.

[11] Avey G, James B, Bruce J A. Psychological ownership: Theoretical extensions, Measurement and relation to work outcomes[J]. Journal of Organizational Behavior, 2009, 30(2): 173-191.

[12] Avolio B J, Gardner W L, Walumbwa F O, et al. Unlocking the mask: a look at the process by which authentic leaders impact follower attitudes and behaviors[J]. Leadership Quarterly, 2004, 15(6): 801-823.

[13] Bai Y T, Lin L, Li P P. How to enable employee creativity in a team context: A cross-level mediating process of transformational leadership[J]. Journal of Business Research, 2016, 69(9): 3240-3250.

[14] Bai Y, Li P P, Xi Y. The distinctive effects of dual-level leadership behaviors on employees' trust in leadership: An empirical study from China[J]. Asia Pacific Journal of Management, 2012, 29(2): 213-237.

[15] Bandura A. Self-efficacy: Toward a unifying theory of behavioral change[J]. Psychological Review, 1977, 84(2): 191-215.

[16] Bandura A. Social foundations of thought and action: A social cognitive theory[J]. Journal of Applied Psychology, 1986, 12(1): 169.

[17] Bandura A. Social learning theory[J]. Englewood Cliffs, 1977, (1): 33-52.

[18] Bang N, Chen J, Cremer D D. When new product development fails in China: mediating effects of voice behaviour and learning from failure[J]. Asia Pacific Business Review, 2017(1): 1-17.

[19] Baranik L, Roling E A, Eby L T. Why does mentoring work? The role of perceived organizational support[J]. Journal of Vocational Behavior, 2010, 76(3): 366-373.

[20] Baranik M L, et al. Why does mentoring work? The role of perceived organizational support[J]. Journal of Vocational Behavior, 2010, 76(3): 366-373.

[21] Bass B M. Two decades of research and development in transformational leadership[J]. European Journal of Work and Organizational Psychology, 1999, 8(1): 9—32.

[22] Bass B M. Theory of Transformational Leadership Redux[J]. Leadership Quarterly, 1995, 6(4): 463-478.

[23] Baumard P, Starbuck W H. Learning from failures: Why it may not happen[J]. Long Range Planning, 2005, 38(3): 281-298.

[24] Bergsieker H B, Shelton J N, Richeson J A. To be liked versus respected: Divergent goals

in Interracial Interactions[J]. Journal of Personality & Social Psychology, 2010, 99(2): 248-264.

[25] Bernhard F, Driscoll M P. Psychological ownership in small family-owned businesses: Leadership style and nonfamily-employees' work attitudes and behaviors[J]. Group & Organisation Management, 2011, 36: 345-384.

[26] Boateng H, Adam D R, Okoe A F, et al. Assessing the determinants of internet banking adoption intentions: A social cognitive theory perspective[J]. Computers in Human Behavior, 2016, 65: 468-478.

[27] Bolino M C, Turnley W H. The personal costs of citizenship behavior: The relationship between individual initiative and role overload, job stress, and work-family conflict[J]. Journal of Applied Psychology, 2005, 90(4): 740-748.

[28] Boulding W, Morgan R, Staelin R. Pulling the plug to stop the new product drain[J]. Journal of Marketing Research, 1997, 34(1): 164-176.

[29] Bouwmans M, Runhaar P, Wesselink R, et al. Fostering teachers' team learning: An interplay between transformational leadership and participative decision-making?[J]. Teaching & Teacher Education, 2017, 65: 71-80.

[30] Brown S P, Leigh T W. A new look at psychological climate and its relationship to job involvement, effort, and performance[J]. Journal of Applied Psychological, 1996, 81(4): 358-368.

[31] Bryk A S, Raudenbush S W. Hierarchical linear models: applications and data analysis methods[J]. Publications of the American Statistical Association, 1992, 98(463): 767-768.

[32] Cannon M D, Edmondson A C. Confronting failure: Antecedents and consequences of shared beliefs about failure in organizational work groups[J]. Journal of Organizational Behavior, 2001, 22: 161-177.

[33] Carless S A, Wearing A J, Mann L. A Short measure of transformational leadership[J]. Journal of Business & Psychology, 2000, 14(3): 389-405.

[34] Carless S A. Assessing the discriminant validity of transformational leader behaviour as measured by the MLQ[J]. Journal of Occupational & Organizational Psychology, 1998, 71(4): 353-358.

[35] Carmeli A, Cohen-Meitar R, Elizur D. The role of job challenge and organizational identification in enhancing creative behavior among employees in the workplace[J].

Journal of Creative Behavior, 2007, 41(2): 75-90.

[36] Carmeli A, Dothan A. Generative work relationships as a source of direct and indirect learning from experiences of failure: Implications for innovation agility and product innovation[J]. Technological Forecasting and Social Change, 2017, 119: 27-38.

[37] Carmeli A, Gittell J H. High-quality relationships, psychological safety, and learning from failures in work organizations[J]. Journal of Organizational Behavior, 2009, 30(6): 709-729.

[38] Carmeli A, Sheaffer Z, Binyamin G, ReiterP R, et al. Transformational leadership and creative problem-solving: the mediating role of psychological safety and reflexivity[J]. Journal of Creative Behavior, 2014, 48(6): 115-135.

[39] Carmeli A, Sheaffer Z. How learning leadership and organizational learning from failures enhance perceived organizational capacity to adapt to the task environment[J]. Journal of Applied Behavioral Science, 2008, 44(4): 468-489.

[40] Carmeli A, Tishler A, Edmondson A C. CEO relational leadership and strategic decision quality in top management teams: the role of team trust and learning from failure[J]. Strategic Organization, 2012, 10(1): 31-54.

[41] Carmeli A. Social capital, Psychological safety and learning behaviours from failure in organizations[J]. Long Range Planning, 2007, 40(1): 30-44.

[42] Carpenter M A, Geletkanycz M A, Sanders W G. Upper echelons research revisited: Antecedents, elements, and consequences of top management team composition[J]. Journal of Management, 2004, 30(6): 749-778.

[43] Catalano A S, Redford K, Margoluis R, et al. Black swans, cognition and the power of learning from failure[J]. Conservation Biology, 2018, 32(3): 584-596.

[44] Chao C M, Yu C T, Cheng B W, et al. Trust and commitment in relationships among medical equipment suppliers: Transaction cost and social exchange theories[J]. Social Behavior & Personality An International Journal, 2013, 41(7): 1057-1069.

[45] Chen G, Kirkman B L, Kanfer R, et al. A multilevel study of leadership, empowerment, and performance in teams[J]. Journal Applied Psychology, 2007, 92(2): 331-346.

[46] Chen Z X, Aryee S, Lee C. Test of a mediation model of perceived organizational support[J]. Journal of Vocational Behavior, 2005, 66(3): 457-470.

[47] Cheung M F Y, Wong C S. Transformational leadership, Leader support, And employee creativity[J]. Leadership & Organization Development Journal, 2011, 32(7): 656-672.

[48] Chiou W B, Wan C S. The dynamic change of self-efficacy in information searching on the internet: Influence of valence of experience and prior self-efficacy[J]. The Journal of Psychological, 2007, 141(6): 589-603.

[49] Choudhary A I, Zaheer A A. Impact of transformational and servant leadership on organizational performance: A comparative analysis[J]. Journal of Business Ethics, 2013, 116(2): 433-440.

[50] Clarke S. Safety leadership: A meta-analytic review of transformational and transactional leadership styles as antecedents of safety behaviors[J]. Journal of Occupational & Organizational Psychology, 2013, 86(1): 22-49.

[51] Compeau D, Higgins C A, Huff S. Social cognitive theory and individual reactions to computing technology: A longitudinal study[J]. Mis Quarterly, 1999, 23(2): 145-158.

[52] Cooper R B, Jayatilaka B. Group creativity: The effects of extrinsic, Intrinsic, And obligation motivations[J]. Creativity Research Journal, 2006, 18(2): 153-172.

[53] Cornelis I, Hiel A V, Cremer D D, et al. When leaders choose to be fair: Follower belongingness needs and leader empathy influences leaders' adherence to procedural fairness rules[J]. Journal of Experimental Social Psychology, 2013, 49(4): 605-613.

[54] Cremer D D, Alberts H J E M. When procedural fairness does not influence how positive i feel: The effects of voice and leader selection as a function of belongingness need[J]. European Journal of Social Psychology, 2004, 34(3): 333-344.

[55] Cropanzano R, Byrne Z S, Bobocel D R, et al. Moral virtues, Fairness heuristics, Social entities, And other denizens of organizational justice[J]. Journal of Vocational Behavior, 2001, 58(2): 164-209.

[56] Cropanzano R, Mitchell M S. Social exchange theory: An interdisciplinary review[J]. Journal of Management, 2005, 31(6): 874-900.

[57] Dahlin K C, Huang Y T, Roulet T J. Opportunity, Motivation and ability to learn from failures and errors: Review, Synthesis, and the way forward[J]. Academy of Management Annals, 2018, 12(1): 252-277.

[58] Davies A, Brady T, Prencipe A, et al. Innovation in complex products and systems: implications for project-based organizing[J]. Advances in Strategic Management, 2011, 28(4): 3-26.

[59] Davies A, Hobday M, Ebrary I. The business of projects: managing innovation in complex products and systems[M]. Cambridge: Cambridge University Press, 2005.

[60] Dawkins S, et al. Psychological ownership: A review and research agenda [J]. Journal of Organizational Behavior, 2015, 38(2): 163-183.

[61] Deciel, Ryan R M. Intrinsic motivation and self-determination in human behavior [M]. New York: Plenum, 1985: 1-372.

[62] Deverell E. Crises as learning triggers: Exploring a conceptual framework of crisis-induced learning [J]. Journal of Contingencies & Crisis Management, 2009, 17(3): 179-188.

[63] Domimo M A, et al. Social cognitive theory: The antecedents and effects of ethical climate fit on organizational attitudes of corporate accounting professionals—A reflection of client narcissism and fraud attitude risk [J]. Journal of Business Ethics, 2015, 131(2): 453-467.

[64] Domino M A, Wingreen S C, Blanton J E. Social cognitive theory: The antecedents and effects of ethical climate fit on organizational attitudes of corporate accounting professionals-A reflection of client narcissism and fraud attitude risk [J]. Journal of Business Ethics, 2015, 131(2): 453-467.

[65] Dong Y, Bartol K M, Zhang Z X, et al. Enhancing employee creativity via individual skill development and team knowledge sharing: Influences of dual-focused transformational leadership [J]. Journal of Organizational Behavior, 2017, 38(3): 439-458.

[66] Duan J, Li C, Xu Y, et al. Transformational leadership and employee voice behavior: A pygmalion mechanism [J]. Journal of Organizational Behavior, 2016, 38(5): 650-670.

[67] Edmondson A C. Learning from mistakes is easier said than done: group and organizational influences on the detection and correction of human error [J]. Journal of Applied Behavioral Science, 1996, 32(5): 5-28.

[68] Edmondson A C. Psychological safety and learning behavior in work teams [J]. Administrative Science Quarterly, 1999, 44(2): 350-383.

[69] Edmondson A C. Strategies for learning from failure [J]. Harvard Business Review, 2011, (4): 49-55.

[70] Edward L, Deci. Self-Determination Theory and Work Motivation [J]. Journal of Organizational Behavior, 2005, 26(4): 331-362.

[71] Eisenbeiß S A, Boerner S. A double-edged sword: Transformational leadership and individual creativity [J]. British Journal of Management, 2013, 24(1): 54-68.

[72] Eisenberger R, Stinglhamber F, Vandenberghe C, et al. Perceived supervisor support: Contributions to perceived organizational support and employee retention [J]. Journal of

Applied Psychology, 2002, 87(3): 565-73.

[73] Elenkov D S. Effects of leadership on organizational performance in Russian companies [J]. Journal of Business Research, 2002, 55(6): 467-480.

[74] Ensley M D, Pearce C L, Hmieleski K M. The moderating effect of environmental dynamism on the relationship between entrepreneur leadership behavior and new venture performance [J]. Journal of Business Venturing, 2006, 21(2): 243-263.

[75] Farh J L, Hackett R D, Liang J. Individual-level cultural values as moderators of perceived organizational support-employee outcome relationships in China: Comparing the effects of power distance and traditionality [J]. Academy of Management Journal, 2007, 50(3): 715-729.

[76] Farmer S M, Tierney P, Kung-Mcintyre K. Employee creativity in Taiwan: An application of role identity theory [J]. Academy of Management Journal, 2003, 46(5): 618-630.

[77] Feng J, Zhang Y C, Liu X M, et al. Just the right amount of ethics inspires creativity: A cross-level investigation of ethical leadership, Intrinsic motivation, and employee creativity [J]. Journal of Business Ethics, 2016: 1-14.

[78] Florence S H, et al. The influence of transformational leadership on followers' affective commitment. Career Development International, 2015, 20(6): 583-603.

[79] Francis J, Zheng C. Learning vicariously from failure: The case of major league soccer and the collapse of the north american soccer league [J]. Group & Organization Management, 2010, 35(5): 542-571.

[80] Fredland E J, Morris C E. A cross-section analysis of small business failure [J]. American Journal of small Business, 1976, 32(1): 7-18.

[81] Frese M, Teng E, Wijnen C J D. Helping to Improve Suggestion Systems: Predictors of Making Suggestions in Companies [J]. Journal of Organizational Behavior, 1999, 20(7): 1139-1156.

[82] Gagné M, Deci E L. Self-determination theory and work motivation [J]. Journal of Organizational Behavior, 2005, 26(4): 331-362.

[83] Gao Y, Li Y, Cheng M, et al. How does market learning affect radical innovation? The moderation roles of horizontal ties and vertical ties [J]. Journal of Business & Industrial Marketing, 2017, 32(1): 57-74.

[84] Garba O A, Babalola M T, Guo L. A social exchange perspective on why and when ethical leadership foster customer-oriented citizenship behavior [J]. International Journal of

Hospitality Management, 2018, 70: 1-8.

[85] García-Morales, Victor J, Verdu-jover, et al. The influence of CEO perceptions on the level of organizational learning [J]. International Journal of Manpower, 2009, 30(6): 567-590.

[86] Gong Y, Zhang Y, Xia J. Do firms learn more from small or big successes and failures? A test of the outcome-based feedback learning perspective [J]. Journal of Management, 2019, 45(3): 1034-1056.

[87] Grant A M, Schwartz B. Too much of a good thing the challenge and opportunity of the inverted [J]. Perspectives on Psychological Science, 2011, 6(1): 61-76.

[88] Greco L M, Charlier S D, Brown K G. Trading off learning and performance: Exploration and exploitation at work [J]. Human Resource Management Review, 2019, 29(2), s1: 179-195.

[89] Green S G, Welsh M A, Dehler G E. Advocacy performance, and threshold influences on decisions to terminate new product development [J]. Academy of Management Journal, 2003, 46(4): 419-434.

[90] Gressgård L J, Hansen K. Knowledge exchange and learning from failures in distributed environments: The role of contractor relationship management and work characteristics [J]. Reliability Engineering & System Safety, 2015, 133(133): 167-175.

[91] Hannah S T, Schaubroeck J M, Peng A C et al. Joint influences of individual and work unit abusive supervision on ethical intentions and behaviors: A moderated mediation model [J]. The Journal of applied psychology, 2013, 98(4): 579-92.

[92] Hartog D D N, Muijen, et al. Transactional versus transformational leadership: An analysis of the MLQ [M]. Journal of Occupational and Organizational Psychology, 1997: 19-34.

[93] Haunschild P R, Polidoro F, Chandler D. Organizational oscillation between learning and forgetting: the dual role of serious errors [J]. Organization Science, 2015, 26(6): 1682-1701.

[94] Haunschild, P R, Sullivan B N. Learning from complexity: Effects of prior accidents and incidents on airlines' learning [J]. Administrative Science Quarterly, 2002, 47(4): 609-643.

[95] Hayes A F, Preacher K J. Quantifying and testing indirect effects in simple mediation models when the constituent paths are nonlinear [J]. Multivariate Behavioral Research, 2010, 45(4): 627-660.

[96] Hinrichs K T, Wang L, Hinrichs A T, et al. Moral disengagement through displacement of responsibility: The role of leadership beliefs[J]. Journal of Applied Social Psychology, 2012, 42(1): 62-80.

[97] Hirak R P, Ann C C, Abraham S, et al. Linking leader inclusiveness to work unit performance: The importance of psychological safety and learning from failures[J]. Leadership Quarterly. 2012, 23(2): 107-117.

[98] Holcomb T R, Ireland R D, Holmes R M, et al. Architecture of entrepreneurial learning: Exploring the link among heuristics knowledge, and action[J]. Entrepreneurship Theory and Practice, 2009, 33(1): 167-192.

[99] Hom P W, Tsui A S, Wu J B, et al. Explaining employment relationships with social exchange and job embeddedness[J]. Journal of Applied Psychology, 2009, 94(2): 277-297.

[100] Hoogervorst N, Cremer D D, Dijke M V, et al. When do leaders sacrifice?: The effects of sense of power and belongingness on leader self-sacrifice[J]. Leadership Quarterly, 2012, 23(5): 883-896.

[101] Howell J M, Avollo B J. Transformational leadership, transactional leadership, Locus of control, And support for innovation: Key predictors of consolidated-business-unit performance[J]. Journal of Applied Psychology, 1993, 78(6): 891-902.

[102] Hui C, Lee C, Rousseau D M. Employment relationships in China: Do workers relate to the organization or to people?[J]. Organization Science, 2004, 15(2): 232-240.

[103] Ilies R, Morgeson F P, Nahrgang J D. Authentic leadership and eudaemonic well-being: Understanding leader-follower outcomes[J]. Leadership Quarterly, 2005, 16(3): 373-394.

[104] Jacobs R S, Heuvelman A, Tan M, et al. Digital movie piracy: A perspective on downloading behavior through social cognitive theory[J]. Computers in Human Behavior, 2012, 28(3): 958-967.

[105] Jaiswal N K, Dhar R L. Transformational leadership, innovation climate, creative self-efficacy and employee creativity: a multilevel study[J]. International Journal of Hospitality Management, 2015, 51: 30-41.

[106] Jansen J J P, Vera D, Crossan M. Strategic leadership for exploration and exploitation: The moderating role of environmental dynamism[J]. The Leadership Quarterly, 2009, 20(1): 0-18.

[107] Jashapara, Ashok. Cognition, culture and competition: an empirical test of the learning organization [J]. The Learning Organization, 2003, 10 (1): 31-50.

[108] Jiang W, Gu Q, Wang G G. To guide or to divide: The dual-side effects of transformational leadership on team innovation [J]. Journal of Business & Psychology, 2015, 30 (4): 677-691.

[109] John A. Ross, Peter G. Transformational leadership and teacher commitment to organizational values: The mediating effects of collective teacher efficacy [J]. School Effectiveness & School Improvement, 2006, 17 (2): 179-199.

[110] Kahn W A. Psychological conditions of personal engagement and disengagement at work [J]. Academy of Management Journal, 1990, 33 (4): 692-724.

[111] Karatepe O M. Do personal resources mediate the effect of perceived organizational support on emotional exhaustion and job outcomes? [J]. International Journal of Contemporary Hospitality Management, 2015, 27 (1): 4-26.

[112] Kark R, Shamir B. The dual effect of transformational leadership: Priming relational and collective selves and further effects on followers [M]. Transformational and Charismatic Leadership: The Road Ahead, 2002, (Vol. 2).

[113] Kayes D C, Yoon J. The breakdown and rebuilding of learning during organizational crisis, disaster, and failure [J]. Organizational Dynamics, 2016, 45 (2): 71-79.

[114] Kayes D C, Yoon J. The breakdown and rebuilding of learning during organizational crisis, disaster, and failure [J]. Organizational Dynamics, 2016, 45 (2): 71-79.

[115] Kim K Y, Eisenberger R, Baik K. Perceived organizational support and affective organizational commitment: Moderating influence of perceived organizational competence [J]. Journal of Organizational Behavior, 2016, 37 (4): 558-583.

[116] Kim T Y, Shin S J, Lee J Y, et al. Cognitive team diversity and individual team member creativity: A cross-Level interaction [J]. Academy of Management Journal, 2012, 55 (1): 197-212.

[117] Kottke J L, Sharafinski C E. Measuring perceived supervisory and organizational support [J]. Educational & Psychological Measurement, 1988, 48 (4): 1075-1079.

[118] Kovjanic S, Schuh S C, Jonas K, et al. How do transformational leaders foster positive employee outcomes? A self-determination-based analysis of employees, Needs as mediating links [J]. Journal of Organizational Behavior, 2012, 33: 1031-1052.

[119] Kozlowski S W J, Klein K J. A multilevel approach to theory and research

inorganizations: Contextual, temporal, and emergent processes [A]. In K J Klein, S W J Koslowski (eds.). Multilevel Theory, Research, and Methods in Organizations [C]. San Francisco: Jossey Bass, 2000, 3-90.

[120] Kraimer M L, Seibert S E, Wayne S J, et al. Antecedents and outcomes of organizational support for development: the critical role of career opportunities [J]. Journal Applied Psychology, 2011, 96(3): 485-500.

[121] Kuo F Y, Chu T H, Hsu M H, et al. An investigation of effort-accuracy trade-off and the impact of self-efficacy on Web searching behaviors [J]. Decision Support Systems, 2004, 37(3): 331-342.

[122] Kurtessis J N, et al. Perceived organizational support: A meta-analytic evaluation of organizational support theory [J]. Journal of Management, 2015, 43(6): 1854-1884.

[123] Kyei-poku I. The benefits of belongingness and interactional fairness to interpersonal citizenship behavior [J]. Leadership & Organization Development Journal, 2014, 35 (8): 691-709.

[124] Laeeque S H, Babar S F. Examining the moderating role of leadership styles in the relationship between learning organization practices and firm performance [J]. Global Management Journal for Academic and Corporate Studies, 2016, 6(1): 85-93.

[125] Lee S, Cheong M, Kim M, et al. Never too much? The curvilinear relationship between empowering leadership and task performance [J]. Group & Organization Management, 2017, 42(1): 11-38.

[126] Li G, Shang Y, Liu H, et al. Differentiated transformational leadership and knowledge sharing: A cross-level investigation [J]. European Management Journal, 2014, 32(4): 554-563.

[127] Li H, Atuahene-gima K. Product innovation strategy and the performance of new technology ventures in china [J]. Academy of Management Journal, 2001, 44(6): 1123-1134.

[128] Li S L, Huo Y, Long L R. Chinese traditionality matters: Effects of differentiated empowering leadership on followers' trust in leaders and work outcomes [J]. Journal of Business Ethics, 2017, 145(1): 81-93.

[129] Li, Chia-Ying. Self-efficacy and innovation effectiveness in the online game industry [J]. Total Quality Management & Business Excellence, 2018, 29(11-12): 1482-1502.

[130] Liang X, Musteen M, Datta D K. Strategic orientation and the choice of foreign market

entry mode[J]. Management International Review, 2009, 49(3): 269-290.

[131] Lin Q J, et al. The impact of future time orientation on employees' feedback-seeking behavior from supervisors and co-workers: The mediating role of psychological ownership [J]. Journal of Management & Organization. 2015, 21(3): 336-349.

[132] Liu S, Liao J. Transformational leadership and speaking up: Power distance and structural distance as moderators[J]. Social Behavior & Personality An International Journal, 2013, 41(10): 1747-1756.

[133] Liu S, Schuler R S, Zhang P. External learning activities and employee creativity in Chinese R&D teams[J]. Cross Cultural Management-an International Journal, 2013, 20(3): 429-448.

[134] Liu W. Effects of positive mood and job complexity on employee creativity and performance[J]. Social Behavior & Personality An International Journal, 2016, 44(5): 865-880.

[135] Madsen P M, Desai V. Failing to learn? The effects of failure and success on organizational learning in the global orbital launch vehicle industry[J]. Academy of Management Journal, 2010, 53(3): 451-476.

[136] Mael F, Ashforth B E. Alumni and their alma mater: A partial test of the reformulated model of organizational identification[J]. Journal of Organizational Behavior, 1992, 13(2): 103-123.

[137] Marion R, Uhl-bien M. Leadership in complex organizations[J]. Leadership Quarterly, 2001, 12(4): 389-418.

[138] Mason C, Griffin M, Parker S. Transformational leadership development: Connecting psychological and behavioral change[J]. Leadership & Organization Development Journal, 2014, 35(3): 174-194.

[139] Masood M, Afsar B. Transformational leadership and innovative work behavior among nursing staff[J]. Nursing Inquiry, 2017, 24(4): 1-14.

[140] May D R, Gilson R L, Harter L M. The psychological conditions of meaningfulness, safety and availability and the engagement of the human spirit at work[J]. Journal of Occupational & Organizational Psychology, 2004, 77(1): 11-37.

[141] Mayer D M, Kuenzi M, Greenbaum R, et al. How low does ethical leadership flow? Test of a trickle-down model[J]. Organizational Behavior & Human Decision Processes, 2009, 108(1): 1-13.

[142] McMillin R. Customer Satisfaction and Organizational Support for Service Providers [D]. USA: University of Florida, 1997.

[143] Meyer J P, Allen N J, Smith C A. Commitment to organizations and occupations: Extension and test of a three-component conceptualization [J]. Journal of Applied Psychology, 1993, 78(4): 538-551.

[144] Michael W, Rolf S, Michael S. Failing role models and the formation of fear of entrepreneurial failure: A study of regional peer effects in German regions [J]. Journal of Economic Geography, 2019, 19(3): 567-588.

[145] Miles R E, Snow C C, Meyer A D, et al. Organizational strategy, Structure, And process [J]. Academy of Management Review, 1978, 33: 546-562.

[146] Miller D T, Michael R. Self-serving biases in attribution of causality: Fact or fiction [J]. Psychological Bulletin, 1975, 82(2): 213-225.

[147] Mohamed Z, Newton J M, Mckenna L. Belongingness in the workplace: A study of malaysian nurses' experiences [J]. International Nursing Review, 2014, 61(1): 124-130.

[148] Moorman R H, Blakely G L, Niehoff B P. Does perceived organizational support mediate the relationship between procedural justice and organizational citizenship behavior? [J]. Academy of Management Journal, 1998, 41(3): 351-357.

[149] Neves P, Eisenberger R. Perceived organizational support and risk taking [J]. Journal of Managerial Psychology, 2014, 29(2): 187-205.

[150] Nguyen B, Chen J, David D C. When new product development fails in china: Mediating effects of voice behaviour and learning from failure [J]. Asia Pacific Business Review, 2017, 234: 559-575.

[151] Nils H, Sabine S, Dana U. Transformational leadership and employee creativity: The mediating role of promotion focus and creative process engagement [J]. Journal of Business & Psychology, 2015, 30(2): 235-247.

[152] Noruzy A, Dalfard V M, Azhdari B. Relations between transformational leadership, organizational learning, knowledge management, organizational innovation, and organizational performance: An empirical investigation of manufacturing firms [J]. International Journal of Advanced Manufacturing Technology, 2013, 64(5-8): 1073-1085.

[153] Osborn R N, Marion R. Contextual leadership, Transformational leadership and the performance of international innovation seeking alliances [J]. Leadership Quarterly,

2009, 20(2): 191-206.

[154] Papk C H, et al. A missing link: pPsychological ownership as a mediator between transformational leadership and organizational citizenship behavior[J]. Human Resource Development International, 2013, 16(5): 558-574.

[155] Park J G, Lee H, Lee J. Applying social exchange theory in IT service relationships: Exploring roles of exchange characteristics in knowledge sharing[J]. Information Technology and Management, 2015, 16(3): 193-206.

[156] Perry-Smith J E. Social yet Creative: The role of social relationships in facilitating individual creativity[J]. The Academy of Management Journal, 2006, 49(1): 85-101.

[157] Pierce J L, et al. Toward a theory of psychological ownership in organizations[J]. The Academy of Management Review, 2001, 26(2): 298-310.

[158] Pilbeam C, Davidson R, Doherty N.et al. What learning happens? Using audio diaries to capture learning in response to safety-related events within retail and logistics organizations[J]. Safety Science, 2016, 81(2): 59-67.

[159] Ping P F, Tsui A S. Utilizing printed media to understand desired leadership attributes in the people's republic of china[J]. Asia Pacific Journal of Management, 2003, 20(4): 423-446.

[160] Podsakoff P M, Mackenzie S B, Lee J Y, et al. Common method biases in behavioral research: A critical review of the literature and recommended remedies[J]. Journal of Applied Psychology, 2003, 88(5): 879-903.

[161] Politis D, Gabrielsson J. Entrepreneurs' attitudes towards failure: An experiential learning approach[J]. International Journal of Entrepreneurial Behaviour and Research, 2009, 5(4): 364-383

[162] Politis D. The process of entrepreneurial learning: A conceptual framework[J]. Entrepreneurship Theory and Practice, 2005, 29(4): 399-424.

[163] Porter L W, Steers R M, Mowday R T. Do Employee Attitudes Towards Organizations Matter? The Study of Employee Commitment to Organizations[C]. Smith K G, Michael HA(Eds). Great Minds in Management: The Process of Theory Development. NY: Oxford University Press, 2005: 171-189.

[164] Preacher K J, Hayes A F. Asymptotic and resampling strategies for assessing and comparing indirect effects in multiple mediator models[J]. Behavior Research Methods, 2008, 40: 879-891.

[165] Qu R, Janssen O, Shi K. Transformational leadership and follower creativity: The mediating role of follower relational identification and the moderating role of leader creativity expectations[J]. Leadership Quarterly, 2015, 26(2): 286-299.

[166] Rapp A, Beitelspacher L S, Grewal D, et al. Understanding social media effects across seller, Retailer, And consumer interactions[J]. Journal of the Academy of Marketing Science, 2013, 41(5): 547-566.

[167] Rerup C, Feldman M S. Routines as a source of change in organizational schemata: The role of trial-and-error learning[J]. Academy of Management Journal, 2011, 54(3): 577-610.

[168] Rhoades L, Eisenberger R. Perceived organizational support: a review of the literature[J]. Journal of Applied Psychology, 2002, 87(4): 698-714.

[169] Robert L R, Matthew S E. A social cognitive theory of internet uses and gratifications: Toward a new model of media attendance[J]. Journal of Broadcasting & Electronic Media, 2004, 48(3): 358-377.

[170] Roux-Dufort C. Why organizations don't learn from crises: The perverse power of normalization[J]. Review of Business, 2000, 21(3-4): 25-30.

[171] Salancik G R, Pfeffer J. A social information processing approach to job attitudes and task design[J]. Administrative Science Quarterly, 1978, 23(2): 224.

[172] Salanova M, Lorente L, Chambel M J, et al. Linking transformational leadership to nurses' extra-role performance: The mediating role of self-efficacy and work engagement [J]. Journal of Advanced Nursing, 2011, 67(10): 2256-2266.

[173] Samuel A, Chris W L. Chu. Antecedents and outcomes of challenging job experiences: A social cognitive perspective[J]. Human Performance, 2012, 25(3): 215-234.

[174] Sarminah S. The influence of innovation and transformational leadership on organizational performance[J]. Social and Behavioral Sciences, 2012, 57(9): 486-493.

[175] Schein E H, Bennis W G. Personal and organizational change through group methods: The laboratory approach[M]. Wiley, 1965.

[176] Schriesheim C A, Wu J B, Scandura T A. A meso measure? Examination of the levels of analysis of the Multifactor Leadership Questionnaire (MLQ)[J]. The Leadership Quarterly, 2009, 20(4): 604-616.

[177] Scott J E, Vessey I. Managing risks in enterprise systems implementations[J]. Communications of the Acm, 2002, 45(4): 74-81.

[178] Sears G J, Shen W, Zhang H. When and why are proactive employees more creative? Investigations of relational and motivational mechanisms and contextual contingencies in the east and west[J]. Journal of Applied Social Psychology, 2018, 48(11): 593-607.

[179] Shalley C E, Gilson L L. What leaders need to know: A review of social and contextual factors that can foster or hinder creativity[J]. Leadership Quarterly, 2004, 15(1): 33-53.

[180] Shamir B, Eilam G. "What's your story?" A life-stories approach to authentic leadership development[J]. Leadership Quarterly, 2005, 16(3): 395-417.

[181] Shepherd D A, Cardon M S. Negative emotional reactions to project failure and the self-compassion to learn from the experience[J]. Journal of Management Studies, 2010, 46(6): 923-949.

[182] Shepherd D A, Covin J G, Kuratko D F. Project failure from corporate entrepreneurship: Managing the grief process[J]. Journal of Business Venturing, 2009, 24(6): 588-600.

[183] Shepherd D A, Patzelt H, Wolfe M. Moving forward from project failure: Negative emotions, affective commitment, and learning from the experience[J]. Academy of Management Journal, 2011, 54(6): 1229-1259.

[184] Shepherd D A, Williams T, Wolfe M, et al. Learning from entrepreneurial failure: Emotions, Cognitions, and actions[M]. Cambridge: Cambridge University Press. 2016, 1-33.

[185] Shepherd D A. Learning from Business Failure: Propositions of Grief Recovery for the Self-employed[J]. Academy of Management Review, 2003, 28(2): 318-328.

[186] Singer S J, Vogus T J. Reducing Hospital Errors: Interventions that Build Safety Culture[J]. Annual Review of Public Health, 2013, 34: 373-396.

[187] Singh A K, et al. Role of perceived organizational support in the relationship between role overload and organizational citizenship behavior[J]. Journal of the Indian Academy of Applied Psychology, 2015, 41(1): 77-85.

[188] Smith D, Elliott D. Exploring the barriers to learning from crisis organizational learning and crisis[J]. Management Learning the Journal for Critical Reflexive Scholarship on Organization & Learning, 2007, 38(5): 519-538.

[189] Smith K G, Smith K A, Olian J D. Top management team demography and process: The role of social integration and communication[J]. Administrative Science Quarterly, 1994, 39(3): 412-438.

[190] Somoray K, Shakespeare-Finch J, Armstrong D. The impact of personality and workplace belongingness on mental health workers' professional quality of life [J]. Australian Psychologist, 2017, 52 (1): 52-60.

[191] Stevens J M, Beyer J M, Trice H M. Assessing personal, Role, Organizational predictors of managerial commitment [J]. Academy of Management Journal, 1978, 21 (3): 380-396.

[192] Stinglhamber F, Vandenberghe C. Organizations and supervisors as sources of support and targets of commitment: A longitudinal study [J]. Journal of Organizational Behavior, 2003, 24 (3): 251-270.

[193] Tahirsylaj A S. Stimulating creativity and innovation through intelligent fast failure [J]. Thinking Skills and Creativity, 2012, 7: 265-270

[194] Takeuchi R, Chen G, Lepak D P. Through the looking glass of a social system: cross-level effects of high-performance work systems on employees' attitudes [J]. Personnel Psychology, 2010, 62 (1): 1-29.

[195] Tremblay M, Gaudet M C, Vandenberghe C. The role of group-level perceived organizational support and collective affective commitment in the relationship between leaders' directive and supportive behaviors and group-level helping behaviors [J]. Personnel Review, 2019, 48 (2): 417-437.

[196] Tse H H M, Chiu W C K. Transformational leadership and job performance: A social identity perspective [J]. Journal of Business Research, 2014, 67 (1): 2827-2835.

[197] Tu Y, Lu X, Yu Y. Supervisors' ethical leadership and employee job satisfaction: A social cognitive perspective [J]. Journal of Happiness Studies, 2017, 18 (1): 1-17.

[198] Tu Y, Lu X. Do ethical leaders give followers the confidence to go the extra mile? The moderating role of intrinsic motivation [J]. Journal of Business Ethics, 2016, 135 (1): 129-144.

[199] Tucker A L, Edmondson A C. Why hospitals don't learn from failures: Organizational and psychological dynamics that inhibit system change [J]. California Management Review, 2003, 45 (2): 55-72.

[200] Tung F C. Does Transformational, Ambidextrous, Transactional leadership promote employee creativity? Mediating effects of empowerment and promotion focus [J]. International Journal of Manpower, 2016, 37 (8): 1250-1263.

[201] Valikangas L, Hoegl M, Gibbert M. Why learning from failure isn't easy and what to do

about it: Innovation trauma at sun microsystems [J]. European Management Journal, 2009, 274: 225-233.

[202] Van B I, Williams K D. When inclusion costs and ostracism pays, ostracism still hurts [J]. Journal of Personality & Social Psychology, 2006, 91 (5): 918-928.

[203] Vaughan D. System effects: on slippery slopes, repeating negative patterns, and learning from mistake? Organization at the limit: NASA and the columbia disaster [M]. Oxford: Blackwell, 2005.

[204] Ven A H V D, Ganco M, Hinings C R. Returning to the frontier of contingency theory of organizational and institutional designs [J]. The Academy of Management Annals, 2013, 7 (1): 393-440.

[205] Vera D, Crossan M. Strategic leadership and organizational learning [J]. Academy of Management Review, 2004, 29 (2): 222-240.

[206] Victor J G, Maria M J, Leopoldo G. Transformational leadership influence on organizational performance through organizational learning and innovation [J]. Journal of Business Research, 2012, 65 (7): 1040-1050.

[207] Waldman D A, Ramirez G G, House R J. Does leadership matter? CEO leadership attributes and profitability under conditions of perceived environmental uncertainty [J]. Academy of Management Journal, 2001, 44 (1): 134-143.

[208] Walsh B M, Lee J, Jensen J M, et al. Positive leader behaviors and workplace incivility: The mediating role of perceived norms for respect [J]. Journal of Business & Psychology, 2017: 1-14.

[209] Walumbwa F O, Schaubroeck J. Leader personality traits and employee voice behavior: mediating roles of ethical leadership and work group psychological safety [J]. Journal of Applied Psychology, 2009, 94 (5): 1275-1286.

[210] Wang P, Rode J C. Transformational leadership and follower creativity: The moderating effects of identification with leader and organizational climate [J]. Human Relations, 2010, 63 (8): 1105-1128.

[211] Wang S L, Lin S S J. The application of social cognitive theory to web-based learning through Net ports [J]. British Journal of Educational Technology, 2007, 38 (4): 600-612.

[212] Wang W Z, Wang B, Yang K, et al. When project commitment leads to learning from failure: The roles of perceived shame and personal control [J]. Frontiers in Psychology,

2018, 9: 1-12.

[213] Wang W Z, Yang C, Wang B, et al. When error learning orientation leads to learning from project failure: The moderating role of fear of face loss[J]. Frontiers In Psychology, 2019, 10: 1-10.

[214] Wang X H, Howell J M. A multilevel study of transformational leadership, identification, and follower outcomes[J]. Leadership Quarterly, 2012, 23(5): 775-790.

[215] Wayne S J, Shore L M, Liden R C. Perceived organizational support and leader-member exchange: A social exchange perspective[J]. Academy of Management Journal, 1997, 40(1): 82-111.

[216] Wei J G, Chen Y T, Zhang J, et al. Research on factors affecting the entrepreneurial learning from failure: An interpretive structure model[J]. Frontiers In Psychology, 2019, 10: 1-10.

[217] Wiener Y. "Commitment in organizations: A normative view"[J]. Academy of Management Review, 1982, 7(3): 418-428.

[218] Williams L J, Cote J A, Buckley M R. Lack of method variance in self-reported affect and perceptions at work[J]. Journal of Applied Psychology, 1989, 74(3): 462-468.

[219] Wong P S P, Cheung S O. An analysis of the relationship between learning behavior and performance improvement of contracting organizations[J]. International Journal of Project Management, 2008, 26(2): 112-123.

[220] Wu C M, Chen T J, Pai T I, et al. Learn from failure as a change mechanism for enhancing work performance at hotel workplace: The role of leadership and psychological capital[J]. International Journal of Information Systems and Change Management, 2018, 104: 333-351.

[221] Wu J B, Tsui A S, Kinicki A J. Consequences of differentiated leadership in groups[J]. Academy of Management Journal, 2010, 53(1): 90-106.

[222] Wu X, Kwan H K, Wu L Z, et al. The effect of workplace negative gossip on employee proactive behavior in China: The moderating role of traditionality[J]. Journal of Business Ethics, 2018, 148: 1-15.

[223] Yanadori Y, Cui V. Creating incentives for innovation? The relationship between pay dispersion in R&D groups and firm innovation performance[J]. Strategic Management Journal, 2013, 34(12): 1502-1511.

[224] Yasuhiro Y, Melissa S C. Causal ascriptions and perceived learning from entrepreneurial

failure[J]. Small Business Economics, 2015, 44(4): 797-820.

[225] Yin Y, Wang Y, Ewans J A, et al. Quantifying the dynamics of failure across science, start ups and security[J]. Nature, 2019, 575: 190-194.

[226] Yong K K, et al. Perceived organizational support and affective organizational commitment: Moderating influence of perceived organizational competence[J]. Journal of Organizational Behavior, 2016, 37(4): 558-583.

[227] Yu C, Frenkel S J. Explaining task performance and creativity from perceived organizational support theory: Which mechanisms are more important?[J]. Journal of Organizational Behavior, 2013, 34(8): 1165-1181.

[228] Yuan F, Woodman R W. Innovative Behavior in the Workplace: The Role of Performance and Image Outcome Expectations[J]. Academy of Management Journal, 2010, 53(2): 323-342.

[229] Zhang A Y, Song L J, Tsui A S, et al. Employee responses to employment-relationship practices: The role of psychological empowerment and traditionality[J]. Journal of Organizational Behavior, 2014, 35(6): 809-830.

[230] Zhang X, Li N, Ullrich J, et al. Getting everyone on boards on top management team effectiveness and leader-rated firm performance: The effect of differentiated transformational leadership by CEO[J]. Journal of Management, 2013, 41(7): 1898-1933.

[231] Zhang Z, Zyphur M J, Preacher K J. Testing multilevel mediation using hierarchical linear models: Problems and solutions[J]. Organizational Research Methods, 2009, 12(4): 695-719.

[232] Zhao B. Learning from errors: The role of context, emotion, and personality[J]. Journal of Organizational Behavior, 2011, 32(3): 435-463.

[233] Zhao H, Peng Z, Han Y, et al. Psychological mechanism linking abusive supervision and compulsory citizenship behavior: A moderated mediation study[J]. The Journal of Psychology, 2013, 147(2): 177-195.

[234] Zhou Q, Pan W. A cross-level examination of the process linking transformational leadership and creativity: The role of psychological safety climate[J]. Human Performance, 2015, 28(5): 405-424.

[235] A.班杜拉. 思想和行动的社会基础：社会认知论[M]. 临颖, 王小明, 胡谊, 等译. 上海: 华东师范大学出版社, 2001.

[236] 白少民. 关于牛顿第三定律普适性问题的讨论[J]. 西安邮电大学学报, 2011(s2).

[237] 蔡亚华, 贾良定, 尤树洋, 等. 差异化变革型领导对知识分享与团队创造力的影响: 社会网络机制的解释[J]. 心理学报, 2013, 45(5): 585-598.

[238] 查成伟, 陈万明, 彭灿. 外部社会资本、失败学习与突破性创新[J]. 中国科技论坛, 2015(2): 109-113.

[239] 查成伟, 陈万明, 唐朝永. 高质量关系、失败学习与企业创新绩效[J]. 管理评论, 2016, 28(2): 175-184.

[240] 常玮, 马玲. 网络教学效果影响因素实证研究——基于社会认知理论及整合性技术接受模型[J]. 远程教育杂志, 2012, 30(1): 85-91.

[241] 陈晨, 时勘, 陆佳芳. 变革型领导与创新行为: 一个被调节的中介作用模型[J]. 管理科学, 2015, 28(4): 11-22.

[242] 陈春花, 杨忠, 曹洲涛. 组织行为学(第二版)[M]. 北京: 机械工业出版社, 2014.

[243] 陈冬宇. 基于社会认知理论的P2P网络放贷交易信任研究[J]. 南开管理评论, 2014, 17(3): 40-48.

[244] 陈国权, 赵慧群, 蒋璐. 团队心理安全、团队学习能力与团队绩效关系的实证研究[J]. 科学学研究, 2008, 26(6): 1283-1292.

[245] 陈国权, 周为. 领导行为、组织学习能力与组织绩效关系研究[J]. 科研管理, 2009, 30(5): 148-154.

[246] 陈国权. 学习型组织的过程模型、本质特征和设计原则[J]. 中国管理科学, 2002, V(4): 86-94.

[247] 陈建勋. 高层变革型领导与组织绩效间关系的理论整合与实证检验[J]. 系统工程理论与实践, 2011, 31(9): 1696-1706.

[248] 陈俊. 社会认知理论的研究进展[J]. 社会心理科学, 2007(z1): 59-62.

[249] 陈默, 梁建. 高绩效要求与亲组织不道德行为: 基于社会认知理论的视角[J]. 心理学报, 2017, 49(1): 94-105.

[250] 陈瑞, 郑毓煌, 刘文静. 中介效应分析: 原理、程序、Bootstrap方法及其应用[J]. 营销科学学报, 2013, 9(4).

[251] 陈丝璐. 集体主义人力资源实践对科研团队创新绩效的作用机制[J]. 科技进步与对策, 2017, 34(5): 142-147.

[252] 陈文玲. 创新已成为我国经济的"灵魂". http://www.xinhuanet.com/politics/19cpcnc/2017-10/22/ c_129724322.htm, 2017.

[253] 陈晓红, 王思颖, 杨立. 变革型领导对企业绩效的影响机制研究—基于我国中小企业领

导人的问卷调查[J].科学学与科学技术管理, 2012, 33(11): 160-171.

[254] 陈晓萍, 徐淑英, 樊景立. 组织与管理研究的实证方法[M]. 北京: 北京大学出版社, 2012.

[255] 陈志霞. 知识员工组织支持感对工作绩效和离职倾向的影响[D]. 武汉: 华中科技大学, 2006.

[256] 单红梅, 胡恩华, 张梦琦, 等. 基于传统性和工会实践作用的工会变革型领导对工会公民行为的影响研究[J]. 管理学报, 2017, 14(9): 1308-1314.

[257] 丁琳, 席酉民. 变革型领导对员工创造力的作用机理研究[J]. 管理科学, 2008, 21(6): 40-46.

[258] 董霞, 高燕, 马建峰. 服务型领导对员工主动性顾客服务绩效的影响——基于社会交换与社会学习理论双重视角[J]. 旅游学刊, 2018, 33(6): 61-72.

[259] 杜维、刘阳、马阿双. 失败学习对制造企业物流服务创新的影响[J]. 商业研究, 2015, 61(10): 168-173.

[260] 段发明, 党兴华. 高管领导行为对组织认知和技术创新绩效的影响: 区分高管是否为创始人的实证研究[J]. 管理工程学报, 2016, 30(2): 1-8.

[261] 范雪灵, 王小华. 愿景型领导研究述评与展望[J]. 经济管理, 2017, (12): 176-191.

[262] 方阳春, 雷雅云, 宋志刚. 包容型人力资源管理实践对员工创新行为的影响——基于创新自我效能感的中介作用[J]. 科研管理, 2019, 40(12): 312-322.

[263] 冯彩玲. 差异化变革型领导对员工创新行为的跨层次影响[J]. 管理评论, 2017, 29(5): 120-130.

[264] 冯小东. 柔性制造背景下组织支持与员工绩效关系研究[D]. 长春: 吉林大学, 2014.

[265] 符国群. 消费者行为学: 第3版[M]. 北京: 高等教育出版社, 2015.

[266] 高洁. 在线学业情绪对学习投入的影响——社会认知理论的视角[J]. 开放教育研究, 2016, 22(2): 89-95.

[267] 古银华, 卿涛, 杨付, 等. 包容型领导对下属创造力的双刃剑效应[J]. 管理科学, 2017, 30(1): 119-130.

[268] 顾琴轩, 王莉红. 研发团队社会资本对创新绩效作用路径——心理安全和学习行为整合视角[J]. 管理科学学报, 2015, 18(5): 68-78.

[269] 顾远东, 周文莉, 彭纪生. 组织支持感对研发人员创新行为的影响机制研究[J]. 管理科学, 2014, 27(1): 109-119.

[270] 郭羽. 线上自我展示与社会资本: 基于社会认知理论的社交媒体使用行为研究[J]. 新闻大学, 2016(4): 67-74.

[271] 郭钟泽, 谢宝国, 程延园. 如何提升知识型员工的工作投入?——基于资源保存理论与社会交换理论的双重视角[J]. 经济管理, 2016(2): 81-90.

[272] 郝萌, 程志超. 真实型领导、积极氛围与下属创造力[J]. 科研管理, 2015, 36(12): 103-109.

[273] 郝喜玲, 张玉利, 刘依冉, 等. 庆幸还是后悔: 失败后的反事实思维与创业学习关系研究[J]. 南开管理评论, 2018, 21(2): 75-87.

[274] 洪雁. 中国组织情境下领导越轨行为的分类框架及效能机制研究[D]. 杭州: 浙江大学, 2012.

[275] 侯玉波. 社会心理学: 第3版[M]. 北京: 北京大学出版社, 2013.

[276] 侯越. 论宽容失败在我国技术创新中的重要性[D]. 南宁: 广西大学, 2007.

[277] 胡洪浩, 王重鸣. 国外失败学习研究现状探析与未来展望[J]. 外国经济与管理, 2011, 33(11): 39-47.

[278] 黄海艳, 苏德金, 李卫东. 失败学习对个体创新行为的影响——心理弹性与创新支持感的调节效应[J]. 科学学与科学技术管理, 2016, 37(5): 161-169.

[279] 黄海艳. 差异化变革型领导对公共部门团队知识共享的影响[J]. 中国行政管理, 2016, (12): 72-76.

[280] 黄俊, 吴隆增, 朱磊. CEO变革型领导行为对中层管理者工作绩效和工作满意度的影响: 组织支持知觉和价值观的作用[J]. 心理科学, 2012, 35(6): 1145-1152.

[281] 黄俊锦, 张昊民, 马君. 失败学习行为对创造力的作用机制研究——基于人-工作匹配和自我决定感的三阶调节效应[J]. 商业经济与管理, 2016(9): 41-50.

[282] 黄秋风, 唐宁玉, 陈致津, 等. 变革型领导对员工创新行为影响的研究——基于自我决定理论和社会认知理论的元分析检验[J]. 研究与发展管理, 2017, 29(4): 73-80.

[283] 黄艳. 目标取向对创造力的影响机制研究[D]. 南京: 南京大学, 2016.

[284] 贾建锋, 唐贵瑶, 李俊鹏, 等. 高管胜任特征与战略导向的匹配对企业绩效的影响[J]. 管理世界, 2015, (2): 128-140.

[285] 江静, 杨百寅. 领导——成员交换、内部动机与员工创造力—工作多样性的调节作用[J]. 科学学与科学技术管理, 2014, 35(1): 165-172.

[286] 姜薇薇. 员工组织支持感、心理所有权与建言行为关系研究[D]. 长春: 吉林大学, 2014.

[287] 蒋琬. 辱虐管理、团队辱虐氛围对员工及团队工作有效性的多层次影响模型研究[D]. 上海: 上海交通大学, 2015.

[288] 金辉. 个体认知、社会影响与教育博客知识共享——基于社会认知理论[J]. 远程教育杂志, 2015, 33(5): 80-87.

[289] 雷星晖, 单志汶, 苏涛永, 等. 谦卑型领导行为对员工创造力的影响研究[J]. 管理科学, 2015, 28（2）: 115-125.

[290] 李波. 社会认知研究进展——整合研究趋向探析[J]. 集美大学学报, 2004, 5（2）: 65-67.

[291] 李超平, 时勘. 变革型领导的结构与测量[J]. 心理学报, 2005, 37（6）: 803-811.

[292] 李超平, 徐世勇. 管理与组织研究常用的60个理论[M]. 北京: 北京大学出版社, 2019: 91-93.

[293] 李圭泉, 刘海鑫. 差异化变革型领导对知识共享的跨层级影响效应研究[J]. 软科学, 2014, 28（12）: 116-119.

[294] 李海, 熊娟, 朱金强. 情绪对个体创造力的双向影响机制——基于阴阳观的视角[J]. 经济管理, 2016, 38（10）: 100-113.

[295] 李琳, 陈维政. 国企改革情景下变革型领导的特征与测量[J]. 华东经济管理, 2015（6）: 41-48.

[296] 李锐, 凌文辁, 方俐洛. 上司支持感知对下属建言行为的影响及其作用机制[J]. 中国软科学, 2010, （4）: 106-115.

[297] 李锐, 凌文辁, 柳士顺. 组织心理所有权的前因与后果: 基于"人-境互动"的视角[J]. 心理学报, 2012, 44（9）: 1202-1216.

[298] 李锡元, 石凡, 梁果, 等. 变革型领导对个体当责行为的影响机理——一个有中介的调节效应模型[J]. 技术经济, 2013, 32（12）: 118-123.

[299] 李英, 杨科. 汽车产品伤害危机中车主维权行为的影响因素——基于论坛帖子的扎根研究[J]. 管理学报, 2016, 13（8）: 1223-1232.

[300] 李志宏, 朱桃, 罗芳. 组织气氛对知识共享行为的影响路径研究——基于华南地区IT企业的实证研究与启示[J]. 科学学研究, 2010, 28（6）: 894-901.

[301] 梁阜, 李树文, 罗瑾琏. 差异化变革型领导对员工创新行为的影响: 资源转化视角[J]. 管理科学, 2018, 31（3）: 62-74.

[302] 林美珍, 罗忠恒. 授权型领导负面效应的形成机制: 基于"过犹不及"理论[J]. 首都经济贸易大学学报, 2017, 19（5）: 104-113.

[303] 林萌菲, 张德鹏. 顾客主观知识对网络口碑的影响——基于社会认知理论视角[J]. 中国流通经济, 2016, 30（7）: 106-114.

[304] 凌斌, 段锦云, 朱月龙. 工作场所中的心理安全: 概念构思、影响因素和结果[J]. 心理科学进展, 2010, 18（10）: 1580-1589.

[305] 凌文辁, 杨海军, 方俐洛. 企业员工的组织支持感[J]. 心理学报, 2006, 38（2）: 281-287.

[306] 刘刚, 于晓东. 高管类型与企业战略选择的匹配——基于行业生命周期与企业能力生命周期协同的视角[J]. 中国工业经济, 2015, 331(10): 117-132.

[307] 刘景江, 邹慧敏. 变革型领导和心理授权对员工创造力的影响[J]. 科研管理, 2013, 34(3): 68-74.

[308] 刘萍, 王沛, 胡林成. 社会信息加工理论研究新进展——社会认知理论介评[J]. 社会心理科学, 2001(4): 11-15.

[309] 刘璞. 变革型领导行为影响员工行为机制的研究[D]. 成都: 电子科技大学, 2008.

[310] 刘生敏, 廖建桥. 中国员工真能被"领"开言路吗: 真实型领导对员工抑制性建言的影响[J]. 商业经济与管理, 2015(6): 58-68.

[311] 刘小禹, 刘军, 关浩光. 顾客性骚扰对员工服务绩效影响机制的追踪研究——员工传统性与团队情绪氛围的调节作用[J]. 管理世界, 2012(10): 107-118.

[312] 刘小禹, 周爱钦, 刘军. 魅力领导的两面性——公权与私权领导对下属创造力的影响[J]. 管理世界, 2018, 34(02): 112-122.

[313] 卢艳秋, 庞立君, 王向阳. 变革型领导对员工失败学习行为影响机制研究[J]. 管理学报, 2018, 15(08): 1168-1176.

[314] 卢艳秋, 庞立君, 王向阳. 变革型领导对员工创造力的跨层影响——基于失败视角[J]. 科研管理, 2020, 41(10): 72-80.

[316] 马吟秋, 席猛, 许勤, 等. 基于社会认知理论的辱虐管理对下属反生产行为作用机制研究[J]. 管理学报, 2017, 14(8): 1153-1161.

[317] 迈尔斯. 组织与管理研究必读的40个理论[M]. 徐世勇, 李超平, 等译. 北京: 北京大学出版社, 2017.

[318] 孟慧, 宋继文, 徐琳, 等. 中国情境下变革型领导的内涵与测量的再探讨[J]. 管理学报, 2013, 10(3): 375-383.

[319] 宁烨, 刘南荻, 王姗姗. 跨文化情景下组织试错学习机理研究[J]. 管理科学, 2016, 29(2): 29-41.

[320] 庞立君, 卢艳秋. 失败情境下组织支持感对员工创造力的影响机理[J]. 社会科学战线, 2018(3): 255-259.

[321] 庞立君, 任颋, 王向阳. CEO变革型领导与企业绩效关系研究——失败学习的非线性中介作用[J]. 研究与发展管理, 2019, 31(4): 114-126

[322] 庞立君. 变革型领导对员工失败学习行为的影响机制研究: 基于多层次分析视角[D]. 长春: 吉林大学, 2019.

[323] 彭伟, 李慧, 朱晴雯, 等. 包容型领导对新生代员工主人翁行为的影响——主管忠诚和

传统性的作用[J].软科学, 2017(11): 79-82.

[324] 齐蕾, 邢讷, 刘冰."上有所好, 下必甚焉?"——谦卑领导对员工反馈寻求行为影响机制[J].东岳论丛, 2017, 38(9): 167-176.

[325] 乔东.中国企业管理理论本土化研究的"关系"视角[J].理论导刊, 2015(6): 62-67.

[326] 秦令华, 井润田, 王国锋.私营企业主可观察经历、战略导向及其匹配对绩效的影响研究[J].南开管理评论, 2012, 15(4): 38-49.

[327] 石易, 晁伟鹏.组织行为学[M].北京: 经济管理出版社, 2016.

[328] 宋艳.个人自立与自我图式、他人图式的关系研究[D].重庆: 西南大学, 2012.

[329] 苏敬勤, 刘静.复杂产品系统创新的动态能力构建——基于探索性案例研究[J].研究与发展管理, 2014, 26(1): 128-135.

[330] 苏涛永, 张瑞, 俞梦琦, 等.谦卑领导行为与员工个人创新行为: 一个被中介的调节模型[J].工业工程与管理, 2017, 22(4): 147-155.

[331] 孙海法, 伍晓奕.企业高层管理团队研究的进展[J].管理科学学报, 2003, 6(4): 82-89.

[332] 孙颖, 李树文, 梁阜.差异化变革型领导与LMX对员工情绪衰竭的交互影响[J].东岳论丛, 2017, 38(9): 177-185.

[333] 孙永磊, 宋晶, 陈劲, 等.差异化变革型领导、心理授权与组织创造力[J].科学学与科学技术管理, 2016, 37(4): 137-146.

[334] 唐朝永, 陈万明, 胡恩华.变革型领导、心理所有权与失败学习间关系的实证研究[J].技术经济, 2016, 35, (9): 43-49.

[335] 唐朝永, 陈万明, 胡恩华.知识型员工失败学习的多层次模型研究[J].预测, 2014, 33(4): 1-7.

[336] 唐朝永, 陈万明, 彭灿.社会资本、失败学习与科研团队创新绩效[J].科学学研究, 2014, 32(7): 1096-1105.

[337] 王安岩.高校勤工助学对大学生发展影响研究[M].北京: 北京科技大学, 2021.

[338] 王端旭, 李溪.包容型领导对员工从错误中学习的影响机制研究[J].世界科技研究与发展, 2015, 37(1): 61-66.

[339] 王飞绒, 陈文兵.领导风格与企业创新绩效关系的实证研究——基于组织学习的中介作用[J].科学学研究, 2012, 30(6): 943-949.

[340] 王凤彬, 陈建勋.动态环境下变革型领导对探索式技术创新和组织绩效的影响[J].南开管理评论, 2011, 14(1): 4-16.

[341] 王海江, 冯冬冬, 陆昌勤.工作不安全感与员工心理与行为的关系: 个人传统性的调节作用[C].全国心理学学术大会, 2009.

[342] 王陵峰, 龙静, 黄勋敬. 员工创造力影响因素新探[J]. 软科学, 2011, 25(10): 87-90.

[343] 王雪利. 超强竞争环境下战略创新机制与路径研究[D]. 天津: 天津大学, 2007.

[344] 王洋洋, 张晓慧, 韩樱. 辱虐管理、员工信任与离职倾向: 传统性的调节作用[J]. 领导科学, 2017(1z): 45-49.

[345] 王永丽, 张智宇, 何颖. 工作—家庭支持对员工创造力的影响探讨[J]. 心理学报, 2012, 44(12): 1651-1662.

[346] 王重鸣, 胡洪浩. 创新团队中宽容氛围与失败学习的实证研究[J]. 科技进步与对策, 2015, 32(1): 18-23.

[347] 王重鸣, 胡洪浩. 创新团队中宽容氛围与失败学习的实证研究[J]. 科技进步与对策, 2015, 32(1): 18-22。

[348] 文吉, 侯平平. 顾客粗暴行为与酒店员工组织公民行为研究: 基于组织支持感的中介作用[J]. 南开管理评论, 2015, 18(6): 35-45.

[349] 文鹏, 夏玲, 陈诚. 责任型领导对员工揭发意愿与非伦理行为的影响[J]. 经济管理, 2016(7).

[350] 吴隆增, 曹昆鹏, 陈苑仪, 等. 变革型领导行为对员工建言行为的影响研究[J]. 管理学报, 2011, 08(1): 61-66.

[351] 吴明隆. 结构方程模型: SIMPLIS的应用[M]. 重庆: 重庆大学出版社, 2012: 39.

[352] 吴志平, 陈福添. 中国文化情境下团队心理安全气氛的量表开发[J]. 管理学报, 2011, 8(1): 73-80.

[353] 夏瑞卿, 杨忠. 社会认知视角的知识共享行为研究[J]. 情报杂志, 2013(11): 196-201.

[354] 肖静华, 谢康, 吴瑶, 等. 企业与消费者协同演化动态能力构建: B2C电商梦芭莎案例研究[J]. 管理世界, 2014(8): 134-151.

[355] 谢宝国, 龙立荣. 职业生涯高原对员工工作满意度、组织承诺、离职意愿的影响[J]. 心理学报, 2008, 40(8): 927-938.

[356] 谢俊, 储小平. 多层次导向的变革型领导对个体及团队创造力的影响: 授权的中介作用[J]. 管理工程学报, 2016, 30(1): 161-167.

[357] 谢雅萍, 梁素蓉. 失败学习研究回顾与未来展望[J]. 外国经济与理, 2016, 38(1): 42-53.

[358] 谢雅萍, 梁素蓉. 失败学习与科研团队创新能力提升[J]. 自然辩证法研究, 2015, 31(8): 119-123.

[359] 邢璐, 孙健敏, 尹奎, 等. "过犹不及"效应及其作用机制[J]. 心理科学进展, 2018, 26(4): 719-730.

[360] 杰弗里·A. 迈尔斯. 管理与组织研究必读的40个理论[M]. 徐世勇, 李超平, 译. 北京: 北京大学出版社, 2017.

[361] 许一. 柔性领导理论评介[J]. 外国经济与管理, 2007, 29(8): 30-37.

[362] 阎婧, 刘志迎, 郑晓峰. 环境动态性调节作用下的变革型领导、商业模式创新与企业绩效[J]. 管理学报, 2016, 13(8): 1208-1214.

[363] 杨春江, 蔡迎春, 侯红旭. 心理授权与工作嵌入视角下的变革型领导对下属组织公民行为的影响研究[J]. 管理学报, 2015, 12(2): 231.

[364] 杨慧军, 杨建君. 外部搜寻、联结强度、吸收能力与创新绩效的关系[J]. 管理科学, 2016, 29(3): 24-37.

[365] 杨皖苏, 杨善林. 中外企业不同推崇策略对企业绩效影响的实证研究[J]. 中国软科学, 2015, (4): 95-107.

[366] 杨旭, 阮萍萍. 诚信领导的理论探析[J]. 中国商论, 2010(1): 82-83.

[367] 姚凯. 自我效能感研究综述——组织行为学发展的新趋势[J]. 管理学报, 2 008, 5(3): 463-468.

[368] 于维娜, 樊耘, 张婕, 等. 宽恕视角下辱虐管理对工作绩效的影响——下属传统性和上下级关系的作用[J]. 南开管理评论, 2015(6): 16-25.

[369] 于晓宇, 蔡莉, 陈依. 技术信息获取、失败学习与高科技新创企业创新绩效[J]. 科学学与科学技术管理, 2012, 33(7): 62-67.

[370] 于晓宇, 蔡莉. 失败学习行为、战略决策与创业企业创新绩效[J]. 管理科学学报, 2013, 16(12): 37-56.

[371] 于晓宇, 胡芝甜, 陈依, 等. 从失败中识别商机: 心理安全与建言行为的角色[J]. 管理评论, 2016, 28(7): 154-164.

[372] 于晓宇, 李厚锐, 杨隽萍. 创业失败归因、创业失败学习与随后创业意向[J]. 管理学报, 2013, 10(8): 1179-1184.

[373] 于晓宇, 梅晨, 陶向明, 等. 成王败寇?失败正常化对新产品开发绩效的影响机制研究[J]. 研究与发展管理, 2019, 31(4): 127-138.

[374] 于晓宇, 陶向明, 李雅洁. 见微知著?失败学习、机会识别与新产品开发绩效[J]. 管理工程学报, 2019, 33(1): 56-64.

[375] 俞国良. 社会心理学[M]. 北京: 北京师范大学出版社, 2015.

[376] 俞弘强. 社会交换理论与理性选择理论之比较研究——以布劳和科尔曼为例[J]. 中共浙江省委党校学报, 2004, 20(3): 61-65.

[377] 袁凌, 陈俊, 肖蓉. 基于社会交换的组织支持对组织公民行为影响过程研究[J]. 财经理

论与实践, 2007, 28(5): 109-112.

[378] 约翰. C. 麦克斯维尔. 领导力21法则[M]. 施轶, 译. 北京: 北京时代华文书局, 2016.

[379] 张大鹏, 孙新波, 钱雨. 领导风格与组织创新战略导向匹配对企业转型升级的影响[J]. 技术经济, 2017(3): 79-88.

[380] 张京. 变革型领导与员工绩效的跨层次研究[D]. 武汉: 中国地质大学, 2013.

[381] 张雷, 雷雳, 郭伯良. 多层线性模型应用[M]. 北京: 教育科学出版社, 2003.

[382] 张丽华. 改造型领导与组织变革过程互动模型的实证与案例研究[D]. 大连: 大连理工大学, 2002.

[383] 张莉, 钱珊珊, 林与川. 社会支持影响离职倾向的路径模型构建及实证研究[J]. 科学学与科学技术管理, 2016, 37(1): 171-180.

[384] 张鹏程, 刘文兴, 廖建桥. 魅力型领导对员工创造力的影响机制: 仅有心理安全足够吗? [J]. 管理世界, 2011, (10): 94-107.

[385] 张晓娟, 李贞贞. 基于社会认知理论的智能手机用户信息安全行为意愿研究[J]. 现代情报, 2017, 37(9): 16-22.

[386] 张亚军, 张金隆, 张千帆, 等. 威权和授权领导对员工隐性知识共享的影响研究[J]. 管理评论, 2015, 27(9): 130-139.

[387] 张艳清, 王晓晖, 张秀娟, 等. 差异化变革型领导研究述评与展望[J]. 外国经济与管理, 2015, 37(8): 43-53.

[388] 张毅, 游达明. 变革型领导影响员工创新行为的跨层次中介效应、调节效应分析[J]. 科技与经济, 2012, 25(5): 87-91.

[389] 张征, 古银华. 包容型领导对下属工作幸福感的影响研究——互动公平与传统性的作用[J]. 软科学, 2017, 31(7): 84-88.

[390] 赵呈领, 梁云真, 刘丽丽, 等. 基于社会认知理论的网络学习空间知识共享行为研究[J]. 电化教育研究, 2016(10): 14-21.

[391] 赵文文, 周禹, 范雪青. 组织建言机制对员工变革开放性的影响——基于资源保存理论和社会交换理论的分析[J]. 商业研究, 2017, 59(2): 133-142.

[392] 周浩, 龙立荣. 变革型领导对下属进谏行为的影响: 组织心理所有权与传统性的作用[J]. 心理学报, 2012, 44(3): 388-399.

[393] 周军杰. 虚拟社区退休人员的知识贡献: 基于社会认知理论的研究[J]. 管理评论, 2016, 28(2): 84-92.

[394] 周青. 建设性领导行为、破坏性领导行为对勇敢追随行为的作用机制研究[M]. 南昌: 江西财经大学, 2022.

[395] 朱慧,周根贵.变革型领导有效吗?——基于Meta分析的变革型领导与组织绩效关系的研究[J].管理评论,2016,28(7):179-187.

[396] 朱雪春,陈万明.知识治理、失败学习与低成本利用式创新和低成本探索式创新[J].科学学与科学技术管理,2014(9):78-86.

[397] 朱瑜,谢斌斌.差序氛围感知与沉默行为的关系:情感承诺的中介作用与个体传统性的调节作用[J].心理学报,2018,50(5):539-548.

附　　录

附录1　2012年—2021年科技研发投入资金数据表

2021年：全国共投入研究与试验发展（R&D）经费27956.3亿元，比上年增加3563.2亿元，增长14.6%，增速比上年加快4.4个百分点；研究与试验发展（R&D）经费投入强度（与国内生产总值之比）为2.44%，比上年提高0.03个百分点。按研究与试验发展（R&D）人员全时工作量计算的人均经费为48.9万元，比上年增加2.3万元。分活动主体看，各类企业研究与试验发展（R&D）经费21504.1亿元，比上年增长15.2%；政府属研究机构经费3717.9亿元，增长9.1%；高等学校经费2180.5亿元，增长15.8%。企业、政府属研究机构、高等学校经费所占比重分别为76.9%、13.3%和7.8%。国家财政科技技术支出：10766.7亿元，比上年增加671.7亿元，增长6.7%。

2020年：全国共投入研究与试验发展（R&D）经费24393.1亿元，比上年增加2249.5亿元，增长10.2%，增速比上年回落2.3个百分点；研究与试验发展（R&D）经费投入强度（与国内生产总值之比）为2.40%，比上年提高0.16个百分点。按研究与试验发展（R&D）人员全时工作量计算的人均经费为46.6万元，比上年增加0.5万元。分活动主体看，各类企业研究与试验发展（R&D）经费支出18673.8亿元，比上年增长10.4%；政府属研究机构经费支出3408.8亿元，增长10.6%；高等学校经费支出1882.5亿元，增长4.8%。企业、政府属研究机构、高等学校经费支出所占比重分别为76.6%、14.0%和7.7%。国家财政科学技术支出10095.0亿元，比上年减少622.4亿元，下降5.8%。

2019年：全国共投入研究与试验发展（R&D）经费22143.6亿元，比上年增加2465.7亿元，增长12.5%；研究与试验发展（R&D）经费投入强度（与国内生产总值之比）为2.23%，比上年提高0.09个百分点。按研究与试验发展（R&D）人员全时工作量计算的人均经费为46.1万元，比上年增加1.2万元。分活动主体看，各类企业研究与试验发展（R&D）经费支出16921.8亿元，比上年增长11.1%；政府属研究机构经费支出3080.8亿元，增长14.5%；高等学校经费支出1796.6亿元，增长23.2%。企业、政府属研究机构、高等学校经费支出所占比重分别为76.4%、13.9%和8.1%。国家财政科学技术支出10717.4亿元，比上年增加1199.2亿元，增长12.6%。

2018年：全国共投入研究与试验发展（R&D）经费19677.9亿元，比上年增加2071.8亿元，增长11.8%；研究与试验发展（R&D）经费投入强度（与国内生产总值之比）为2.19%，比上年提高0.04个百分点。按研究与试验发展（R&D）人员全时工作量计算的人均经费为44.9万元，比上年增加1.3万元。分活动主体看，各类企业经费支出15233.7亿元，比上年增长11.5%；政府属研究机构经费支出2691.7亿元，增长10.5%；高等学校经费支出1457.9亿元，增长15.2%。企业、政府属研究机构、高等学校经费支出所占比重分别为77.4%、13.7%和7.4%。国家财政科学技术支出为9518.2亿元，比上年增长13.5%，增速较上年提高5.5个百分点。

2017年：全国共投入研究与试验发展（R&D）经费17606.1亿元，比上年增加1929.4亿元，增长12.3%，增速较上年提高1.7个百分点；研究与试验发展（R&D）经费投入强度（与国内生产总值之比）为2.13%，比上年提高0.02个百分点。按研究与试验发展（R&D）人员（全时工作量）计算的人均经费为43.6万元，比上年增加3.2万元。分活动主体看，各类企业经费支出13660.2亿元，比上年增长12.5%；政府属研究机构经费支出2435.7亿元，增长7.8%；高等学校经费支出1266亿元，增长18.1%。企业、政府属研究机构、高等学校经费支出所占比重分别为77.6%、13.8%和7.2%。国家财政科学技术支出8383.6亿元，比上年增加622.9亿元，增长8%。

2016年：全国共投入研究与试验发展（R&D）经费15676.7亿元，比上年增加1506.9亿元，增长10.6%，增速较上年提高1.7个百分点；研究与试验发展（R&D）经费投入强度（与国内生产总值之比）为2.11%，比上年提高0.05个百分点。按研究与试验发展（R&D）人员（全时工作量）计算的人均经费为40.4万元，比上年增加2.7万元。分活动主体看，各类企业经费支出12144亿元，比上年增长11.6%；政府属研究机构经费支出2260.2亿元，增长5.8%；高等学校经费支出1072.2亿元，增长7.4%。企业、政府属研究机构、高等学校经费支出所占比重分别为77.5%、14.4%和6.8%。国家财政科学技术支出7760.7亿元，比上年增加754.9亿元，增长10.8%，增速较上年提高2.3个百分点。

2015年：全国研究与试验发展（R&D）经费支出14169.9亿元，比上年增加1154.3亿元，增长8.9%；研究与试验发展（R&D）经费投入强度（与国内生产总值之比）为2.07%，比上年提高0.05个百分点。按研究与试验发展（R&D）人员（全时工作量）计算的人均经费支出为37.7万元，比上年增加2.6万元。分活动主体看，各类企业经费支出10881.3亿元，比上年增长8.2%；政府属研究机构经费支出2136.5亿元，增长10.9%；高等学校经费支出998.6亿元，增长11.2%。企业、政府属研究机构、高等学校经费支出所占比重分别为76.8%、15.1%和7.0%。国家财政科学技术支出为7005.8亿元，比上年增加551.3亿元，增长8.5%。

2014年：全国共投入研究与试验发展（R&D）经费13015.6亿元，比上年增加1169.0亿元，增长9.9%；研究与试验发展（R&D）经费投入强度（与国内生产总值之比）为2.05%，比上年提高0.04个百分点。按研究与试验发展人员（全时工作量）计算的人均经费支出为35.1万元，比上年增加1.6万元。分活动主体看，各类企业经费支出为10060.6亿元，比上年增长10.9%；政府属研究机构经费支出1926.2亿元，增长8.1%；高等学校经费支出898.1亿元，增长4.8%。企业、政府属研究机构、高等学校经费支出所占比重分别为77.3%、14.8%和6.9%。国家财政科学技术支出为6454.5亿元，比上年增加269.6亿元，增长4.4%。国家财政科学技术支出为6454.5亿元，比上年增加269.6亿元，增长4.4%。

2013年：全国共投入研究与试验发展（R&D）经费11846.6亿元，比上年增加1548.2亿元，增长15%；研究与试验发展（R&D）经费投入强度（与国内生产总值之比）为2.08%，比上年的1.98%提高0.1个百分点。按研究与试验发展人员（全时工作量）计算的人均经费为33.5万元，比上年增加1.8万元。分活动主体看，各类企业研究与试验发展（R&D）经费9075.8亿元，比上年增长15.7%；政府属研究机构经费1781.4亿元，增长15%；高等学校经费856.7亿元，增长9.8%。企业、政府属研究机构、高等学校经费占全国经费总量的比重分别为76.6%、15%和7.2%。国家财政科学技术支出为6184.9亿元，比上年增加584.8亿元，增长10.4%。

2012年：全国共投入研究与试验发展（R&D）经费10298.4亿元，比上年增加1611.4亿元，增长18.5%；研究与试验发展（R&D）经费投入强度（与国内生产总值之比）为1.98%，比上年的1.84%提高0.14个百分点。按研究与试验发展人员（全时工作量）计算的人均经费支出为31.7万元，比上年增加1.6万元。分活动主体看，各类企业经费支出7842.2亿元，比上年增长19.2%；政府属研究机构经费支出1548.9亿元，增长18.5%；高等学校经费支出780.6亿元，增长13.3%。企业、政府属研究机构、高等学校经费支出所占比重分别为76.2%、15%和7.6%。国家财政科学技术支出为5600.1亿元，比上年增加803.1亿元，增长16.7%。

附录2　第四章研究使用的调研问卷

变革型领导对员工失败学习的影响机制调研问卷

亲爱的朋友：

您好！非常感谢您能抽出宝贵的时间参加本次学术研究活动。

本次学术研究基于企业创新失败情境，围绕企业各部门领导行为是否会对员工失败学习产生影响？以及领导行为如何对员工学习行为产生影响？在这一影响过程中都有哪些心理要素发挥作用？等问题开展调研。本次调研结论将为有助于企业快速地从失败中恢复提供理论指导与实践指南。

研究团队保证本次调研是一次纯粹的学术研究，整个数据收集过程采用匿名填写方式，对您填写的信息我们会严格保密，该信息仅用于整体分析，不会进行个体分析，且不会用于任何的商业用途，请您放心填写。

您客观、真实的数据将对本次研究结论的科学性产生至关重要的影响，恳请您客观、认真地填写。

再次感谢您的大力支持与协助！

一、问卷说明：

本研究的"企业创新"是指：近期企业所从事的创新活动，包括新的产品，新的工艺，新的市场，新的原材料供应源以及建立新的企业组织形式。"创新失败"是指：企业在开展创新活动时，未达到预期目标的一种状态。

二、问卷内容：

近两年内企业有发生过创新失败事件并且我亲身经历过该失败事件

A：是（请继续作答下面的问题）B：否（答题到此结束，非常感谢您的作答）

问卷中有关您自身的一些陈述，请根据您的直观感受，选择与自己感受最吻合的情况（程度），并在相应的数字上打"√"。

从"非常不符合"到"非常符合"分别用分数1~5来表示。不同分数的具体含义如下：

1.非常不符合　2.不符合　3.说不清　4.符合　5.非常符合

指标	题项	符合程度 非常不符合 ←→ 非常符合				
变革型领导	1. 在创新失败情境下，我的直接主管业务能力过硬	1	2	3	4	5
	2. 在创新失败情境下，我的直接主管思想开明，具有较强的创新意识	1	2	3	4	5
	3. 在创新失败情境下，我的直接主管热爱自己的工作，具有很强的事业心和进取心	1	2	3	4	5
	4. 在创新失败情境下，我的直接主管对工作非常投入，始终保持高度的热情	1	2	3	4	5
	5. 在创新失败情境下，我的直接主管能不断学习，以充实提高自己	1	2	3	4	5
	6. 在创新失败情境下，我的直接主管敢抓敢管，善于处理棘手问题	1	2	3	4	5
	7. 在创新失败情境下，我的直接主管能让员工了解单位/部门的发展前景	1	2	3	4	5
	8. 在创新失败情境下，我的直接主管能让员工了解本单位/部门的经营理念和发展目标	1	2	3	4	5
	9. 在创新失败情境下，我的直接主管会向员工解释所做工作的长远意义	1	2	3	4	5
	10. 在创新失败情境下，我的直接主管向大家描绘了令人向往的未来	1	2	3	4	5
	11. 在创新失败情境下，我的直接主管能给员工指明奋斗目标和前进方向	1	2	3	4	5
	12. 在创新失败情境下，我的直接主管与员工一起分析其工作对单位/部门目标的影响	1	2	3	4	5
	13. 在创新失败情境下，我的直接主管与员工打交道时，会考虑员工个人的实际情况	1	2	3	4	5
	14. 在创新失败情境下，我的直接主管愿意帮助员工解决生活和家庭方面的难题	1	2	3	4	5
	15. 在创新失败情境下，我的直接主管与员工沟通交流，以了解其工作、生活和家庭情况	1	2	3	4	5
	16. 在创新失败情境下，我的直接主管耐心地教导员工，为员工答疑解惑	1	2	3	4	5
	17. 在创新失败情境下，我的直接主管关心员工的工作、生活和成长，为其发展提供建议	1	2	3	4	5
	18. 在创新失败情境下，我的直接主管注重创造条件，让员工发挥自己的特长	1	2	3	4	5
	19. 在创新失败情境下，我的直接主管廉洁奉公，不图私利	1	2	3	4	5
	20. 在创新失败情境下，我的直接主管吃苦在前，享受在后	1	2	3	4	5
	21. 在创新失败情境下，我的直接主管不计较个人得失，尽心尽力工作	1	2	3	4	5
	22. 在创新失败情境下，我的直接主管能把自己的利益放在集体和他人利益之后	1	2	3	4	5
	23. 在创新失败情境下，我的直接主管不会把别人的劳动成果据为己有	1	2	3	4	5
	24. 在创新失败情境下，我的直接主管能与员工同甘共苦	1	2	3	4	5
	25. 在创新失败情境下，我的直接主管不会给员工穿小鞋，不搞打击报复	1	2	3	4	5

	具体测量体题目	符合程度 非常不符合 ↔ 非常符合				
组织心理所有权	1.在企业创新失败情境下，我相信自己有能力对公司的成功做出贡献	1	2	3	4	5
	2.在企业创新失败情境下，我相信自己能使公司有所进步	1	2	3	4	5
	3.在企业创新失败情境下，在公司中，我有信心制定高绩效目标	1	2	3	4	5
	4.在企业创新失败情境下，如果我认为某事做错了，不管他是谁，我都会质询他	1	2	3	4	5
	5.在企业创新失败情境下，如果我看到某事做错了，我会毫不犹豫地告诉公司	1	2	3	4	5
	6.在企业创新失败情境下，我会质询公司的发展方向，以确保它的正确	1	2	3	4	5
	7.在企业创新失败情境下，我觉得自己是属于公司的	1	2	3	4	5
	8.在企业创新失败情境下，在公司中，我觉得十分轻松	1	2	3	4	5
	9.在企业创新失败情境下，对我而言，公司就是家	1	2	3	4	5
	10.在企业创新失败情境下，我觉得公司的成功就是我的成功	1	2	3	4	5
	11.在企业创新失败情境下，我觉得作为公司的一员让我清楚自己究竟是谁	1	2	3	4	5
	12.在企业创新失败情境下，当公司受到批评时，我觉得有必要为它辩护	1	2	3	4	5
组织支持感	1.在企业创新失败情境下，当我在工作中遇到困难时，公司会帮助我	1	2	3	4	5
	2.在企业创新失败情境下，公司会原谅我的无心之过	1	2	3	4	5
	3.在企业创新失败情境下，公司尊重我的目标和价值	1	2	3	4	5
	4.在企业创新失败情境下，公司关心我的个人发展	1	2	3	4	5
	5.在企业创新失败情境下，公司关心我的个人感受					
	6.在企业创新失败情境下，我的直接主管愿意倾听我工作中遇到的问题	1	2	3	4	5
	7.在企业创新失败情境下，当我遇到困难时，会从我的直接主管那里得到帮助	1	2	3	4	5
	8.在企业创新失败情境下，我的直接主管会为我提供必要的工作信息	1	2	3	4	5
	9.在企业创新失败情境下，我的直接主管关心我的福利	1	2	3	4	5
	10.在企业创新失败情境下，当我遇到困难时，同事愿意提供帮助	1	2	3	4	5
	11.在企业创新失败情境下，我的同事愿意倾听我工作中遇到的问题	1	2	3	4	5
	12.在企业创新失败情境下，当我在工作中出现失误时，同事会安慰我	1	2	3	4	5
	13.在企业创新失败情境下，我的工作伙伴愿意提供给我必要的工作信息	1	2	3	4	5
组织失败学习	1.在企业创新失败情境下，当同事犯错或失误时，我并不责备，而是从中学习、吸取经验	1	2	3	4	5
	2.在企业创新失败情境下，我犯错或失误时，会通过自我反思从中吸取经验	1	2	3	4	5
	3.在企业创新失败情境下，我犯错或失误时，会与同事分享并共同学习	1	2	3	4	5
	4.在企业创新失败情境下，我经常思索"我们为什么这么做"	1	2	3	4	5

三、个人基本信息

1. 您的性别是？　①男　②女
2. 您的年龄是？　①21～30岁　②31～40岁　③41～50岁　④51岁及以上
3. 您的文化程度是？①大专以下　②大专　③本科　④研究生及以上
4. 您在现岗位的工作年限？

   ①任职年限为2～4年　②任职年限为5～7年　③任职年限为8～10年

   ④任职年限为11年及以上
5. 与现有领导共同工作的时间？

   ①5年及以下　②5～8年　③9～12年　④13年及以上
6. 您的工作岗位？

   ①从事技术/研发　②人力资源　③市场营销　④财务部门　⑤战略规划部门

   ⑥生产部门　⑦采购部门

附录3　第五章检验同源偏差LISREL运行代码

（一）六因子模型lisrel程序

Observed Variables：

GTLONE GLTTWO GTLTHREE ITLONE ITLTWO POSONE POSTWO POSTHREE PS1 PS2 PS3 PS4 PS5 PS6 PS7 LEF1 LEF2 LEF3 LEF4 LEF5 TR1 TR2 TR3 TR4 TR5

Raw Data From file C：/shuju.dat

Sample Size = 478

Latent Variables：

GTL ITL POS PS LEF TR

Relationships：

GTLONE GLTTWO GTLTHREE=GTL

ITLONE ITLTWO=ITL

POSONE POSTWO POSTHREE=POS

PS1 PS2 PS3 PS4 PS5 PS6 PS7=PS

LEF1 LEF2 LEF3 LEF4 LEF5=LEF

TR1 TR2 TR3 TR4 TR5=TR

Path diagram

Options：RS SC SE MI VA SS SC EF ND=3 AD=OFF IT=100

End of Problem

（二）七因子模型lisrel程序

Observed Variables：

GTLONE GLTTWO GTLTHREE ITLONE ITLTWO POSONE POSTWO POSTHREE PS1 PS2 PS3 PS4 PS5 PS6 PS7 LEF1 LEF2 LEF3 LEF4 LEF5 TR1 TR2 TR3 TR4 TR5

Raw Data From file C：/shuju.dat

Sample Size = 478

Latent Variables：

GTL ITL POS PS LEF TR CMB

Relationships：

GTLONE GLTTWO GTLTHREE=GTL

ITLONE ITLTWO=ITL

POSONE POSTWO POSTHREE=POS

PS1 PS2 PS3 PS4 PS5 PS6 PS7=PS

LEF1 LEF2 LEF3 LEF4 LEF5=LEF

TR1 TR2 TR3 TR4 TR5=TR

GTLONE GLTTWO GTLTHREE ITLONE ITLTWO POSONE POSTWO POSTHREE PS1 PS2 PS3 PS4 PS5 PS6 PS7 LEF1 LEF2 LEF3 LEF4 LEF5 TR1 TR2 TR3 TR4 TR5=CMB

Path diagram

Options：RS SC SE MI VA SS SC EF ND=3 AD=OFF IT=100

End of Problem

附录4　第五章变量区分效度检验LISREL运行代码

（一）团队层面

1. 二因子模型lisrel程序

Observed Variables：

PS1 PS2 PS3 PS4 PS5 PS6 PS7 GTLONE GTLTWO GTLTHREE

Raw Data From file C：/shuju.dat

Sample Size = 478

Latent Variables：

PS GTL

Relationships：

PS1 PS2 PS3 PS4 PS5 PS6 PS7=PS

GTLONE GTLTWO GTLTHREE=GTL

Options：RS SC SE MI VA SS SC EF ND=3 AD=OFF IT=100

End of Problem

2. 单因子模型lisrel程序

Observed Variables：

PS1 PS2 PS3 PS4 PS5 PS6 PS7 GTLONE GTLTWO GTLTHREE

Raw Data From file C：/shuju.dat

Sample Size = 478

Latent Variables：

PS

Relationships：

PS1 PS2 PS3 PS4 PS5 PS6 PS7 GTLONE GTLTWO GTLTHREE =PS

Path diagram

Options：RS SC SE MI VA SS SC EF ND=3 AD=OFF IT=100

End of Problem

（二）个体层面

1. 四因子模型lisrel程序

Observed Variables：

LEF1 LEF2 LEF3 LEF4 LEF5 TR1 TR2 TR3 TR4 TR5 ITLONE ITLTWO POSONE POSTWO POSTHREE

Raw Data From file C：/shuju.dat

Sample Size = 478

Latent Variables：

LEF TR ITL POS

Relationships：

LEF1 LEF2 LEF3 LEF4 LEF5=LEF

TR1 TR2 TR3 TR4 TR5=TR

ITLONE ITLTWO=ITL

POSONE POSTWO POSTHREE=POS

Path diagram

Options：RS SC SE MI VA SS SC EF ND=3 AD=OFF IT=100

End of Problem

2. 三因子模型lisrel程序

Observed Variables：

LEF1 LEF2 LEF3 LEF4 LEF5 TR1 TR2 TR3 TR4 TR5 ITLONE ITLTWO POSONE POSTWO POSTHREE

Raw Data From file C：/shuju.dat

Sample Size = 478

Latent Variables：

LEF ITL POS

Relationships：

LEF1 LEF2 LEF3 LEF4 LEF5 TR1 TR2 TR3 TR4 TR5=LEF

ITLONE ITLTWO=ITL

POSONE POSTWO POSTHREE=POS

Path diagram

Options：RS SC SE MI VA SS SC EF ND=3 AD=OFF IT=100

End of Problem

3. 二因子模型lisrel程序

Observed Variables：

LEF1 LEF2 LEF3 LEF4 LEF5 TR1 TR2 TR3 TR4 TR5 ITLONE ITLTWO POSONE POSTWO POSTHREE

Raw Data From file C：/shuju.dat

Sample Size = 478

Latent Variables：

LEF POS

Relationships：

LEF1 LEF2 LEF3 LEF4 LEF5 TR1 TR2 TR3 TR4 TR5 ITLONE ITLTWO=LEF

POSONE POSTWO POSTHREE=POS

Path diagram

Options：RS SC SE MI VA SS SC EF ND=3 AD=OFF IT=100

End of Problem

4. 单因子模型lisrel程序

Observed Variables：

LEF1 LEF2 LEF3 LEF4 LEF5 TR1 TR2 TR3 TR4 TR5 ITLONE ITLTWO POSONE POSTWO POSTHREE

Raw Data From file C：/shuju.dat

Sample Size = 478

Latent Variables：

LEF

Relationships：

LEF1 LEF2 LEF3 LEF4 LEF5 TR1 TR2 TR3 TR4 TR5 ITLONE ITLTWO POSONE POSTWO POSTHREE=LEF

Path diagram

Options：RS SC SE MI VA SS SC EF ND=3 AD=OFF IT=100

End of Problem

附录5 第五章个体层面假设检验LISREL运行代码

1. Model2运行的lisrel程序

Observed Variables：

ITLONE ITLTWO POSONE POSTWO POSTHREE LEF1 LEF2 LEF3 LEF4 LEF5 TR1 TR2 TR3 TR4 TR5 gen age edu

Raw Data From file C：/shuju.dat

Sample Size = 478

Latent Variables：

ITL POS LEF TR g a e

Relationships：

ITLONE ITLTWO=ITL

LEF1 LEF2 LEF3 LEF4 LEF5=LEF

gen=g

age=a

edu=e

Paths：

g a e ITL-> LEF

set the errorvariance of gen to 0

set the errorvariance of age to 0

set the errorvariance of edu to 0

Path diagram

Options：RS SC SE MI VA SS SC EF ND=3 AD=OFF IT=100

End of Problem

2. Model3运行的lisrel程序

Observed Variables：

ITLONE ITLTWO POSONE POSTWO POSTHREE LEF1 LEF2 LEF3 LEF4 LEF5 TR1 TR2 TR3 TR4 TR5 gen age edu

Raw Data From file C：/shuju.dat

Sample Size = 478

Latent Variables：

ITL POS LEF TR g a e

Relationships：

POSONE POSTWO POSTHREE=POS

LEF1 LEF2 LEF3 LEF4 LEF5=LEF

gen=g

age=a

edu=e

Paths：

g a e POS-> LEF

set the errorvariance of gen to 0

set the errorvariance of age to 0

set the errorvariance of edu to 0

Path diagram

Options：RS SC SE MI VA SS SC EF ND=3 AD=OFF IT=100

End of Problem

3. Model6运行的lisrel程序

Observed Variables：

ITLONE ITLTWO POSONE POSTWO POSTHREE LEF1 LEF2 LEF3 LEF4 LEF5 TR1 TR2 TR3 TR4 TR5 gen age edu

Raw Data From file C：/shuju.dat

Sample Size = 478

Latent Variables：

ITL POS LEF TR g a e

Relationships：

ITLONE ITLTWO=ITL

POSONE POSTWO POSTHREE=POS

LEF1 LEF2 LEF3 LEF4 LEF5=LEF

gen=g

age=a

edu=e

Paths：

g a e ITL POS-> LEF

set the errorvariance of gen to 0

set the errorvariance of age to 0

set the errorvariance of edu to 0

Path diagram

Options：RS SC SE MI VA SS SC EF ND=3 AD=OFF IT=100

End of Problem

4. Model7运行的lisrel程序

Observed Variables：

ITLONE ITLTWO POSONE POSTWO POSTHREE LEF1 LEF2 LEF3 LEF4 LEF5 TR1 TR2 TR3 TR4 TR5 gen age edu

Raw Data From file C：/shuju.dat

Sample Size = 478

Latent Variables：

ITL POS LEF TR g a e

Relationships：

ITLONE ITLTWO=ITL

LEF1 LEF2 LEF3 LEF4 LEF5=LEF

TR1 TR2 TR3 TR4 TR5=TR

gen=g

age=a

edu=e

Paths：

g a e ITL TR-> LEF

set the error variance of gen to 0

set the error variance of age to 0

set the error variance of edu to 0

Path diagram

Options：RS SC SE MI VA SS SC EF ND=3 AD=OFF IT=100

End of Problem

5. Model8运行的lisrel程序

Observed Variables：

ITLONE ITLTWO POSONE POSTWO POSTHREE LEF1 LEF2 LEF3 LEF4 LEF5 TR1 TR2 TR3 TR4 TR5 gen age edu mod1 mod2

Raw Data From file C：/shuju.dat

Sample Size = 478

Latent Variables：

ITL POS LEF TR g a e mod

Relationships：

ITLONE ITLTWO=ITL

LEF1 LEF2 LEF3 LEF4 LEF5=LEF

TR1 TR2 TR3 TR4 TR5=TR

mod1=mod

gen=g

age=a

edu=e

Paths：

g a e ITL TR mod-> LEF

set the error variance of gen to 0

set the error variance of age to 0

set the error variance of edu to 0

set the error variance of mod1 to 0

Path diagram

Options：RS SC SE MI VA SS SC EF ND=3 AD=OFF IT=100

End of Problem

6. Model9运行的lisrel程序

Observed Variables：

ITLONE ITLTWO POSONE POSTWO POSTHREE LEF1 LEF2 LEF3 LEF4 LEF5 TR1 TR2 TR3 TR4 TR5 gen age edu mod1 mod2

Raw Data From file C：/shuju.dat

Sample Size = 478

Latent Variables：

ITL POS LEF TR g a e mod

Relationships：

POSONE POSTWO POSTHREE=POS

LEF1 LEF2 LEF3 LEF4 LEF5=LEF

TR1 TR2 TR3 TR4 TR5=TR

gen=g

age=a

edu=e

Paths：

g a e POS TR -> LEF

set the error variance of gen to 0

set the error variance of age to 0

set the error variance of edu to 0

Path diagram

Options：RS SC SE MI VA SS SC EF ND=3 AD=OFF IT=100

End of Problem

7. Model10运行的lisrel

Observed Variables：

ITLONE ITLTWO POSONE POSTWO POSTHREE LEF1 LEF2 LEF3 LEF4 LEF5 TR1 TR2 TR3 TR4 TR5 gen age edu mod1 mod2

Raw Data From file C：/shuju.dat

Sample Size = 478

Latent Variables：

ITL POS LEF TR g a e mod

Relationships：

ITLONE ITLTWO=ITL

LEF1 LEF2 LEF3 LEF4 LEF5=LEF

TR1 TR2 TR3 TR4 TR5=TR

mod2=mod

gen=g

age=a

edu=e

Paths：

g a e ITL TR mod-> LEF

set the error variance of gen to 0

set the error variance of age to 0

set the error variance of edu to 0

set the error variance of mod2 to 0

Path diagram

Options：RS SC SE MI VA SS SC EF ND=3 AD=OFF IT=100

End of Problem

附录6　第五章研究使用的调研问卷

领导方式对员工的影响调研问卷（员工问卷）

亲爱的朋友：

　　本次学术研究基于企业创新失败情境，围绕企业各部门领导行为是否会对员工失败学习产生影响？以及领导行为如何对员工学习行为产生影响？在这一影响过程中都有哪些心理要素发挥作用？等问题开展调研。本次调研结论将为有助于企业快速地从失败中恢复提供理论指导与实践指南。

　　研究团队保证本次调研是一次纯粹的学术研究，整个数据收集过程采用匿名填写方式，对您填写的信息我们会严格保密，该信息仅用于整体分析，不会进行个体分析，且不会用于任何的商业用途，请您放心填写。

　　您客观、真实的数据将对本次研究结论的科学性产生至关重要的影响，恳请您客观、认真地填写。

　　再次感谢您的大力支持与协助！

一、问卷说明：

本研究的"企业创新"是指：近期企业所从事的创新活动，包括新的产品，新的工艺，新的市场，新的原材料供应源以及建立新的企业组织形式。"创新失败"是指：企业在开展创新活动时，未达到预期目标的一种状态。

二、问卷内容：

近两年内企业有发生过创新失败事件并且我亲身经历过该失败事件

A：是（请继续作答下面的问题）B：否（答题到此结束，非常感谢您的作答）

问卷中有关您领导与自身的一些陈述，请根据您的直观感受，选择与自己感受最吻合的情况（程度），并在相应的数字上打"√"。

从"非常不符合"到"非常符合"分别用分数1~5来表示。不同分数的具体含义如下：

299

1.非常不符合 2.不符合 3.说不清 4.符合 5.非常符合

指标	具体测量题目	符合程度 非常不符合 ↔ 非常符合				
指向团队的变革型领导	1.在创新失败情境下，团队主管/经理不单口授而且用自己的行为来领导我们	1	2	3	4	5
	2.在创新失败情境下，团队主管/经理能对我们以身作则	1	2	3	4	5
	3.在创新失败情境下，团队主管/经理会做我们的好榜样	1	2	3	4	5
	4.在创新失败情境下，团队主管/经理总是为我们部门或公司寻求新的机会	1	2	3	4	5
	5.在创新失败情境下，团队主管/经理为我们的部门描述出美好的愿景	1	2	3	4	5
	6.在创新失败情境下，团队主管/经理对我们达到目标表现出非常有信心	1	2	3	4	5
	7.在创新失败情境下，团队主管/经理以他/她自己的未来计划来鼓励我们	1	2	3	4	5
	8.在创新失败情境下，团队主管/经理清楚地向我们说明他/她对未来前景的看法	1	2	3	4	5
	9.在创新失败情境下，团队主管/经理坚持要求下属达到最佳工作绩效	1	2	3	4	5
	10.在创新失败情境下，团队主管/经理激励我们设定高水平的目标	1	2	3	4	5
	11.在创新失败情境下，团队主管/经理让我们知道他/她对我们有很高的期望	1	2	3	4	5
指向个体的变革型领导	1.在企业创新失败情境下，团队主管/经理会提出一些建议促使我重新检讨一些约定俗成的想法	1	2	3	4	5
	2.在企业创新失败情境下，团队主管/经理会提出一些新的方式帮助我思考问题	1	2	3	4	5
	3.在企业创新失败情境下，团队主管/经理激励我以新的方式思考旧的问题	1	2	3	4	5
	4.在企业创新失败情境下，团队主管/经理在做决定时会照顾到我的感受	1	2	3	4	5
	5.在企业创新失败情境下，团队主管/经理在采取行为之前会考虑我的感受	1	2	3	4	5
	6.在企业创新失败情境下，团队主管/经理尊重我个人的感受	1	2	3	4	5
	7.在企业创新失败情境下，团队主管/经理的行为方式会考虑到我个人的需求	1	2	3	4	5

	具体测量题目	符合程度 非常不符合 ↔ 非常符合				
团队心理安全感	1.在企业创新失败情境下，如果我在团队中犯错，会被团队成员批评和鄙视	1	2	3	4	5
	2.在企业创新失败情境下，团队中针对棘手的问题大家可以畅所欲言	1	2	3	4	5
	3.在企业创新失败情境下，团队成员有时会因他人的特立独行而排挤他们	1	2	3	4	5
	4.在企业创新失败情境下，在团队内部大家无须担心人际风险问题	1	2	3	4	5
	5.在创新失败情境下，在团队内部难于获得其他成员的帮助	1	2	3	4	5
	6.在创新失败情境下，在团队内部不会有人恶意破坏我的劳动成果	1	2	3	4	5
	7.在企业创新失败情境下，在与团队其他成员的合作过程中，我独有的技能和才干会得到充分发挥	1	2	3	4	5
组织支持感	1.在企业创新失败情境下，当我在工作中遇到困难时，公司会帮助我	1	2	3	4	5
	2.在企业创新失败情境下，公司会原谅我的无心之过	1	2	3	4	5
	3.在企业创新失败情境下，公司尊重我的目标和价值	1	2	3	4	5
	4.在企业创新失败情境下，公司关心我的个人发展	1	2	3	4	5
	5.在企业创新失败情境下，公司关心我的个人感受					
	6.在企业创新失败情境下，我的直接主管愿意倾听我工作中遇到的问题	1	2	3	4	5
	7.在企业创新失败情境下，当我遇到困难时，会从我的直接主管那里得到帮助	1	2	3	4	5
	8.在企业创新失败情境下，我的直接主管会为我提供必要的工作信息	1	2	3	4	5
	9.在企业创新失败情境下，我的直接主管关心我的福利	1	2	3	4	5
	10.在企业创新失败情境下，当我遇到困难时，同事愿意提供帮助	1	2	3	4	5
	11.在企业创新失败情境下，我的同事愿意倾听我工作中遇到的问题	1	2	3	4	5
	12.在企业创新失败情境下，当我在工作中出现失误时，同事会安慰我	1	2	3	4	5
	13.在企业创新失败情境下，我的工作伙伴愿意提供给我必要的工作信息	1	2	3	4	5
传统性	当有争执时，请辈分高者主持公道	1	2	3	4	5
	父母尊重的人，孩子也要尊重	1	2	3	4	5
	避免错误最好的方法是听年长者的话	1	2	3	4	5
	女性结婚前要服从父亲，结婚后要服从丈夫	1	2	3	4	5
	政府首脑就像家庭的主人一样，公民应该服从其在国家事务上的一切决定	1	2	3	4	5

三、个人基本信息

1. 您的性别是？ ①男 ②女
2. 您的年龄是？ ①18~27岁 ②28~37岁 ③38~47岁 ④48岁及以上
3. 您的文化程度是？ ①大专及以下 ②本科 ③硕士 ④博士（含博士后）
4. 您所在团队的规模为？
   ①5人及以下 ②6~10人 ③11~20人 ④21人及以上
5. 公司所属的行业为？
   ①电子通信服务 ②生物医药 ③智能家电制造 ④新能源 ⑤航天航空 ⑥海洋工程
   ⑦计算机软件 ⑧其他
6. 公司成立年限为？
   ①5年及以下 ②5~8年 ③9~12年 ④13年及以上
7. 公司规模为？
   ①199人及以下 ②200~300人 ③301~499人 ④500人及以上

领导行为对员工的影响调研问卷（领导问卷）

尊敬的领导：

　　本次学术研究基于企业创新失败情境，围绕企业各部门领导行为是否会对员工失败学习产生影响？以及领导行为如何对员工学习行为产生影响？在这一影响过程中都有哪些心理要素发挥作用？等问题开展调研。本次调研结论将为有助于企业快速地从失败中恢复提供理论指导与实践指南。

　　研究团队保证本次调研是一次纯粹的学术研究，整个数据收集过程采用匿名填写方式，对您填写的信息我们会严格保密，该信息仅用于整体分析，不会进行个体分析，且不会用于任何的商业用途，请您放心填写。

　　您客观、真实的数据将对本次研究结论的科学性产生至关重要的影响，恳请您客观、认真地填写。

　　再次感谢您的大力支持与协助！

一、问卷说明：

　　本研究的"企业创新"是指：近期企业所从事的创新活动，包括新的产品，新的工艺，新的市场，新的原材料供应源以及建立新的企业组织形式。"创新失败"是指：企业在开展创新活动时，未达到预期目标的一种状态。

二、问卷内容：

　　近两年内企业有发生过创新失败事件并且我亲身经历过该失败事件

A：是（请继续作答下面的问题）B：否（答题到此结束，非常感谢您的作答）

问卷中有关下属员工的一些陈述，请根据您的直观感受，选择与自己感受最吻合的情况（程度），并在相应的数字上打"√"。

从"非常不符合"到"非常符合"分别用分数1～5来表示。不同分数的具体含义如下：

1.非常不符合 2.不符合 3.说不清 4.符合 5.非常符合

指标	具体测量题项	符合程度 非常不符合 ←→ 非常符合				
员工失败学习行为	1. 在企业创新失败情境下，当同事犯错或失误时，该员工并不责备，而是从中学习经验	1	2	3	4	5
	2. 在企业创新失败情境下，该员工犯错或失误时，会通过自我反思从中吸取经验	1	2	3	4	5
	3. 在企业创新失败情境下，该员工犯错或失误时，会与同事分享并共同学习	1	2	3	4	5
	4. 在企业创新失败情境下，该员工经常思索"我们为什么这么做"	1	2	3	4	5
	5. 在企业创新失败情境下，该员工经常思索"我们有没有更好的方式来制造产品或提供服务"	1	2	3	4	5

附录7 第六章研究使用的调研问卷

组织支持感对员工失败学习的影响路径调研问卷（员工问卷）

亲爱的朋友：

您好！非常感谢您能抽出宝贵的时间参加本次学术研究活动。

本次学术研究基于企业创新失败情境，围绕源于企业给予员工的多元化支持是否会对员工失败学习产生影响？以及领导行为如何对员工学习行为产生影响？在这一影响过程中都有哪些心理要素发挥作用？等问题开展调研。本次调研结论将为有助于企业快速地从失败中恢复提供理论指导与实践指南。

研究团队保证本次调研是一次纯粹的学术研究，整个数据收集过程采用匿名填写方式，对您填写的信息我们会严格保密，该信息仅用于整体分析，不会进行个体分析，且不会用于任何的商业用途，请您放心填写。

您客观、真实的数据将对本次研究结论的科学性产生至关重要的影响，恳请您客观、认真地填写。

再次感谢您的大力支持与协助!

一、问卷说明:

本研究的"企业创新"是指:近期企业所从事的创新活动,包括新的产品,新的工艺,新的市场,新的原材料供应源以及建立新的企业组织形式。"创新失败"是指:企业在开展创新活动时,未达到预期目标的一种状态。

二、问卷内容:

近两年内企业有发生过创新失败事件并且我亲身经历过该失败事件

A:是(请继续作答下面的问题) B:否(答题到此结束,非常感谢您的作答)

问卷中有关您自身的一些陈述,请根据您的直观感受,选择与自己感受最吻合的情况(程度),并在相应的数字上打"√"。

从"非常不符合"到"非常符合"分别用分数1~5来表示。不同分数的具体含义如下:

1.非常不符合 2.不符合 3.说不清 4.符合 5.非常符合

变量名称	具体测量题目	吻合程度 非常不符合 ←→ 非常符合				
组织支持感	1.在企业创新失败情境下,当我在工作中遇到困难时,公司会帮助我	1	2	3	4	5
	2.在企业创新失败情境下,公司会原谅我的无心之过	1	2	3	4	5
	3.在企业创新失败情境下,公司尊重我的目标和价值	1	2	3	4	5
	4.在企业创新失败情境下,公司关心我的个人发展	1	2	3	4	5
	5.在企业创新失败情境下,公司关心我的个人感受	1	2	3	4	5
	6.在企业创新失败情境下,我的直接主管愿意倾听我工作中遇到的问题	1	2	3	4	5
	7.在企业创新失败情境下,当我遇到困难时,会从我的直接主管那里得到帮助	1	2	3	4	5
组织支持感	8.在企业创新失败情境下,我的直接主管会为我提供必要的工作信息	1	2	3	4	5
	9.在企业创新失败情境下,我的直接主管关心我的福利	1	2	3	4	5
	10.在企业创新失败情境下,当我遇到困难时,同事愿意提供帮助	1	2	3	4	5
	11.在企业创新失败情境下,我的同事愿意倾听我工作中遇到的问题	1	2	3	4	5
	12.在企业创新失败情境下,当我在工作中出现失误时,同事会安慰我	1	2	3	4	5
	13.在企业创新失败情境下,我的工作伙伴愿意提供给我必要的工作信息	1	2	3	4	5

变量名称	具体测量题目	吻合程度 非常不符合 ←→ 非常符合				
自我效能感	1. 在企业创新失败情境下，我相信自己有能力为公司的成功做出贡献	1	2	3	4	5
	2. 在企业创新失败情境下，我有信心制定高绩效目标	1	2	3	4	5
	3. 在企业创新失败情境下，我相信自己能使公司有所进步	1	2	3	4	5
情感承诺	1. 在企业创新失败情境下，企业似家，我是其中一员	1	2	3	4	5
	2. 在企业创新失败情境下，企业对我而言意义重大	1	2	3	4	5
	3. 在企业创新失败情境下，我会把企业的事情当作我自己的事情来处理	1	2	3	4	5
	4. 在企业创新失败情境下，我非常乐意今后一直在我目前所在的企业工作	1	2	3	4	5
	5. 在企业创新失败情境下，我对所在的单位有很深的个人感情	1	2	3	4	5
	6. 在企业创新失败情境下，我对这家单位有很强的归属感	1	2	3	4	5
责任感	1. 在企业创新失败情境下，如果我认为某事做错了，不管是谁，我都会质询他	1	2	3	4	5
	2. 在企业创新失败情境下，如果我看到某事做错了，我会毫不犹豫地告诉公司	1	2	3	4	5
	3. 在企业创新失败情境下，我会质询公司的发展方向，以确保它的正确	1	2	3	4	5

三、个人基本信息

1. 您的性别是？　①男　②女
2. 您的年龄是？　①21~30岁　②31~40岁　③41~50岁　④51岁及以上
3. 您的文化程度是？　①大专以下　②大专　③本科　④研究生及以上
4. 您在现岗位的工作年限？

①任职年限为2~4年　②任职年限为5~7年　③任职年限为8~10年

④任职年限为11年及以上

组织支持感对员工失败学习的影响路径调研问卷（领导问卷）

尊敬的领导：

您好！非常感谢您能抽出宝贵的时间参加本次学术研究活动。

本次学术研究基于企业创新失败情境，围绕源于企业给予员工的多元化支持是否会对员工失败学习产生影响？以及领导行为如何对员工学习行为产生影响？在这一影响过程中都有哪些心理要素发挥作用？等问题开展调研。本次调研结论将为有助于企业快速地从失败中恢复提供理论指导与实践指南。

研究团队保证本次调研是一次纯粹的学术研究，整个数据收集过程采用匿名填写方式，对您填写的信息我们会严格保密，该信息仅用于整体分析，不会进行个体分析，且不会用于任何的商业用途，请您放心填写。

您客观、真实的数据将对本次研究结论的科学性产生至关重要的影响，恳请您客观、认真地填写。

再次感谢您的大力支持与协助！

一、问卷说明：

本研究的"企业创新"是指：近期企业所从事的创新活动，包括新的产品，新的工艺，新的市场，新的原材料供应源以及建立新的企业组织形式。"创新失败"是指：企业在开展创新活动时，未达到预期目标的一种状态。

二、问卷内容：

近两年内企业有发生过创新失败事件并且我亲身经历过该失败事件

A：是（请继续作答下面的问题）B：否（答题到此结束，非常感谢您的作答）

问卷中有关您自身的一些陈述，请根据您的直观感受，选择与自己感受最吻合的情况（程度），并在相应的数字上打"√"。

从"非常不符合"到"非常符合"分别用分数1~5来表示。不同分数的具体含义如下：

1.非常不符合　2.不符合　3.说不清　4.符合　5.非常符合

变量名称	具体测量题目	非常不符合				非常符合
单环失败学习	1. 在企业创新失败情境下，该员工会提出及时性的解决方案	1	2	3	4	5
	2. 在企业创新失败情境下，该员工会依据过去的经验来解决失败事件	1	2	3	4	5
	3. 在企业创新失败情境下，该员工会将失败事件告知相关的同事	1	2	3	4	5
双环失败学习	1. 在企业创新失败情境下，该员工会对失败的根本原因进行深入分析	1	2	3	4	5
	2. 在企业创新失败情境下，基于对失败事件的反思，该员工会探寻并运用新的绩效提升方法	1	2	3	4	5
	3. 在企业创新失败情境下，该员工会思考是否要对当前工作绩效进行更改	1	2	3	4	5

附录8　第七章研究使用的调研问卷

组织支持感与员工创造力：失败学习的传导路径（员工调研问卷）

亲爱的朋友：

您好！非常感谢您能抽出宝贵的时间参加本次学术研究活动。

本次学术研究基于企业创新失败情境，围绕源于企业给予员工的多元化支持是否会对员工创造力产生影响？以及领导行为如何对员工创造力产生影响？在这一影响过程中失败学习是否会发挥作用？等问题开展调研。本次调研结论将为有助于员工快速地借助企业给予的多元化支持进而从失败中吸取经验与教训，最终促进自身创造力提供理论指导与实践指南。

研究团队保证本次调研是一次纯粹的学术研究，整个数据收集过程采用匿名填写方式，对您填写的信息我们会严格保密，该信息仅用于整体分析，不会进行个体分析，且不会用于任何的商业用途，请您放心填写。

您客观、真实的数据将对本次研究结论的科学性产生至关重要的影响，恳请您客观、认真地填写。

再次感谢您的大力支持与协助！

一、问卷说明：

本研究的"企业创新"是指：近期企业所从事的创新活动，包括新的产品，新的工艺，新的市场，新的原材料供应源以及建立新的企业组织形式。"创新失败"是指：企业在开展创新活动时，未达到预期目标的一种状态。

二、问卷内容：

近两年内企业有发生过创新失败事件并且我亲身经历过该失败事件

A：是（请继续作答下面的问题）B：否（答题到此结束，非常感谢您的作答）

问卷中有关您自身的一些陈述，请根据您的直观感受，选择与自己感受最吻合的情况（程度），并在相应的数字上打"√"。

从"非常不符合"到"非常符合"分别用分数1~5来表示。不同分数的具体含义如下：

1.非常不符合　2.不符合　3.说不清　4.符合　5.非常符合

变量名称	具体测量题目	吻合程度 非常不符合 ←→ 非常符合				
组织支持感	1. 在企业创新失败情境下，当我在工作中遇到困难时，公司会帮助我	1	2	3	4	5
	2. 在企业创新失败情境下，公司会原谅我的无心之过	1	2	3	4	5
	3. 在企业创新失败情境下，公司尊重我的目标和价值	1	2	3	4	5
	4. 在企业创新失败情境下，公司关心我的个人发展	1	2	3	4	5
	5. 在企业创新失败情境下，公司关心我的个人感受	1	2	3	4	5
	6. 在企业创新失败情境下，我的直接主管愿意倾听我工作中遇到的问题	1	2	3	4	5
	7. 在企业创新失败情境下，当我遇到困难时，会从我的直接主管那里得到帮助	1	2	3	4	5
	8. 在企业创新失败情境下，我的直接主管会为我提供必要的工作信息	1	2	3	4	5
	9. 在企业创新失败情境下，我的直接主管关心我的福利	1	2	3	4	5
	10. 在企业创新失败情境下，当我遇到困难时，同事愿意提供帮助	1	2	3	4	5
	11. 在企业创新失败情境下，我的同事愿意倾听我工作中遇到的问题	1	2	3	4	5
	12. 在企业创新失败情境下，当我在工作中出现失误时，同事会安慰我	1	2	3	4	5
	13. 在企业创新失败情境下，我的工作伙伴愿意提供给我必要的工作信息	1	2	3	4	5
员工失败学习行为	1. 在企业创新失败情境下，当同事犯错或失误时，该员工并不责备，而是从中学习经验	1	2	3	4	5
	2. 在企业创新失败情境下，该员工犯错或失误时，会通过自我反思从中吸取经验	1	2	3	4	5
	3. 在企业创新失败情境下，该员工犯错或失误时，会与同事分享并共同学习	1	2	3	4	5
	4. 在企业创新失败情境下，该员工经常思索"我们为什么这么做"	1	2	3	4	5
	5. 在企业创新失败情境下，该员工经常思索"我们有没有更好的方式来制造产品或提供服务"	1	2	3	4	5

变量名称	具体测量题目	吻合程度 非常不符合 ←→ 非常符合					
下属依赖	1. 在企业创新失败情境下，如果没有直接主管的指导，我的工作难以运行	1	2	3	4	5
	2. 在企业创新失败情境下，我觉得当直接主管在我身边时，我的工作会完成得更加出色	1	2	3	4	5
	3. 在企业创新失败情境下，我不会质疑直接主管的命令	1	2	3	4	5
	4. 在企业创新失败情境下，我欣然接受直接主管的观点，从不向其发起挑战	1	2	3	4	5
	5 在企业创新失败情境下，如果我的直接主管不在岗，我对工作的投入会下降	1	2	3	4	5
	6. 在企业创新失败情境下，如果我的直接主管不在岗，我工作的动力会下降	1	2	3	4	5
	7. 在企业创新失败情境下，当我的直接主管度假时，我加班的主动性会减弱	1	2	3	4	5
	8. 在企业创新失败情境下，当我的直接主管度假时，我工作的热情会减弱	1	2	3	4	5
	9. 在企业创新失败情境下，得到直接主管对我的表扬非常重	1	2	3	4	5
	10. 在企业创新失败情境下，我一直努力获得直接主管对我的认可	1	2	3	4	5
组织认同	1. 在企业创新失败情境下，当有人批评公司时，我会觉得这是对我个人的侮辱	1	2	3	4	5
	2. 在企业创新失败情境下，我觉得公司的成功就是我的成功	1	2	3	4	5
	3. 在企业创新失败情境下，我很在意其他人对公司的看法	1	2	3	4	5

三、个人基本信息

1. 您的性别是？　①男　②女
2. 您的年龄是？　①21~30岁　②31~40岁　③41~50岁　④51岁及以上
3. 您的文化程度是？　①大专以下　②大专　③本科　④研究生及以上
4. 您在现岗位的工作年限？
　　①任职年限为2~4年　②任职年限为5~7年　③任职年限为8~10年
　　④任职年限为11年及以上

组织支持感与员工创造力：失败学习的传导路径（领导调研问卷）

尊敬的领导：

您好！非常感谢您能抽出宝贵的时间参加本次学术研究活动。

本次学术研究基于企业创新失败情境，围绕源于企业给予员工的多元化支持是否会对员工创造力产生影响？以及领导行为如何对员工创造力产生影响？在这一影响过程中失败学习是否会发挥作用？等问题开展调研。本次调研结论将为有助于员工快速地借助企业给予的多元化支持进而从失败中吸取经验与教训，最终促进自身创造力提供理论指导与实践指南。

研究团队保证本次调研是一次纯粹的学术研究，整个数据收集过程采用匿名填写方式，对您填写的信息我们会严格保密，该信息仅用于整体分析，不会进行个体分析，且不会用于任何的商业用途，请您放心填写。

您客观、真实的数据将对本次研究结论的科学性产生至关重要的影响，恳请您客观、认真地填写。

再次感谢您的大力支持与协助！

一、问卷说明：

本研究的"企业创新"是指：近期企业所从事的创新活动，包括新的产品，新的工艺，新的市场，新的原材料供应源以及建立新的企业组织形式。"创新失败"是指：企业在开展创新活动时，未达到预期目标的一种状态。

二、问卷内容：

近两年内企业有发生过创新失败事件并且我亲身经历过该失败事件

A：是（请继续作答下面的问题）B：否（答题到此结束，非常感谢您的作答）

问卷中有关您下属员工的一些陈述，请根据您的直观感受，选择与自己感受最吻合的情况（程度），并在相应的数字上打"√"。

从"非常不符合"到"非常符合"分别用分数1~5来表示。不同分数的具体含义如下：

1.非常不符合　2.不符合　3.说不清　4.符合　5.非常符合

变量名称	具体测量题目	非常不符合				非常符合
员工创造力	1. 在企业创新失败情境下，该员工会率先去尝试新的想法和新的方法	1	2	3	4	5
	2. 在企业创新失败情境下，该员工会寻求解决问题的新思路和新方法	1	2	3	4	5
	3. 在企业创新失败情境下，该员工能在自身领域内提出突破性的理念	1	2	3	4	5
	4. 在企业创新失败情境下，该员工是我们部门创造力的楷模	1	2	3	4	5

附录9　第八章研究使用的调研问卷

变革型领导与企业绩效：失败学习的传导路径（总调研问卷）

亲爱的朋友：

您好！非常感谢您能抽出宝贵的时间参加本次学术研究活动。

本次学术研究基于企业创新失败情境，围绕CEO变革型领导行为是否会对企业绩效产生影响？以及领导行为如何对企业绩效产生影响？在这一影响过程中失败学习是否会发挥作用？等问题开展调研。本次调研结论将为合理利用领导行为帮助企业快速从失败中吸取经验与教训，最终促进企业绩效提供理论指导与实践指南。

研究团队保证本次调研是一次纯粹的学术研究，整个数据收集过程采用匿名填写方式，对您填写的信息我们会严格保密，该信息仅用于整体分析，不会进行个体分析，且不会用于任何的商业用途，请您放心填写。

您客观、真实的数据将对本次研究结论的科学性产生至关重要的影响，恳请您客观、认真地填写。

再次感谢您的大力支持与协助！

一、问卷说明：

本研究的"企业创新"是指：近期企业所从事的创新活动，包括新的产品，新的工艺，新的市场，新的原材料供应源以及建立新的企业组织形式。"创新失败"是指：企业在开展创新活动时，未达到预期目标的一种状态。

二、问卷内容：

近两年内企业有发生过创新失败事件并且我亲身经历过该失败事件

A：是（请继续作答下面的问题）B：否（答题到此结束，非常感谢您的作答）

问卷中有关您下属员工的一些陈述，请根据您的直观感受，选择与自己感受最吻合的情况（程度），并在相应的数字上打"√"。

从"非常不符合"到"非常符合"分别用分数1~5来表示。不同分数的具体含义如下：

1.非常不符合　2.不符合　3.说不清　4.符合　5.非常符合

变量名称	具体测量题目	吻合程度 非常不符合 ↔ 非常符合				
CEO变革型领导	1. 在企业创新失败情境下，CEO使周围每个人都对工作充满热情	1	2	3	4	5
	2. 在企业创新失败情境下，我对CEO充满信心	1	2	3	4	5
	3. 在企业创新失败情境下，CEO会鼓励我表达自己的想法和观点	1	2	3	4	5
	4. 在企业创新失败情境下，CEO会对我产生激励	1	2	3	4	5
	5. 在企业创新失败情境下，CEO激励我们要忠于他（她）	1	2	3	4	5
	6. 在企业创新失败情境下，CEO激励我们要忠于组织	1	2	3	4	5
	7. 在企业创新失败情境下，CEO的想法会使我对以前未曾质疑过的一些想法进行重新思考	1	2	3	4	5
	8. 在企业创新失败情境下，CEO能够让我以新的方式思考原有的问题	1	2	3	4	5
	9. 在企业创新失败情境下，当遇到难题时，CEO能为我提供看待事物的新方法	1	2	3	4	5
	10. 在企业创新失败情境下，CEO会关注看似被忽略的成员	1	2	3	4	5
	11. 在企业创新失败情境下，CEO会探明我的需求并努力帮助我实现	1	2	3	4	5
	12. 在企业创新失败情境下，当你表现优异时，你会期待CEO对你的赞赏	1	2	3	4	5

三、个人基本信息

1. CEO的性别是？　①男　②女

2. CEO的年龄是？　①18~30岁　②31~40岁　③41~50岁　④51岁及以上

3. CEO的文化程度是？　①大专以下　②大专　③本科　④研究生及以上

4. CEO的工作年限？

①任职年限为2~4年　②任职年限为5~7年　③任职年限为8~10年

④任职年限为11年及以上

5. 公司所属的行业为？

①电子通信服务　②生物医药　③智能家电制造　④新能源　⑤航天航空　⑥海洋工程

⑦计算机软件　⑧其他

6. 公司成立年限为？（注册至今的时间）

①5年及以下　②5~8年　③9~12年　④13年及以上

7. 公司规模为？

　　①199人及以下　②200~300人　③301~499人　④500人及以上

变革型领导与企业绩效：失败学习的传导路径（技术副总调研问卷）

亲爱的朋友：

　　您好！非常感谢您能抽出宝贵的时间参加本次学术研究活动。

　　本次学术研究基于企业创新失败情境，围绕CEO变革型领导行为是否会对企业绩效产生影响？以及领导行为如何对企业绩效产生影响？在这一影响过程中失败学习是否会发挥作用？等问题开展调研。本次调研结论将为合理利用领导行为帮助企业快速从失败中吸取经验与教训，最终促进企业绩效提供理论指导与实践指南。

　　研究团队保证本次调研是一次纯粹的学术研究，整个数据收集过程采用匿名填写方式，对您填写的信息我们会严格保密，该信息仅用于整体分析，不会进行个体分析，且不会用于任何的商业用途，请您放心填写。

　　您客观、真实的数据将对本次研究结论的科学性产生至关重要的影响，恳请您客观、认真地填写。

　　再次感谢您的大力支持与协助！

一、问卷说明：

　　本研究的"企业创新"是指：近期企业所从事的创新活动，包括新的产品，新的工艺，新的市场，新的原材料供应源以及建立新的企业组织形式。"创新失败"是指：企业在开展创新活动时，未达到预期目标的一种状态。

二、问卷内容：

　　近两年内企业有发生过创新失败事件并且我亲身经历过该失败事件

　　A：是（请继续作答下面的问题）B：否（答题到此结束，非常感谢您的作答）

　　问卷中有关您下属员工的一些陈述，请根据您的直观感受，选择与自己感受最吻合的情况（程度），并在相应的数字上打"√"。

　　从"非常不符合"到"非常符合"分别用分数1~5来表示。不同分数的具体含义如下：

1.非常不符合　2.不符合　3.说不清　4.符合　5.非常符合

变量名称	具体测量题目	吻合程度 非常不符合 ←→ 非常符合				
单环失败学习与双环失败学习	1. 在企业创新失败情境下，该员工会提出及时性的解决方案	1	2	3	4	5
	2. 在企业创新失败情境下，该员工会依据过去的经验来解决失败事件	1	2	3	4	5
	3. 在企业创新失败情境下，该员工会将失败事件告知相关的同事	1	2	3	4	5
	4. 在企业创新失败情境下，该员工会对失败的根本原因进行深入分析	1	2	3	4	5
	5. 在企业创新失败情境下，基于对失败事件的反思，该员工会探寻并运用新的绩效提升方法	1	2	3	4	5
	6. 在企业创新失败情境下，该员工会思考是否要对当前工作绩效进行更改	1	2	3	4	5

变革型领导与企业绩效：失败学习的传导路径（财务副总调研问卷）

亲爱的朋友：

您好！非常感谢您能抽出宝贵的时间参加本次学术研究活动。

本次学术研究基于企业创新失败情境，围绕CEO变革型领导行为是否会对企业绩效产生影响？以及领导行为如何对企业绩效产生影响？在这一影响过程中失败学习是否会发挥作用？等问题开展调研。本次调研结论将为合理利用领导行为帮助企业快速从失败中吸取经验与教训，最终促进企业绩效提供理论指导与实践指南。

研究团队保证本次调研是一次纯粹的学术研究，整个数据收集过程采用匿名填写方式，对您填写的信息我们会严格保密，该信息仅用于整体分析，不会进行个体分析，且不会用于任何的商业用途，请您放心填写。

您客观、真实的数据将对本次研究结论的科学性产生至关重要的影响，恳请您客观、认真地填写。

再次感谢您的大力支持与协助！

一、问卷说明：

本研究的"企业创新"是指：近期企业所从事的创新活动，包括新的产品，新的工艺，新的市场，新的原材料供应源以及建立新的企业组织形式。"创新失败"是指：企业在开展创新活动时，未达到预期目标的一种状态。

二、问卷内容：

近两年内企业有发生过创新失败事件并且我亲身经历过该失败事件

A：是（请继续作答下面的问题）B：否（答题到此结束，非常感谢您的作答）

问卷中有关您下属员工的一些陈述，请根据您的直观感受，选择与自己感受最吻合的情况（程度），并在相应的数字上打"√"。

从"非常不符合"到"非常符合"分别用分数1~5来表示。不同分数的具体含义如下：

1.非常不符合　2.不符合　3.说不清　4.符合　5.非常符合

变量名称	具体测量题目	非常不符合				非常符合
企业绩效	公司近2年平均利润率比同行主要竞争对手高	1	2	3	4	5
	公司近2年平均投资回报率比同行主要竞争对手高	1	2	3	4	5
	公司近2年平均销售增长率比同行主要竞争对手高	1	2	3	4	5

附录10　第九章研究使用的调研问卷

失败学习与战略导向的匹配对企业绩效的影响（技术副总调研问卷）

亲爱的朋友：

您好！非常感谢您能抽出宝贵的时间参加本次学术研究活动。

本次学术研究基于企业创新失败情境，围绕企业失败学习行为是否会对企业绩效产生影响？以及学习行为如何对企业绩效产生影响？在这一影响过程中企业战略导向是否会发挥作用？等问题开展调研。本次调研结论将为合理利用领导行帮助企业快速从失败中吸取经验与教训，最终促进企业绩效提供理论指导与实践指南。

研究团队保证本次调研是一次纯粹的学术研究，整个数据收集过程采用匿名填写方式，对您填写的信息我们会严格保密，该信息仅用于整体分析，不会进行个体分析，且不会用于任何的商业用途，请您放心填写。

您客观、真实的数据将对本次研究结论的科学性产生至关重要的影响，恳请您客观、认真地填写。

再次感谢您的大力支持与协助！

一、问卷说明:

本研究的"企业创新"是指:近期企业所从事的创新活动,包括新的产品,新的工艺,新的市场,新的原材料供应源以及建立新的企业组织形式。"创新失败"是指:企业在开展创新活动时,未达到预期目标的一种状态。

二、问卷内容:

近两年内企业有发生过创新失败事件并且我亲身经历过该失败事件

A:是(请继续作答下面的问题) B:否(答题到此结束,非常感谢您的作答)

问卷中有关您下属员工的一些陈述,请根据您的直观感受,选择与自己感受最吻合的情况(程度),并在相应的数字上打"√"。

从"非常不符合"到"非常符合"分别用分数1~5来表示。不同分数的具体含义如下:

1.非常不符合 2.不符合 3.说不清 4.符合 5.非常符合

变量名称	具体测量题目	吻合程度 非常不符合 ←→ 非常符合				
单环失败学习与双环失败学习	1. 在企业创新失败情境下,该员工会提出及时性的解决方案	1	2	3	4	5
	2. 在企业创新失败情境下,该员工会依据过去的经验来解决失败事件	1	2	3	4	5
	3. 在企业创新失败情境下,该员工会将失败事件告知相关的同事	1	2	3	4	5
	4. 在企业创新失败情境下,该员工会对失败的根本原因进行深入分析	1	2	3	4	5
	5. 在企业创新失败情境下,基于对失败事件的反思,该员工会探寻并运用新的绩效提升方法	1	2	3	4	5
	6. 在企业创新失败情境下,该员工会思考是否要对当前工作绩效进行更改	1	2	3	4	5

三、企业相关信息

1. 公司所属的行业为?

①航天航空 ②生物医药 ③智能家电制造 ④造船业 ⑤电子信息 ⑥机车车辆 ⑦计算机软件 ⑧其他

2. 公司成立年限为?(注册至今的时间)

①2~5年 ②5~8年 ③6~9年 ④10~13年 ⑤14年及以上

3. 公司规模为?

①200人及以下 ②201~500人 ③501~1 000人 ④1 001人及以上

失败学习与战略导向的匹配对企业绩效的影响（CEO助理调研问卷）

亲爱的朋友：

您好！非常感谢您能抽出宝贵的时间参加本次学术研究活动。

本次学术研究基于企业创新失败情境，围绕企业失败学习行为是否会对企业绩效产生影响？以及学习行为如何对企业绩效产生影响？在这一影响过程中企业战略导向是否会发挥作用？等问题开展调研。本次调研结论将为合理利用领导行帮助企业快速从失败中吸取经验与教训，最终促进企业绩效提供理论指导与实践指南。

研究团队保证本次调研是一次纯粹的学术研究，整个数据收集过程采用匿名填写方式，对您填写的信息我们会严格保密，该信息仅用于整体分析，不会进行个体分析，且不会用于任何的商业用途，请您放心填写。

您客观、真实的数据将对本次研究结论的科学性产生至关重要的影响，恳请您客观、认真地填写。

再次感谢您的大力支持与协助！

一、问卷说明：

本研究的"企业创新"是指：近期企业所从事的创新活动，包括新的产品，新的工艺，新的市场，新的原材料供应源以及建立新的企业组织形式。"创新失败"是指：企业在开展创新活动时，未达到预期目标的一种状态。

二、问卷内容：

近两年内企业有发生过创新失败事件并且我亲身经历过该失败事件

A：是（请继续作答下面的问题）B：否（答题到此结束，非常感谢您的作答）

问卷中有关您下属员工的一些陈述，请根据您的直观感受，选择与自己感受最吻合的情况（程度），并在相应的数字上打"√"。

从"非常不符合"到"非常符合"分别用分数1~5来表示。不同分数的具体含义如下：

1.非常不符合 2.不符合 3.说不清 4.符合 5.非常符合

变量名称	具体测量题目	吻合程度 非常不符合 ↔ 非常符合				
探索型企业战略导向与防御型企业战略导向	1. 在企业创新失败情境下，公司总是试图开发市场新产品或开拓新的市场	1	2	3	4	5
	2. 在企业创新失败情境下，公司对于市场反映出的信号比较敏感，并付诸实际行动	1	2	3	4	5
	3. 在企业创新失败情境下，公司在推出新产品或进入新的市场时总是试图成为市场领先者	1	2	3	4	5
	4. 在企业创新失败情境下，公司具有冒险精神，总是试图在一些需求很不确定的目标市场上推出大量的产品或服务	1	2	3	4	5
	5. 在企业创新失败情境下，公司注重开发现有产品或现有市场	1	2	3	4	5
	6. 在企业创新失败情境下，公司在推出新产品或进入新的市场时总是处于市场追随者的位置	1	2	3	4	5
	7. 在企业创新失败情境下，公司对于市场反映出的信号并不敏感	1	2	3	4	5
	8. 在企业创新失败情境下，公司追求稳定增长并尽量避免风险	1	2	3	4	5

失败学习与战略导向的匹配对企业绩效的影响（财务副总调研问卷）

亲爱的朋友：

您好！非常感谢您能抽出宝贵的时间参加本次学术研究活动。

本次学术研究基于企业创新失败情境，围绕企业失败学习行为是否会对企业绩效产生影响？以及学习行为如何对企业绩效产生影响？在这一影响过程中企业战略导向是否会发挥作用？等问题开展调研。本次调研结论将为合理利用领导行帮助企业快速从失败中吸取经验与教训，最终促进企业绩效提供理论指导与实践指南。

研究团队保证本次调研是一次纯粹的学术研究，整个数据收集过程采用匿名填写方式，对您填写的信息我们会严格保密，该信息仅用于整体分析，不会进行个体分析，且不会用于任何的商业用途，请您放心填写。

您客观、真实的数据将对本次研究结论的科学性产生至关重要的影响，恳请您客观、认真地填写。

再次感谢您的大力支持与协助！

一、问卷说明：

本研究的"企业创新"是指：近期企业所从事的创新活动，包括新的产品，新的工艺，新的市场，新的原材料供应源以及建立新的企业组织形式。"创新失败"是指：企业在开展创新活动时，未达到预期目标的一种状态。

二、问卷内容：

近两年内企业有发生过创新失败事件并且我亲身经历过该失败事件

A：是（请继续作答下面的问题）B：否（答题到此结束，非常感谢您的作答）

问卷中有关您下属员工的一些陈述，请根据您的直观感受，选择与自己感受最吻合的情况（程度），并在相应的数字上打"√"。

从"非常不符合"到"非常符合"分别用分数1~5来表示。不同分数的具体含义如下：

1.非常不符合　2.不符合　3.说不清　4.符合　5.非常符合

变量名称	具体测量题目	非常不符合		吻合程度		非常符合
企业短期绩效与长期绩效	1. 企业每年对销售利润率增加都有考核要求	1	2	3	4	5
	2. 企业每年对净利润增加都有考核要求	1	2	3	4	5
	3. 企业每年对运营现金流增加都有考核要求	1	2	3	4	5
	4. 企业每年对运营成本节省都有考核要求	1	2	3	4	5
	5. 企业每年对投资回报率增加都有考核要求	1	2	3	4	5
	6. 在企业创新失败情境下，企业对新产品的开发绩效很重视	1	2	3	4	5
	7. 在企业创新失败情境下，企业对市场的开拓很重视	1	2	3	4	5
	8. 在企业创新失败情境下，企业对未来市场占有率的增长很重视	1	2	3	4	5
	9. 在企业创新失败情境下，企业对市场的成长性很重视	1	2	3	4	5
	10. 在企业创新失败情境下，企业对研发很重视	1	2	3	4	5